湖北省第四次城乡老年人生活状况抽样调查数据分析

主　编　王建楷　赵琛徽
副主编　田　莹　黄本明　程志辉　孔令卫

武汉大学出版社

图书在版编目(CIP)数据

湖北省第四次城乡老年人生活状况抽样调查数据分析/王建楷,赵琛徽主编.—武汉:武汉大学出版社,2016.2
ISBN 978-7-307-17648-5

Ⅰ.湖… Ⅱ.①王… ②赵… Ⅲ.老年人—生活状况—抽样调查统计—湖北省 Ⅳ.D668.6

中国版本图书馆 CIP 数据核字(2016)第 039608 号

责任编辑:唐 伟　　责任校对:汪欣怡　　版式设计:马 佳

出版发行:武汉大学出版社　　(430072　武昌　珞珈山)
(电子邮件:cbs22@whu.edu.cn　网址:www.wdp.com.cn)
印刷:湖北金海印务有限公司
开本:720×1000　1/16　印张:20　字数:471 千字　插页:1
版次:2016 年 2 月第 1 版　　2016 年 2 月第 1 次印刷
ISBN 978-7-307-17648-5　　定价:50.00 元

版权所有,不得翻印;凡购我社的图书,如有质量问题,请与当地图书销售部门联系调换。

编辑委员会

顾　问：吴玉韶　党俊武
主　任：尹本武
副主任：王建楷　赵琛徽

编　委（按姓氏笔画排列）
　　　孔习兰　尹本武　王建楷　田　莹
　　　赵琛徽　黄本明　熊东华

主　编：王建楷　赵琛徽
副主编：田　莹　黄本明　程志辉　孔令卫
撰著者（按姓氏笔画排列）
　　　马永刚　王　青　孙　成　张　坤　张泽文
　　　陈显友　郑耀洲　席祥勇　梅　凯　彭　莉

前　言

　　湖北省是拥有近6000万人口的大省，当前正处在经济转轨和社会转型的关键时期，经济社会进入了新的常态，面临着在中部地区率先全面建成小康社会和开创富强、创新、法治、文明、幸福湖北建设新局面的艰巨任务。同时，我省人口老龄化进入快速发展阶段，城乡老年人生活状况发生了许多新变化，老年人养老服务需求表现出许多新态势。人口老龄化与工业化、城镇化、现代化进程相伴随，与城乡区域发展不平衡相叠加，与经济社会体制改革、社会利益调整相交互。可以说，人口老龄化问题已经上升为我省经济社会发展的战略性问题，如果不能实现我省1000多万老年人的小康和幸福，我省全面建设小康社会和建成幸福湖北的宏伟目标就不可能实现。为此，迫切需要对全省老年人的生活状况和老龄工作进行全面的调查和系统的了解，并在此基础上科学地制定应对人口老龄化的战略、规划和政策，开展积极应对人口老龄化行动，做到经济发展和老龄事业的相互促进，推动老龄事业多元化、多样化发展，从而实现习近平总书记提出的"让所有老年人都能老有所养、老年所依、老有所乐、老有所安"的目标。

　　2015年湖北省第四次城乡老年人生活状况抽样调查是全国第四次城乡老年人生活状况调查的重要组成部分，涉及我省11个市州、20个县（市、区）、80个乡镇（街道）、320个村（居）委会，共完成了9600份个人问卷和420份老龄工作问卷，占全省老年人口总数的1‰，任务量居全国第九位，是我省史上老年人生活状况专项调查规模最大、范围最广、要求最高、投入人力物力财力最多的一次调查。全省共投入调查经费310万元；参与调查工作的督导员、调查员700多名，入户走访老年人家庭16000多户。整个调查工作安全、高效、优质，达到了预期目的，受到了全国老龄办、中国老龄科研中心的充分肯定和高度赞扬。

　　为使本次调查数据更好地为我省各级政府编制国民经济和社会发展"十三五"规划、老龄事业发展"十三五"规划和省老龄委各成员单位制定"十三五"专项规划提供数据支撑，省老龄办与中南财经政法大学等高等院校科研机构合作，对本次调查数据进行了深度开发分析，形成了《湖北省第四次城乡老年人生活状况抽样调查数据分析》一书，全书共五章，约50万字，主要对湖北省老年人生活状况的特征进行了分析，并反映了各级组织开展老龄工作的基本情况。本书从城乡和年龄段两个维度对数据进行了呈现，既反映了我省城乡各年龄段老年人生活状况的概况，又突出了城乡老年人之间的差异，将是我省各级政府制定经济社会发展规划和老龄政策法规不可多得的宝贵资源。

　　我省第四次城乡老年人生活状况抽样调查工作取得圆满成功，是全国第四次调查领导小组办公室具体指导的结果，是全省各级政府高度重视和大力支持的结果，是省老龄办、省民政厅、省财政厅共同推进、精心策划和周密部署的结果，也是相关市、州、县、乡

前言

(镇)、村(居)委的老龄、民政、财政、统计、残联、扶贫等部门共同参与的结果,更是全体督导员、调查员和网格员顶烈日、冒酷暑,走街串巷、入户调查的结果。在此,我要在此书出版之际,向支持和参与此次调查的各级组织和领导表示崇高的敬意,向战斗在调查一线的各级督导员和广大调查员同志们表示衷心的感谢!

感谢全国老龄办副主任、中国老龄科学研究中心主任吴玉韶和中国老龄科学研究中心副主任党俊武对湖北省第四次城乡老年人生活状况抽样调查的指导和对本书写作的支持。感谢湖北省人民政府研究室刘纯志研究员、城乡社区社会治理湖北省协同创新中心主任赵曼教授、湖北省统计局人口与就业统计处刘洪处长等同志对本书的编写所提供的宝贵评审意见。

感谢本书主创团队成员王建楷、赵琛徽、田莹、黄本明、程志辉、张泽文、彭莉、梅凯、孔令卫、陈显友、王青、郑耀洲、席祥勇、孙成等负责人和专家学者,本书能这么快与读者见面与他们强烈的进取精神和创造性工作密不可分。

感谢中南财经政法大学工商管理学院和城乡社区社会治理湖北省协同创新中心对本书写作所提供的人力和物力支持,与此同时还要感谢武汉大学出版社的范绪泉主任和唐伟编辑,他们的职业素质和敬业精神令人感动。

由于时间仓促,本书难免存在缺点和不足之处。真诚欢迎广大读者对本书提出宝贵的批评意见,在此致以诚挚的感谢!

罗丰武
2016年1月

目 录

第一章 总论 ··· 1
 第一节 湖北省第四次城乡老年人生活状况抽样调查技术报告 ················ 1
 第二节 湖北省第四次城乡老年人生活状况抽样调查数据简报 ················ 4
 第三节 湖北省第四次城乡老年人生活状况的特征、问题及对策分析 ······· 10

第二章 城乡老年人生活状况 ··· 23
 第一节 个人基本情况 ··· 23
 第二节 家庭状况 ··· 31
 第三节 健康医疗状况 ··· 41
 第四节 照料护理服务状况 ·· 67
 第五节 经济状况 ··· 88
 第六节 宜居环境状况 ··· 122
 第七节 社会参与状况 ··· 130
 第八节 维权状况 ··· 139
 第九节 精神文化生活状况 ·· 145

第三章 受访社区（村、居）老龄工作基本情况 ····················· 156
 第一节 地理与人口状况 ·· 156
 第二节 基础设施和活动场所 ··· 161
 第三节 老龄服务体系建设 ·· 167
 第四节 老龄工作现状与规划 ··· 168

第四章 受访乡镇（街道）老龄工作基本情况 ························· 177
 第一节 地理与人口情况 ·· 177
 第二节 老年人收入保障 ·· 182
 第三节 老年人健康保障 ·· 187
 第四节 老龄服务体系建设 ·· 192
 第五节 老年人权益保障 ·· 196
 第六节 老年人社会参与 ·· 198
 第七节 老年人精神文化生活 ··· 200
 第八节 老龄工作现状与规划 ··· 203

第五章 受访各县（市、区）老龄工作的基本情况 ················· 208
  第一节 地理与人口的基本情况 ································ 208
  第二节 经济状况 ·· 210
  第三节 老年人收入保障 ······································ 211
  第四节 老年人健康保障 ······································ 213
  第五节 老龄服务体系建设 ···································· 215
  第六节 老年人权益保障 ······································ 216
  第七节 老年人社会参与 ······································ 218
  第八节 老年人精神文化生活 ·································· 219
  第九节 老龄工作现状与规划 ·································· 221

附录 ·· 227
  附录 1 湖北人口老龄化现状、趋势与对策 ························ 227
  附录 2 中华人民共和国老年人权益保障法
       （2012 年 12 月 28 日修订）····························· 234
  附录 3 中共中央、国务院关于加强老龄工作的决定
       中发〔2000〕13 号 ··································· 242
  附录 4 国务院关于加快发展养老服务业的若干意见
       国发〔2013〕35 号 ··································· 248
  附录 5 中共湖北省委、湖北省人民政府关于进一步加强老龄工作的意见
       鄂发〔2011〕21 号 ··································· 254
  附录 6 湖北省关于老年人享受优待服务的规定
       湖北省人民政府令（第 301 号）··························· 260
  附录 7 湖北省人民政府关于加快发展养老服务业的实施意见
       鄂政发〔2014〕30 号 ································· 264
  附录 8 省人民政府办公厅关于加快发展城乡社区居家养老服务的意见
       鄂政办发〔2012〕83 号 ······························· 270
  附录 9 相关问卷 ·· 273

第一章 总　　论

第一节　湖北省第四次城乡老年人生活状况抽样调查技术报告

2015年全国老龄办、民政部、财政部下发了《关于开展第四次中国城乡老年人生活状况抽样调查的通知》，旨在加强老龄事业的基础工作，进一步摸清中国城乡老年人生活状况和养老服务需求，重点了解城乡老年人健康医疗、照料护理服务、家庭、经济、社会参与、宜居环境、维权意识与行为以及精神文化生活等方面状况，调查对象为居住在中华人民共和国境内（不含港、澳、台地区）60周岁及以上的中国公民，调查样本规模为22.368万（总抽样比为1‰）。湖北省人民政府积极响应，在省老龄办、省民政厅和省财政厅的共同推动下，组织和开展了我省第四次城乡老年人生活状况抽样调查。

本次调查作为对我省老年人生活状况的专项科学调查，规模空前、涉及面广、客观真实、准确性高，既体现了省委和省政府对老龄事业的关心和重视，也反映了新时期我省老龄工作的具体情况和老年人的需求情况。通过调查，可以为我省统筹制定发展"十三五"规划和我省老龄事业发展专项规划提供重要数据支撑，同时也为我省相关法律、法规和政策的制定和修订提供事实依据。

一、调查进展和安排

本次调查主要由四个阶段组成：

1. 调查工作准备阶段（2015年5月21日—2015年7月31日）

成立由省老龄办、省民政厅、省财政厅组成的湖北省第四次调查工作领导小组及办公室、申请调查工作经费、召开动员部署会以及举办督导员和调查员培训班等。本次调查问卷设计、修订和专家论证由全国第四次调查领导小组办公室统一组织实施，包括五种类型问卷，依次是个人问卷（长表）、个人问卷（短表）、社区（村、居）问卷、乡镇（街道）问卷和县（市、区）问卷，其中个人问卷（短表）是个人问卷（长表）的简版。

2. 入户调查和问卷质量控制阶段（2015年8月1日—2015年8月31日）

由省老龄办全面组织实施，以各县（市、区）为单位开展入户调查工作。同时，各级督导员赴各地进行调查督导和问卷回收等工作。为了确保问卷完成质量，采用"乡镇初审、市县复审、省级终审"的层层审核流程，发现问题及时反馈，并且当场落实解决，最终完整地回收了全部发放的10020份调查问卷，其中个人问卷9600份，机构问卷420份。

3. 数据录入及初步处理阶段（2015年8月—2015年11月）

数据录入准备工作与问卷入户调查工作同步开展。本次调查数据录入及处理工作由省老龄办委托中南财经政法大学赵琛徽教授领衔的专业科研团队负责。该团队负责问卷编码、数据录入培训、正式数据录入、调查问卷整理及邮寄、数据初步分析和报告撰写工作。问卷编码、录入模板制作和正式数据录入在专家的指导下，由60位在校博士生和硕士研究生承担。为了确保数据录入质量，该团队将参与人员分为录入人员、审核人员和问卷管理人员，并由省老龄办全程监督、跟踪和指导。数据录入审核完毕后，运用SPSS22.0统计分析软件进行统计分析，形成四卷调查分析报告，依次是个人卷、社区卷、乡镇（街道）卷和县（市、区）卷。

4. 调查工作总结表彰、数据发布和成果转换阶段（2015年11月—2016年5月）

包括现场调查情况评比，举行表彰会和新闻发布会，形成《湖北省第四次城乡老年人生活状况抽样调查基础数据概况》供相关部门领导参阅，并出版《湖北省第四次城乡老年人口生活状况抽样调查数据分析》一书，向社会提供数据处理服务等。

二、调查时点、范围、抽样方法、对象、样本量及代表性

1. 调查时点

2015年中国城乡老年人生活状况抽样调查（湖北片区）的标准时点为2015年8月1日零时。

2. 调查范围

本次调查涉及我省11个市（州）的20个县（市、区）的80个乡镇（街道）中的320个村（居）委的9600名老年人。其中，11个市（州）依次是：武汉市、黄石市、十堰市、荆州市、宜昌市、鄂州市、荆门市、孝感市、黄冈市、恩施土家族苗族自治州、省直辖县级行政区划市（天门市）。各市（州）的抽样情况如表1-1-1所示。

表1-1-1　　　　　各市（州）抽样分布情况

序号	市（州）	县（市、区）	乡镇（街道）	村（居）委	样本量
1	武汉市	4	16	64	1920
2	黄石市	1	4	16	480
3	十堰市	1	4	16	480
4	荆州市	2	8	32	960
5	宜昌市	4	16	64	1920
6	鄂州市	1	4	16	480
7	荆门市	1	4	16	480
8	孝感市	3	12	48	1440
9	黄冈市	1	4	16	480
10	恩施土家族苗族自治州	1	4	16	480
11	省直辖县级行政区划市	1	4	16	480
	合计	20	80	320	9600

3. 抽样方法

采用"分层、多阶段PPS、最后阶段等概率"的近似自加权样本抽样设计，确保抽取样本的全省代表性。抽样分为四个阶段：第一阶段抽取县（市、区），第二阶段抽取乡镇（街道），第三阶段抽取村（居）委会，第四阶段抽取老年人。抽样工作技术性强、要求高，由我省领导小组办公室直接组织，抽中县（市、区）予以配合。调查实施时，从编制的老年人花名册中，采用"随机数"法在每个抽中的村（居）委会抽取30位老年人参与入户调查。

4. 调查对象

个人调查对象为调查时点时年满60周岁及以上的城乡老年人。

老龄工作调查样本填报对象为县（市、区）、乡镇（街道）、村（居）委会各级的老龄工作相关部门或老龄工作者。

5. 入户调查个人样本

入户调查样本为9600户（人），发放个人调查问卷9600份，其中个人问卷（长表）960份，个人问卷（短表）8640份，回收率100%。

6. 老龄工作样本

各级老龄工作问卷共计420份，其中县（市、区）老龄工作问卷20份，乡镇（街道）问卷80份，村（居）委会问卷320份，回收率100%。

7. 调查的代表性

本次调查采用科学的抽样方法，按照全省城乡老年人生活状况主要指标有代表性的原则设计并选取样本，抽取的样本占我省老年人口总数的1‰，能够比较准确地反映我省60周岁以上老年人口基本生活状况。

三、调查内容

1. 个人问卷的主要内容

个人问卷涉及老年人基本状况、家庭情况、健康医疗状况、照料护理服务状况、经济状况、宜居环境状况、社会参与状况、维权状况、精神文化生活状况九个方面。

2. 老龄工作问卷的主要内容

老龄工作问卷包括社区问卷、乡镇（街道）问卷和县（市、区）问卷。其中，社区问卷涉及地理与人口状况、基础设施和活动场所、老龄服务体系建设、老龄工作等方面；乡镇（街道）问卷涉及各乡镇（街道）的基本情况、老年人收入保障、老年人健康保障、老龄服务体系建设、老年人权益保障、老年人社会参与、老年人精神文化生活、老龄工作等方面；县（市、区）问卷涉及各县（市、区）的基本情况、经济状况、老年人收入保障、老年人健康保障、老龄服务体系建设、老年人权益保障、老年人社会参与、老年人精神文化生活、老龄工作等方面。

四、调查实施和数据质量控制

本次调查共择优选取了640名调查员和130名督导员，他们主要是来自我省抽中各县（市、区）民政、老龄部门的工作人员和社区以及村（居）委会干部。省老龄办采取"一竿子插到底"的方式,分别在孝感市和宜昌市举办了两期培训班,对我省督导员和调查员进行集中统一培训,邀请全国调查问卷的直接设计和制定者授课,授课水平高、针对性强、效果好。授课除了课堂问卷解读之外,还安排了现场调查模拟和互动点评指导环节,让参加培训的督导员、调查员准确地理解问卷和掌握入户调查技巧等。

省级5个督导组分赴自己负责的各地开展督导工作,督导组每到一地,就积极履行督导职责,将责任落实到各级老龄办主任、民政专干、督导员、调查员,形成了上级带下级、督导员带调查员的良好态势,成为调查取得成效的重要保障。同时,在问卷回收过程中坚持"乡镇初审、市县复审、省级终审"。在审核过程中,对小问题采用电话回访确认,对大问题通知所属县市并要求重新组织调查,确保问卷质量。在问卷录入过程中,专门成立审核组对录入数据进行一一校对,省老龄办派专人采取"两班倒",现场监督和指导数据录入工作。

五、数据质量评估

本次调查的抽样方法科学,不得随意更改被访对象,确保受访老人为抽样框架内的老年人,对受访者因为死亡、生病、拒访、外出、搬迁等原因无法接受调查的情况,采用抽样备选顺序替代,确保每个受访村(居)委受访老年人为30人。

本次调查个人问卷经校验后的有效样本为9600人,其中城镇3770人,农村5830人。60~64岁的老年人样本占有效样本的29.1%。回收的老龄工作问卷为420份,县(市、区)问卷20份、乡镇(街道)问卷80份、村(居)委会问卷320份,所有回收的老龄工作问卷填写质量均比较高。

第二节 湖北省第四次城乡老年人生活状况抽样调查数据简报

为全面掌握新时期我国城乡老年人状况,进一步摸清全国城乡老年人生活状况和养老服务需求,根据全国老龄委第十六次全体会议精神和王勇国务委员的指示,全国老龄办决定开展"第四次中国城乡老年人生活状况抽样调查"。为响应全国的统一部署,经湖北省人民政府批准,在我省第四次调查工作领导小组的领导下,省老龄办组织开展了我省第四次城乡老年人生活状况抽样调查,本次调查的标准时点为2015年8月1日零时,涉及11个市州20个县(市、区)、80个乡镇(街道)、320个村(居)委会,共完成了9600份个人问卷和420份老龄工作问卷。本次调查是在2010年公布的第六次全国人口普查数据的基础上按全省1‰老年人口抽样调查数据加权后的结果,具有较高的科学性、可行性和代表性。通过调查,全面了解了我省老年人口基本生活状况的变化和养老服务需求的增长情况,也深入掌握了我省城乡老龄事业发展过程中存在的问题,为我省研究制定经济社会发展规划和老龄事业发展专项规划以及相关法律、法规和政策提供了科学的依据。现将本次抽样调查的主要数据结果报告如下(不含缺失值百分比):

一、老年人基本状况

(1)性别:男性为48.1%,女性为51.9%。

(2) 年龄：60~64 周岁为 29.1%，65~69 周岁为 24.7%，70~74 周岁为 17.8%，75~79 周岁为 13%，80~84 周岁为 10.2%，85 周岁以上为 5.2%。

(3) 文化程度：未上过学的为 30.2%，小学的为 36.8%，初中的为 18.1%，高中/中专/职高的为 9.8%，大学专科的为 3.7%，本科及以上为 1.2%。其中城镇老年人中未上过学的为 12.3%，农村老年人未上过学的为 41.7%。

(4) 政治面貌：群众占 83.3%，中共党员占 16.2%，民主党派占 0.1%。

(5) 婚姻状况：有配偶的为 72.0%，丧偶的为 25.1%，离婚的为 0.9%，从未结婚的为 1.2%。

二、老年人家庭状况

(1) 子女数：平均为 3.02 个，其中城镇老年人平均为 2.52 个，农村老年人平均为 3.32 个。

(2) 同吃同住人员：

城镇老年人：配偶占 73.5%，儿子占 29.8%，（外、重）孙子女占 28.5%，儿媳占 22.2%，单独居住占的 11.4%，女儿占 10.8%，女婿占 5.3%，（岳）父母占 1.6%，保姆占 1%，其他人占 0.6%。

农村老年人：配偶占 67.5%，儿子占 31.5%，（外、重）孙子女占 30.7%，儿媳占 24.8%，单独居住的占 18%，女儿占 4.7%，女婿占 3.2%，（岳）父母占 1%，保姆占 0.1%，其他人占 0.6%。

(3) 重大支出决策人：共同协商占 38.3%，自己占 33.6%，子女占 15%，配偶占 12.2%。

三、老年人健康医疗状况

(1) 视力：非常清楚的占 8%，比较清楚的占 34.1%，一般占 25.1%，不太清楚的占 30.1%，几乎/完全看不清的占 2.7%。

(2) 听力：很难听清楚占 6.7%，需要别人提高声音的占 22.3%，能听清楚的占 70.7%。

(3) 每周锻炼次数：从不锻炼的占 55.8%，不到一次的占 3.1%，一至两次的占 9.9%，三至五次的占 10.6%，六次及以上的占 20.4%。其中城镇老年人从不锻炼的占 26.2%，农村老年人从不锻炼的占 74.9%。

(4) 保健品：从来不吃的占 79.8%，偶尔吃的占 14.4%，经常吃的占 5.5%。

(5) 所患慢性疾病：

城镇老年人：高血压占 46.1%，骨关节病占 43.9%，心脑血管疾病占 31.7%，白内障/青光眼占 22.9%，胃病占 16.8%，糖尿病占 12.8%，慢性肺部疾病占 9.7%，其他慢性疾病占 6.3%，生殖系统疾病占 5.5%，哮喘占 3.8%，恶性肿瘤占 2.1%，都没有的占 12.7%。

农村老年人：骨关节病占 56.1%，高血压占 34.9%，胃病占 28.1%，心脑血管疾病占 23.6%，白内障/青光眼占 20.2%，慢性肺部疾病占 13.7%，哮喘占 7.8%，生殖系统疾病占 7.3%，糖尿病占 5%，其他慢性疾病占 4.7%，恶性肿瘤占 1.3%，都没有的占 12.6%。

（6）主要看病机构：卫生室/站 32.2%，乡镇（街道）卫生院 16.4%，市/地医院 14.4%，县/市/区医院 13.7%，私人诊所 9.6%，社区卫生服务中心 8.8%，省级医院 3.3%，其他 0.6%。

（7）到医院或诊所看病不愉快遭遇。

城镇老年人：收费太高占 67.3%，排队时间太长占 43.6%，手续繁琐占 32%，服务态度不好占 9.1%，无障碍设施不健全占 6.9%，不能及时住院占 4.7%，其他占 8.6%。

农村老年人：收费太高占 51.4%，手续繁琐占 30.7%，排队时间太长占 30.1%，无障碍设施不健全占 21.9%，服务态度不好占 10.7%，不能及时住院占 8.1%，其他占 10%。

（8）2014 年住院花销：58.77% 的老年人报告有住院开销，平均花销为 6810.94 元，其中城镇老年人为 11728.32 元，农村老年人为 4013.12 元。

（9）2014 年在药店自费购买药物开销：81.2% 的老年人 2014 年在药店自费购买药物，平均开销为 1287.07 元。

（10）享受医疗保障待遇情况。

城镇老年人：城镇职工基本医疗保险占 72.4%，职工大额医疗补助占 17.2%，城镇居民基本医疗保险占 14.5%，公费医疗占 7.6%，新型农村合作医疗保险占 5.4%，城乡居民大病保险占 2.6%，城乡居民基本医疗保险占 1.6%，其他占 0.7%，都没有占 0.9%。

农村老年人：新型农村合作医疗保险占 96.1%，城乡居民大病保险占 8.3%，城乡居民基本医疗保险占 1.6%，城镇职工基本医疗保险占 1.1%，城镇居民基本医疗保险占 1%，职工大额医疗补助占 0.5%，公费医疗占 0.1%，其他占 0.2%，都没有占 1.3%。

（11）对自己健康状况的评价：非常好占 5%，比较好占 26%，一般占 41.4%，比较差占 21.7%，非常差占 5.8%。

四、老年人照顾护理服务状况

（1）日常生活状况。

①吃饭：做得了的占 97.1%，有些困难的占 1.9%，做不了的占 0.9%。

②穿衣：做得了的占 96.1%，有些困难的占 2.7%，做不了的占 1.2%。

③上厕所：做得了的占 94.4%，有些困难的占 4.2%，做不了的占 1.4%。

④上下床：做得了的占 95%，有些困难的占 3.8%，做不了的占 1.2%。

⑤室内走动：做得了的占 95.2%，有些困难的占 3.5%，做不了的占 1.3%。

⑥洗澡：做得了的占 93.4%，有些困难的占 4.4%，做不了的占 2.2%。

（2）失禁：大便失禁的占 3.7%，小便失禁的占 6.8%，都没有的占 91.6%。

（3）辅具用品：老花镜的占 59.9%，血压计的占 30.7%，假牙的占 24.4%，按摩器具的占 11.3%，拐杖的占 9%，血糖仪的占 7.9%，轮椅的占 3.4%，助听器的占 2.5%，成人尿不湿/护理垫的占 1.5%，护理床的占 0.8%，智能穿戴用品的占 0.4%，其他的占 0.7%，都没有占 22.5%。

（4）日常生活需要别人照料护理的情况。

①需要别人照料护理的为15.3%，其中有人护理的占88.5%。

②主要照料护理人：配偶占47.2%，儿子占22.8%，女儿占12.5%，儿媳占8%，家政服务人员占4.3%，养老机构人员占1.5%，其他亲属占0.8%，孙子女占0.4%，朋友邻居占0.4%，女婿占0.3%，医疗护理机构人员占0.2%。

（5）愿意接受照料护理服务的情况。

①地方：在家里占73.3%，养老机构占6.1%，白天在社区晚上回家占3.5%，视情况而定占16.3%。

②入住养老机构每月最多能承受的费用：1000元以下为49.4%，1000~1999元为34.5%，2000~2999元为10%，3000~3999元为1.6%，4000~4999元为0.3%，5000元以上为0.3%。其中，城镇：1000元以下为24.5%，农村：1000元以下为80.1%。

（6）需要的社区老龄服务项目：上门看病占42%，上门做家务占15.5%，助餐服务占14%，康复护理占13.8%，日间照料占13.3%，心理咨询/聊天服务占12.6%，健康教育服务占11.4%，老年辅助用品租赁占7%，助浴服务占6.6%，其他占0.3%。农村老年人比城镇老年人需要老龄服务的愿望更迫切，农村老年人需要老龄服务的比城镇老年人高22.5个百分点。

五、老年人经济状况

（1）2014年老年人家庭总收入：平均为3.93万元，城镇为6.27万元，农村为2.43万元。

（2）2014年老年人家庭总支出：平均为3.06万元，城镇为4.81万元，农村为1.94万元。

（3）自我经济状况评价：非常富裕的占1.1%，比较富裕的占14.7%，基本够用的占57.9%，比较困难的占21.6%，非常困难的占4.2%。

（4）老年人和老伴储存的养老钱：35.7%的老年人和老伴存有养老钱，城镇为51.5%，农村为25.6%。平均储存的养老金为52123.17元，城镇77808.15元，农村为18680.98元。

（5）社会保障：96.4%的老年人享受养老金（离退休金），平均每月可获1115.91元，城镇为2551.42元，农村为190.27元。

（6）2014年老年人与老伴的其他收入：27.8%的老年人有利息收入，2014年利息收入平均为1822.84元，城镇为2591.95元，农村为609.46元。农村老年人中有20.5%的拥有土地出租（承包）收入，2014年的土地出租（承包）的平均收入1196.44元。63.7%的老年人获得过子女（含孙子女们）给的钱（含实物），2014年平均收到3502.41元。20.6%的老年人获得过其他亲戚给的钱（含实物），2014年平均收到919.43元。

（7）从事投资理财活动：没有从事投资理财活动的占97.3%。

（8）拥有属于自己（或老伴）产权房子：平均为62.7%，其中城镇老年人为75.2%，农村老年人为54.6%。

（9）每月日常生活开支情况：每月平均个人支出（包括烟酒、化妆品、洗漱用品等）

为157.56元,城镇老年人为224.5元,农村老年人为114.32元。60.5%的老年人报告每月有卫生保健(美容美发、保健品、按摩等)支出,平均开销为55.25元。

(10) 2014年个人开支。

①88.2%的老年人报告了2014年衣装鞋帽类支出,2014年平均支出为725.49元;

②51.6%的老年人报告了2014年给子女(含孙子女)钱,2014年平均支出为3721元。

(11) 所在家庭平均每月食品支出(伙食费):平均支出为1094.87元,城镇为1740.03元,农村为677.75元。

(12) 家中的"啃老"状况:平均为8.2%,其中城镇老年人为14.4%,农村老年人为4.2%。

六、老年人宜居环境状况

(1) 现在住房所建年代:1949年前占1%,20世纪50—60年代占4.7%,70—80年代占31.8%,90年代占28.4%,2000年以后占33.7%。

(2) 现在住房的建筑面积:平均为116.13平米,城镇为96.91平米,农村为128.63平米。

(3) 老年人和老伴是否有单独居住房间:有单独居住房间的占93.5%。

(4) 现在住房存在的问题:城镇老年人前四个主要问题是没有呼叫/报警设施(41.7%),没有扶手(21.3%),光线昏暗(18.6%),有噪音(18%);农村老年人前四个主要问题是没有呼叫/报警设施(35.8%),光线昏暗(24.3%),厕所/浴室不好用(23.8%),没有扶手(20%)。

(5) 对现有住房是否满意:满意占46.1%,一般占37.4%,不满意占16.3%。

(6) 2015年以来是否跌倒过:16.3%的老年人跌倒过。

七、老年人社会参与状况

(1) 参加公益活动:城镇老年人前三项公益活动是帮助邻里(28.6%),维护社区卫生环境(24.5%),协助调解邻里纠纷(16.9%);农村老年人前三项公益活动是帮助邻里(36.7%),协助调解邻里纠纷(20.9%),维护社区卫生环境(18.6%)。

(2) 参加老年协会。

①参加老年协会平均占比为6.2%,城镇为7.4%,农村为5.5%。对老年协会组织活动满意情况:非常满意占16.7%,比较满意占46.1%,一般占32.6%,比较不满意占1.5%,非常不满意占0.5%。

②希望老年协会开展活动前五种:困难老年人帮扶活动占51.8%,学习/娱乐活动占45.4%,老年人权益维护占40.6%,志愿公益活动占24.7%,老少共融亲情活动占24%。

③没有参加老年协会的主要原因:没有成立占43%,没有时间占24.3%,身体不允许占22.7%,不感兴趣占22.4%,家庭不支持占0.6%,其他占4.3%。

(3) 参与社区选举情况:54.2%的老年人有参与社区最近一次选举。

(4) 向社区提建议:22.9%的老年人向所在社区提过建议。

(5) 帮助社区有困难老年人意愿：69%的老年人有意愿帮助社区有困难老年人。

(6) 所在社区办大事征求老年人意见：33.2%的老年人所在社区办大事征求过其意见。

八、老年人维权状况

(1) 对《老年人权益保障法》是否知晓：30%的老年人知晓，其中城镇老年人为47.3%，农村老年人为18.8%。

(2) 办理优待证：26.9%的老年人已办理，其中城镇为58.3%，农村为6.6%。

(3) 曾享受过优待。

城镇老年人：免费体检占50.2%，公共交通票价减免占48.1%，公园门票减免占34.1%，旅游景点门票减免占25.6%，普通门诊挂号费减免占25%，博物馆等公共文化场所门票减免占18%。

农村老年人曾经享受过的优待情况：免费体检占45.1%，普通门诊挂号费减免占3.5%，公共交通票价减免占3.5%，公园门票减免占1.4%，旅游景点门票减免占1.1%，博物馆等公共文化场所门票减免占0.6%。

(4) 合法权益保障：91.7%的老年人认为自己的合法权益得到了应有保障。

九、老年人精神文化生活状况

(1) 经常参加的活动类型。

城镇老年人前五项活动：看电视/听广播占94.1%，散步/慢跑等占68.7%，读书/看报占52.3%，种花养草占34.4%，打麻将/打牌/下棋占26.2%。

农村老年人前五项活动：看电视/听广播占87.5%，散步/慢跑等占23.2%，打麻将/打牌/下棋占21.2%，读书/看报占10.5%，种花养草占5.3%。

(2) 上网情况：经常上网平均为7.9%，其中城镇为19.1%，农村为0.8%。

(3) 参加老年大学：2.5%的老年人参加了老年大学，其中城镇为5.7%，农村为0.5%。

(4) 未来一年准备旅游：14.4%的老年人未来一年有旅游打算，其中城镇为24.3%，农村为8%。

(5) 宗教信仰：不信仰任何宗教占90.7%，佛教占6.5%，基督教占1.6%，天主教占0.3%，伊斯兰教占0.2%，道教占0.2%。

(6) 孤独感：从不孤独占61.8%，有时孤独占30.4%，经常孤独占7.2%。

(7) 幸福感：非常幸福占15.5%，比较幸福占47.4%，一般占29.1%，比较不幸福占6.4%，非常不幸福占1.5%。

十、基层老龄工作和为老服务状况

本次调查所涉及的20个县（市、区）中，60%的制订了老龄事业发展专项规划，40%的在2015年将老龄工作纳入政府目标考核，65%的解决了老年人活动场所不足的问题，80%的开展了便捷老龄服务建设，80%的建设了老龄服务队伍，60%的建立了老龄法律服务热线，95%的开展过老年人免费体检。

调查的80个乡镇（街道）中，54.7%的有专职老龄工作人员，74%的有老年协会，76.3%的落实了"五保"老人供养政策，75%的开展过《老年人权益保障法》的普法宣传，91.3%落实了城乡老年人优待政策，73.8%的开展过文体娱乐活动。

调查的320个村（居）委会中，52.9%有老年协会，73.2%的组织过老年人歌舞活动，60.6%的落实了"五保"老人供养政策，75.5%的开展过老年人定期免费体检，50.6%的开展过《老年人权益保障法》的普法宣传，69.5%的落实了城乡老年人优待政策，39.4%的举办过健康讲座，60.6%的开展过文体娱乐活动，97.5%的提供了高龄补贴。

第三节 湖北省第四次城乡老年人生活状况的特征、问题及对策分析

党的十八大和十八届三中全会做出了积极应对人口老龄化，大力发展老龄服务事业和产业的战略部署。在2014年中央经济工作会议上，习近平总书记明确指出，人口老龄化是我国经济发展面临的新常态之一。当前我省正处在全面建设小康社会和幸福湖北的关键时期，也是人口老龄化形势日益严峻的时期，人口快速老龄化与经济转轨和社会转型相叠加，与利益格局深刻调整和思想观念深刻变化相伴随。湖北早在1998年已进入人口老龄化状态，根据湖北省老龄办《关于湖北省人口老龄化现状及发展趋势预测的研究》，湖北人口老龄化高于全国平均水平，也快于我省经济发展水平，湖北省人口老龄化进程在2034年以前始终处于快速增长状态，2015年末，60岁及以上老年人1042.42万人，占总人口的17.6%，65岁及以上686.36万人，占总人口的11.6%；到2020年末，60岁及以上老年人1243.90万人，占总人口的20.6%，65岁及以上老年人894.55万人，占总人口的14.8%；到2033年60岁及以上老年人将达到1958.42万人，占总人口的32.6%，65岁及以上老年人1449.61万人，占总人口的24.0%，老年抚养比将大幅上升，人口年龄结构将发生大的转变。因此，全面和准确了解我省老年人生活状况，科学地制定应对人口老龄化的战略、规划和政策，对于解决我省日益高涨的社会养老多样化需求与我省老龄事业发展不足之间的矛盾，对于正确认识我省老龄事业发展的内外环境和发展趋势，对于促进我省经济社会和老龄事业的共同发展，都具有重要的意义和价值。

2015年湖北省第四次城乡老年人生活状况抽样调查是一次重要的老年国情、省情调查。本次调查涉及我省11个市州、20个县（市、区）、80个乡镇（街道）、320个村（居）委会，采用"分层、多阶段PPS、最后阶段等概率"的近似自加权样本抽样设计，抽取的样本占我省老年人口总数的1‰，能够比较准确地反映我省60周岁以上老年人口基本生活状况。调查实施时，从编制的老年人花名册中，采用"随机数"法在每个抽中的村（居）委会抽取30位老年人进行入户调查，共完成了9600份个人问卷和420份老龄工作问卷，调研内容涉及老年人基本状况、家庭情况、健康医疗状况、照料护理服务状况、经济状况、宜居环境状况、社会参与状况、维权状况、精神文化生活状况等九个方面。现将有关分析结果报告如下：

一、湖北省城乡老年人生活状况的特征

（一）传统的家庭养老模式受到冲击，老年人对社区照料护理服务需求迫切

如图1-3-1所示，老年人平均子女数与年龄呈反比，平均子女数由85岁以上年龄段的4.2个降低到60~64岁年龄段的2.2个，家庭结构呈小型化、少子化特征。伴随着子女数减少的是，子女在外省居住的比例高达21.2%，老年人"空巢家庭"增多，据全国老龄委调查，2008年全国城镇老年人空巢或独居比例高达49.7%。我省本次城乡老年人生活状况抽样调查显示，当前尚有11.5%的需要照料护理的老年人没有人照料护理，并且由老年人照料护理老年人的比例高达68.5%，配偶是主要照料护理人，传统的养儿防老的家庭养老方式受到冲击，老年人越来越需要家庭之外的其他市场主体提供照料护理服务。而且，本次调查还显示，老年人需要家政服务人员提供照料护理服务的比例为4.3%，愿意在社区和养老机构养老的比例为9.6%，需要社区提供老龄服务的比例高达52.2%，主要集中在上门看病42%，上门做家务15.5%，助餐服务14%，康复护理13.8%，日间照料13.3%，心理咨询/聊天服务12.6%，健康教育服务11.4%，老年辅助用品租赁7%，助浴服务6.6%，等等，具体情况如图1-3-2所示。

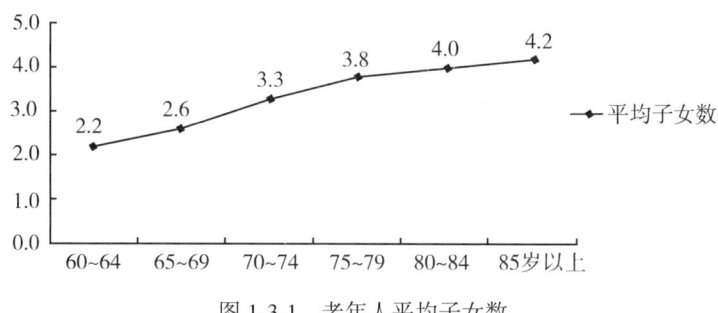

图1-3-1 老年人平均子女数

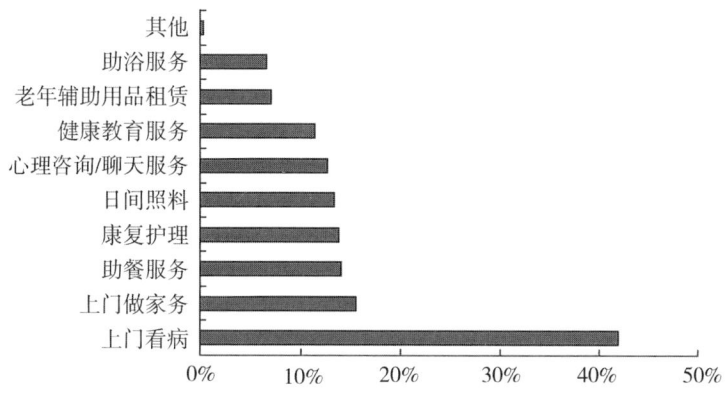

图1-3-2 老年人所需社区老龄服务的分布情况

（二）老年人是慢性病的高发人群，日益增长的医疗卫生服务需求与当前医疗保障和医疗卫生服务能力形成较大的反差

如图1-3-3所示，80%以上的老年人均患有慢性疾病，老年人对自己健康状况评价一般的占41.4%，比较差的占21.7%，非常差的占5.8%。其中，骨关节病、高血压、心脑血管疾病、白内障/青光眼成为老年人最常见的慢性疾病。慢性病病程长、难以治愈，对医疗资源和服务质量等具有更高的需求。调查显示，老年人从不锻炼的占55.8%，其中城镇老年人从不锻炼的占26.2%，农村老年人从不锻炼的占74.9%。2014年老年人平均住院次数为1.33次，平均花销为6810.94元，其中城镇老年人为11728.32元，自费4790.46元；农村老年人为4013.12元，自费2306.71元。较于其他年龄人口，老年人具有医疗消费高、收入低的特点。然而，当前我省城乡老年人享受城镇职工基本医疗保险、城镇居民基本医疗保险和新型农村合作医疗比例分别为72.4%、14.5%和96.1%，商业健康保险的比例很低，仅为2.8%。而且老年人到医院或诊所看病经常遭遇收费太高、排队时间太长、无障碍设施不健全以及手续繁琐等一系列服务问题，具体情况如图1-3-4所示。

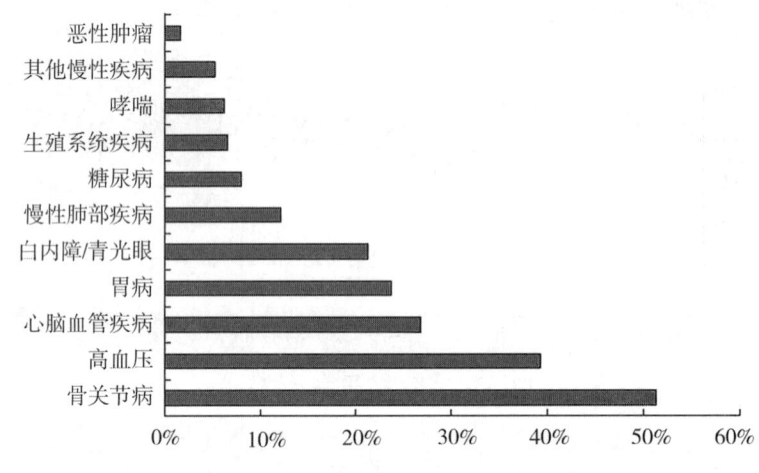

图1-3-3　老年人患慢性病的分布情况

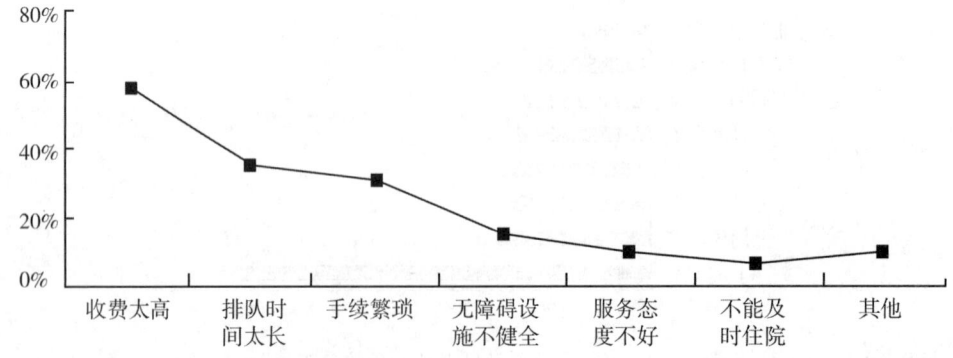

图1-3-4　老年人到医院或诊所看病遭遇服务问题的分布情况

(三) 老年人日常生活虽然得到基本保障，但养老支付能力不强

就收入而言，城镇老年人的收入来源渠道相对较多，有养老金收入、利息收入、子女和其他亲戚给予的钱物。而农村老年人的收入主要集中在养老金收入和子女给予的钱物（如图1-3-5所示）。就养老金收入来看，城镇老年人每年养老金平均收入为30617.04元，农村老年人仅为2283.24元。尽管新农保的覆盖面已经达到96.1%，但是养老金的标准并没有大幅度提高，对很多失去劳动能力的农村老年人而言，每月几十元的养老金是他们仅有的收入。

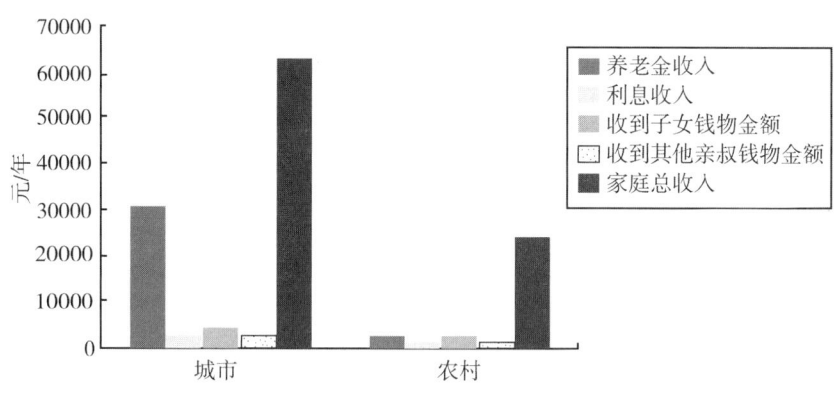

图1-3-5　城乡老年人收入分布情况

就支出而言，城乡老年人的支出主要集中在家庭食品支出和医疗费用支出，个人用品类支出、卫生保健支出以及衣装鞋帽类支出等均比较低，例如老年人每年卫生保健支出平均为663元（如图1-3-6所示）。

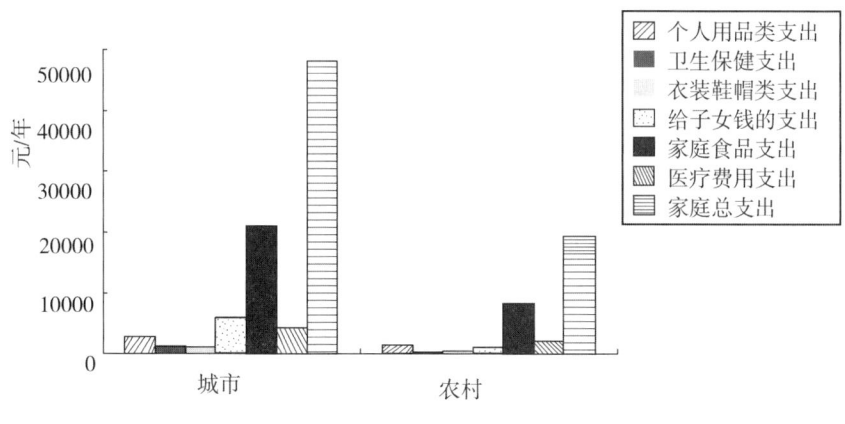

图1-3-6　城乡老年人支出分布情况

总的来看，城乡老年人2014年家庭总收入平均为3.93万元，其中城镇为6.27万元，农村为2.43万元，而家庭总支出平均为3.06万元，城镇为4.81万元，农村为1.94万元。城乡老年人2014年家庭净收入均比较低，分别为1.46万元和0.49万元，虽然可以

基本保障老年人的日常生活，但是却无法保证老年人有足够的养老支付能力。以入住养老机构愿意承受的费用为例，49.4%的老年人仅能承受1000元以下的费用，34.5%的老年人可以承受1000~1999元的费用，能够承受2000元以上的老年人仅有12%。

（四）老年人现有住房年代较长，住房设施存在诸多不便利

本次调查显示，老年人现在住房所建年代比较久远，1949年前占1%，20世纪50—60年代占4.7%，70—80年代占31.8%，90年代占28.4%，2000年以后占33.7%。老年人对现在住房满意的比例为46.1%，不满意的比例为16.3%。有61.5%的城镇老年人和59.9%的农村老年人认为住房设施存在不便利的问题。其中，城镇老年人住房存在的最突出的三个问题是"没有呼叫/报警设施"、"没有扶手"和"光线昏暗"，而农村老年人则是"没有呼叫/报警设施"、"没有扶手"和"厕所/浴室不好用"（如图1-3-7所示）。住房存在的诸多不便利因素使得16.3%的城乡老年人在2015年以来跌倒过，其中城镇为13%，农村为18.4%。老年人跌倒的后果严重，是老年人伤残和死亡的重要原因之一。

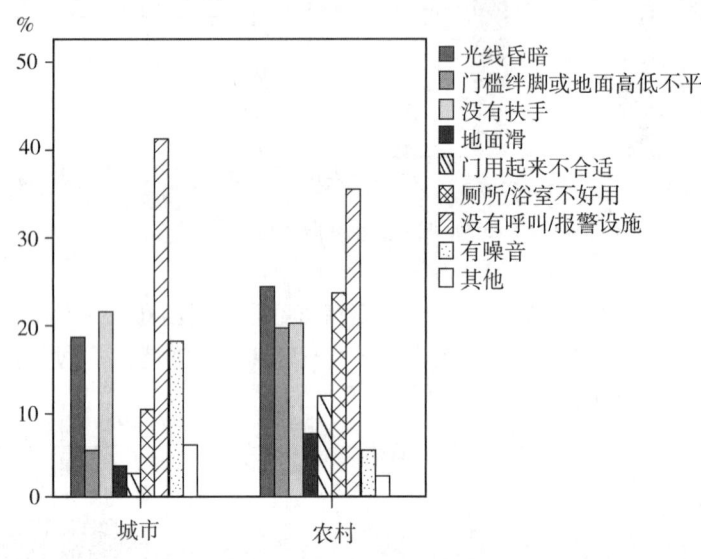

图1-3-7　城乡老年人住房存在问题的分布情况

（五）老年人社会参与形式多样，但老年人的维权意识普遍薄弱

本次调查显示，我省城乡老年人参加老年协会（6.2%）、向社区提建议（22.9%）、参加公益活动（45.1%）、参与社区选举（54.2%）、帮助有困难老年人（69.0%）的情况如图1-3-8所示。其中老年人帮助有困难老年人的比例最高，而参加老年协会的比例最低。老年人未参加老年协会的最主要原因是没有成立老年协会。参加了老年协会的老年人对协会组织的活动非常满意的比例仅为16.9%，有相当一部分老年人对协会组织的活动感觉一般甚至不满意。而且，老年人年龄越大，对老年协会组织活动不满意的比例越高。

城乡老年人认为自己的合法权益得到了应有保障的比例为91.7%。然而，具体来看，老年人知晓《老年人权益保障法》的比例仅为30%，已办理老年人优待证的比例仅为26.9%（如图1-3-9所示），老年人对权益保障的认识比较浅薄，多数老年人并未真正了

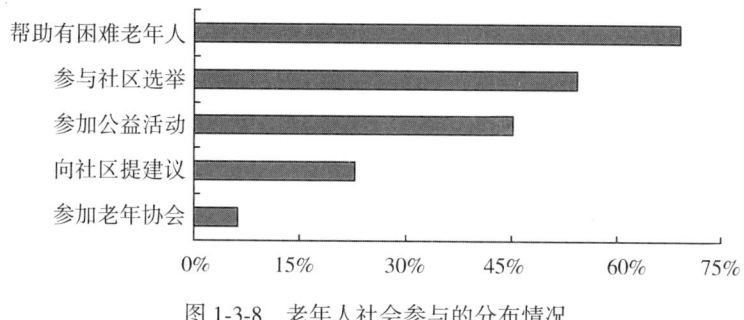

图 1-3-8 老年人社会参与的分布情况

解自己享有的权益,更不懂得去维护自己的权益。而且,相对于城镇老年人,农村老年人的维权状况更差,如农村老年人知晓《老年人权益保障法》和已办理老年人优待证的比例分别低于城镇老年人 28.5 个和 51.7 个百分点。

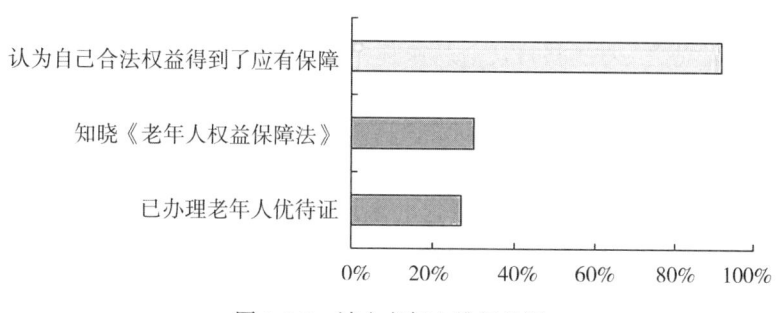

图 1-3-9 城乡老年人维权状况

(六) 老年人精神文化生活形式相对单一,迫切需要精神慰藉

本次调查显示,城镇老年人前五项活动是看电视/听广播(94.1%),散步/慢跑等(68.7%),读书/看报(52.3%),种花养草(34.4%),打麻将/打牌/下棋(26.2%)。农村老年人前五项活动是看电视/听广播(87.5%),散步/慢跑等(23.2%),打麻将/打牌/下棋(21.2%),读书/看报(10.5%),种花养草(5.3%)。城乡老年人外出旅游的比例为14.4%,信仰宗教的比例为 8.8%,经常上网的比例为 7.9%,参加老年大学的比例仅为2.5%(如图 1-3-10 所示)。可见,绝大多数老年人的精神文化生活均局限于参加娱乐活动,而在娱乐活动中看电视/听广播就占到了 90.1%。本次调查还显示,37.6%的老年人会感到孤独,而农村老年人感到孤独的比例更是高达 46%。相应地,老年人感到幸福的比例仅为62.9%,而且农村老年人要比城镇老年人低 16.8 个百分点。随着年龄的增加,老年人的精神文化生活逐渐减少,感到孤独的比例不断上升,感到幸福的比例则不断下降。

二、湖北省城乡老年人生活状况调查所表现出的问题

(一) 养老保障体系发展滞后,老年卫生服务资源不足

随着人口老龄化的加速,养老保障体系发展滞后的问题日益突出。当前,我省已建立覆盖城乡的养老及医疗保障体系,但仍普遍存在着养老待遇不公、统筹层次低以及制度不

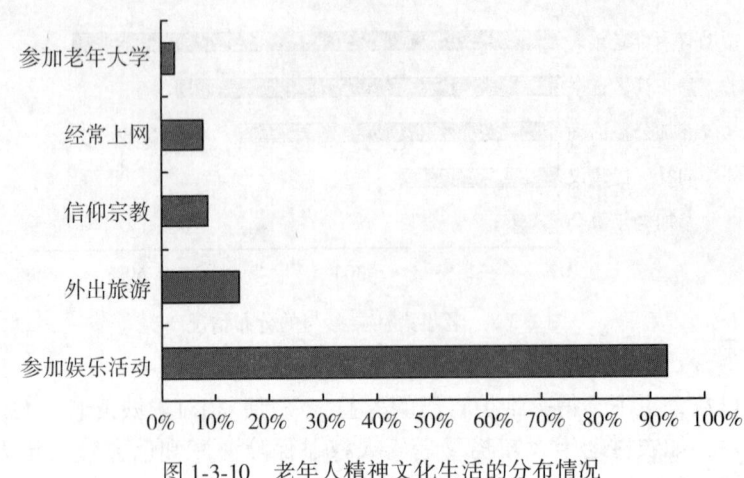

图 1-3-10　老年人精神文化生活的分布情况

能有效衔接等诸多问题。如城镇享受优待老年人的比例为 73.7%，而农村则仅有 48.2%，且城镇老年人享受优待的种类更广泛。就医疗保障体系而言，老年人享受的医疗保障待遇和保障层次还比较低，医疗服务质量还有待提升，补充医疗保险和商业健康保险的发展非常滞后。此外，调查显示，我省老年专科医院数量平均各县（市、区）仅有 3 家，造成老年人专业医疗服务、康复护理、精神卫生服务提供明显不足。老年人作为慢性病的高发人群，往往在病情稳定之后就会选择出院，后期的康复和护理问题得不到有效关注和解决，从而很容易导致慢性病的复发和恶化。

（二）城乡老年人生活状况呈现出典型的"二元"结构

城乡老年人在社会保障、经济状况、维权状况和精神文化生活等方面都呈现出二元化倾向。首先，无论是养老保障还是医疗保障都是城乡分别对待。以医疗保障为例，城镇老年人主要享受城镇职工医疗保险和城镇居民医疗保险，而农村老年人则主要享受新型农村合作医疗保险。其次，城乡老年人经济状况存在显著差异。城镇老年人家庭总收入和家庭总支出分别是农村老年人的 2.6 倍和 2.5 倍，养老金收入更是农村老年人的 13.4 倍。再次，城镇老年人的维权状况明显好于农村老年人，其知晓《老年人权益保障法》和办理老年优待证的人数分别是农村老年人的 2.5 倍和 8.8 倍。最后，城镇老年人的精神文化生活要比农村老年人丰富得多，城镇老年人经常上网和参加老年大学的人数分别是农村老年人的 24 倍和 11.4 倍（如图 1-3-11 所示）。

（三）社会化为老服务难以满足老年人多样化、多层次的需求

老年人的需求不仅仅局限在物质方面的需求和外在性的养老服务，他们对社会参与、精神文化活动等的需求也不断上升，但是精神慰藉等许多为老服务发展缓慢，难以满足老年人群日益增长的需求。其次，不同经济状况、文化程度、职业和地区的老年人会有不同的需求和诉求表达。就去养老机构所愿意承担的费用而言，有的老年人只愿意支付"1000 元以下"，有的老年人愿意支付"1000～1999 元"，而有的老年人甚至愿意支付"5000 元以上"。不同的支出水平必然有着对服务质量不同的期待。当前养老机构中普遍存在的供给与需求错位现象，就在于没有充分考虑到老年人需求的层次化，造成一方面部

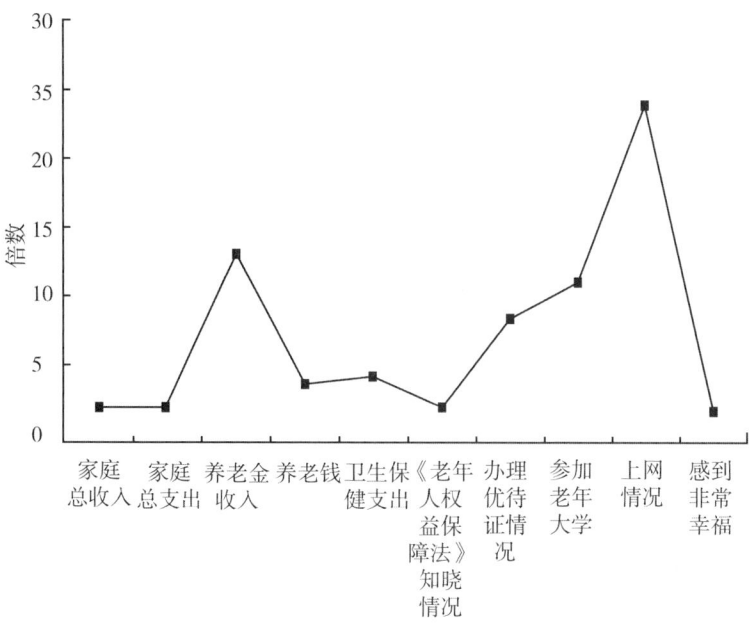

图 1-3-11 城乡老年人生活状况"二元"结构情况

分资源被闲置,另一方面是大量的需求无法得到满足。

(四)传统孝道退化,老年人权益保障面临严峻挑战

当前,孝道退化、大家庭观念弱化,一些年轻人忽视了对老年人的赡养,使得老年人与配偶同吃同住或独居的比例非常高,"空巢家庭"不断增多。再加上人口流动加速,子女外出务工或经商,家庭结构越来越趋于小型化,子女越来越关注自己的小家庭,而忽略了对父母的照顾和关心。本次调查显示,需要照料护理老年人有人照料的比例为88.5%,尚有11.5%的老年人得不到应有的照顾。此外,存在一些经济困难的老年人得不到子女的物质支持的现象,他们贫病交加,晚年非常凄凉。

(五)失能(含失智)、特困老年人的养老面临一系列问题

《湖北省失能老人长期照护问题调查报告》显示,我省城乡失能老年人有81万,占60岁以上老年人的8.1%。本次调查显示,我省4.2%的老年人经济处于特困状况。无论是从经济状况还是从健康状况而言,他们都属于弱势群体。他们的养老面临一系列问题:一是长期照料服务的有效需求不足,失能(含失智)、特困老年人的家庭经济收入往往远低于正常家庭,且收入主要来自于低保、残疾人补助、高龄津贴和子女的供养费用,购买力低下,即使需要长期照料服务,也无法支付高额的照料护理费用。二是接收失能失智的养老机构严重缺乏,当前养老机构一般愿意接收相对健康的老年人,不愿意接收失能和失智老年人,失能和失智老年人的照顾往往需要更多的精力和财力。特别是一些失智老年人一方面精神失能,另一方面大多又能自由活动,需要护理人员贴身跟从,以免走失;有的失智老年人甚至"脾气恶劣",打骂护理人员。三是护理型养老机构严重匮乏,为了延缓失能失智老年人的失能失智进程,养老机构需要具备专业的康复设施,护理人员也必须接受过专业的技能培训。然而,当前我省现有养老机构具备护理功能的床位不足30%,专

业护理人员不足20%。而且，护理质量普遍较低，尤其是民办养老机构。

（六）对老年人的社会价值开发和利用不够

老年人力资源是指60岁及以上人口中具有一定劳动能力，并有愿望继续工作的老年人口。他们积累了丰富的知识和技术技能，有一定人脉网络关系，培训成本低且收效快。因此，积极开发老年人力资源，对于缓解我省人口老龄化的压力，积极应对人口老龄化，促进经济结构转型与升级，具有十分重要的现实意义。按照目前我省的离退休现状，我省劳动力的实际退休平均年龄仅为53岁左右，每年有大量经验丰富的低龄老年人退出劳动力市场。第六次人口普查资料显示，我省35.5%的60岁以上老年人身体"健康"，44.6%的老年人"基本健康"，二者之和占我省60岁以上老年人总数的80.1%，大约639万多人。本次老年人生活状况调查显示，60~64周岁老年人占29.1%，65~69周岁老年人占24.7%，这就意味着70岁以下的低龄老年人占比达53.8%，全省约有600万人。老年人退下来以后的十多年甚至几十年完全闲置起来，特别是那些经验丰富，有独到专长的高级人才闲置不用，既是一种人才的浪费，也是社会的重大损失，同时也不利于老年人的身心健康和社会的稳定。老年群体不仅是社会资源的消费者，社会化发展的受益者，更是未来社会发展的参与者、建设者，这些老年人完全有可能积极参与社会生活，为社会作出自己的贡献。

三、改善湖北省城乡老年人生活状况的对策建议

（一）弘扬"积极老龄化"理念和孝道文化，制订我省应对人口老龄化的总体战略

"积极老龄化"是2002年4月联合国在西班牙马德里第二届世界老龄大会上，由世界卫生组织向大会提交的一份"积极老龄化"书面建议书，被大会所接受，并写进大会的《政治宣言》和《行动计划》中，成为大会最突出的成果。"积极"一词，不仅仅指身体的活动能力或参加体力劳动的能力，而是指人们不断参与社会、经济、文化、精神和公民事务。"积极老龄化"要求国际社会以积极的态度主动去应对人口老龄化，提出应对措施，采取积极行动，使社会保持活力，实现社会和谐、可持续发展。落实积极老龄化战略，必须把健康、参与、保障这三大政策框架支柱的内容，列入老龄事业发展规划，列入全省的经济社会发展规划，作为政府的工作目标来落实，全面分析和评估我省未来面临的人口老龄化相关问题的特殊性和严重性，有针对性地就一些全局性、影响大的问题提前进行战略部署和制度安排。

与此同时，当前应当大力弘扬孝道文化，倡导"感恩父母、孝敬老年人、共创和谐"的理念，广泛开展尊老敬老文化进家庭、进社区、进企业的系列宣传活动，重塑子女感恩父母的道德风尚，引导子女关注老年人的物质生活和精神文化需求，重视对老年人的精神赡养，形成家庭和睦、代际和顺的好风尚。

（二）进一步完善老年人社会保障体系，从制度安排上保障老年人"老有所养、老有所医"

建设完善的社会保障体系，是从根本上解决老龄化日益突出的养老、医疗、照料问题的制度安排。要推进农村新型养老保险制度和机关事业单位养老保障制度改革，促进养老保障体制的一体化进程。一是在全省范围内建立新型农村养老保险制度，在农村养老保险

制度实施的过程中，应实现市级或省级保险基金的统筹，努力克服原农村养老保险制度的统筹层次低、地区差异大、吸引力差等缺陷。同时，在确定基本的制度框架后，还应该重点研究新制度与原有的农村养老保险制度、城镇职工基本养老保险制度、"农民工"社会养老保险政策、"被征地农民"社会养老保险制度、农村最低生活保障制度等制度的衔接。二是机关事业单位养老保障制度改革。从长远看，改革机关事业单位养老保障制度，建立统一的城镇基本养老保险制度是必然趋势，但是在改革过程中，必须处理好新旧制度转轨所带来的利益冲突问题，实现平稳转轨。三是要构建政府、社区、非营利组织、个人与家庭等多元化的老年保障责任主体。要积极探索多元化的养老服务模式。政府负责兜底，满足基本养老需求，重点关注和满足老龄人中的高龄老年人、三无老年人、失能失智老年人和贫困老年人的基本需求，加快建立特殊群体养老服务补贴制度，而较高层次的养老需求由市场机制提供。

（三）依托社区建立社会化养老服务支持体系

充分发挥社区在养老服务中的核心作用。首先，发挥社区在老年人日常照料和医疗保健方面的重要作用。其次，大力普及社区卫生保健站，使老年人在社区内就近接受医疗卫生服务，举办"家庭病床"和"社区病床"，一方面方便老年人就诊，另一方面降低医疗费用。最后，发挥社区在精神文明建设中的重要作用，广泛开展适合老年人特点的文娱、体育、教育、科普活动，鼓励低龄老年人照料高龄老年人，对于学有专长的知识老年人和能工巧匠，应继续发挥他们的"余热"，真正使老年人实现"老有所教"、"老有所学"、"老有所为"和"老有所乐"。

要与时俱进地调整公办养老机构的功能定位，将社会福利性的养老机构的服务对象调整为生活自理能力较差的失能、失智和高龄老年人，这类养老机构将分散化、小型化、布局于各社区及其附近，实现老年人的就近养老；对于经营性养老机构的布局则遵循市场化原则，但政府可利用产业规划进行调节，并通过政府补贴和税收措施引导部分养老机构向高龄老年人和自理能力差的老年人倾斜。部分养老机构可向高端发展，走优质高价的发展之路，满足部分老年人的高端需求。最后还应当推进"医养结合"的养老模式，鼓励社区医院和养老机构合作开展失能老年人的养护服务。对照护失能老年人的医疗机构，政府应予以重点扶持，给予不低于民营养老机构同等的财政补贴和优惠政策。出台社区养老居家服务的相关标准，初步建立服务设施标准化、服务人员专业化、服务内容多样化的养老服务体系，不断提高养老服务质量。

同时，政府要鼓励社会力量因地制宜地开发多种不同的养老模式，如个人养老（候鸟式养老、旅游养老、乡村田园养老、以房养老等），家庭养老（自助养老、互助养老），机构养老（养老院、老年公寓、护老院、护养院、护理院），社区集体合作养老（社区居家养老、社区养老院、社区服务），社会救济养老（福利院、敬老院养老），商业保险养老等多种养老模式。在我省钟祥——世界长寿之乡、孝感——董永故里、蔡甸养老城、江夏侨亚中华孝庄等环境优美、养老设施齐全、养老文化浓厚的地方打造知名养老品牌。

（四）加大供给侧调整力度，大力发展老龄产业，有效满足城乡老年人多样化、多层次需求

面对养老资源供给与需求的不匹配，以及老年人日益多样化的需求，政府应当加大老

龄产业供给侧的调整力度，引导老龄产业供给侧的结构调整，达到与需求侧相适应的新水平，实现老龄产业的结构优化，增加老年人需求的有效供给。

(1) 制定老龄产业供给侧调整的"顶层设计"，加强老龄产业的协调和管理。老龄产业兼有正外部性、非盈利性与市场性，这决定了政府在老龄产业发展中的特殊地位和作用，对全省老龄产业发展进行"顶层制度设计"。前瞻性地制订老龄产业发展的各项规划，明确产业发展的目标、重点领域和实现这些目标的手段、政策与机制，并据此制定鼓励和引导老龄产业发展的相关优惠政策。要加强老龄产业发展的协调和监管工作，建立老龄产业市场准入制度、老年产品和服务质量标准，严格规范市场管理与运作，构建老龄产品和服务的诚信和认证体系。

(2) 发挥市场配置资源的决定作用，增加老年人需求的有效供给。健康是所有老年人的"刚需"，精神文化需求是老年人新的追求，社区和家庭都需要适老化改造，养老金融产品空白更需要创新和填补。因此，面对不断增长的老年人多样化、多层次需求，应当充分发挥市场配置资源的决定作用，大力发展老龄健康业、老龄文化业、老龄宜居业、老龄金融业。

(3) 发挥政府投入的导向作用，设立财政养老专项资金，按老年人口增加的速度和幅度增加投入，让老年人共享经济社会发展成果。加大对社区养老、托老服务的财政扶持力度。通过政府购买社会服务的方式为老年人提供居家养老服务。加快建设公办养老机构，不断提升其服务质量，加强规范，充分发挥其在规模、设施、管理、服务等方面的引导、示范、窗口的作用，所需资金列入各级财政预算和福利彩票公益金。要落实养老机构的民办公助政策，明确养老机构建设的财政补贴额度。各级政府可按照核定床位数或实际入住老年人数，给予民办非营利性养老机构一次性开办补助和床位补贴。

(4) 建设老龄产业示范基地与园区，培育老龄产业市场主体。加快建设一批老龄产业发展示范基地。如重点依托湖北高校、科研院所的智力资源，建设老龄产业研发基地；依托湖北优美的环境资源，建设老龄产业休闲度假基地；依托湖北制造企业，建设老龄产品生产制造基地；依托市场贸易优势，建立老龄产业交易服务基地等。并在此基础上，因地制宜构建"老龄产品与服务园"或"养老公寓园"等，实现老龄产业聚集，形成规模效应。要鼓励和强化多元力量参与老龄产业发展，大力扶持发展龙头企业，鼓励开办养老服务中小企业，积极推进养老服务机构"公办民营"和"民办公助"，鼓励连锁经营和网络化，实施品牌战略，提高创新能力，形成一批产业链长、覆盖领域广、经济社会效益显著的养老服务产业集群。

(5) 加大老龄产品的研发力度，大力发展养老地产业。超前研究不同老年群体的不同需求和特殊需求，按照消费者需求进行市场细分，并开发适合各种层次老年人的产品和服务，如康复辅具、电子呼救。拓展适合老年人多样化需求的特色护理、家庭服务、健身休养、文化娱乐、金融理财等服务项目。目前我省养老地产发展迅速，但存在"远、贵、假"问题，养老地产发展需要从老年人的养老需求出发，既要避免借养老之名发展暴利地产，也要避免"高端投资过剩、中端投资不足、低端质量太差"的趋势，要在结合我省的城镇化建设规划的过程中，参照日本"一碗汤距离"和新加坡"三代同堂花红"等做法，开发养老房地产，既满足子女就近照顾老年人的需求，又满足双方独立生活的需求。

(五) 精准发力，有针对性地改善特殊群体老年人的生活状况

党的十八届五中全会提出"精准扶贫"。这为我省有针对性地改善城乡特殊老年人群体生活状况提供了新的思路。当前，城乡老年人健康状况、经济状况以及文化程度等均存在较大差异，其对晚年生活的期待和需求也就自然而然地存在差异。全面了解老年人的生活状况，精准发力，才能有针对性地改善不同老年人的生活状况。

1. 建立老年人信息数据库，为精准发力提供信息保障

通过联合公安、民政、老龄办、统计、教育、人力资源等部门，建立全省老年人信息数据库，同时大力开展老年人生活状况调研和老年研究工作，为精准发力提供信息保障，做到有针对性的解决不同老年人的生活问题。例如对于多数精力和体力仍较为充沛的低龄老年人而言，应充分发挥他们的余热，改善他们退休或停止劳作后的心理落差。

2. 着力解决失能、失智和特困老年人的长期照护问题

失能、失智和特困老年人是弱势群体中的弱势群体，一要积极探索建立独立于医疗保险之外的长期照护服务社会保险制度，扶持发展长期照护的商业保险，并建立长期照护服务专项基金，着力解决失能、失智和特困老年人长期照护的资金来源。二要使老年人医疗、护理、生活照料相互衔接，分级管理的失能、失智和特困老年人长期照护服务平台。各级政府应根据老年人的不同需求制定长期照护的分级管理制度，优先为失能、失智和特困老年人提供服务。

3. 大力加强农村老年人的社会保障、养老服务和救助救济

农村老年人的生存条件相对来说较为艰难，是"幸福湖北"建设的薄弱环节。要制定农村失能老年人的优惠补贴政策，全面普及农村养老保险和医疗保险。结合我省城镇化发展规划，在失能老年人、空巢老年人较多，居住相对集中的乡镇和中心村建设农村福利院、农村老年人互助照料服务中心和医疗护理服务中心。通过乡镇卫生院、养老院进行技能培训，出台激励政策，鼓励大学生志愿者开展"支老"社会实践项目，组织低龄老年人、家庭妇女、农村剩余劳动力开展多种形式的为老服务项目。

(六) 高度重视老年人力资源的开发和利用

老年人群蕴藏着经验、技能和智慧，是重要的人力资源。老年人在身体健康的情况下，渴望继续工作，参加社会公共事务。在老年人这个特殊的人群里，有相当多学识渊博，经验丰富，事业有成的专业人才，鼓励、支持老年人参与社会事务，既为社会创造了财富，减少社会对老年人的供养成本，也是对老年人群社会价值的尊重，有利于老年人的身心健康和健康长寿。为此，我们必须大力挖掘、开发、利用老年人群中的人力资源，最大限度地发挥老年人在构建和谐社会，全面建设小康中的作用。一是各级党委和政府应尽快将老年人才资源的开发摆上应有的位置，把开发老年人力资源纳入社会可持续发展的框架之内，变消极养老为积极养老，促进社会的可持续发展。二是要尽早制定开发老年人力资源的战略目标，要根据中老年人才的情况，编制老年人才开发实施计划，确定指导思想、基本原则、基本政策、基本途径、配置方向和领域等。三是要尽快实施老年人力资源的工作计划，要将老年人力资源开发同社会经济发展计划统一起来。四是建立完善全国性、区域性、地方性老年人力资源市场和老年人才信息库，充分发挥现代信息网络对老年

人才参与社会发展的信息支持，建设专门的老年人力资源市场，为老年人再就业提供专业的网络信息服务。五是重点开发老年高级人才资源，对那些高级专业技术和管理人才要制定一些特殊政策，采用有效措施，使他们的才智不因退休而浪费。对于一些特殊专业和特别短缺的职业，如企业家、医生、科学家、工程师等高级人才，可试行弹性退休的政策，适当延长退休年龄。

（七）运用现代信息技术，推动我省老龄服务网络化、信息化，进一步探索"互联网+养老"

建设全省老龄事业政务网络信息平台，使之成为连接全省各级老龄委、老干局、社区、为老服务企业、老龄研究机构、老龄服务公益组织的信息桥梁纽带和老年公益服务的窗口。鼓励电信服务运营商进入老龄服务领域，与社区、医院共建老年医疗保健、家政服务、紧急救助、照料服务、主动关怀、生活服务的呼叫中心，开发各种增值服务，如用药提醒、叫早服务、生日祝福等，以提高面向老年人的信息服务化水平和全省老龄系统信息化应用水平，从而更好地掌握和了解老年人的服务需求信息，将老年人养老服务与社会为老服务的资源进行有效链接，使有限的养老资源效率最大化。鼓励社会力量开办为老服务的网站和信息平台，以便老年人通过网络选择老年服务志愿者、老年服务的求职者、养老机构等，为老年服务提供市场化的多元化的信息服务渠道，大力发展智能系统。通过以上努力，使老年人的日常生活处于远程监控状态，并将老年人、政府、社区、医疗机构、医护人员等通过网络紧密联系起来，让老人足不出户就能享受多样化、个性化的、全方位的养老服务和"医、护、养"一体化的养老服务。

第二章 城乡老年人生活状况

本章从被访老年人基本情况、家庭、健康医疗、照料护理服务、经济条件、宜居环境、社会参与、维权和精神文化生活九个方面全面反映了湖北省城乡老年人的基本生活状况。

第一节 个人基本情况

本节主要介绍了被访老年人的基本情况,包括其性别与年龄结构、文化程度、民族、政治面貌以及婚姻状况等。

1. 性别与年龄结构

湖北省各县(市、区)被调查老年人性别分布情况如表2-1-1所示。在9600个被访老年人中,男性4617人,女性4983人,分别占有效样本的48.1%和51.9%。从城乡来看,城镇男性1849人,女性1921人,分别占城镇被访老年人的49.0%和51.0%。农村男性2768人,女性3062人,分别占农村被访老年人的47.5%和52.5%。从年龄来看,"60~64岁"占比29.1%,"65~69岁"占比24.7%,"70~74岁"占比17.8%,"75~79岁"占比13%,"80~84岁"占比10.2%,"85岁以上"有500人(见表2-1-1和表2-1-2)。

表2-1-1　　　　　　　　湖北省各市被访老年人性别的分布情况

市/州	性别		合计
	男	女	
武汉市	931	989	1920
	20.2%	19.8%	20.0%
黄石市	217	263	480
	4.7%	5.3%	5.0%
十堰市	244	236	480
	5.3%	4.7%	5.0%
宜昌市	993	927	1920
	21.5%	18.6%	20.0%
鄂州市	224	256	480
	4.9%	5.1%	5.0%

续表

市/州	性别		合计
	男	女	
荆门市	219	261	480
	4.7%	5.2%	5.0%
孝感市	659	781	1440
	14.3%	15.7%	15.0%
荆州市	446	514	960
	9.7%	10.3%	10.0%
黄冈市	231	249	480
	5.0%	5.0%	5.0%
恩施土家族苗族自治州	218	262	480
	4.7%	5.3%	5.0%
省直辖县级行政区划市	235	245	480
	5.1%	4.9%	5.0%
合计	4617	4983	9600
	100.0%	100.0%	100.0%

表2-1-2　　　　　　　　被访老年人年龄结构的分布情况

户籍类型		年龄段						合计
		60~64岁	65~69岁	70~74岁	75~79岁	80~84岁	85岁以上	
城镇	男	497	468	319	235	216	114	1849
		49.1%	51.1%	50.8%	46.5%	46.2%	47.1%	49.0%
	女	515	447	309	270	252	128	1921
		50.9%	48.9%	49.2%	53.5%	53.8%	52.9%	51.0%
	合计	1012	915	628	505	468	242	3770
		100.0%	100.0%	100.0%	100.0%	100.0%	100.0%	100.0%
农村	男	897	725	482	332	230	102	2768
		50.3%	49.9%	44.6%	44.7%	45.0%	39.5%	47.5%
	女	888	727	599	411	281	156	3062
		49.7%	50.1%	55.4%	55.3%	55.0%	60.5%	52.5%
	合计	1785	1452	1081	743	511	258	5830
		100.0%	100.0%	100.0%	100.0%	100.0%	100.0%	100.0%

续表

户籍类型		年龄段						合计
		60~64岁	65~69岁	70~74岁	75~79岁	80~84岁	85岁以上	
合计	男	1394	1193	801	567	446	216	4617
		49.8%	50.4%	46.9%	45.4%	45.6%	43.2%	48.1%
	女	1403	1174	908	681	533	284	4983
		50.2%	49.6%	53.1%	54.6%	54.4%	56.8%	51.9%
	合计	2797	2367	1709	1248	979	500	9600
		100.0%	100.0%	100.0%	100.0%	100.0%	100.0%	100.0%

2. 文化程度

在9600个被访老年人中，有9579个老年人报告了自己的文化程度。未上过学（包括扫盲班）的老年人占30.2%，小学（包括私塾）毕业老年人占36.8%，初中毕业老年人占18.1%，高中/中专/职高毕业老年人占9.8%，大学专科毕业老年人占3.7%，本科及以上毕业老年人占1.2%。从城乡来看，城镇老年人初中文化程度的比例最高。农村老年人多为小学文化程度，没有本科及以上学历的老年人。从年龄来看，"60~74岁"老年人小学文化程度比例最高，而"75~85岁"以上老年人未上过学的比例最高（见表2-1-3）。

表2-1-3　　　　　　　　　　被访老年人文化程度的分布情况

户籍类型			年龄段						合计
			60~64岁	65~69岁	70~74岁	75~79岁	80~84岁	85岁以上	
城镇	文化程度	未上过学（包括扫盲班）	51	71	82	70	114	77	465
			5.0%	7.8%	13.1%	13.9%	24.4%	31.8%	12.3%
		小学（包括私塾）	197	262	156	123	124	64	926
			19.5%	28.6%	24.8%	24.4%	26.5%	26.4%	24.6%
		初中	364	288	183	126	78	48	1087
			36.0%	31.5%	29.1%	25.0%	16.7%	19.8%	28.8%
		高中/中专/职高	268	194	138	109	86	25	820
			26.5%	21.2%	22.0%	21.6%	18.4%	10.3%	21.8%
		大学专科	111	81	48	47	41	19	347
			11.0%	8.9%	7.6%	9.3%	8.8%	7.9%	9.2%
		本科及以上	21	19	20	29	24	8	121
			2.1%	2.1%	3.2%	5.7%	5.1%	3.3%	3.2%
		缺失值	0	0	1	1	1	1	4
			0.0%	0.0%	0.2%	0.2%	0.2%	0.4%	0.1%

续表

户籍类型			年 龄 段						合计
			60~64岁	65~69岁	70~74岁	75~79岁	80~84岁	85岁以上	
农村		合计	1012	915	628	505	468	242	3770
			100.0%	100.0%	100.0%	100.0%	100.0%	100.0%	100.0%
	文化程度	未上过学（包括扫盲班）	512	483	476	436	341	184	2432
			28.7%	33.3%	44.0%	58.7%	66.7%	71.3%	41.7%
		小学（包括私塾）	882	777	461	264	149	72	2605
			49.4%	53.5%	42.6%	35.5%	29.2%	27.9%	44.7%
		初中	318	168	118	31	14	2	651
			17.8%	11.6%	10.9%	4.2%	2.7%	0.8%	11.2%
		高中/中专/职高	67	18	22	7	5	0	119
			3.8%	1.2%	2.0%	0.9%	1.0%	0.0%	2.0%
		大学专科	2	3	0	1	0	0	6
			0.1%	0.2%	0.0%	0.1%	0.0%	0.0%	0.1%
		缺失值	4	3	4	4	2	0	17
			0.2%	0.2%	0.4%	0.5%	0.4%	0.0%	0.3%
合计		合计	1785	1452	1081	743	511	258	5830
			100.0%	100.0%	100.0%	100.0%	100.0%	100.0%	100.0%
	文化程度	未上过学（包括扫盲班）	563	554	558	506	455	261	2897
			20.1%	23.4%	32.7%	40.5%	46.5%	52.2%	30.2%
		小学（包括私塾）	1079	1039	617	387	273	136	3531
			38.6%	43.9%	36.1%	31.0%	27.9%	27.2%	36.8%
		初中	682	456	301	157	92	50	1738
			24.4%	19.3%	17.6%	12.6%	9.4%	10.0%	18.1%
		高中/中专/职高	335	212	160	116	91	25	939
			12.0%	9.0%	9.4%	9.3%	9.3%	5.0%	9.8%
		大学专科	113	84	48	48	41	19	353
			4.0%	3.5%	2.8%	3.8%	4.2%	3.8%	3.7%
		本科及以上	21	19	20	29	24	8	121
			0.8%	0.8%	1.2%	2.3%	2.5%	1.6%	1.2%
		缺失值	4	3	5	5	3	1	21
			0.1%	0.1%	0.3%	0.4%	0.3%	0.2%	0.2%
		合计	2797	2367	1709	1248	979	500	9600
			100.0%	100.0%	100.0%	100.0%	100.0%	100.0%	100.0%

第一节 个人基本情况

3. 民族

在9600个被访老年人中，有9585个老年人报告了自己的民族。汉族占94.9%，土家族占4.4%，其他民族占0.5%。从城乡来看，无论是农村老年人还是城镇老年人，汉族均占九成以上。从年龄来看，"80~84岁"老年人汉族比例最高，为95.9%，而土家族老年人比例最高的年龄段为"85岁以上"（见表2-1-4）。

表2-1-4　　　　　　　　　　被访老年人的民族分布情况

户籍类型			年龄段						合计
			60~64岁	65~69岁	70~74岁	75~79岁	80~84岁	85岁以上	
城镇	民族	汉族	979	890	606	485	460	240	3660
			96.7%	97.3%	96.5%	96.0%	98.3%	99.2%	97.1%
		壮族	5	5	3	0	0	1	14
			0.5%	0.5%	0.5%	0.0%	0.0%	0.4%	0.4%
		回族	7	3	1	4	1	0	16
			0.7%	0.3%	0.2%	0.8%	0.2%	0.0%	0.4%
		满族	1	1	0	1	2	0	5
			0.1%	0.1%	0.0%	0.2%	0.4%	0.0%	0.1%
		苗族	0	0	2	1	0	0	3
			0.0%	0.0%	0.3%	0.2%	0.0%	0.0%	0.1%
		土家族	20	13	16	13	5	1	68
			2.0%	1.4%	2.5%	2.6%	1.1%	0.4%	1.8%
		蒙古族	0	0	0	1	0	0	1
			0.0%	0.0%	0.0%	0.2%	0.0%	0.0%	0.0%
		其他	0	2	0	0	0	0	2
			0.0%	0.2%	0.0%	0.0%	0.0%	0.0%	0.1%
		缺失值	0	1	0	0	0	0	1
			0.0%	0.1%	0.0%	0.0%	0.0%	0.0%	0.0%
	合计		1012	915	628	505	468	242	3770
			100.0%	100.0%	100.0%	100.0%	100.0%	100.0%	100.0%
农村	民族	汉族	1671	1344	1016	711	479	233	5454
			93.6%	92.6%	94.0%	95.7%	93.7%	90.3%	93.6%
		壮族	0	0	1	0	0	0	1
			0.0%	0.0%	0.1%	0.0%	0.0%	0.0%	0.0%
		回族	0	1	0	0	0	0	1
			0.0%	0.1%	0.0%	0.0%	0.0%	0.0%	0.0%

续表

户籍类型			年龄段						合计
			60~64岁	65~69岁	70~74岁	75~79岁	80~84岁	85岁以上	
农村	民族	土家族	105	106	60	30	29	25	355
			5.9%	7.3%	5.6%	4.0%	5.7%	9.7%	6.1%
		藏族	0	0	1	0	0	0	1
			0.0%	0.0%	0.1%	0.0%	0.0%	0.0%	0.0%
		其他	2	0	1	0	1	0	4
			0.1%	0.0%	0.1%	0.0%	0.2%	0.0%	0.1%
		缺失值	7	1	2	2	2	0	14
			0.4%	0.1%	0.2%	0.3%	0.4%	0.0%	0.2%
	合计		1785	1452	1081	743	511	258	5830
			100.0%	100.0%	100.0%	100.0%	100.0%	100.0%	100.0%
合计	民族	汉族	2650	2234	1622	1196	939	473	9114
			94.7%	94.4%	94.9%	95.8%	95.9%	94.6%	94.9%
		壮族	5	5	4	0	0	1	15
			0.2%	0.2%	0.2%	0.0%	0.0%	0.2%	0.2%
		回族	7	4	1	4	1	0	17
			0.3%	0.2%	0.1%	0.3%	0.1%	0.0%	0.2%
		满族	1	1	0	1	2	0	5
			0.0%	0.0%	0.0%	0.1%	0.2%	0.0%	0.1%
		苗族	0	0	2	1	0	0	3
			0.0%	0.0%	0.1%	0.1%	0.0%	0.0%	0.0%
		土家族	125	119	76	43	34	26	423
			4.5%	5.0%	4.4%	3.4%	3.5%	5.2%	4.4%
		藏族	0	0	1	0	0	0	1
			0.0%	0.0%	0.1%	0.0%	0.0%	0.0%	0.0%
		蒙古族	0	0	0	1	0	0	1
			0.0%	0.0%	0.0%	0.1%	0.0%	0.0%	0.0%
		其他	2	2	1	0	1	0	6
			0.1%	0.1%	0.1%	0.0%	0.1%	0.0%	0.1%
		缺失值	7	2	2	2	2	0	15
			0.3%	0.1%	0.1%	0.2%	0.2%	0.0%	0.2%
	合计		2797	2367	1709	1248	979	500	9600
			100.0%	100.0%	100.0%	100.0%	100.0%	100.0%	100.0%

4. 政治面貌

在 9600 个被访老年人中，有 9562 个老年人报告了自己的政治面貌。其中，群众占 83.3%，中共党员占 16.2%，民主党派占 0.1%，无党派人士有 4 位。从城乡来看，城镇老年人是中共党员的比例为 31.7%，而农村老年人是中共党员的比例仅为 6.2%。从年龄来看，"60~64 岁"老年人是群众的比例最高，而中共党员比例最高的年龄段为"80~84 岁"（见表 2-1-5）。

表 2-1-5　　　　　　　　　被访老年人的政治面貌分布情况

户籍类型			年龄段						合计
			60~64 岁	65~69 岁	70~74 岁	75~79 岁	80~84 岁	85 岁以上	
城镇	政治面貌	群众	747	628	411	317	291	160	2554
			73.8%	68.6%	65.4%	62.8%	62.2%	66.1%	67.7%
		中共党员	259	283	215	185	173	79	1194
			25.6%	30.9%	34.2%	36.6%	37.0%	32.6%	31.7%
		民主党派	2	1	0	2	1	1	7
			0.2%	0.1%	0.0%	0.4%	0.2%	0.4%	0.2%
		无党派人士	2	1	0	0	0	1	4
			0.2%	0.1%	0.0%	0.0%	0.0%	0.4%	0.1%
		缺失值	2	2	2	1	3	1	11
			0.2%	0.2%	0.3%	0.2%	0.6%	0.4%	0.3%
	合计		1012	915	628	505	468	242	3770
			100.0%	100.0%	100.0%	100.0%	100.0%	100.0%	100.0%
农村	政治面貌	群众	1687	1343	1014	687	470	238	5439
			94.5%	92.5%	93.8%	92.5%	92.0%	92.2%	93.3%
		中共党员	91	102	59	51	40	19	362
			5.1%	7.0%	5.5%	6.9%	7.8%	7.4%	6.2%
		民主党派	0	1	1	0	0	0	2
			0.0%	0.1%	0.1%	0.0%	0.0%	0.0%	0.0%
		缺失值	7	6	7	5	1	1	27
			0.4%	0.4%	0.6%	0.7%	0.2%	0.4%	0.5%
	合计		1785	1452	1081	743	511	258	5830
			100.0%	100.0%	100.0%	100.0%	100.0%	100.0%	100.0%

续表

户籍类型			年龄段						合计
			60~64岁	65~69岁	70~74岁	75~79岁	80~84岁	85岁以上	
合计	政治面貌	群众	2434	1971	1425	1004	761	398	7993
			87.0%	83.3%	83.4%	80.4%	77.7%	79.6%	83.3%
		中共党员	350	385	274	236	213	98	1556
			12.5%	16.3%	16.0%	18.9%	21.8%	19.6%	16.2%
		民主党派	2	2	1	2	1	1	9
			0.1%	0.1%	0.1%	0.2%	0.1%	0.2%	0.1%
		无党派人士	2	1	0	0	0	1	4
			0.1%	0.0%	0.0%	0.0%	0.0%	0.2%	0.0%
		缺失值	9	8	9	6	4	2	38
			0.3%	0.3%	0.5%	0.5%	0.4%	0.4%	0.4%
		合计	2797	2367	1709	1248	979	500	9600
			100.0%	100.0%	100.0%	100.0%	100.0%	100.0%	100.0%

5. 婚姻状况

在9600个被访老年人中，有9521个老年人报告了自己的婚姻状况。其中有配偶的比例为72.0%，丧偶的比例为25.1%，离婚的比例为0.9%，从未结婚的比例为1.2%。从城乡来看，城镇老年人有配偶的比例占76.0%，农村老年人有配偶的比例为69.3%。从年龄来看，"60~64岁"老年人有配偶的比例最高，"85岁及以上"老年人有配偶的比例仅为29.4%。离婚比例最高的年龄段为"60~64岁"，而从未结婚比例最高的年龄段为"65~69岁"（见表2-1-6）。

表2-1-6　　　　　　　　　被访老年人的婚姻分布情况

户籍类型			年龄段						合计
			60~64岁	65~69岁	70~74岁	75~79岁	80~84岁	85岁以上	
城镇	婚姻状况	有配偶	909	789	492	341	250	82	2863
			89.8%	86.2%	78.3%	67.5%	53.4%	33.9%	76.0%
		丧偶	59	104	125	157	213	154	812
			5.8%	11.4%	19.9%	31.1%	45.5%	63.6%	21.5%
		离婚	35	10	6	2	1	2	56
			3.5%	1.1%	1.0%	0.4%	0.2%	0.8%	1.5%
		从未结婚	5	1	3	1	2	1	13
			0.5%	0.1%	0.5%	0.2%	0.4%	0.4%	0.3%
		缺失值	4	11	2	4	2	3	26
			0.4%	1.2%	0.3%	0.8%	0.4%	1.2%	0.7%
		合计	1012	915	628	505	468	242	3770
			100.0%	100.0%	100.0%	100.0%	100.0%	100.0%	100.0%

续表

户籍类型			年龄段						合计
			60~64岁	65~69岁	70~74岁	75~79岁	80~84岁	85岁以上	
农村	婚姻状况	有配偶	1531	1147	714	395	191	65	4043
			85.8%	79.0%	66.0%	53.2%	37.4%	25.2%	69.3%
		丧偶	186	253	333	326	316	187	1601
			10.4%	17.4%	30.8%	43.9%	61.8%	72.5%	27.5%
		离婚	14	3	5	4	1	1	28
			0.8%	0.2%	0.5%	0.5%	0.2%	0.4%	0.5%
		从未结婚	35	37	16	13	2	2	105
			2.0%	2.5%	1.5%	1.7%	0.4%	0.8%	1.8%
		缺失值	19	12	13	5	1	3	53
			1.1%	0.8%	1.2%	0.7%	0.2%	1.2%	0.9%
	合计		1785	1452	1081	743	511	258	5830
			100.0%	100.0%	100.0%	100.0%	100.0%	100.0%	100.0%
合计	婚姻状况	有配偶	2440	1936	1206	736	441	147	6906
			87.2%	81.8%	70.6%	59.0%	45.0%	29.4%	72.0%
		丧偶	245	357	458	483	529	341	2413
			8.8%	15.1%	26.8%	38.7%	54.0%	68.2%	25.1%
		离婚	49	13	11	6	2	3	84
			1.8%	0.5%	0.6%	0.5%	0.2%	0.6%	0.9%
		从未结婚	40	38	19	14	4	3	118
			1.4%	1.6%	1.1%	1.1%	0.4%	0.6%	1.2%
		缺失值	23	23	15	9	3	6	79
			0.8%	1.0%	0.9%	0.7%	0.3%	1.2%	0.8%
	合计		2797	2367	1709	1248	979	500	9600
			100.0%	100.0%	100.0%	100.0%	100.0%	100.0%	100.0%

第二节 家庭状况

本节主要介绍了被调查老年人的家庭状况，包括其子女数、子女在外省居住情况、同吃同住成员情况以及重大支出决策情况等。

1. 老年人儿子数

在9600个被访老年人中，有9097个老年人报告了自己现有儿子的数量情况。其中，没有儿子的比例为9.9%，有1个儿子的比例为41.7%，有两个儿子的比例为28.5%，有3个儿子的比例为10.6%，而有3个以上儿子的比例为4.0%。老年人最多有8个儿子。从城乡来看，无论是城镇还是农村，老年人有1个儿子的比例均最高，其次是有两个儿子。城镇中有一位老年人最多有8个儿子,农村有一位老年人最多有7个儿子,值得注意的是,城镇老年人没有儿子的比例为14.5%,远高于农村的6.9%。从年龄来看,"60~79岁"老年人有1个儿子的比例最高,而"80岁及以上"老年人有两个儿子的比例最高(见表2-2-1)。

表2-2-1　　　　　　　　　被访老年人的儿子数量分布情况

户籍类型			年龄段						合计
			60~64岁	65~69岁	70~74岁	75~79岁	80~84岁	85岁以上	
城镇	儿子数	0个	238	139	68	49	32	20	546
			23.5%	15.2%	10.8%	9.7%	6.8%	8.3%	14.5%
		1个	573	479	302	191	164	70	1779
			56.6%	52.3%	48.1%	37.8%	35.0%	28.9%	47.2%
		2个	87	185	177	167	152	71	839
			8.6%	20.2%	28.2%	33.1%	32.5%	29.3%	22.3%
		3个	10	30	49	55	78	51	273
			1.0%	3.3%	7.8%	10.9%	16.7%	21.1%	7.2%
		4个	3	5	10	10	20	9	57
			0.3%	0.5%	1.6%	2.0%	4.3%	3.7%	1.5%
		5个	0	0	1	4	4	6	15
			0.0%	0.0%	0.2%	0.8%	0.9%	2.5%	0.4%
		6个	0	0	0	0	0	1	1
			0.0%	0.0%	0.0%	0.0%	0.0%	0.4%	0.0%
		8个	0	0	0	0	1	0	1
			0.0%	0.0%	0.0%	0.0%	0.2%	0.0%	0.0%
		缺失值	101	77	21	29	17	14	259
			10.0%	8.4%	3.3%	5.7%	3.6%	5.8%	6.9%
	合计		1012	915	628	505	468	242	3770
			100.0%	100.0%	100.0%	100.0%	100.0%	100.0%	100.0%
农村	儿子数	0个	169	104	60	32	24	11	400
			9.5%	7.2%	5.6%	4.3%	4.7%	4.3%	6.9%
		1个	908	616	333	185	120	64	2226
			50.9%	42.4%	30.8%	24.9%	23.5%	24.8%	38.2%
		2个	514	515	402	234	159	76	1900
			28.8%	35.5%	37.2%	31.5%	31.1%	29.5%	32.6%
		3个	82	132	194	172	106	58	744
			4.6%	9.1%	17.9%	23.1%	20.7%	22.5%	12.8%

续表

户籍类型			年龄段						合计
			60~64岁	65~69岁	70~74岁	75~79岁	80~84岁	85岁以上	
农村	儿子数	4个	4	17	40	81	68	23	233
			0.2%	1.2%	3.7%	10.9%	13.3%	8.9%	4.0%
		5个	1	3	14	18	21	13	70
			0.1%	0.2%	1.3%	2.4%	4.1%	5.0%	1.2%
		6个	0	0	3	2	3	2	10
			0.0%	0.0%	0.3%	0.3%	0.6%	0.8%	0.2%
		7个	0	0	0	1	1	1	3
			0.0%	0.0%	0.0%	0.1%	0.2%	0.4%	0.1%
		缺失值	107	65	35	18	9	10	244
			6.0%	4.5%	3.2%	2.4%	1.8%	3.9%	4.2%
	合计		1785	1452	1081	743	511	258	5830
			100.0%	100.0%	100.0%	100.0%	100.0%	100.0%	100.0%
合计	儿子数	0个	407	243	128	81	56	31	946
			14.6%	10.3%	7.5%	6.5%	5.7%	6.2%	9.9%
		1个	1481	1095	635	376	284	134	4005
			52.9%	46.3%	37.2%	30.1%	29.0%	26.8%	41.7%
		2个	601	700	579	401	311	147	2739
			21.5%	29.6%	33.9%	32.1%	31.8%	29.4%	28.5%
		3个	92	162	243	227	184	109	1017
			3.3%	6.8%	14.2%	18.2%	18.8%	21.8%	10.6%
		4个	7	22	50	91	88	32	290
			0.3%	0.9%	2.9%	7.3%	9.0%	6.4%	3.0%
		5个	1	3	15	22	25	19	85
			0.0%	0.1%	0.9%	1.8%	2.6%	3.8%	0.9%
		6个	0	0	3	2	3	3	11
			0.0%	0.0%	0.2%	0.2%	0.3%	0.6%	0.1%
		7个	0	0	0	1	1	1	3
			0.0%	0.0%	0.0%	0.1%	0.1%	0.2%	0.0%
		8个	0	0	0	0	1	0	1
			0.0%	0.0%	0.0%	0.0%	0.1%	0.0%	0.0%
		缺失值	208	142	56	47	26	24	503
			7.4%	6.0%	3.3%	3.8%	2.7%	4.8%	5.2%
	合计		2797	2367	1709	1248	979	500	9600
			100.0%	100.0%	100.0%	100.0%	100.0%	100.0%	100.0%

2. 老年人女儿数

在9600个被访老年人中,有8924个老年人报告了自己现有女儿的数量情况。其中,没有女儿的比例为15.6%,有1个女儿的比例为38.4%,有2个女儿的比例为23.8%,有3个女儿的比例为10.0%,而有3个以上女儿的比例为5.2%。老年人最多有10个女儿。从城乡来看,无论是城镇还是农村,老年人有1个女儿的比例均最高,其次是有两个女儿。城镇中有一位老年人最多有10个女儿,而农村有两位老年人最多有9个女儿。从年龄来看,"60~69岁"老年人有1个女儿的比例最高,并且随着年龄加大,有3个和4个女儿的比例越来越大(见表2-2-2)。

表2-2-2 被访老年人的女儿数量分布情况

户籍类型			年 龄 段						合计
			60~64岁	65~69岁	70~74岁	75~79岁	80~84岁	85岁以上	
城镇	女儿数	0个	318	200	86	67	57	27	755
			31.4%	21.9%	13.7%	13.3%	12.2%	11.2%	20.0%
		1个	440	420	265	196	160	73	1554
			43.5%	45.9%	42.2%	38.8%	34.2%	30.2%	41.2%
		2个	107	176	176	141	139	65	804
			10.6%	19.2%	28.0%	27.9%	29.7%	26.9%	21.3%
		3个	14	25	43	58	68	39	247
			1.4%	2.7%	6.8%	11.5%	14.5%	16.1%	6.6%
		4个	1	6	12	15	21	23	78
			0.1%	0.7%	1.9%	3.0%	4.5%	9.5%	2.1%
		5个	0	1	4	4	3	6	18
			0.0%	0.1%	0.6%	0.8%	0.6%	2.5%	0.5%
		6个	0	0	0	0	2	1	3
			0.0%	0.0%	0.0%	0.0%	0.4%	0.4%	0.1%
		7个	0	0	0	1	0	0	1
			0.0%	0.0%	0.0%	0.2%	0.0%	0.0%	0.0%
		8个	0	0	0	1	0	0	1
			0.0%	0.0%	0.0%	0.2%	0.0%	0.0%	0.0%
		10个	0	0	1	0	0	0	1
			0.0%	0.0%	0.2%	0.0%	0.0%	0.0%	0.0%
		缺失值	132	87	41	22	18	8	308
			13.0%	9.5%	6.5%	4.4%	3.8%	3.3%	8.2%
	合计		1012	915	628	505	468	242	3770
			100.0%	100.0%	100.0%	100.0%	100.0%	100.0%	100.0%

续表

户籍类型			年龄段						合计
			60~64岁	65~69岁	70~74岁	75~79岁	80~84岁	85岁以上	
农村	女儿数	0个	321	196	104	67	38	20	746
			18.0%	13.5%	9.6%	9.0%	7.4%	7.8%	12.8%
		1个	761	596	367	206	128	70	2128
			42.6%	41.0%	34.0%	27.7%	25.0%	27.1%	36.5%
		2个	398	362	318	225	124	56	1483
			22.3%	24.9%	29.4%	30.3%	24.3%	21.7%	25.4%
		3个	112	142	152	139	115	50	710
			6.3%	9.8%	14.1%	18.7%	22.5%	19.4%	12.2%
		4个	33	36	59	61	55	36	280
			1.8%	2.5%	5.5%	8.2%	10.8%	14.0%	4.8%
		5个	8	3	21	18	23	12	85
			0.4%	0.2%	1.9%	2.4%	4.5%	4.7%	1.5%
		6个	0	5	4	3	5	4	21
			0.0%	0.3%	0.4%	0.4%	1.0%	1.6%	0.4%
		7个	1	0	2	2	0	1	6
			0.1%	0.0%	0.2%	0.3%	0.0%	0.4%	0.1%
		8个	0	0	0	1	0	0	1
			0.0%	0.0%	0.0%	0.1%	0.0%	0.0%	0.0%
		9个	0	0	1	0	0	1	2
			0.0%	0.0%	0.1%	0.0%	0.0%	0.4%	0.0%
		缺失值	151	112	53	21	23	8	368
			8.5%	7.7%	4.9%	2.8%	4.5%	3.1%	6.3%
	合计		1785	1452	1081	743	511	258	5830
			100.0%	100.0%	100.0%	100.0%	100.0%	100.0%	100.0%
合计	女儿数	0个	639	396	190	134	95	47	1501
			22.8%	16.7%	11.1%	10.7%	9.7%	9.4%	15.6%
		1个	1201	1016	632	402	288	143	3682
			42.9%	42.9%	37.0%	32.2%	29.4%	28.6%	38.4%
		2个	505	538	494	366	263	121	2287
			18.1%	22.7%	28.9%	29.3%	26.9%	24.2%	23.8%

续表

户籍类型			年 龄 段						合计
			60~64岁	65~69岁	70~74岁	75~79岁	80~84岁	85岁以上	
合计	女儿数	3个	126	167	195	197	183	89	957
			4.5%	7.1%	11.4%	15.8%	18.7%	17.8%	10.0%
		4个	34	42	71	76	76	59	358
			1.2%	1.8%	4.2%	6.1%	7.8%	11.8%	3.7%
		5个	8	4	25	22	26	18	103
			0.3%	0.2%	1.5%	1.8%	2.7%	3.6%	1.1%
		6个	0	5	4	3	7	5	24
			0.0%	0.2%	0.2%	0.2%	0.7%	1.0%	0.3%
		7个	1	0	2	3	0	1	7
			0.0%	0.0%	0.1%	0.2%	0.0%	0.2%	0.1%
		8个	0	0	0	2	0	0	2
			0.0%	0.0%	0.0%	0.2%	0.0%	0.0%	0.0%
		9个	0	0	1	0	0	1	2
			0.0%	0.0%	0.1%	0.0%	0.0%	0.2%	0.0%
		10个	0	0	1	0	0	0	1
			0.0%	0.0%	0.1%	0.0%	0.0%	0.0%	0.0%
		缺失值	283	199	94	43	41	16	676
			10.1%	8.4%	5.5%	3.4%	4.2%	3.2%	7.0%
	合计		2797	2367	1709	1248	979	500	9600
			100.0%	100.0%	100.0%	100.0%	100.0%	100.0%	100.0%

3. 老年人子女在外省居住的情况

在9600个被访老年人中，有9485个老年人报告了自己有无子女在外省居住的情况。其中，有子女在外省居住的老年人所占比例为21.2%。从城乡来看，城镇老年人有子女在外省居住的比例为20.4%，而农村老年人有子女在外省居住的比例为21.7%。从年龄来看，"60~64岁"老年人有子女在外省居住的比例最高，"75~79岁"和"85岁以上"老年人有子女在外省居住的比例最低，为18.0%（见表2-2-3）。

表 2-2-3　　　　　　　　　被访老年人子女在外省居住的分布情况

户籍类型		年龄段						合计
		60~64岁	65~69岁	70~74岁	75~79岁	80~84岁	85岁以上	
城镇	有	207	175	133	99	104	52	770
		20.5%	19.1%	21.2%	19.6%	22.2%	21.5%	20.4%
	无	797	735	489	403	360	188	2972
		78.8%	80.3%	77.9%	79.8%	76.9%	77.7%	78.8%
	缺失值	8	5	6	3	4	2	28
		0.8%	0.5%	1.0%	0.6%	0.9%	0.8%	0.8%
	合计	1012	915	628	505	468	242	3770
		100.0%	100.0%	100.0%	100.0%	100.0%	100.0%	100.0%
农村	有	460	322	231	126	90	38	1267
		25.8%	22.2%	21.4%	17.0%	17.6%	14.7%	21.7%
	无	1305	1103	832	607	410	219	4476
		73.1%	76.0%	77.0%	81.7%	80.2%	84.9%	76.8%
	缺失值	20	27	18	10	11	1	87
		1.1%	1.9%	1.7%	1.3%	2.2%	0.4%	1.5%
	合计	1785	1452	1081	743	511	258	5830
		100.0%	100.0%	100.0%	100.0%	100.0%	100.0%	100.0%
合计	有	667	497	364	225	194	90	2037
		23.8%	21.0%	21.3%	18.0%	19.8%	18.0%	21.2%
	无	2102	1838	1321	1010	770	407	7448
		75.2%	77.7%	77.3%	80.9%	78.7%	81.4%	77.6%
	缺失值	28	32	24	13	15	3	115
		1.0%	1.4%	1.4%	1.0%	1.5%	0.6%	1.2%
	合计	2797	2367	1709	1248	979	500	9600
		100.0%	100.0%	100.0%	100.0%	100.0%	100.0%	100.0%

4. 老年人同吃同住成员情况

在9600个被访老年人中，有9538个老年人报告了自己同吃同住成员的情况。从城乡来看,与城镇老年人同吃同住的主要对象分别是配偶(73.5%)、儿子(29.8%)、(外、重)孙子女(28.5%)、儿媳(22.2%)、女儿(10.8%),而与农村老年人同吃同住的主要对象是配偶(67.5%)、儿子(31.5%)、(外、重)孙子女(30.7%)、儿媳(24.8%)、女儿(4.7%)。此外,城镇和农村单独居住的老年人比例分别为11.4%和18.0%。可见,无论是城镇还是农村,老年人与配偶同吃同住的比例均最高,其次是与儿子同吃同住,再次是与孙子女同吃同住。从年龄来看,"60~64岁"老年人与配偶同吃同住的比例最高,"85岁以上"老年人与配偶同吃同住的比例最低(见表2-2-4)。

表2-2-4　　　　　　　　被访老年人同吃同住成员的分布情况

户籍类型		年　龄　段						合计
		60~64岁	65~69岁	70~74岁	75~79岁	80~84岁	85岁以上	
城镇	单独居住	63	62	76	77	107	44	429
		1.7%	1.7%	2.0%	2.1%	2.9%	1.2%	11.4%
	配偶	866	768	476	335	234	77	2756
		23.1%	20.5%	12.7%	8.9%	6.2%	2.1%	73.5%
	(岳)父母	38	15	3	2	1	0	59
		1.0%	0.4%	0.1%	0.1%	0.0%	0.0%	1.6%
	儿子	328	262	181	131	127	88	1117
		8.8%	7.0%	4.8%	3.5%	3.4%	2.3%	29.8%
	儿媳	241	202	140	92	95	63	833
		6.4%	5.4%	3.7%	2.5%	2.5%	1.7%	22.2%
	女儿	118	98	45	45	48	49	403
		3.1%	2.6%	1.2%	1.2%	1.3%	1.3%	10.8%
	女婿	65	39	22	24	23	27	200
		1.7%	1.0%	0.6%	0.6%	0.6%	0.7%	5.3%
	(外、重)孙子女	327	282	182	118	108	53	1070
		8.7%	7.5%	4.9%	3.1%	2.9%	1.4%	28.5%
	保姆	1	2	5	4	11	15	38
		0.0%	0.1%	0.1%	0.1%	0.3%	0.4%	1.0%
	其他人	7	5	3	0	6	2	23
		0.2%	0.1%	0.1%	0.0%	0.2%	0.1%	0.6%
	合计	1010	912	621	502	465	238	3748
		26.9%	24.3%	16.6%	13.4%	12.4%	6.4%	100.0%

续表

户籍类型		年龄段						合计
		60~64岁	65~69岁	70~74岁	75~79岁	80~84岁	85岁以上	
农村	单独居住	158	185	252	205	180	65	1045
		2.7%	3.2%	4.4%	3.5%	3.1%	1.1%	18.0%
	配偶	1482	1109	696	383	182	59	3911
		25.6%	19.2%	12.0%	6.6%	3.1%	1.0%	67.5%
	（岳）父母	43	9	5	1	0	0	58
		0.7%	0.2%	0.1%	0.0%	0.0%	0.0%	1.0%
	儿子	620	437	257	215	174	119	1822
		10.7%	7.5%	4.4%	3.7%	3.0%	2.1%	31.5%
	儿媳	464	356	200	169	144	104	1437
		8.0%	6.1%	3.5%	2.9%	2.5%	1.8%	24.8%
	女儿	99	70	38	32	20	14	273
		1.7%	1.2%	0.7%	0.6%	0.3%	0.2%	4.7%
	女婿	65	41	26	25	17	12	186
		1.1%	0.7%	0.4%	0.4%	0.3%	0.2%	3.2%
	（外、重）孙子女	681	474	250	176	118	77	1776
		11.8%	8.2%	4.3%	3.0%	2.0%	1.3%	30.7%
	保姆	1	1	1	0	0	1	4
		0.0%	0.0%	0.0%	0.0%	0.0%	0.0%	0.1%
	其他人	11	9	0	3	4	5	32
		0.2%	0.2%	0.0%	0.1%	0.1%	0.1%	0.6%
	合计	1775	1443	1075	738	506	253	5790
		30.7%	24.9%	18.6%	12.7%	8.7%	4.4%	100.0%

5. 老年人重大支出决策情况

在9600个被访老年人中，有9503个老年人报告了家庭重大支出决策情况。其中，老年人自己做出决策的比例为33.6%，由配偶做出决策的比例为12.2%，由子女做出决策的比例为15%，共同协商做出决策的比例为38.3%。从城乡来看，城镇老年人共同协商做出决策的比例最高，为48.0%，而农村老年人自己做出决策的比例最高，为35.0%。从年龄来看，"60~64岁"老年人共同协商做出决策的比例最高，"75~84岁"老年人自己做出决策的比例最高，并且随着年龄增加，子女做出决策的比例越来越高，"85岁以上"老年人由子女做出决策的比例最高，为39.4%（见表2-2-5）。

表 2-2-5　　被访老年人家庭重大支出决策的分布情况

户籍类型		年 龄 段						合计
		60~64岁	65~69岁	70~74岁	75~79岁	80~84岁	85岁以上	
城镇	自己	288	245	207	183	175	87	1185
		28.5%	26.8%	33.0%	36.2%	37.4%	36.0%	31.4%
	配偶	145	120	75	63	36	13	452
		14.3%	13.1%	11.9%	12.5%	7.7%	5.4%	12.0%
	子女	34	40	44	42	79	60	299
		3.4%	4.4%	7.0%	8.3%	16.9%	24.8%	7.9%
	共同协商	538	505	298	213	176	78	1808
		53.2%	55.2%	47.5%	42.2%	37.6%	32.2%	48.0%
	缺失值	7	5	4	4	2	4	26
		0.7%	0.5%	0.6%	0.8%	0.4%	1.7%	0.7%
	合计	1012	915	628	505	468	242	3770
		100.0%	100.0%	100.0%	100.0%	100.0%	100.0%	100.0%
农村	自己	612	485	410	278	186	67	2038
		34.3%	33.4%	37.9%	37.4%	36.4%	26.0%	35.0%
	配偶	279	209	131	59	24	15	717
		15.6%	14.4%	12.1%	7.9%	4.7%	5.8%	12.3%
	子女	176	224	195	208	199	137	1139
		9.9%	15.4%	18.0%	28.0%	38.9%	53.1%	19.5%
	共同协商	690	523	330	188	98	36	1865
		38.7%	36.0%	30.5%	25.3%	19.2%	14.0%	32.0%
	缺失值	28	11	15	10	4	3	71
		1.6%	0.8%	1.4%	1.3%	0.8%	1.2%	1.2%
	合计	1785	1452	1081	743	511	258	5830
		100.0%	100.0%	100.0%	100.0%	100.0%	100.0%	100.0%
合计	自己	900	730	617	461	361	154	3223
		32.2%	30.8%	36.1%	36.9%	36.9%	30.8%	33.6%
	配偶	424	329	206	122	60	28	1169
		15.2%	13.9%	12.1%	9.8%	6.1%	5.6%	12.2%
	子女	210	264	239	250	278	197	1438
		7.5%	11.2%	14.0%	20.0%	28.4%	39.4%	15.0%
	共同协商	1228	1028	628	401	274	114	3673
		43.9%	43.4%	36.7%	32.1%	28.0%	22.8%	38.3%
	缺失值	35	16	19	14	6	7	97
		1.3%	0.7%	1.1%	1.1%	0.6%	1.4%	0.9%
	合计	2797	2367	1709	1248	979	500	9600
		100.0%	100.0%	100.0%	100.0%	100.0%	100.0%	100.0%

第三节 健康医疗状况

本节主要介绍了被访老年人的健康医疗状况，包括老年人的视力情况、听力情况、患慢性疾病的情况、住院花费情况以及享受医疗保障待遇情况等。

1. 老年人视力情况

在9600个被访老年人中，有9598个老年人报告了自己的视力情况。老年人能看得非常清楚的比例为8%，看得比较清楚的比例为34.1%，视力一般的比例为25.1%，看得不太清楚的比例为30.1%，而几乎/完全看不清的比例为2.7%。从城乡来看，城镇老年人能看得非常清楚的比例为11.3%，而农村老年人能看得非常清楚的比例为5.9%。从年龄来看，视力非常清楚和比较清楚比例最高的均是"60~64岁"老年人，而"85岁以上"老年人视力非常清楚和比较清楚的比例仅为2.4%和20.0%（见表2-3-1）。

表2-3-1　　　　　　　　　　　被访老年人的视力分布情况

户籍类型		年龄段						合计
		60~64岁	65~69岁	70~74岁	75~79岁	80~84岁	85岁以上	
城镇	非常清楚	163	108	70	36	39	12	428
		16.1%	11.8%	11.1%	7.1%	8.3%	5.0%	11.3%
	比较清楚	420	364	243	180	157	63	1427
		41.5%	39.8%	38.7%	35.6%	33.5%	26.0%	37.9%
	一般	232	242	152	128	126	66	946
		22.9%	26.4%	24.2%	25.3%	26.9%	27.3%	25.1%
	不太清楚	187	189	152	152	121	88	889
		18.5%	20.7%	24.2%	30.1%	25.9%	36.4%	23.6%
	几乎/完全看不清	10	12	11	9	24	13	79
		1.0%	1.3%	1.8%	1.8%	5.1%	5.4%	2.1%
	缺失值	0	0	0	0	1	0	1
		0.0%	0.0%	0.0%	0.0%	0.2%	0.0%	0.0%
	合计	1012	915	628	505	468	242	3770
		100.0%	100.0%	100.0%	100.0%	100.0%	100.0%	100.0%
农村	非常清楚	184	79	55	12	12	0	342
		10.3%	5.4%	5.1%	1.6%	2.3%	0.0%	5.9%
	比较清楚	681	498	336	193	104	37	1849
		38.2%	34.3%	31.1%	26.0%	20.4%	14.3%	31.7%
	一般	432	398	286	184	118	43	1461
		24.2%	27.4%	26.5%	24.8%	23.1%	16.7%	25.1%

续表

户籍类型		年龄段						合计
		60~64岁	65~69岁	70~74岁	75~79岁	80~84岁	85岁以上	
农村	不太清楚	461	454	380	324	237	140	1996
		25.8%	31.3%	35.2%	43.6%	46.4%	54.3%	34.2%
	几乎/完全看不清	27	22	24	30	40	38	181
		1.5%	1.5%	2.2%	4.0%	7.8%	14.7%	3.1%
	缺失值	0	1	0	0	0	0	1
		0.0%	0.1%	0.0%	0.0%	0.0%	0.0%	0.0%
	合计	1785	1452	1081	743	511	258	5830
		100.0%	100.0%	100.0%	100.0%	100.0%	100.0%	100.0%
合计	非常清楚	347	187	125	48	51	12	770
		12.4%	7.9%	7.3%	3.8%	5.2%	2.4%	8.0%
	比较清楚	1101	862	579	373	261	100	3276
		39.4%	36.4%	33.9%	29.9%	26.7%	20.0%	34.1%
	一般	664	640	438	312	244	109	2407
		23.7%	27.0%	25.6%	25.0%	24.9%	21.8%	25.1%
	不太清楚	648	643	532	476	358	228	2885
		23.2%	27.2%	31.1%	38.1%	36.6%	45.6%	30.1%
	几乎/完全看不清	37	34	35	39	64	51	260
		1.3%	1.4%	2.0%	3.1%	6.5%	10.2%	2.7%
	缺失值	0	1	0	0	1	0	2
		0.0%	0.0%	0.0%	0.0%	0.1%	0.0%	0.0%
	合计	2797	2367	1709	1248	979	500	9600
		100.0%	100.0%	100.0%	100.0%	100.0%	100.0%	100.0%

2. 老年人听力情况

在9600个被访老年人中，有9576个老年人报告了自己的听力情况。老年人能听清楚的比例为70.7%，需要别人提高声音才能听清楚的比例为22.3%，很难听清楚的比例为6.7%。从城乡来看，城镇老年人能听清楚的比例为77.3%，而农村老年人能听清楚的比例为66.5%。从年龄来看，"60~64岁"老年人能听清楚的比例最高，为83.2%，"85岁以上"老年人能听清楚的比例仅为33.6%（见表2-3-2）。

表2-3-2　　　　　　　　　　　　被访老年人的听力分布情况

户籍类型		年龄段						合计
		60~64岁	65~69岁	70~74岁	75~79岁	80~84岁	85岁以上	
城镇	能听清楚	890	785	482	360	286	110	2913
		87.9%	85.8%	76.8%	71.3%	61.1%	45.5%	77.3%
	需要别人提高声音	91	101	122	118	147	89	668
		9.0%	11.0%	19.4%	23.4%	31.4%	36.8%	17.7%
	很难听清楚	29	26	22	26	33	42	178
		2.9%	2.8%	3.5%	5.1%	7.1%	17.4%	4.7%
	缺失值	2	3	2	1	2	1	11
		0.2%	0.3%	0.3%	0.2%	0.4%	0.4%	0.3%
	合计	1012	915	628	505	468	242	3770
		100.0%	100.0%	100.0%	100.0%	100.0%	100.0%	100.0%
农村	能听清楚	1438	1051	725	397	203	58	3872
		80.6%	72.4%	67.1%	53.4%	39.7%	22.5%	66.5%
	需要别人提高声音	277	313	281	265	226	114	1476
		15.5%	21.6%	26.0%	35.7%	44.2%	44.2%	25.3%
	很难听清楚	70	81	74	79	79	86	469
		3.9%	5.6%	6.8%	10.6%	15.5%	33.3%	8.0%
	缺失值	0	7	1	2	3	0	13
		0.0%	0.5%	0.1%	0.3%	0.6%	0.0%	0.2%
	合计	1785	1452	1081	743	511	258	5830
		100.0%	100.0%	100.0%	100.0%	100.0%	100.0%	100.0%
合计	能听清楚	2328	1836	1207	757	489	168	6785
		83.2%	77.6%	70.6%	60.7%	49.9%	33.6%	70.7%
	需要别人提高声音	368	414	403	383	373	203	2144
		13.2%	17.5%	23.6%	30.7%	38.1%	40.6%	22.3%
	很难听清楚	99	107	96	105	112	128	647
		3.5%	4.5%	5.6%	8.4%	11.4%	25.6%	6.7%
	缺失值	2	10	3	3	5	1	24
		0.1%	0.4%	0.2%	0.2%	0.5%	0.2%	0.3%
	合计	2797	2367	1709	1248	979	500	9600
		100.0%	100.0%	100.0%	100.0%	100.0%	100.0%	100.0%

3. 老年人每周锻炼次数

在9600个被访老年人中，有9577个老年人报告了自己每周锻炼次数的情况。其中，老年人从不锻炼的比例为55.8%，每周锻炼不到1次的比例为3.1%，1~2次的比例为9.9%，3~5次的比例为10.6%，6次及以上的比例为20.4%。从城乡来看，城镇老年人每周锻炼6次及以上的比例最高，而农村老年人从不锻炼的比例最高。从年龄来看，"65~69岁"老年人每周锻炼6次及以上和3~5次的比例最高，最低的是"85岁以上"（见表2-3-3）。

表2-3-3　　　　　　　　被访老年人每周锻炼次数的分布情况

户籍类型		年 龄 段						合计
		60~64岁	65~69岁	70~74岁	75~79岁	80~84岁	85岁以上	
城镇	从不锻炼	193	192	152	134	196	121	988
		19.1%	21.0%	24.2%	26.5%	41.9%	50.0%	26.2%
	不到1次	47	30	22	22	30	6	157
		4.6%	3.3%	3.5%	4.4%	6.4%	2.5%	4.2%
	1~2次	145	114	87	50	53	31	480
		14.3%	12.5%	13.9%	9.9%	11.3%	12.8%	12.7%
	3~5次	187	191	123	78	63	28	670
		18.5%	20.9%	19.6%	15.4%	13.5%	11.6%	17.8%
	6次及以上	439	388	243	221	126	56	1473
		43.4%	42.4%	38.7%	43.8%	26.9%	23.1%	39.1%
	缺失值	1	0	1	0	0	0	2
		0.1%	0.0%	0.2%	0.0%	0.0%	0.0%	0.0%
	合计	1012	915	628	505	468	242	3770
		100.0%	100.0%	100.0%	100.0%	100.0%	100.0%	100.0%
农村	从不锻炼	1301	1069	796	589	393	218	4366
		72.9%	73.6%	73.6%	79.3%	76.9%	84.5%	74.9%
	不到1次	46	27	30	18	11	8	140
		2.6%	1.9%	2.8%	2.4%	2.2%	3.1%	2.4%
	1~2次	150	114	91	52	48	15	470
		8.4%	7.9%	8.4%	7.0%	9.4%	5.8%	8.1%
	3~5次	107	102	64	35	32	5	345
		6.0%	7.0%	5.9%	4.7%	6.3%	1.9%	5.9%
	6次及以上	174	135	98	45	26	10	488
		9.7%	9.3%	9.1%	6.1%	5.1%	3.9%	8.4%

续表

户籍类型		年 龄 段						合计
		60~64岁	65~69岁	70~74岁	75~79岁	80~84岁	85岁以上	
农村	缺失值	7	5	2	4	1	2	21
		0.4%	0.3%	0.2%	0.5%	0.2%	0.8%	0.3%
	合计	1785	1452	1081	743	511	258	5830
		100.0%	100.0%	100.0%	100.0%	100.0%	100.0%	100.0%
合计	从不锻炼	1494	1261	948	723	589	339	5354
		53.4%	53.3%	55.5%	57.9%	60.2%	67.8%	55.8%
	不到1次	93	57	52	40	41	14	297
		3.3%	2.4%	3.0%	3.2%	4.2%	2.8%	3.1%
	1~2次	295	228	178	102	101	46	950
		10.5%	9.6%	10.4%	8.2%	10.3%	9.2%	9.9%
	3~5次	294	293	187	113	95	33	1015
		10.5%	12.4%	10.9%	9.1%	9.7%	6.6%	10.6%
	6次及以上	613	523	341	266	152	66	1961
		21.9%	22.1%	20.0%	21.3%	15.5%	13.2%	20.4%
	缺失值	8	5	3	4	1	2	23
		0.3%	0.2%	0.2%	0.3%	0.1%	0.4%	0.2%
	合计	2797	2367	1709	1248	979	500	9600
		100.0%	100.0%	100.0%	100.0%	100.0%	100.0%	100.0%

4. 老年人吃保健品的情况

在9600个被访老年人中，有9564个老年人报告了自己吃保健品的情况。老年人从来不吃保健品的比例为79.8%，偶尔吃保健品的比例为14.4%，经常吃保健品的比例为5.5%。从城乡来看，城镇老年人经常吃保健品的比例为8.7%，而农村老年人经常吃保健品的比例为3.4%。从年龄来看，"85岁以上"老年人经常吃保健品的比例最高，"60~64岁"老年人最低（见表2-3-4）。

表2-3-4　　　　　　　　　　被访老年人吃保健品的分布情况

户籍类型		年 龄 段						合计
		60~64岁	65~69岁	70~74岁	75~79岁	80~84岁	85岁以上	
城镇	从来不吃	800	711	461	361	347	179	2859
		79.1%	77.7%	73.4%	71.5%	74.1%	74.0%	75.8%
	偶尔吃	150	126	107	79	73	36	571
		14.8%	13.8%	17.0%	15.6%	15.6%	14.9%	15.2%

续表

户籍类型		年龄段						合计
		60~64岁	65~69岁	70~74岁	75~79岁	80~84岁	85岁以上	
城镇	经常吃	60	76	58	63	47	25	329
		5.9%	8.3%	9.2%	12.5%	10.0%	10.3%	8.7%
	缺失值	2	2	2	2	1	2	11
		0.2%	0.2%	0.3%	0.4%	0.2%	0.8%	0.3%
	合计	1012	915	628	505	468	242	3770
		100.0%	100.0%	100.0%	100.0%	100.0%	100.0%	100.0%
农村	从来不吃	1519	1201	861	589	420	207	4797
		85.1%	82.7%	79.6%	79.3%	82.2%	80.2%	82.3%
	偶尔吃	205	203	165	127	76	33	809
		11.5%	14.0%	15.3%	17.1%	14.9%	12.8%	13.9%
	经常吃	49	44	49	25	14	18	199
		2.7%	3.0%	4.5%	3.4%	2.7%	7.0%	3.4%
	缺失值	12	4	6	2	1	0	25
		0.7%	0.3%	0.6%	0.3%	0.2%	0.0%	0.4%
	合计	1785	1452	1081	743	511	258	5830
		100.0%	100.0%	100.0%	100.0%	100.0%	100.0%	100.0%
合计	从来不吃	2319	1912	1322	950	767	386	7656
		82.9%	80.8%	77.4%	76.1%	78.3%	77.2%	79.8%
	偶尔吃	355	329	272	206	149	69	1380
		12.7%	13.9%	15.9%	16.5%	15.2%	13.8%	14.4%
	经常吃	109	120	107	88	61	43	528
		3.9%	5.1%	6.3%	7.1%	6.2%	8.6%	5.5%
	缺失值	14	6	8	4	2	2	36
		0.5%	0.3%	0.5%	0.3%	0.2%	0.4%	0.3%
	合计	2797	2367	1709	1248	979	500	9600
		100.0%	100.0%	100.0%	100.0%	100.0%	100.0%	100.0%

5. 2014年老年人体检情况

在9600个被访老年人中，有9497个老年人报告了自己2014年体检的情况。老年人2014年体检过的比例为44.7%，未体检过的比例为54.2%。从城乡来看，城镇老年人2014年体检的比例为51.8%，而农村老年人体检的比例为40.2%。从年龄来看，"70~74

岁"老年人2014年体检的比例最高,"60~64岁"老年人体检的比例最低,仅为37.2%(见表2-3-5)。

表2-3-5　　　　　　　　　被访老年人2014年体检的分布情况

户籍类型		年龄段						合计
		60~64岁	65~69岁	70~74岁	75~79岁	80~84岁	85岁以上	
城镇	是	452	488	349	301	252	111	1953
		44.7%	53.3%	55.6%	59.6%	53.8%	45.9%	51.8%
	否	551	421	274	200	210	129	1785
		54.4%	46.0%	43.6%	39.6%	44.9%	53.3%	47.3%
	缺失值	9	6	5	4	6	2	32
		0.9%	0.7%	0.8%	0.8%	1.3%	0.8%	0.9%
	合计	1012	915	628	505	468	242	3770
		100.0%	100.0%	100.0%	100.0%	100.0%	100.0%	100.0%
农村	是	588	618	518	318	218	81	2341
		32.9%	42.6%	47.9%	42.8%	42.7%	31.4%	40.2%
	否	1176	815	553	414	286	174	3418
		65.9%	56.1%	51.2%	55.7%	56.0%	67.4%	58.6%
	缺失值	21	19	10	11	7	3	71
		1.2%	1.3%	0.9%	1.5%	1.4%	1.2%	1.2%
	合计	1785	1452	1081	743	511	258	5830
		100.0%	100.0%	100.0%	100.0%	100.0%	100.0%	100.0%
合计	是	1040	1106	867	619	470	192	4294
		37.2%	46.7%	50.7%	49.6%	48.0%	38.4%	44.7%
	否	1727	1236	827	614	496	303	5203
		61.7%	52.2%	48.4%	49.2%	50.7%	60.6%	54.2%
	缺失值	30	25	15	15	13	5	103
		1.1%	1.1%	0.9%	1.2%	1.3%	1.0%	1.1%
	合计	2797	2367	1709	1248	979	500	9600
		100.0%	100.0%	100.0%	100.0%	100.0%	100.0%	100.0%

6. 老年人患慢性病的情况

在9600个被访老年人中,有9508个老年人报告了自己患慢性病的情况。从城乡来看,城镇老年人常患的慢性疾病分别为高血压(46.1%)、骨关节病(43.9%)、心脑血管疾病(31.7%)、白内障/青光眼(22.9%)、胃病(16.8%)、糖尿病(12.8%),而农村老年人则是骨关节病（56.1%）、高血压（34.9%）、胃病（28.1%）、心脑血管疾病（23.6%）、白内障/青光眼（20.2%）、慢性肺部疾病（13.7%）。可见，骨关节疾病、高血压、心脑血管疾病和胃病市困扰城乡老年人的主要慢性疾病。从年龄来看，"60～64岁"老年人患骨关节疾病的比例最高（见表2-3-6）。

表 2-3-6 被访老年人患慢性疾病的分布情况

户籍类型		年龄段						合计
		60～64岁	65～69岁	70～74岁	75～79岁	80～84岁	85岁以上	
城镇	白内障/青光眼	129	174	152	144	153	100	852
		3.5%	4.7%	4.1%	3.9%	4.1%	2.7%	22.9%
	高血压	364	396	321	282	244	112	1719
		9.8%	10.6%	8.6%	7.6%	6.5%	3.0%	46.1%
	糖尿病	106	124	79	64	67	36	476
		2.8%	3.3%	2.1%	1.7%	1.8%	1.0%	12.8%
	心脑血管病（冠心病/心绞痛/脑卒中等）	218	233	225	215	192	99	1182
		5.9%	6.3%	6.0%	5.8%	5.2%	2.7%	31.7%
	胃病	180	170	117	70	64	26	627
		4.8%	4.6%	3.1%	1.9%	1.7%	0.7%	16.8%
	骨关节病（骨质疏松/关节炎/风湿/椎间盘疾病等）	406	400	286	235	206	104	1637
		10.9%	10.7%	7.7%	6.3%	5.5%	2.8%	43.9%
	慢性肺部疾病（慢阻肺/气管炎/肺气肿等）	66	79	68	51	58	39	361
		1.8%	2.1%	1.8%	1.4%	1.6%	1.0%	9.7%
	哮喘	19	32	25	25	30	11	142
		0.5%	0.9%	0.7%	0.7%	0.8%	0.3%	3.8%
	恶性肿瘤	23	15	15	13	7	4	77
		0.6%	0.4%	0.4%	0.3%	0.2%	0.1%	2.1%
	生殖系统疾病	43	42	35	35	34	15	204
		1.2%	1.1%	0.9%	0.9%	0.9%	0.4%	5.5%
	其他慢性病	56	49	46	36	34	12	233
		1.5%	1.3%	1.2%	1.0%	0.9%	0.3%	6.3%
	都没有	180	118	65	47	43	21	474
		4.8%	3.2%	1.7%	1.3%	1.2%	0.6%	12.7%
	合计	996	903	620	500	466	241	3726
		26.7%	24.2%	16.6%	13.4%	12.5%	6.5%	100.0%

续表

户籍类型		年龄段						合计
		60~64岁	65~69岁	70~74岁	75~79岁	80~84岁	85岁以上	
农村	白内障/青光眼	254	274	231	189	145	75	1168
		4.4%	4.7%	4.0%	3.3%	2.5%	1.3%	20.2%
	高血压	518	469	413	322	211	85	2018
		9.0%	8.1%	7.1%	5.6%	3.6%	1.5%	34.9%
	糖尿病	80	94	45	38	25	6	288
		1.4%	1.6%	0.8%	0.7%	0.4%	0.1%	5.0%
	心脑血管疾病（冠心病/心绞痛/脑卒中等）	343	335	284	211	127	67	1367
		5.9%	5.8%	4.9%	3.6%	2.2%	1.2%	23.6%
	胃病	536	407	302	197	122	61	1625
		9.3%	7.0%	5.2%	3.4%	2.1%	1.1%	28.1%
	骨关节病（骨质疏松/关节炎/风湿/椎间盘疾病等）	1004	765	617	434	279	143	3242
		17.4%	13.2%	10.7%	7.5%	4.8%	2.5%	56.1%
	慢性肺部疾病（慢阻肺/气管炎/肺气肿等）	197	205	146	112	83	48	791
		3.4%	3.5%	2.5%	1.9%	1.4%	0.8%	13.7%
	哮喘	106	97	91	72	51	32	449
		1.8%	1.7%	1.6%	1.2%	0.9%	0.6%	7.8%
	恶性肿瘤	23	28	10	8	5	1	75
		0.4%	0.5%	0.2%	0.1%	0.1%	0.0%	1.3%
	生殖系统疾病	104	103	84	73	32	24	420
		1.8%	1.8%	1.5%	1.3%	0.6%	0.4%	7.3%
	其他慢性病	98	79	44	27	19	7	274
		1.7%	1.4%	0.8%	0.5%	0.3%	0.1%	4.7%
	都没有	278	195	114	74	44	26	731
		4.8%	3.4%	2.0%	1.3%	0.8%	0.4%	12.6%
	合计	1762	1443	1074	738	509	256	5782
		30.5%	25.0%	18.6%	12.8%	8.8%	4.4%	100.0%

7. 调查前两周老年人生病的情况

在9600个被访老年人中，有9536个老年人报告了自己调查前两周生病的情况。老年人调查前两周生过病的比例为20.3%，而未生过病的比例为79.0%。从城乡来看，城镇老年人调查前两周生病的比例为22.3%，农村老年人调查前两周生病的比例为26.4%。从年龄来看，"85岁以上"老年人调查前两周生病的比例最高，其次是"75~79岁"老年人，最低的是"60~64"岁老年人（见表2-3-7）。

表 2-3-7　　　　　　　　　　　　被访老年人调查前两周生病的分布情况

户籍类型		年龄段						合计
		60~64岁	65~69岁	70~74岁	75~79岁	80~84岁	85岁以上	
城镇	是	139	143	130	102	79	54	647
		13.7%	15.6%	20.7%	20.2%	16.9%	22.3%	17.2%
	否	865	767	491	400	387	187	3097
		85.5%	83.8%	78.2%	79.2%	82.7%	77.3%	82.1%
	缺失值	8	5	7	3	2	1	26
		0.8%	0.5%	1.1%	0.6%	0.4%	0.4%	0.7%
	合计	1012	915	628	505	468	242	3770
		100.0%	100.0%	100.0%	100.0%	100.0%	100.0%	100.0%
农村	是	353	315	255	185	130	68	1306
		19.8%	21.7%	23.6%	24.9%	25.4%	26.4%	22.4%
	否	1422	1129	815	556	375	189	4486
		79.7%	77.8%	75.4%	74.8%	73.4%	73.3%	76.9%
	缺失值	10	8	11	2	6	1	38
		0.6%	0.6%	1.0%	0.3%	1.2%	0.4%	0.7%
	合计	1785	1452	1081	743	511	258	5830
		100.0%	100.0%	100.0%	100.0%	100.0%	100.0%	100.0%
合计	是	492	458	385	287	209	122	1953
		17.6%	19.3%	22.5%	23.0%	21.3%	24.4%	20.3%
	否	2287	1896	1306	956	762	376	7583
		81.8%	80.1%	76.4%	76.6%	77.8%	75.2%	79.0%
	缺失值	18	13	18	5	8	2	64
		0.6%	0.5%	1.1%	0.4%	0.8%	0.4%	0.7%
	合计	2797	2367	1709	1248	979	500	9600
		100.0%	100.0%	100.0%	100.0%	100.0%	100.0%	100.0%

8. 老年人看病医疗机构情况

在9600个被访老年人中，有9505个老年人报告了自己看病医疗机构的情况。老年人去卫生室/站的比例为32.2%，去乡镇（街道）卫生院的比例为16.4%，去市/地医院的比例为14.4%，去县/市/区医院的比例为13.7%，去私人诊所的比例为9.6%，去社区卫生服务中心的比例为8.8%，去省级医院的比例为3.3%，去其他医疗机构的比例为0.6%。从城乡来看，城镇老年人所去医疗机构比例最高的是市/地医院，而农村老年人最经常去的医疗机构是卫生室/站。从年龄来看，"60~64岁"老年人去卫生室/站的比例最高,而看病去市/地医院的老年人比例最高的年龄段是"85岁以上"(见表 2-3-8)。

表 2-3-8 被访老年人平时看病医疗机构的分布情况

户籍类型		年 龄 段						合计
		60~64 岁	65~69 岁	70~74 岁	75~79 岁	80~84 岁	85 岁以上	
城镇	私人诊所	118	82	61	33	25	12	331
		11.7%	9.0%	9.7%	6.5%	5.3%	5.0%	8.8%
	卫生室/站	40	29	21	16	15	5	126
		4.0%	3.2%	3.3%	3.2%	3.2%	2.1%	3.3%
	社区卫生服务中心	152	139	68	78	80	39	556
		15.0%	15.2%	10.8%	15.4%	17.1%	16.1%	14.7%
	乡镇(街道)卫生院	69	60	56	30	29	9	253
		6.8%	6.6%	8.9%	5.9%	6.2%	3.7%	6.7%
	县/市/区医院	233	209	165	108	84	36	835
		23.0%	22.8%	26.3%	21.4%	17.9%	14.9%	22.1%
	市/地医院	300	323	205	200	167	94	1289
		29.6%	35.3%	32.6%	39.6%	35.7%	38.8%	34.2%
	省级医院	71	64	40	36	58	44	313
		7.0%	7.0%	6.4%	7.1%	12.4%	18.2%	8.3%
	其他	10	1	4	2	6	0	23
		1.0%	0.1%	0.6%	0.4%	1.3%	0.0%	0.6%
	缺失值	19	8	8	2	4	3	44
		1.9%	0.9%	1.3%	0.4%	0.9%	1.2%	1.2%
	合计	1012	915	628	505	468	242	3770
		100.0%	100.0%	100.0%	100.0%	100.0%	100.0%	100.0%
农村	私人诊所	154	182	98	78	54	24	590
		8.6%	12.5%	9.1%	10.5%	10.6%	9.3%	10.1%
	卫生室/站	907	693	548	387	271	159	2965
		50.8%	47.7%	50.7%	52.1%	53.0%	61.6%	50.9%
	社区卫生服务中心	101	69	65	30	19	6	290
		5.7%	4.8%	6.0%	4.0%	3.7%	2.3%	5.0%
	乡镇(街道)卫生院	404	336	246	171	118	44	1319
		22.6%	23.1%	22.8%	23.0%	23.1%	17.1%	22.6%
	县/市/区医院	157	131	85	51	39	15	478
		8.8%	9.0%	7.9%	6.9%	7.6%	5.8%	8.2%

续表

户籍类型		年龄段						合计
		60~64岁	65~69岁	70~74岁	75~79岁	80~84岁	85岁以上	
农村	市/地医院	36	22	20	13	4	3	98
		2.0%	1.5%	1.9%	1.7%	0.8%	1.2%	1.7%
	省级医院	3	3	0	2	0	0	8
		0.2%	0.2%	0.0%	0.3%	0.0%	0.0%	0.1%
	其他	10	8	8	2	2	1	31
		0.6%	0.6%	0.7%	0.3%	0.4%	0.4%	0.5%
	缺失值	13	8	11	9	4	6	51
		0.7%	0.6%	1.0%	1.2%	0.8%	2.3%	0.9%
	合计	1785	1452	1081	743	511	258	5830
		100.0%	100.0%	100.0%	100.0%	100.0%	100.0%	100.0%
合计	私人诊所	272	264	159	111	79	36	921
		9.7%	11.2%	9.3%	8.9%	8.1%	7.2%	9.6%
	卫生室/站	947	722	569	403	286	164	3091
		33.9%	30.5%	33.3%	32.3%	29.2%	32.8%	32.2%
	社区卫生服务中心	253	208	133	108	99	45	846
		9.0%	8.8%	7.8%	8.7%	10.1%	9.0%	8.8%
	乡镇（街道）卫生院	473	396	302	201	147	53	1572
		16.9%	16.7%	17.7%	16.1%	15.0%	10.6%	16.4%
	县/市/区医院	390	340	250	159	123	51	1313
		13.9%	14.4%	14.6%	12.7%	12.6%	10.2%	13.7%
	市/地医院	336	345	225	213	171	97	1387
		12.0%	14.6%	13.2%	17.1%	17.5%	19.4%	14.4%
	省级医院	74	67	40	38	58	44	321
		2.6%	2.8%	2.3%	3.0%	5.9%	8.8%	3.3%
	其他	20	9	12	4	8	1	54
		0.7%	0.4%	0.7%	0.3%	0.8%	0.2%	0.6%
	缺失值	32	16	19	11	8	9	95
		1.1%	0.7%	1.1%	0.9%	0.8%	1.8%	1.0%
	合计	2797	2367	1709	1248	979	500	9600
		100.0%	100.0%	100.0%	100.0%	100.0%	100.0%	100.0%

9. 老年人到医院/诊所看病遭遇问题的情况

在9600个被访老年人中，有6539个老年人报告了自己就医时遭遇的问题。从城乡来看，城镇老年人就医的不好遭遇分别为收费太高（67.3%）、排队时间太长（43.6%）、手续繁琐（32%）、服务态度不好（9.1%）、无障碍设施不健全（6.9%）、不能及时住院（4.7%），而农村老年人则是收费太高（51.4%）、手续繁琐（30.7%）、排队时间太长（30.1%）、无障碍设施不健全（21.9%）、服务态度不好（10.7%）、不能及时住院（8.1%）。从年龄来看，上述问题主要集中在"60~64岁"这一年龄段（见表2-3-9）。

表2-3-9　　　　　　被访老年人到医院/诊所看病遭遇问题的分布情况

户籍类型		年　龄　段						合计
		60~64岁	65~69岁	70~74岁	75~79岁	80~84岁	85岁以上	
城镇	排队时间太长	346	324	165	151	137	61	1184
		12.8%	11.9%	6.1%	5.6%	5.0%	2.2%	43.6%
	手续繁琐	238	237	124	116	101	52	868
		8.8%	8.7%	4.6%	4.3%	3.7%	1.9%	32.0%
	无障碍设施不健全	53	47	26	20	30	12	188
		2.0%	1.7%	1.0%	0.7%	1.1%	0.4%	6.9%
	不能及时住院	37	36	18	16	9	11	127
		1.4%	1.3%	0.7%	0.6%	0.3%	0.4%	4.7%
	服务态度不好	69	76	42	25	27	7	246
		2.5%	2.8%	1.5%	0.9%	1.0%	0.3%	9.1%
	收费太高	485	454	292	257	220	118	1826
		17.9%	16.7%	10.8%	9.5%	8.1%	4.3%	67.3%
	其他	75	47	30	37	23	21	233
		2.8%	1.7%	1.1%	1.4%	0.8%	0.8%	8.6%
	合计	743	671	422	374	335	168	2713
		27.4%	24.7%	15.6%	13.8%	12.3%	6.2%	100.0%
农村	排队时间太长	365	300	210	129	107	39	1150
		9.5%	7.8%	5.5%	3.4%	2.8%	1.0%	30.1%
	手续繁琐	357	281	216	162	114	46	1176
		9.3%	7.3%	5.6%	4.2%	3.0%	1.2%	30.7%
	无障碍设施不健全	203	205	162	126	81	61	838
		5.3%	5.4%	4.2%	3.3%	2.1%	1.6%	21.9%
	不能及时住院	70	103	54	30	31	22	310
		1.8%	2.7%	1.4%	0.8%	0.8%	0.6%	8.1%

续表

户籍类型		年龄段						合计
		60~64岁	65~69岁	70~74岁	75~79岁	80~84岁	85岁以上	
农村	服务态度不好	123	99	78	51	36	21	408
		3.2%	2.6%	2.0%	1.3%	0.9%	0.5%	10.7%
	收费太高	575	508	360	270	161	92	1966
		15.0%	13.3%	9.4%	7.1%	4.2%	2.4%	51.4%
	其他	104	108	72	49	36	13	382
		2.7%	2.8%	1.9%	1.3%	0.9%	0.3%	10.0%
	合计	1114	978	710	508	346	170	3826
		29.1%	25.6%	18.6%	13.3%	9.0%	4.4%	100.0%

10. 2014年老年人住院次数的情况

在9600个被访老年人中，有9486个老年人报告了自己2014年住院次数的情况。老年人2014年没有住过院的比例为41.5%，住院1次的比例为46.4%，住院2次的比例为6.8%，住院3次及以上的比例为4.2%。从城乡来看，城镇老年人2014年没有住过院的比例最高，而农村老年人住院1次的比例最高。从年龄来看，"60~64岁"老年人2014年未住过院的比例最高，而"75~79岁"老年人未住过院的比例最低（见表2-3-10）。

表2-3-10　　　　　　被访老年人2014年住院次数的分布情况

户籍类型		年龄段						合计
		60~64岁	65~69岁	70~74岁	75~79岁	80~84岁	85岁以上	
城镇	0次	519	434	269	226	200	91	1739
		51.3%	47.4%	42.8%	44.8%	42.7%	37.6%	46.1%
	1次	391	353	260	195	183	99	1481
		38.6%	38.6%	41.4%	38.6%	39.1%	40.9%	39.3%
	2次	66	68	61	50	44	29	318
		6.5%	7.4%	9.7%	9.9%	9.4%	12.0%	8.4%
	3次	14	34	23	18	20	12	121
		1.4%	3.7%	3.7%	3.6%	4.3%	5.0%	3.2%
	4次	9	4	4	6	9	3	35
		0.9%	0.4%	0.6%	1.2%	1.9%	1.2%	0.9%
	5次	4	5	5	3	5	5	27
		0.4%	0.5%	0.8%	0.6%	1.1%	2.1%	0.7%

续表

户籍类型		年龄段						合计
		60~64岁	65~69岁	70~74岁	75~79岁	80~84岁	85岁以上	
城镇	6次	5	2	1	3	3	1	15
		0.5%	0.2%	0.2%	0.6%	0.6%	0.4%	0.4%
	7次	0	2	1	1	1	0	5
		0.0%	0.2%	0.2%	0.2%	0.2%	0.0%	0.1%
	8次	0	2	0	1	1	1	5
		0.0%	0.2%	0.0%	0.2%	0.2%	0.4%	0.1%
	9次	1	0	1	0	0	0	2
		0.1%	0.0%	0.2%	0.0%	0.0%	0.0%	0.1%
	10次	1	1	0	0	0	1	3
		0.1%	0.1%	0.0%	0.0%	0.0%	0.4%	0.1%
	12次	0	0	1	0	1	0	2
		0.0%	0.0%	0.2%	0.0%	0.2%	0.0%	0.1%
	缺失值	2	10	2	2	1	0	17
		0.2%	1.1%	0.3%	0.4%	0.2%	0.0%	0.5%
	合计	1012	915	628	505	468	242	3770
		100.0%	100.0%	100.0%	100.0%	100.0%	100.0%	100.0%
农村	0次	709	574	423	253	183	103	2245
		39.7%	39.5%	39.1%	34.1%	35.8%	39.9%	38.5%
	1次	910	729	548	383	273	130	2973
		51.0%	50.2%	50.7%	51.5%	53.4%	50.4%	51.0%
	2次	90	75	65	62	28	17	337
		5.0%	5.2%	6.0%	8.3%	5.5%	6.6%	5.8%
	3次	27	31	19	17	12	2	108
		1.5%	2.1%	1.8%	2.3%	2.3%	0.8%	1.9%
	4次	14	11	5	4	2	2	38
		0.8%	0.8%	0.5%	0.5%	0.4%	0.8%	0.7%
	5次	6	5	5	2	1	0	19
		0.3%	0.3%	0.5%	0.3%	0.2%	0.0%	0.3%
	6次	2	1	1	2	3	0	9
		0.1%	0.1%	0.1%	0.3%	0.6%	0.0%	0.2%
	8次	1	2	0	0	0	0	3
		0.1%	0.1%	0.0%	0.0%	0.0%	0.0%	0.1%

续表

户籍类型		年 龄 段						合计
		60~64岁	65~69岁	70~74岁	75~79岁	80~84岁	85岁以上	
农村	13次	0	0	1	0	0	0	1
		0.0%	0.0%	0.1%	0.0%	0.0%	0.0%	0.0%
	缺失值	26	24	14	20	9	4	97
		1.5%	1.7%	1.3%	2.7%	1.8%	1.6%	1.7%
	合计	1785	1452	1081	743	511	258	5830
		100.0%	100.0%	100.0%	100.0%	100.0%	100.0%	100.0%
合计	0次	1228	1008	692	479	383	194	3984
		43.9%	42.6%	40.5%	38.4%	39.1%	38.8%	41.5%
	1次	1301	1082	808	578	456	229	4454
		46.5%	45.7%	47.3%	46.3%	46.6%	45.8%	46.4%
	2次	156	143	126	112	72	46	655
		5.6%	6.0%	7.4%	9.0%	7.4%	9.2%	6.8%
	3次	41	65	42	35	32	14	229
		1.5%	2.7%	2.5%	2.8%	3.3%	2.8%	2.4%
	4次	23	15	9	10	11	5	73
		0.8%	0.6%	0.5%	0.8%	1.1%	1.0%	0.8%
	5次	10	10	10	5	6	5	46
		0.4%	0.4%	0.6%	0.4%	0.6%	1.0%	0.5%
	6次	7	3	2	5	6	1	24
		0.3%	0.1%	0.1%	0.4%	0.6%	0.2%	0.3%
	7次	0	2	1	1	1	0	5
		0.0%	0.1%	0.1%	0.1%	0.1%	0.0%	0.1%
	8次	1	4	0	1	1	1	8
		0.0%	0.2%	0.0%	0.1%	0.1%	0.2%	0.1%
	9次	1	0	1	0	0	0	2
		0.0%	0.0%	0.1%	0.0%	0.0%	0.0%	0.0%
	10次	1	1	0	0	0	1	3
		0.0%	0.0%	0.0%	0.0%	0.0%	0.2%	0.0%
	12次	0	0	1	0	1	0	2
		0.0%	0.0%	0.1%	0.0%	0.1%	0.0%	0.0%
	13次	0	0	1	0	0	0	1
		0.0%	0.0%	0.1%	0.0%	0.0%	0.0%	0.0%

续表

户籍类型		年龄段						合计
		60~64岁	65~69岁	70~74岁	75~79岁	80~84岁	85岁以上	
合计	缺失值	28	34	16	22	10	4	114
		1.0%	1.4%	0.9%	1.8%	1.0%	0.8%	1.2%
	合计	2797	2367	1709	1248	979	500	9600
		100.0%	100.0%	100.0%	100.0%	100.0%	100.0%	100.0%

11. 2014年老年人看病/住院花费情况

有5642个老年人报告了自己2014年看病/住院的花费情况。老年人2014年看病/住院花费"500元以下"的比例为22.7%，"500~1000元"的比例为8.0%，"1000~2000元"的比例为20.3%，"2000~3000元"的比例为9.0%，"3000~5000元"的比例为11.0%，"5000~10000元"的比例为14.8%，"10000~20000元"的比例为8.2%，"20000元以上"的比例为6.0%。从城乡来看，城镇老年人2014年看病/住院花费以"5000~10000元"居多，农村老年人则以"500元以下"居多。从年龄来看，城镇老年人看病花费在"5000~10000元"的主要集中在"75~79岁"，而农村老年人看病花费在"500元以下"的主要在"60~64岁"，花费在"20000元以上"的均以城镇和农村"85岁以上"老年人为主（见表2-3-11）。

表2-3-11　　　　　被访老年人2014年看病/住院花费的分布情况

户籍类型		年龄段						合计
		60~64岁	65~69岁	70~74岁	75~79岁	80~84岁	85岁以上	
城镇	500元以下	62	48	29	14	17	11	181
		12.4%	9.8%	8.0%	5.0%	6.3%	7.3%	8.9%
	500~1000元	25	24	13	7	8	1	78
		5.0%	4.9%	3.6%	2.5%	3.0%	0.7%	3.8%
	1000~2000元	91	96	65	33	35	19	339
		18.3%	19.7%	18.0%	11.9%	13.0%	12.6%	16.6%
	2000~3000元	52	38	25	20	36	13	184
		10.4%	7.8%	6.9%	7.2%	13.3%	8.6%	9.0%
	3000~5000元	61	63	56	38	30	19	267
		12.2%	12.9%	15.5%	13.7%	11.1%	12.6%	13.0%
	5000~10000元	115	105	91	73	66	33	483
		23.1%	21.5%	25.2%	26.3%	24.4%	21.9%	23.6%
	10000~20000元	53	61	53	54	38	22	281
		10.6%	12.5%	14.7%	19.4%	14.1%	14.6%	13.7%

续表

户籍类型		年龄段						合计
		60~64岁	65~69岁	70~74岁	75~79岁	80~84岁	85岁以上	
城镇	20000元以上	39	53	29	39	40	33	233
		7.8%	10.9%	8.0%	14.0%	14.8%	21.9%	11.4%
	合计	498	488	361	278	270	151	2046
		100.0%	100.0%	100.0%	100.0%	100.0%	100.0%	100.0%
农村	500元以下	357	282	187	135	98	40	1099
		33.2%	31.7%	28.2%	27.9%	29.6%	26.0%	30.5%
	500~1000元	108	92	64	50	33	30	377
		10.0%	10.3%	9.7%	10.3%	10.0%	19.5%	10.5%
	1000~2000元	227	190	157	113	84	35	806
		21.1%	21.3%	23.7%	23.3%	25.4%	22.7%	22.4%
	2000~3000元	104	70	70	41	28	13	326
		9.7%	7.9%	10.6%	8.5%	8.5%	8.4%	9.1%
	3000~5000元	94	86	81	53	22	15	351
		8.7%	9.7%	12.2%	11.0%	6.6%	9.7%	9.8%
	5000~10000元	103	91	55	53	35	14	351
		9.6%	10.2%	8.3%	11.0%	10.6%	9.1%	9.8%
	10000~20000元	51	52	29	25	20	3	180
		4.7%	5.8%	4.4%	5.2%	6.0%	1.9%	5.0%
	20000元以上	31	27	19	14	11	4	106
		2.9%	3.0%	2.9%	2.9%	3.3%	2.6%	2.9%
	合计	1075	890	662	484	331	154	3596
		100.0%	100.0%	100.0%	100.0%	100.0%	100.0%	100.0%
合计	500元以下	419	330	216	149	115	51	1280
		26.6%	23.9%	21.1%	19.6%	19.1%	16.7%	22.7%
	500~1000元	133	116	77	57	41	31	455
		8.5%	8.4%	7.5%	7.5%	6.8%	10.2%	8.0%
	1000~2000元	318	286	222	146	119	54	1145
		20.2%	20.8%	21.7%	19.2%	19.8%	17.7%	20.3%
	2000~3000元	156	108	95	61	64	26	510
		9.9%	7.8%	9.3%	8.0%	10.6%	8.5%	9.0%

续表

户籍类型		年龄段						合计
		60~64岁	65~69岁	70~74岁	75~79岁	80~84岁	85岁以上	
合计	3000~5000元	155	149	137	91	52	34	618
		9.9%	10.8%	13.4%	11.9%	8.7%	11.1%	11.0%
	5000~10000元	218	196	146	126	101	47	834
		13.9%	14.2%	14.3%	16.5%	16.8%	15.4%	14.8%
	10000~20000元	104	113	82	79	58	25	461
		6.6%	8.2%	8.0%	10.4%	9.7%	8.2%	8.2%
	20000元以上	70	80	48	53	51	37	339
		4.5%	5.8%	4.7%	7.0%	8.5%	12.1%	6.0%
	合计	1573	1378	1023	762	601	305	5642
		100.0%	100.0%	100.0%	100.0%	100.0%	100.0%	100.0%

12. 2014年老年人在药店自费购买药物的花费情况

有7795个老年人报告了自己2014年在药店自费购买药物的花费情况。老年人2014年在药店自费购买药物花费"500元以下"的比例为51.6%，"500~1000元"的比例为10.3%，"1000~2000元"的比例为23.6%，"2000~3000元"的比例为6.0%，"3000~5000元"的比例为4.8%，"5000~10000元"的比例为2.8%，"10000~20000元"的比例为0.8%，"20000元以上"的比例为0.2%。从城乡来看，城乡老年人2014年在药店自费购药均以"500元以下"和"1000~2000元"居多。从年龄来看，城镇老年人自费购药在"500元以下"的主要在"60~64岁"，而农村老年人则是在"70~74岁"。城镇和农村老年人自费购药在"1000~2000元"的以"85岁以上"居多（见表2-3-12）。

表2-3-12　　被访老年人2014年在药店自费购买药物花费的分布情况

户籍类型		年龄段						合计
		60~64岁	65~69岁	70~74岁	75~79岁	80~84岁	85岁以上	
城镇	500元以下	335	265	166	125	119	47	1057
		39.3%	33.9%	30.6%	29.8%	32.1%	24.7%	33.5%
	500~1000元	109	100	50	39	26	19	343
		12.8%	12.8%	9.2%	9.3%	7.0%	10.0%	10.8%
	1000~2000元	246	253	171	138	113	62	983
		28.9%	32.4%	31.5%	32.9%	30.5%	32.6%	31.1%
	2000~3000元	70	74	59	41	41	17	302
		8.2%	9.5%	10.9%	9.8%	11.1%	8.9%	9.6%

续表

户籍类型		年龄段						合计
		60~64岁	65~69岁	70~74岁	75~79岁	80~84岁	85岁以上	
城镇	3000~5000元	47	47	62	35	39	29	259
		5.5%	6.0%	11.4%	8.4%	10.5%	15.3%	8.2%
	5000~10000元	35	28	31	32	23	11	160
		4.1%	3.6%	5.7%	7.6%	6.2%	5.8%	5.1%
	10000~20000元	9	13	3	8	6	5	44
		1.1%	1.7%	0.6%	1.9%	1.6%	2.6%	1.4%
	20000元以上	1	2	1	1	4	0	9
		0.1%	0.3%	0.2%	0.2%	1.1%	0.0%	0.3%
	合计	852	782	543	419	371	190	3157
		100.0%	100.0%	100.0%	100.0%	100.0%	100.0%	100.0%
农村	500元以下	871	765	574	376	256	122	2964
		63.3%	65.3%	66.0%	60.8%	63.5%	61.3%	63.9%
	500~1000元	158	111	75	58	36	18	456
		11.5%	9.5%	8.6%	9.4%	8.9%	9.0%	9.8%
	1000~2000元	233	189	160	138	89	49	858
		16.9%	16.1%	18.4%	22.3%	22.1%	24.6%	18.5%
	2000~3000元	49	50	31	21	13	4	168
		3.6%	4.3%	3.6%	3.4%	3.2%	2.0%	3.6%
	3000~5000元	41	28	17	17	6	3	112
		3.0%	2.4%	2.0%	2.8%	1.5%	1.5%	2.4%
	5000~10000元	18	22	9	6	3	3	61
		1.3%	1.9%	1.0%	1.0%	0.7%	1.5%	1.3%
	10000~20000元	5	5	4	1	0	0	15
		0.4%	0.4%	0.5%	0.2%	0.0%	0.0%	0.3%
	20000元以上	1	2	0	1	0	0	4
		0.1%	0.2%	0.0%	0.2%	0.0%	0.0%	0.1%
	合计	1376	1172	870	618	403	199	4638
		100.0%	100.0%	100.0%	100.0%	100.0%	100.0%	100.0%
合计	500元以下	1206	1030	740	501	375	169	4021
		54.1%	52.7%	52.4%	48.3%	48.4%	43.4%	51.6%
	500~1000元	267	211	125	97	62	37	799
		12.0%	10.8%	8.8%	9.4%	8.0%	9.5%	10.3%

续表

户籍类型		年龄段						合计
		60~64岁	65~69岁	70~74岁	75~79岁	80~84岁	85岁以上	
合计	1000~2000元	479	442	331	276	202	111	1841
		21.5%	22.6%	23.4%	26.6%	26.1%	28.5%	23.6%
	2000~3000元	119	124	90	62	54	21	470
		5.3%	6.3%	6.4%	6.0%	7.0%	5.4%	6.0%
	3000~5000元	88	75	79	52	45	32	371
		3.9%	3.8%	5.6%	5.0%	5.8%	8.2%	4.8%
	5000~10000元	53	50	40	38	26	14	221
		2.4%	2.6%	2.8%	3.7%	3.4%	3.6%	2.8%
	10000~20000元	14	18	7	9	6	5	59
		0.6%	0.9%	0.5%	0.9%	0.8%	1.3%	0.8%
	20000元以上	2	4	1	2	4	0	13
		0.1%	0.2%	0.1%	0.2%	0.5%	0.0%	0.2%
	合计	2228	1954	1413	1037	774	389	7795
		100.0%	100.0%	100.0%	100.0%	100.0%	100.0%	100.0%

13. 老年人享受医疗保障待遇情况

在9600个被访老年人中，有9392个老年人报告了自己享受医疗保障待遇的情况。从城乡来看，城镇老年人享受城镇职工基本医疗保险的比例为72.4%，享受城镇居民基本医疗保险的比例为14.5%，享受职工大额医疗补助的比例为17.2%，享受公费医疗的为7.6%，未享受任何医疗保障的比例为0.9%。农村老年人享受新型农村合作医疗保险的比例为96.1%。城乡老年人享受职工大额医疗补助的比例为8.3%，未享有任何保障待遇的比例为1.3%。可见，城镇老年人的主要医疗保障为城镇职工基本医疗保险，而农村则是新型农村合作医疗保险。从年龄来看，城镇享有城镇职工基本医疗保险的老年人和农村享受新型农村合作医疗保险的老年人均以"60~64岁"居多（见表2-3-13）。

表2-3-13　　　　　　　　　　被访老年人享受医疗保障待遇的分布情况

户籍类型		年龄段						合计
		60~64岁	65~69岁	70~74岁	75~79岁	80~84岁	85岁以上	
城镇	城镇职工基本医疗保险	728	645	460	399	337	150	2719
		19.4%	17.2%	12.2%	10.6%	9.0%	4.0%	72.4%
	城镇居民基本医疗保险	140	162	105	60	47	30	544
		3.7%	4.3%	2.8%	1.6%	1.3%	0.8%	14.5%

续表

户籍类型		年龄段						合计
		60~64岁	65~69岁	70~74岁	75~79岁	80~84岁	85岁以上	
城镇	新型农村合作医疗保险	72	59	33	14	20	5	203
		1.9%	1.6%	0.9%	0.4%	0.5%	0.1%	5.4%
	城乡居民基本医疗保险	17	16	11	4	5	8	61
		0.5%	0.4%	0.3%	0.1%	0.1%	0.2%	1.6%
	城乡居民大病保险	26	15	20	16	9	11	97
		0.7%	0.4%	0.5%	0.4%	0.2%	0.3%	2.6%
	职工大额医疗补助	197	146	93	113	68	30	647
		5.2%	3.9%	2.5%	3.0%	1.8%	0.8%	17.2%
	公费医疗	60	51	30	33	64	46	284
		1.6%	1.4%	0.8%	0.9%	1.7%	1.2%	7.6%
	其他	3	6	3	2	7	4	25
		0.1%	0.2%	0.1%	0.1%	0.2%	0.1%	0.7%
	都没有	14	6	1	3	4	4	32
		0.4%	0.2%	0.0%	0.1%	0.1%	0.1%	0.9%
	合计	1010	913	628	501	465	240	3757
		26.9%	24.3%	16.7%	13.3%	12.4%	6.4%	100.0%
农村	城镇职工基本医疗保险	23	11	12	6	10	2	64
		0.4%	0.2%	0.2%	0.1%	0.2%	0.0%	1.1%
	城镇居民基本医疗保险	14	18	8	7	6	3	56
		0.2%	0.3%	0.1%	0.1%	0.1%	0.1%	1.0%
	新型农村合作医疗保险	1712	1407	1046	713	477	238	5593
		29.4%	24.2%	18.0%	12.3%	8.2%	4.1%	96.1%
	城乡居民基本医疗保险	31	16	13	12	15	6	93
		0.5%	0.3%	0.2%	0.2%	0.3%	0.1%	1.6%
	城乡居民大病保险	110	131	95	71	52	21	480
		1.9%	2.3%	1.6%	1.2%	0.9%	0.4%	8.3%
	职工大额医疗补助	13	0	5	8	2	0	28
		0.2%	0.0%	0.1%	0.1%	0.0%	0.0%	0.5%
	公费医疗	2	1	1	1	0	0	5
		0.0%	0.0%	0.0%	0.0%	0.0%	0.0%	0.1%
	其他	5	3	1	1	2	0	12
		0.1%	0.1%	0.0%	0.0%	0.0%	0.0%	0.2%

续表

户籍类型		年龄段						合计
		60~64岁	65~69岁	70~74岁	75~79岁	80~84岁	85岁以上	
农村	都没有	22	16	10	10	12	8	78
		0.4%	0.3%	0.2%	0.2%	0.2%	0.1%	1.3%
	合计	1781	1450	1079	740	511	256	5817
		30.6%	24.9%	18.5%	12.7%	8.8%	4.4%	100.0%

14. 老年人医药费用报销方便程度

在9600个被访老年人中，有9018个老年人报告了自己医药费用报销方便程度的情况。老年人认为医药费用报销很方便的比例为31.1%，比较方便的比例为40.8%，一般的比例为17%，比较不方便的比例为3.4%，很不方便的比例为1.7%。从城乡来看，城镇老年人认为医药费用报销很不方便的比例为3.2%，而农村老年人则为0.7%。从年龄来看，城镇反映报销很不方便的老年人和农村反映报销比较不方便的老年人主要是集中在"75~79岁"（见表2-3-14）。

表2-3-14　　　　　被访老年人认为医药费用报销方便程度的分布情况

户籍类型		年龄段						合计
		60~64岁	65~69岁	70~74岁	75~79岁	80~84岁	85岁以上	
城镇	很方便	318	290	185	163	147	64	1167
		31.4%	31.7%	29.5%	32.3%	31.4%	26.4%	31.0%
	比较方便	356	329	263	184	184	92	1408
		35.2%	36.0%	41.9%	36.4%	39.3%	38.0%	37.3%
	一般	174	157	106	69	73	49	628
		17.2%	17.2%	16.9%	13.7%	15.6%	20.2%	16.7%
	比较不方便	37	41	19	31	14	8	150
		3.7%	4.5%	3.0%	6.1%	3.0%	3.3%	4.0%
	很不方便	33	29	18	21	13	8	122
		3.3%	3.2%	2.9%	4.2%	2.8%	3.3%	3.2%
	缺失值	94	69	37	37	37	21	295
		9.3%	7.5%	5.9%	7.3%	7.9%	8.7%	7.8%
	合计	1012	915	628	505	468	242	3770
		100.0%	100.0%	100.0%	100.0%	100.0%	100.0%	100.0%

续表

户籍类型		年龄段						合计
		60~64岁	65~69岁	70~74岁	75~79岁	80~84岁	85岁以上	
农村	很方便	574	473	328	221	164	63	1823
		32.2%	32.6%	30.3%	29.7%	32.1%	24.4%	31.3%
	比较方便	781	609	469	331	200	114	2504
		43.8%	41.9%	43.4%	44.5%	39.1%	44.2%	43.0%
	一般	282	249	192	122	105	53	1003
		15.8%	17.1%	17.8%	16.4%	20.5%	20.5%	17.2%
	比较不方便	53	44	37	26	7	7	174
		3.0%	3.0%	3.4%	3.5%	1.4%	2.7%	3.0%
	很不方便	14	12	5	1	5	2	39
		0.8%	0.8%	0.5%	0.1%	1.0%	0.8%	0.7%
	缺失值	81	65	50	42	30	19	287
		4.5%	4.5%	4.6%	5.7%	5.9%	7.4%	4.9%
	合计	1785	1452	1081	743	511	258	5830
		100.0%	100.0%	100.0%	100.0%	100.0%	100.0%	100.0%
合计	很方便	892	763	513	384	311	127	2990
		31.9%	32.2%	30.0%	30.8%	31.8%	25.4%	31.1%
	比较方便	1137	938	732	515	384	206	3912
		40.7%	39.6%	42.8%	41.3%	39.2%	41.2%	40.8%
	一般	456	406	298	191	178	102	1631
		16.3%	17.2%	17.4%	15.3%	18.2%	20.4%	17.0%
	比较不方便	90	85	56	57	21	15	324
		3.2%	3.6%	3.3%	4.6%	2.1%	3.0%	3.4%
	很不方便	47	41	23	22	18	10	161
		1.7%	1.7%	1.3%	1.8%	1.8%	2.0%	1.7%
	缺失值	175	134	87	79	67	40	582
		6.3%	5.7%	5.1%	6.3%	6.8%	8.0%	6.1%
	合计	2797	2367	1709	1248	979	500	9600
		100.0%	100.0%	100.0%	100.0%	100.0%	100.0%	100.0%

15. 老年人购买商业健康保险的情况

在9600个被访老年人中,有9524个老年人报告了自己购买商业健康保险的情况。老年人购买了商业健康保险的比例为2.8%,未购买商业健康保险的比例为96.4%。从城乡来看,城镇老年人购买商业健康险的比例为4.9%,而农村老年人为1.5%。从年龄来看,无论是城镇还是农村,购买商业健康保险的主要是"60~64岁"的老年人(见表2-3-15)。

表2-3-15 被访老年人购买商业健康保险的分布情况

户籍类型			年 龄 段						合计
			60~64岁	65~69岁	70~74岁	75~79岁	80~84岁	85岁以上	
城镇	是		71	61	22	15	13	3	185
			7.0%	6.7%	3.5%	3.0%	2.8%	1.2%	4.9%
	否		934	852	600	483	452	237	3558
			92.3%	93.1%	95.5%	95.6%	96.6%	97.9%	94.4%
	缺失值		7	2	6	7	3	2	27
			0.7%	0.2%	1.0%	1.4%	0.6%	0.8%	0.7%
	合计		1012	915	628	505	468	242	3770
			100.0%	100.0%	100.0%	100.0%	100.0%	100.0%	100.0%
农村	是		45	21	12	3	3	1	85
			2.5%	1.4%	1.1%	0.4%	0.6%	0.4%	1.5%
	否		1723	1419	1060	735	506	253	5696
			96.5%	97.7%	98.1%	98.9%	99.0%	98.1%	97.7%
	缺失值		17	12	9	5	2	4	49
			1.0%	0.8%	0.8%	0.7%	0.4%	1.6%	0.8%
	合计		1785	1452	1081	743	511	258	5830
			100.0%	100.0%	100.0%	100.0%	100.0%	100.0%	100.0%
合计	是		116	82	34	18	16	4	270
			4.1%	3.5%	2.0%	1.4%	1.6%	0.8%	2.8%
	否		2657	2271	1660	1218	958	490	9254
			95.0%	95.9%	97.1%	97.6%	97.9%	98.0%	96.4%
	缺失值		24	14	15	12	5	6	76
			0.9%	0.6%	0.9%	1.0%	0.5%	1.2%	0.8%
	合计		2797	2367	1709	1248	979	500	9600
			100.0%	100.0%	100.0%	100.0%	100.0%	100.0%	100.0%

16. 老年人对自己健康状况的评价情况

在9600个被访老年人中,有9587个老年人报告了自己的健康状况的评价情况。老年人认为自己健康状况非常好的比例为5%,比较好的比例为26%,一般的比例为41.4%,比较差的比例为21.7%,非常差的比例为5.8%。从城乡来看,城镇老年人认为自己健康状况非常好的比例为6.0%,而农村老年人则为4.4%。从年龄来看,无论是城镇还是农村,认为自身健康状况比较差和非常差的老年人均以"80~84岁"和"85岁以上"居多(见表2-3-16)。

表2-3-16　　　　　　被访老年人对自己健康状况评价的分布情况

户籍类型		年龄段						合计
		60~64岁	65~69岁	70~74岁	75~79岁	80~84岁	85岁以上	
城镇	非常好	87	58	26	23	26	6	226
		8.6%	6.3%	4.1%	4.6%	5.6%	2.5%	6.0%
	比较好	339	294	165	118	118	46	1080
		33.5%	32.1%	26.3%	23.4%	25.2%	19.0%	28.6%
	一般	436	437	310	253	200	108	1744
		43.1%	47.8%	49.4%	50.1%	42.7%	44.6%	46.3%
	比较差	119	107	105	99	105	59	594
		11.8%	11.7%	16.7%	19.6%	22.4%	24.4%	15.8%
	非常差	30	19	20	12	19	21	121
		3.0%	2.1%	3.2%	2.4%	4.1%	8.7%	3.2%
	缺失值	1	0	2	0	0	2	5
		0.1%	0.0%	0.3%	0.0%	0.0%	0.8%	0.1%
	合计	1012	915	628	505	468	242	3770
		100.0%	100.0%	100.0%	100.0%	100.0%	100.0%	100.0%
农村	非常好	121	70	33	15	12	4	255
		6.8%	4.8%	3.1%	2.0%	2.3%	1.6%	4.4%
	比较好	537	380	256	131	85	27	1416
		30.1%	26.2%	23.7%	17.6%	16.6%	10.5%	24.3%
	一般	675	569	421	292	180	87	2224
		37.8%	39.2%	38.9%	39.3%	35.2%	33.7%	38.1%
	比较差	366	341	294	234	169	86	1490
		20.5%	23.5%	27.2%	31.5%	33.1%	33.3%	25.6%
	非常差	83	89	76	71	64	54	437
		4.6%	6.1%	7.0%	9.6%	12.5%	20.9%	7.5%
	缺失值	3	3	1	0	1	0	8
		0.2%	0.2%	0.1%	0.0%	0.2%	0.0%	0.1%
	合计	1785	1452	1081	743	511	258	5830
		100.0%	100.0%	100.0%	100.0%	100.0%	100.0%	100.0%

续表

户籍类型		年龄段						合计
		60~64岁	65~69岁	70~74岁	75~79岁	80~84岁	85岁以上	
合计	非常好	208	128	59	38	38	10	481
		7.4%	5.4%	3.5%	3.0%	3.9%	2.0%	5.0%
	比较好	876	674	421	249	203	73	2496
		31.3%	28.5%	24.6%	20.0%	20.7%	14.6%	26.0%
	一般	1111	1006	731	545	380	195	3968
		39.7%	42.5%	42.8%	43.7%	38.8%	39.0%	41.3%
	比较差	485	448	399	333	274	145	2084
		17.3%	18.9%	23.3%	26.7%	28.0%	29.0%	21.7%
	非常差	113	108	96	83	83	75	558
		4.0%	4.6%	5.6%	6.7%	8.5%	15.0%	5.8%
	缺失值	4	3	3	0	1	2	13
		0.1%	0.1%	0.2%	0.0%	0.1%	0.4%	0.1%
	合计	2797	2367	1709	1248	979	500	9600
		100.0%	100.0%	100.0%	100.0%	100.0%	100.0%	100.0%

第四节 照料护理服务状况

本节主要介绍了被访老年人的照料护理服务状况，主要包括老年人日常生活自理情况、照料需求情况以及社区老龄服务需求情况等内容。

1. 老年人吃饭情况

在9600个被访老年人中，有9596个老年人报告了自己的吃饭情况。老年人吃饭做得了的比例为97.1%，有些困难的比例为1.9%，做不了的比例为0.9%。从城乡来看，城镇老年人吃饭做得了的比例为97.5%，农村老年人吃饭做得了的比例为96.8%。从年龄来看，"60~64岁"老年人吃饭做得了的比例最高，而"85岁以上"老年人吃饭做得了的比例为87.8%（见表2-4-1）。

表2-4-1　　　　　　　　　　老年人吃饭的分布情况

户籍类型		年龄段						合计
		60~64岁	65~69岁	70~74岁	75~79岁	80~84岁	85岁以上	
城镇	做得了	996	907	613	497	448	216	3677
		98.4%	99.1%	97.6%	98.4%	95.7%	89.3%	97.5%

续表

户籍类型		年龄段						合计
		60~64岁	65~69岁	70~74岁	75~79岁	80~84岁	85岁以上	
城镇	有些困难	11	7	10	6	11	12	57
		1.1%	0.8%	1.6%	1.2%	2.4%	5.0%	1.5%
	做不了	5	0	4	2	8	13	32
		0.5%	0.0%	0.6%	0.4%	1.7%	5.4%	0.9%
	缺失值	0	1	1	0	1	1	4
		0.0%	0.1%	0.2%	0.0%	0.2%	0.4%	0.1%
	合计	1012	915	628	505	468	242	3770
		100.0%	100.0%	100.0%	100.0%	100.0%	100.0%	100.0%
农村	做得了	1764	1420	1056	708	474	223	5645
		98.8%	97.8%	97.7%	95.3%	92.8%	86.4%	96.8%
	有些困难	12	25	20	23	27	19	126
		0.7%	1.7%	1.9%	3.1%	5.3%	7.4%	2.2%
	做不了	9	7	5	12	10	16	59
		0.5%	0.5%	0.5%	1.6%	2.0%	6.2%	1.0%
	合计	1785	1452	1081	743	511	258	5830
		100.0%	100.0%	100.0%	100.0%	100.0%	100.0%	100.0%
合计	做得了	2760	2327	1669	1205	922	439	9322
		98.7%	98.3%	97.7%	96.6%	94.2%	87.8%	97.1%
	有些困难	23	32	30	29	38	31	183
		0.8%	1.4%	1.8%	2.3%	3.9%	6.2%	1.9%
	做不了	14	7	9	14	18	29	91
		0.5%	0.3%	0.5%	1.1%	1.8%	5.8%	0.9%
	缺失值	0	1	1	0	1	1	4
		0.0%	0.0%	0.1%	0.0%	0.1%	0.2%	0.1%
	合计	2797	2367	1709	1248	979	500	9600
		100.0%	100.0%	100.0%	100.0%	100.0%	100.0%	100.0%

2. 老年人穿衣情况

在9600个被访老年人中,有9596个老年人报告了自己的穿衣情况。老年人穿衣做得了的比例为96.1%,有些困难的比例为2.7%,做不了的比例为1.2%。从城乡来看,城镇老年人穿衣做得了的比例为96.6%,农村老年人穿衣做得了的比例为95.7%。从年龄来看,"60~64岁"老年人穿衣做得了的比例最高,而"85岁以上"老年人穿衣做得了的比例为 82.6%（见表 2-4-2）。

表 2-4-2　　　　　　　　　　被访老年人穿衣的分布情况

户籍类型		年 龄 段						合计
		60~64 岁	65~69 岁	70~74 岁	75~79 岁	80~84 岁	85 岁以上	
城镇	做得了	997	899	605	495	438	206	3640
		98.5%	98.3%	96.3%	98.0%	93.6%	85.1%	96.6%
	有些困难	11	13	11	6	19	21	81
		1.1%	1.4%	1.8%	1.2%	4.1%	8.7%	2.1%
	做不了	4	2	11	4	10	14	45
		0.4%	0.2%	1.8%	0.8%	2.1%	5.8%	1.2%
	缺失值	0	1	1	0	1	1	4
		0.0%	0.1%	0.2%	0.0%	0.2%	0.4%	0.1%
	合计	1012	915	628	505	468	242	3770
		100.0%	100.0%	100.0%	100.0%	100.0%	100.0%	100.0%
农村	做得了	1761	1408	1047	690	462	213	5581
		98.7%	97.0%	96.9%	92.9%	90.4%	82.6%	95.7%
	有些困难	18	31	25	40	36	31	181
		1.0%	2.1%	2.3%	5.4%	7.0%	12.0%	3.1%
	做不了	6	13	9	13	13	14	68
		0.3%	0.9%	0.8%	1.7%	2.5%	5.4%	1.2%
	合计	1785	1452	1081	743	511	258	5830
		100.0%	100.0%	100.0%	100.0%	100.0%	100.0%	100.0%
合计	做得了	2758	2307	1652	1185	900	419	9221
		98.6%	97.5%	96.7%	95.0%	91.9%	83.8%	96.1%
	有些困难	29	44	36	46	55	52	262
		1.0%	1.9%	2.1%	3.7%	5.6%	10.4%	2.7%
	做不了	10	15	20	17	23	28	113
		0.4%	0.6%	1.2%	1.4%	2.3%	5.6%	1.2%
	缺失值	0	1	1	0	1	1	4
		0.0%	0.0%	0.1%	0.0%	0.1%	0.2%	0.0%
	合计	2797	2367	1709	1248	979	500	9600
		100.0%	100.0%	100.0%	100.0%	100.0%	100.0%	100.0%

3. 老年人上厕所的情况

在9600个被访老年人中,有9596个老年人报告了自己上厕所的情况。老年人上厕所做得了的比例为94.4%,有些困难的比例为4.2%,做不了的比例为1.4%。从城乡来看,城镇老年人上厕所做得了的比例为95.3%,农村老年人上厕所做得了的比例为93.8%。从年龄来看,"60~64岁"老年人上厕所做得了的比例最高,而"85岁以上"老年人上厕所做得了的比例为78.2%(见表2-4-3)。

表2-4-3　　　　　　　　　　被访老年人上厕所的分布情况

户籍类型		年龄段						合计
		60~64岁	65~69岁	70~74岁	75~79岁	80~84岁	85岁以上	
城镇	做得了	988	897	603	488	419	199	3594
		97.6%	98.0%	96.0%	96.6%	89.5%	82.2%	95.3%
	有些困难	18	13	14	13	36	23	117
		1.8%	1.4%	2.2%	2.6%	7.7%	9.5%	3.1%
	做不了	6	4	10	4	12	19	55
		0.6%	0.4%	1.6%	0.8%	2.6%	7.9%	1.5%
	缺失值	0	1	1	0	1	1	4
		0.0%	0.1%	0.2%	0.0%	0.2%	0.4%	0.1%
	合计	1012	915	628	505	468	242	3770
		100.0%	100.0%	100.0%	100.0%	100.0%	100.0%	100.0%
农村	做得了	1741	1396	1022	673	445	192	5469
		97.5%	96.1%	94.5%	90.6%	87.1%	74.4%	93.8%
	有些困难	34	45	50	53	55	47	284
		1.9%	3.1%	4.6%	7.1%	10.8%	18.2%	4.9%
	做不了	10	11	9	17	11	19	77
		0.6%	0.8%	0.8%	2.3%	2.2%	7.4%	1.3%
	合计	1785	1452	1081	743	511	258	5830
		100.0%	100.0%	100.0%	100.0%	100.0%	100.0%	100.0%
合计	做得了	2729	2293	1625	1161	864	391	9063
		97.6%	96.9%	95.1%	93.0%	88.3%	78.2%	94.4%
	有些困难	52	58	64	66	91	70	401
		1.9%	2.5%	3.7%	5.3%	9.3%	14.0%	4.2%
	做不了	16	15	19	21	23	38	132
		0.6%	0.6%	1.1%	1.7%	2.3%	7.6%	1.4%
	缺失值	0	1	1	0	1	1	4
		0.0%	0.0%	0.1%	0.0%	0.1%	0.2%	0.0%
	合计	2797	2367	1709	1248	979	500	9600
		100.0%	100.0%	100.0%	100.0%	100.0%	100.0%	100.0%

第四节 照料护理服务状况

4. 老年人上下床的情况

在9600个被访老年人中，有9596个老年人报告了自己上下床的情况。老年人上下床做得了的比例为95.0%，有些困难的比例为3.8%，做不了的比例为1.2%。从城乡来看，城镇老年人上下床做得了的比例为96.3%，农村老年人上下床做得了的比例为94.2%。从年龄来看，"60~64岁"老年人上下床做得了的比例最高，而"85岁以上"老年人上下床做得了的比例为79.6%（见表2-4-4）。

表2-4-4　　　　　　　　　　被访老年人上下床的分布情况

户籍类型		年龄段						合计
		60~64岁	65~69岁	70~74岁	75~79岁	80~84岁	85岁以上	
城镇	做得了	995	900	605	492	432	205	3629
		98.3%	98.4%	96.3%	97.4%	92.3%	84.7%	96.3%
	有些困难	13	11	12	8	24	20	88
		1.3%	1.2%	1.9%	1.6%	5.1%	8.3%	2.3%
	做不了	4	3	10	5	11	16	49
		0.4%	0.3%	1.6%	1.0%	2.4%	6.6%	1.3%
	缺失值	0	1	1	0	1	1	4
		0.0%	0.1%	0.2%	0.0%	0.2%	0.4%	0.1%
	合计	1012	915	628	505	468	242	3770
		100.0%	100.0%	100.0%	100.0%	100.0%	100.0%	100.0%
农村	做得了	1749	1402	1024	675	449	193	5492
		98.0%	96.6%	94.7%	90.8%	87.9%	74.8%	94.2%
	有些困难	31	40	47	54	51	49	272
		1.7%	2.8%	4.3%	7.3%	10.0%	19.0%	4.7%
	做不了	5	10	10	14	11	16	66
		0.3%	0.7%	0.9%	1.9%	2.2%	6.2%	1.1%
	缺失值	1785	1452	1081	743	511	258	5830
		100.0%	100.0%	100.0%	100.0%	100.0%	100.0%	100.0%
合计	做得了	2744	2302	1629	1167	881	398	9121
		98.1%	97.3%	95.3%	93.5%	90.0%	79.6%	95.0%
	有些困难	44	51	59	62	75	69	360
		1.6%	2.2%	3.5%	5.0%	7.7%	13.8%	3.8%
	做不了	9	13	20	19	22	32	115
		0.3%	0.5%	1.2%	1.5%	2.2%	6.4%	1.2%

户籍类型		年龄段						合计
		60~64岁	65~69岁	70~74岁	75~79岁	80~84岁	85岁以上	
合计	缺失值	0	1	1	0	1	1	4
		0.0%	0.0%	0.1%	0.0%	0.1%	0.2%	0.0%
	合计	2797	2367	1709	1248	979	500	9600
		100.0%	100.0%	100.0%	100.0%	100.0%	100.0%	100.0%

5. 老年人在室内走动的情况

在9600个被访老年人中，有9596个老年人报告了自己在室内走动的情况。老年人在室内走动做得了的比例为95.2%，有些困难的比例为3.5%，做不了的比例为1.3%。从城乡来看，城镇老年人在室内走动做得了的比例为95.9%，农村老年人在室内走动做得了的比例为94.7%。从年龄来看，"60~64岁"老年人在室内走动做得了的比例最高，而"85岁以上"老年人在室内走动做得了的比例为80.0%（见表2-4-5）。

表2-4-5　　　　　　　　被访老年人在室内走动的分布情况

户籍类型		年龄段						合计
		60~64岁	65~69岁	70~74岁	75~79岁	80~84岁	85岁以上	
城镇	做得了	993	899	603	494	428	197	3614
		98.1%	98.3%	96.0%	97.8%	91.5%	81.4%	95.9%
	有些困难	14	10	14	6	27	26	97
		1.4%	1.1%	2.2%	1.2%	5.8%	10.7%	2.6%
	做不了	5	5	10	5	12	18	55
		0.5%	0.5%	1.6%	1.0%	2.6%	7.4%	1.5%
	缺失值	0	1	1	0	1	1	4
		0.0%	0.1%	0.2%	0.0%	0.2%	0.4%	0.0%
	合计	1012	915	628	505	468	242	3770
		100.0%	100.0%	100.0%	100.0%	100.0%	100.0%	100.0%
农村	做得了	1750	1408	1034	674	454	203	5523
		98.0%	97.0%	95.7%	90.7%	88.8%	78.7%	94.7%
	有些困难	30	33	38	54	45	37	237
		1.7%	2.3%	3.5%	7.3%	8.8%	14.3%	4.1%
	做不了	5	11	9	15	12	18	70
		0.3%	0.8%	0.8%	2.0%	2.3%	7.0%	1.2%
	合计	1785	1452	1081	743	511	258	5830
		100.0%	100.0%	100.0%	100.0%	100.0%	100.0%	100.0%

续表

户籍类型		年龄段						合计
		60~64岁	65~69岁	70~74岁	75~79岁	80~84岁	85岁以上	
合计	做得了	2743	2307	1637	1168	882	400	9137
		98.1%	97.5%	95.8%	93.6%	90.1%	80.0%	95.2%
	有些困难	44	43	52	60	72	63	334
		1.6%	1.8%	3.0%	4.8%	7.4%	12.6%	3.5%
	做不了	10	16	19	20	24	36	125
		0.4%	0.7%	1.1%	1.6%	2.5%	7.2%	1.3%
	缺失值	0	1	1	0	1	1	4
		0.0%	0.0%	0.1%	0.0%	0.1%	0.2%	0.0%
	合计	2797	2367	1709	1248	979	500	9600
		100.0%	100.0%	100.0%	100.0%	100.0%	100.0%	100.0%

6. 老年人洗澡情况

在9600个被访老年人中，有9596个老年人报告了自己的洗澡情况。老年人洗澡做得了的比例为93.3%，有些困难的比例为4.4%，做不了的比例为2.2%。从城乡来看，城镇老年人洗澡做得了的比例为93.6%，农村老年人洗澡做得了的比例为93.2%。从年龄来看，"60~64岁"老年人洗澡做得了的比例最高，而"85岁以上"老年人洗澡做得了的比例为69.8%（见表2-4-6）。

表2-4-6　　　　　　　　被访老年人洗澡的分布情况

户籍类型		年龄段						合计
		60~64岁	65~69岁	70~74岁	75~79岁	80~84岁	85岁以上	
城镇	做得了	989	894	599	476	399	170	3527
		97.7%	97.7%	95.4%	94.3%	85.3%	70.2%	93.6%
	有些困难	14	12	13	22	42	35	138
		1.4%	1.3%	2.1%	4.4%	9.0%	14.5%	3.7%
	做不了	9	8	15	7	26	36	101
		0.9%	0.9%	2.4%	1.4%	5.6%	14.9%	2.7%
	缺失值	0	1	1	0	1	1	4
		0.0%	0.1%	0.2%	0.0%	0.2%	0.4%	0.0%
	户籍	1012	915	628	505	468	242	3770
		100.0%	100.0%	100.0%	100.0%	100.0%	100.0%	100.0%

续表

户籍类型		年龄段						合计
		60~64岁	65~69岁	70~74岁	75~79岁	80~84岁	85岁以上	
农村	做得了	1736	1396	1026	666	431	179	5434
		97.3%	96.1%	94.9%	89.6%	84.3%	69.4%	93.2%
	有些困难	36	39	37	54	65	56	287
		2.0%	2.7%	3.4%	7.3%	12.7%	21.7%	4.9%
	做不了	13	17	18	23	15	23	109
		0.7%	1.2%	1.7%	3.1%	2.9%	8.9%	1.9%
	合计	1785	1452	1081	743	511	258	5830
		100.0%	100.0%	100.0%	100.0%	100.0%	100.0%	100.0%
合计	做得了	2725	2290	1625	1142	830	349	8961
		97.4%	96.7%	95.1%	91.5%	84.8%	69.8%	93.4%
	有些困难	50	51	50	76	107	91	425
		1.8%	2.2%	2.9%	6.1%	10.9%	18.2%	4.4%
	做不了	22	25	33	30	41	59	210
		0.8%	1.1%	1.9%	2.4%	4.2%	11.8%	2.2%
	缺失值	0	1	1	0	1	1	4
		0.0%	0.0%	0.1%	0.0%	0.1%	0.2%	0.0%
	合计	2797	2367	1709	1248	979	500	9600
		100.0%	100.0%	100.0%	100.0%	100.0%	100.0%	100.0%

7. 老年人大小便失禁情况

在9600个被访老年人中,有9564个老年人报告了自己大小便失禁的情况。从城乡来看,城镇老年人大便失禁的比例为2.3%,小便失禁的比例为4.4%,而农村老人大便失禁比例为4.5%,小便失禁为8.4%。可见,农村老人大小便失禁情况比城镇老人严重。从年龄来看,城镇老人大小便失禁以"85岁以上"居多,而农村则是以"60~64岁"的老年人居多(见表2-4-7)。

表2-4-7　　　　　　　　被访老年人大小便失禁的分布情况

户籍类型		年龄段						合计
		60~64岁	65~69岁	70~74岁	75~79岁	80~84岁	85岁以上	
城镇	大便失禁	13	14	13	7	18	23	88
		0.3%	0.4%	0.3%	0.2%	0.5%	0.6%	2.3%
	小便失禁	23	24	24	25	31	37	164
		0.6%	0.6%	0.6%	0.7%	0.8%	1.0%	4.4%

续表

户籍类型		年龄段						合计
		60~64岁	65~69岁	70~74岁	75~79岁	80~84岁	85岁以上	
城镇	都没有	976	878	593	474	434	198	3553
		26.0%	23.4%	15.8%	12.6%	11.6%	5.3%	94.6%
	合计	1007	912	625	501	467	242	3754
		26.8%	24.3%	16.6%	13.3%	12.4%	6.4%	100.0%
农村	大便失禁	50	54	49	40	41	28	262
		0.9%	0.9%	0.8%	0.7%	0.7%	0.5%	4.5%
	小便失禁	101	94	90	89	58	55	487
		1.7%	1.6%	1.5%	1.5%	1.0%	0.9%	8.4%
	都没有	1650	1330	963	635	431	197	5206
		28.4%	22.9%	16.6%	10.9%	7.4%	3.4%	89.6%
	合计	1778	1447	1077	739	511	258	5810
		30.6%	24.9%	18.5%	12.7%	8.8%	4.4%	100.0%

8. 老年人辅具用品使用情况

在9600个被访老年人中，有9492个老年人报告了自己辅具用品的使用情况。从城乡来看城镇老年人常使用的辅具用品分别为老花镜（59.9%）、血压计（30.7%）、假牙（24.4%）、按摩器具（11.3%）、拐杖（9.0%）、血糖仪（7.9%），而农村老年人则是老花镜（29.5%）、假牙（11.7%）、拐杖（11.4%）、血压计（3.8%）、按摩器具（2.1%）。可见，城镇老年人最常用的前三种辅具用品分别是老花镜、血压计和假牙，而农村老年人则是老花镜、假牙和拐杖。从年龄来看，"60~64岁"老年人在老花镜使用比例最高，且城镇比农村高近6个百分点，"60~69岁"老年人在假牙使用上的比例最高（见表2-4-8）。

表2-4-8　　　　　　　　被访老年人辅具用品使用的分布情况

户籍类型		年龄段						合计
		60~64岁	65~69岁	70~74岁	75~79岁	80~84岁	85岁以上	
城镇	老花镜	597	553	407	299	260	124	2240
		16.0%	14.8%	10.9%	8.0%	7.0%	3.3%	59.9%
	助听器	10	11	21	25	13	13	93
		0.3%	0.3%	0.6%	0.7%	0.3%	0.3%	2.5%
	假牙	147	192	178	156	162	79	914
		3.9%	5.1%	4.8%	4.2%	4.3%	2.1%	24.4%

续表

户籍类型		年龄段						合计
		60~64岁	65~69岁	70~74岁	75~79岁	80~84岁	85岁以上	
城镇	拐杖	16	24	36	68	100	93	337
		0.4%	0.6%	1.0%	1.8%	2.7%	2.5%	9.0%
	轮椅	10	8	12	16	45	36	127
		0.3%	0.2%	0.3%	0.4%	1.2%	1.0%	3.4%
	血压计	227	256	190	201	178	96	1148
		6.1%	6.8%	5.1%	5.4%	4.8%	2.6%	30.7%
	血糖仪	65	74	41	46	46	24	296
		1.7%	2.0%	1.1%	1.2%	1.2%	0.6%	7.9%
	成人纸尿裤/护理垫	8	3	5	8	15	18	57
		0.2%	0.1%	0.1%	0.2%	0.4%	0.5%	1.5%
	按摩器具	87	121	87	68	39	21	423
		2.3%	3.2%	2.3%	1.8%	1.0%	0.6%	11.3%
	智能穿戴用品	3	6	2	2	2	0	15
		0.1%	0.2%	0.1%	0.1%	0.1%	0.0%	0.4%
	护理床	2	6	10	2	6	4	30
		0.1%	0.2%	0.3%	0.1%	0.2%	0.1%	0.8%
	其他	2	6	7	6	5	2	28
		0.1%	0.2%	0.2%	0.2%	0.1%	0.1%	0.7%
	都没有	282	233	115	95	86	32	843
		7.5%	6.2%	3.1%	2.5%	2.3%	0.9%	22.5%
	合计	1006	906	622	502	463	241	3740
		26.9%	24.2%	16.6%	13.4%	12.4%	6.4%	100.0%
农村	老花镜	585	458	302	185	117	50	1697
		10.2%	8.0%	5.3%	3.2%	2.0%	0.9%	29.5%
	助听器	17	8	11	6	6	2	50
		0.3%	0.1%	0.2%	0.1%	0.1%	0.0%	0.9%
	假牙	163	188	142	95	59	25	672
		2.8%	3.3%	2.5%	1.7%	1.0%	0.4%	11.7%
	拐杖	56	67	107	139	156	131	656
		1.0%	1.2%	1.9%	2.4%	2.7%	2.3%	11.4%
	轮椅	11	10	9	7	15	11	63
		0.2%	0.2%	0.2%	0.1%	0.3%	0.2%	1.1%

续表

户籍类型		年龄段						合计
		60~64岁	65~69岁	70~74岁	75~79岁	80~84岁	85岁以上	
农村	血压计	70	50	45	29	19	5	218
		1.2%	0.9%	0.8%	0.5%	0.3%	0.1%	3.8%
	血糖仪	12	10	12	6	3	1	44
		0.2%	0.2%	0.2%	0.1%	0.1%	0.0%	0.8%
	成人纸尿裤/护理垫	4	8	6	10	11	11	50
		0.1%	0.1%	0.1%	0.2%	0.2%	0.2%	0.9%
	按摩器具	56	34	13	14	4	1	122
		1.0%	0.6%	0.2%	0.2%	0.1%	0.0%	2.1%
	智能穿戴用品	4	2	0	2	1	0	9
		0.1%	0.0%	0.0%	0.0%	0.0%	0.0%	0.2%
	护理床	1	0	2	0	1	0	4
		0.0%	0.0%	0.0%	0.0%	0.0%	0.0%	0.1%
	其他	2	3	3	2	0	1	11
		0.0%	0.1%	0.1%	0.0%	0.0%	0.0%	0.2%
	都没有	1025	808	604	399	229	85	3150
		17.8%	14.0%	10.5%	6.9%	4.0%	1.5%	54.8%
	合计	1757	1432	1065	734	506	258	5752
		30.5%	24.9%	18.5%	12.8%	8.8%	4.5%	100.0%

9. 老年人日常生活需要别人照料护理的情况

在9600个被访老年人中，有9494个老年人报告了自己日常生活是否需要别人照料护理的情况。老年人日常生活需要别人照料护理的比例为15.3%，不需要照料护理的比例为83.6%。从年龄来看，"85岁以上"老年人需要别人照料护理的比例最高，而"60~64岁"老年人需要别人照料护理的比例为7.1%（见表2-4-9）。

表2-4-9　　　　　　　　　　被访老年人需要照料护理的分布情况

户籍类型		年龄段						合计
		60~64岁	65~69岁	70~74岁	75~79岁	80~84岁	85岁以上	
城镇	需要	67	48	73	100	138	145	571
		6.6%	5.2%	11.6%	19.8%	29.5%	59.9%	15.1%
	不需要	937	855	545	402	329	95	3163
		92.6%	93.4%	86.8%	79.6%	70.3%	39.3%	83.9%

续表

户籍类型		年龄段						合计
		60~64岁	65~69岁	70~74岁	75~79岁	80~84岁	85岁以上	
城镇	缺失值	8	12	10	3	1	2	36
		0.8%	1.3%	1.6%	0.6%	0.2%	0.8%	1.0%
	合计	1012	915	628	505	468	242	3770
		100.0%	100.0%	100.0%	100.0%	100.0%	100.0%	100.0%
农村	需要	132	143	150	160	168	144	897
		7.4%	9.8%	13.9%	21.5%	32.9%	55.8%	15.4%
	不需要	1634	1296	915	568	338	112	4863
		91.5%	89.3%	84.6%	76.4%	66.1%	43.4%	83.4%
	缺失值	19	13	16	15	5	2	70
		1.1%	0.9%	1.5%	2.0%	1.0%	0.8%	1.2%
	合计	1785	1452	1081	743	511	258	5830
		100.0%	100.0%	100.0%	100.0%	100.0%	100.0%	100.0%
合计	需要	199	191	223	260	306	289	1468
		7.1%	8.1%	13.0%	20.8%	31.3%	57.8%	15.3%
	不需要	2571	2151	1460	970	667	207	8026
		91.9%	90.9%	85.4%	77.7%	68.1%	41.4%	83.6%
	缺失值	27	25	26	18	6	4	106
		1.0%	1.1%	1.5%	1.4%	0.6%	0.8%	1.1%
	合计	2797	2367	1709	1248	979	500	9600
		100.0%	100.0%	100.0%	100.0%	100.0%	100.0%	100.0%

10. 需要照料护理老年人中有人照料护理的情况

在1468个需要照料护理的老年人中，有1443个老年人报告了自己有没有人照料护理的情况。老年人有人照料护理的比例为88.5%，没有人照料护理的比例为9.8%。从城乡来看，城镇老年人有人照料护理的比例为94.9%，而农村老年人有人照料护理的比例为84.4%。从年龄来看，"85岁以上"老年人有人照料护理的比例最高，而"65~69岁"老年人有人照料护理的比例最低（见表2-4-10）。

表2-4-10　需要照料护理老年人有人照料护理的分布情况

户籍类型		年龄段						合计
		60~64岁	65~69岁	70~74岁	75~79岁	80~84岁	85岁以上	
城镇	有	64	42	71	93	130	142	542
		95.5%	87.5%	97.3%	93.0%	94.2%	97.9%	94.9%

续表

户籍类型			年 龄 段					合计
			60~64岁	65~69岁	70~74岁	75~79岁	80~84岁	85岁以上	
城镇	无		1	4	2	7	6	3	23
			1.5%	8.3%	2.7%	7.0%	4.3%	2.1%	4.0%
	缺失值		2	2	0	0	2	0	6
			3.0%	4.2%	0.0%	0.0%	1.4%	0.0%	1.1%
	合计		67	48	73	100	138	145	571
			100.0%	100.0%	100.0%	100.0%	100.0%	100.0%	100.0%
农村	有		117	118	118	133	143	128	757
			88.6%	82.5%	78.7%	83.1%	85.1%	88.9%	84.4%
	无		12	20	28	24	22	15	121
			9.1%	14.0%	18.7%	15.0%	13.1%	10.4%	13.5%
	缺失值		3	5	4	3	3	1	19
			2.3%	3.5%	2.7%	1.9%	1.8%	0.7%	2.1%
	合计		132	143	150	160	168	144	897
			100.0%	100.0%	100.0%	100.0%	100.0%	100.0%	100.0%
合计	有		181	160	189	226	273	270	1299
			91.0%	83.8%	84.8%	86.9%	89.2%	93.4%	88.5%
	无		13	24	30	31	28	18	144
			6.5%	12.6%	13.5%	11.9%	9.2%	6.2%	9.8%
	缺失值		5	7	4	3	5	1	25
			2.5%	3.7%	1.8%	1.2%	1.6%	0.3%	1.7%
	合计		199	191	223	260	306	289	1468
			100.0%	100.0%	100.0%	100.0%	100.0%	100.0%	100.0%

11. 老年人最主要的照料护理者情况

在1299个有人照料护理的老年人中，有1278个老年人报告了自己最主要的照料护理者情况。老年人由配偶照料护理的比例为47.2%，由儿子照料护理的比例为22.8%，由女儿照料护理的比例为12.5%，由儿媳照料护理的比例为8%，由家政服务人员照料护理的比例为4.3%，由养老机构人员照料护理的比例为1.5%，由其他亲属照料护理的比例为0.8%，由孙子女照料护理的比例为0.4%，由朋友邻居照料护理的比例为0.4%，由女婿照料护理的比例为0.3%，由医疗护理机构人员照料护理的比例为0.2%。从城乡来看，城镇老年人的主要照料护理者所占比例从高到低依次为配偶、儿子、女儿、家政服务人员，农村老年人的主要照料护理者依次为配偶、儿子、儿媳、女儿。在城镇，女儿和家政服务人员起较大作用，而在农村，儿媳起相当大作用。从年龄来看，"85岁以上"老年人由配偶照料护理的比例最低,而由儿子/女儿照料护理的比例最高(见表 2-4-11)。

表 2-4-11　　　　　　　　被访老年人最主要照料护理者的分布情况

户籍类型		年 龄 段						合计
		60~64 岁	65~69 岁	70~74 岁	75~79 岁	80~84 岁	85 岁以上	
城镇	配偶	49	30	40	53	44	21	237
		76.6%	71.4%	56.3%	57.0%	33.8%	14.8%	43.7%
	儿子	5	5	6	13	30	48	107
		7.8%	11.9%	8.5%	14.0%	23.1%	33.8%	19.7%
	儿媳	0	0	2	4	5	5	16
		0.0%	0.0%	2.8%	4.3%	3.8%	3.5%	3.0%
	女儿	4	4	10	12	30	40	100
		6.3%	9.5%	14.1%	12.9%	23.1%	28.2%	18.5%
	女婿	0	0	0	0	1	1	2
		0.0%	0.0%	0.0%	0.0%	0.8%	0.7%	0.4%
	孙子女	0	0	1	0	0	0	1
		0.0%	0.0%	1.4%	0.0%	0.0%	0.0%	0.2%
	其他亲属	3	0	0	0	1	2	6
		4.7%	0.0%	0.0%	0.0%	0.8%	1.4%	1.1%
	朋友/邻居	0	0	0	0	1	0	1
		0.0%	0.0%	0.0%	0.0%	0.8%	0.0%	0.2%
	家政服务人员(保姆、小时工等)	1	0	10	8	12	21	52
		1.6%	0.0%	14.1%	8.6%	9.2%	14.8%	9.6%
	医疗护理机构人员	0	1	0	1	1	0	3
		0.0%	2.4%	0.0%	1.1%	0.8%	0.0%	0.6%
	养老机构人员	1	0	0	1	3	3	8
		1.6%	0.0%	0.0%	1.1%	2.3%	2.1%	1.5%
	缺失值	1	2	2	1	2	1	9
		1.6%	4.8%	2.8%	1.1%	1.5%	0.7%	1.7%
	合计	64	42	71	93	130	142	542
		100.0%	100.0%	100.0%	100.0%	100.0%	100.0%	100.0%
农村	配偶	91	83	79	63	45	15	376
		77.8%	70.3%	66.9%	47.4%	31.5%	11.7%	49.7%
	儿子	5	15	20	33	56	60	189
		4.3%	12.7%	16.9%	24.8%	39.2%	46.9%	25.0%

续表

户籍类型		年龄段						合计
		60~64岁	65~69岁	70~74岁	75~79岁	80~84岁	85岁以上	
农村	儿媳	7	4	6	19	27	25	88
		6.0%	3.4%	5.1%	14.3%	18.9%	19.5%	11.6%
	女儿	8	9	7	12	10	16	62
		6.8%	7.6%	5.9%	9.0%	7.0%	12.5%	8.2%
	女婿	0	0	0	0	2	0	2
		0.0%	0.0%	0.0%	0.0%	1.4%	0.0%	0.3%
	孙子女	0	0	1	1	0	2	4
		0.0%	0.0%	0.8%	0.8%	0.0%	1.6%	0.5%
	其他亲属	1	2	1	0	0	1	5
		0.9%	1.7%	0.8%	0.0%	0.0%	0.8%	0.7%
	朋友/邻居	1	0	2	1	0	0	4
		0.9%	0.0%	1.7%	0.8%	0.0%	0.0%	0.5%
	家政服务人员（保姆、小时工等）	0	0	0	1	0	3	4
		0.0%	0.0%	0.0%	0.8%	0.0%	2.3%	0.5%
	养老机构人员	1	3	1	2	1	3	11
		0.9%	2.5%	0.8%	1.5%	0.7%	2.3%	1.5%
	缺失值	3	2	1	1	2	3	12
		2.6%	1.7%	0.8%	0.8%	1.4%	2.3%	1.6%
	合计	117	118	118	133	143	128	757
		100.0%	100.0%	100.0%	100.0%	100.0%	100.0%	100.0%
合计	配偶	140	113	119	116	89	36	613
		77.3%	70.6%	63.0%	51.3%	32.6%	13.3%	47.2%
	儿子	10	20	26	46	86	108	296
		5.5%	12.5%	13.8%	20.4%	31.5%	40.0%	22.8%
	儿媳	7	4	8	23	32	30	104
		3.9%	2.5%	4.2%	10.2%	11.7%	11.1%	8.0%
	女儿	12	13	17	24	40	56	162
		6.6%	8.1%	9.0%	10.6%	14.7%	20.7%	12.5%
	女婿	0	0	0	0	3	1	4
		0.0%	0.0%	0.0%	0.0%	1.1%	0.4%	0.3%
	孙子女	0	0	2	1	0	2	5
		0.0%	0.0%	1.1%	0.4%	0.0%	0.7%	0.4%

续表

户籍类型		年龄段						合计
		60~64岁	65~69岁	70~74岁	75~79岁	80~84岁	85岁以上	
合计	其他亲属	4	2	1	0	1	3	11
		2.2%	1.3%	0.5%	0.0%	0.4%	1.1%	0.8%
	朋友/邻居	1	0	2	1	1	0	5
		0.6%	0.0%	1.1%	0.4%	0.4%	0.0%	0.4%
	家政服务人员（保姆、小时工等）	1	0	10	9	12	24	56
		0.6%	0.0%	5.3%	4.0%	4.4%	8.9%	4.3%
	医疗护理机构人员	0	1	0	1	1	0	3
		0.0%	0.6%	0.0%	0.4%	0.4%	0.0%	0.2%
	养老机构人员	2	3	1	3	4	6	19
		1.1%	1.9%	0.5%	1.3%	1.5%	2.2%	1.5%
	缺失值	4	4	3	2	4	4	21
		2.2%	2.5%	1.6%	0.9%	1.5%	1.5%	1.6%
	合计	181	160	189	226	273	270	1299
		100.0%	100.0%	100.0%	100.0%	100.0%	100.0%	100.0%

12. 老年人家中有其他需要照料护理老年人的情况

在9600个被访老年人中，有9509个老年人报告了自己家中有没有其他需要照料护理老年人的情况。老年人家中还有其他需要照料护理老年人的比例为11.6%，没有的比例为87.4%。从城乡来看，城镇老年人家中有其他需要照料护理老年人的比例为13.2%，而农村老年人家中有其他需要照料护理老年人的比例为10.6%。从年龄来看，"60~64岁"老年人家中有其他需要照料护理老年人的比例最高，为13.7%，而"65~69岁"老年人的比例则为9.8%（见表2-4-12）。

表2-4-12　被访老年人家中有其他需要照顾老年人的分布情况

户籍类型		年龄段						合计
		60~64岁	65~69岁	70~74岁	75~79岁	80~84岁	85岁以上	
城镇	有	168	101	67	68	58	35	497
		16.6%	11.0%	10.7%	13.5%	12.4%	14.5%	13.2%
	没有	839	809	554	432	410	203	3247
		82.9%	88.4%	88.2%	85.5%	87.6%	83.9%	86.1%
	缺失值	5	5	7	5	0	4	26
		0.5%	0.5%	1.1%	1.0%	0.0%	1.7%	0.7%

续表

户籍类型		年龄段						合计
		60~64岁	65~69岁	70~74岁	75~79岁	80~84岁	85岁以上	
城镇	合计	1012	915	628	505	468	242	3770
		100.0%	100.0%	100.0%	100.0%	100.0%	100.0%	100.0%
农村	有	216	132	123	73	50	24	618
		12.1%	9.1%	11.4%	9.8%	9.8%	9.3%	10.6%
	没有	1551	1301	946	664	456	229	5147
		86.9%	89.6%	87.5%	89.4%	89.2%	88.8%	88.3%
	缺失值	18	19	12	6	5	5	65
		1.0%	1.3%	1.1%	0.8%	1.0%	1.9%	1.1%
	合计	1785	1452	1081	743	511	258	5830
		100.0%	100.0%	100.0%	100.0%	100.0%	100.0%	100.0%
合计	有	384	233	190	141	108	59	1115
		13.7%	9.8%	11.1%	11.3%	11.0%	11.8%	11.6%
	没有	2390	2110	1500	1096	866	432	8394
		85.4%	89.1%	87.8%	87.8%	88.5%	86.4%	87.4%
	缺失值	23	24	19	11	5	9	91
		0.8%	1.0%	1.1%	0.9%	0.5%	1.8%	0.9%
	合计	2797	2367	1709	1248	979	500	9600
		100.0%	100.0%	100.0%	100.0%	100.0%	100.0%	100.0%

13. 老年人最愿意接受的照料护理服务情况

在9600个被访老年人中，有9521个老年人报告了自己最愿意接受的照料护理服务情况。老年人愿意在家里的比例为73.3%，在养老机构的比例为6.1%，白天在社区晚上回家的比例为3.5%，视情况而定的比例为16.3%。从城乡来看，城镇老年人愿意在养老机构的比例为8.5%，而农村老年人的比例为4.5%。从年龄来看，"60~64岁"老年人愿意在养老机构的比例最高，而"85岁以上"老年人的比例最低（见表2-4-13）。

表2-4-13 老年人最愿意接受的照料护理分布情况

户籍类型		年龄段						合计
		60~64岁	65~69岁	70~74岁	75~79岁	80~84岁	85岁以上	
城镇	在家里	586	539	378	324	330	187	2344
		57.9%	58.9%	60.2%	64.2%	70.5%	77.3%	62.2%
	白天在社区晚上回家	62	52	27	33	19	8	201
		6.1%	5.7%	4.3%	6.5%	4.1%	3.3%	5.3%

续表

户籍类型		年龄段						合计
		60~64岁	65~69岁	70~74岁	75~79岁	80~84岁	85岁以上	
城镇	在养老机构	102	75	57	38	33	17	322
		10.1%	8.2%	9.1%	7.5%	7.1%	7.0%	8.5%
	视情况而定	254	241	158	109	84	29	875
		25.1%	26.3%	25.2%	21.6%	17.9%	12.0%	23.2%
	缺失值	8	8	8	1	2	1	28
		0.8%	0.9%	1.3%	0.2%	0.4%	0.4%	0.8%
	合计	1012	915	628	505	468	242	3770
		100.0%	100.0%	100.0%	100.0%	100.0%	100.0%	100.0%
农村	在家里	1416	1131	873	605	437	227	4689
		79.3%	77.9%	80.8%	81.4%	85.5%	88.0%	80.4%
	白天在社区晚上回家	50	33	25	15	7	5	135
		2.8%	2.3%	2.3%	2.0%	1.4%	1.9%	2.3%
	在养老机构	81	79	40	35	19	7	261
		4.5%	5.4%	3.7%	4.7%	3.7%	2.7%	4.5%
	视情况而定	223	196	135	79	43	18	694
		12.5%	13.5%	12.5%	10.6%	8.4%	7.0%	11.9%
	缺失值	15	13	8	9	5	1	51
		0.8%	0.9%	0.7%	1.2%	1.0%	0.4%	0.9%
	合计	1785	1452	1081	743	511	258	5830
		100.0%	100.0%	100.0%	100.0%	100.0%	100.0%	100.0%
合计	在家里	2002	1670	1251	929	767	414	7033
		71.6%	70.6%	73.2%	74.4%	78.3%	82.8%	73.3%
	白天在社区晚上回家	112	85	52	48	26	13	336
		4.0%	3.6%	3.0%	3.8%	2.7%	2.6%	3.5%
	在养老机构	183	154	97	73	52	24	583
		6.5%	6.5%	5.7%	5.8%	5.3%	4.8%	6.1%
	视情况而定	477	437	293	188	127	47	1569
		17.1%	18.5%	17.1%	15.1%	13.0%	9.4%	16.3%
	缺失值	23	21	16	10	7	2	79
		0.8%	0.9%	0.9%	0.8%	0.7%	0.4%	0.8%
	合计	2797	2367	1709	1248	979	500	9600
		100.0%	100.0%	100.0%	100.0%	100.0%	100.0%	100.0%

14. 选择去养老机构老年人每月最多能承受的费用情况

在583个选择去"养老机构"的老年人中，有560位报告了自己和家人每月能承受的最高费用情况。选择入住养老机构的老年人每月最多能承受1000元以下的比例为49.4%，1000~1999元的比例为34.5%，2000~2999元的比例为10%，3000~3999元的比例为1.6%，4000~4999元的比例为0.3%，5000元以上的比例为0.3%。从城乡来看，城镇老年人去养老机构每月最能承担的费用在1000~1999元最多，而农村则是1000元以下。从年龄来看，城镇每月能承受"1000~1999元"的老年人和农村每月能够承受"1000元以下"的老年人大部分集中于"80~84岁"这个年龄段（见表2-4-14）。

表2-4-14　　　　　　　去养老机构老年人每月最多能承受的费用分布情况

户籍类型		年龄段						合计
		60~64岁	65~69岁	70~74岁	75~79岁	80~84岁	85岁以上	
城镇	1000元以下	28	16	17	7	6	5	79
		27.5%	21.3%	29.8%	18.4%	18.2%	29.4%	24.5%
	1000~1999元	45	46	32	22	21	6	172
		44.1%	61.3%	56.1%	57.9%	63.6%	35.3%	53.4%
	2000~2999元	22	8	7	7	6	4	54
		21.6%	10.7%	12.3%	18.4%	18.2%	23.5%	16.8%
	3000~3999元	5	3	0	1	0	0	9
		4.9%	4.0%	0.0%	2.6%	0.0%	0.0%	2.8%
	4000~4999元	0	0	1	0	0	1	2
		0.0%	0.0%	1.8%	0.0%	0.0%	5.9%	0.6%
	5000元以上	0	0	0	0	0	1	1
		0.0%	0.0%	0.0%	0.0%	0.0%	5.9%	0.3%
	缺失值	2	2	0	1	0	0	5
		2.0%	2.7%	0.0%	2.6%	0.0%	0.0%	1.6%
	合计	102	75	57	38	33	17	322
		100.0%	100.0%	100.0%	100.0%	100.0%	100.0%	100.0%
农村	1000元以下	63	61	34	27	18	6	209
		77.8%	77.2%	85.0%	77.1%	94.7%	85.7%	80.1%
	1000~1999元	12	7	5	5	0	0	29
		14.8%	8.9%	12.5%	14.3%	0.0%	0.0%	11.1%
	2000~2999元	2	2	0	0	0	0	4
		2.5%	2.5%	0.0%	0.0%	0.0%	0.0%	1.5%

续表

户籍类型		年龄段						合计
		60~64岁	65~69岁	70~74岁	75~79岁	80~84岁	85岁以上	
农村	5000元以上	0	1	0	0	0	0	1
		0.0%	1.3%	0.0%	0.0%	0.0%	0.0%	0.4%
	缺失值	4	8	1	3	1	1	18
		4.9%	10.1%	2.5%	8.6%	5.3%	14.3%	6.9%
	合计	81	79	40	35	19	7	261
		100.0%	100.0%	100.0%	100.0%	100.0%	100.0%	100.0%
合计	1000元以下	91	77	51	34	24	11	288
		49.7%	50.0%	52.6%	46.6%	46.2%	45.8%	49.4%
	1000~1999元	57	53	37	27	21	6	201
		31.1%	34.4%	38.1%	37.0%	40.4%	25.0%	34.5%
	2000~2999元	24	10	7	7	6	4	58
		13.1%	6.5%	7.2%	9.6%	11.5%	16.7%	9.9%
	3000~3999元	5	3	0	1	0	0	9
		2.7%	1.9%	0.0%	1.4%	0.0%	0.0%	1.5%
	4000~4999元	0	0	1	0	0	1	2
		0.0%	0.0%	1.0%	0.0%	0.0%	4.2%	0.3%
	5000元以上	0	1	0	0	0	1	2
		0.0%	0.6%	0.0%	0.0%	0.0%	4.2%	0.3%
	缺失值	6	10	1	4	1	1	23
		3.3%	6.5%	1.0%	5.5%	1.9%	4.2%	3.9%
	合计	183	154	97	73	52	24	583
		100.0%	100.0%	100.0%	100.0%	100.0%	100.0%	100.0%

15. 老年人需要的社区老龄服务项目情况

有9088个老年人报告了自己最愿意接受的照料护理服务情况。老年人需要上门看病的比例为42%，需要上门做家务的比例为15.5%，需要助餐服务的比例为14%，需要康复护理的比例为13.8%，需要日间照料的比例为13.3%，需要心理咨询/聊天服务的比例为12.6%，需要健康教育服务的比例为11.4%，需要老年辅助用品租赁的比例为7%，需要助浴服务的比例为6.6%，需要其他服务的比例为0.3%，什么服务都不需要的比例为47.8%（见表2-4-15）。

表 2-4-15　　　　　　被访老年人需要的老龄服务项目分布情况

户籍类型		年龄段						合计
		60~64岁	65~69岁	70~74岁	75~79岁	80~84岁	85岁以上	
城镇	助餐服务	140	115	77	67	80	41	520
		4.0%	3.3%	2.2%	1.9%	2.3%	1.2%	14.9%
	助浴服务	57	40	19	21	29	25	191
		1.6%	1.1%	0.5%	0.6%	0.8%	0.7%	5.5%
	上门做家务	183	131	90	100	108	68	680
		5.3%	3.8%	2.6%	2.9%	3.1%	2.0%	19.5%
	上门看病	225	189	131	108	128	65	846
		6.5%	5.4%	3.8%	3.1%	3.7%	1.9%	24.3%
	日间照料	119	73	50	55	63	44	404
		3.4%	2.1%	1.4%	1.6%	1.8%	1.3%	11.6%
	康复护理	123	82	51	43	53	28	380
		3.5%	2.4%	1.5%	1.2%	1.5%	0.8%	10.9%
	老年辅具用品租赁	62	38	24	25	24	11	184
		1.8%	1.1%	0.7%	0.7%	0.7%	0.3%	5.3%
	健康教育服务	89	78	57	53	28	10	315
		2.6%	2.2%	1.6%	1.5%	0.8%	0.3%	9.0%
	心理咨询/聊天解闷	97	78	59	49	40	26	349
		2.8%	2.2%	1.7%	1.4%	1.1%	0.7%	10.0%
	其他	5	7	1	0	1	0	14
		0.1%	0.2%	0.0%	0.0%	0.0%	0.0%	0.4%
	都不需要	560	575	368	284	248	114	2149
		16.1%	16.5%	10.6%	8.2%	7.1%	3.3%	61.7%
	合计	923	847	573	472	443	225	3483
		26.5%	24.3%	16.5%	13.6%	12.7%	6.5%	100.0%
农村	助餐服务	203	176	136	116	81	43	755
		3.6%	3.1%	2.4%	2.1%	1.4%	0.8%	13.5%
	助浴服务	96	81	80	64	58	34	413
		1.7%	1.4%	1.4%	1.1%	1.0%	0.6%	7.4%
	上门做家务	186	169	138	106	83	49	731
		3.3%	3.0%	2.5%	1.9%	1.5%	0.9%	13.0%

续表

户籍类型		年龄段						合计
		60~64岁	65~69岁	70~74岁	75~79岁	80~84岁	85岁以上	
农村	上门看病	871	713	551	431	308	187	3061
		15.5%	12.7%	9.8%	7.7%	5.5%	3.3%	54.6%
	日间照料	191	183	154	135	83	63	809
		3.4%	3.3%	2.7%	2.4%	1.5%	1.1%	14.4%
	康复护理	236	196	166	121	101	55	875
		4.2%	3.5%	3.0%	2.2%	1.8%	1.0%	15.6%
	老年辅具用品租赁	118	122	80	69	43	24	456
		2.1%	2.2%	1.4%	1.2%	0.8%	0.4%	8.1%
	健康教育服务	208	174	151	89	69	33	724
		3.7%	3.1%	2.7%	1.6%	1.2%	0.6%	12.9%
	心理咨询/聊天解闷	200	183	153	127	97	34	794
		3.6%	3.3%	2.7%	2.3%	1.7%	0.6%	14.2%
	其他	6	2	4	2	1	0	15
		0.1%	0.0%	0.1%	0.0%	0.0%	0.0%	0.3%
	都不需要	726	606	417	238	153	58	2198
		13.0%	10.8%	7.4%	4.2%	2.7%	1.0%	39.2%
	合计	1704	1391	1037	722	496	255	5605
		30.4%	24.8%	18.5%	12.9%	8.8%	4.5%	100.0%

第五节 经济状况

本节主要介绍了被访老年人的经济状况，包括老年人的离退休情况、从事有收入工作的情况、养老金收入情况、个人用品类支出情况、家庭总收入和总支出情况等。

1. 老年人离退休情况

在9600个被访老年人中，有9569位报告了自己的离退休情况。老年人已经办理了离退休手续的比例为38.5%，没有办理的比例为6.8%，不适用的比例为54.4%。从城乡来看，城镇老年人已办理离退休手续的比例为88.0%，而农村老年人的比例为6.5%。从年龄来看，"80~84岁"老年人已办理离退休手续的比例最高，而"70~74岁"老年人的比例最低（见表2-5-1）。

第五节 经济状况

表2-5-1　　　　　　　　　　　　被访老年人离退休的分布情况

户籍类型		年　龄　段						合计
		60~64岁	65~69岁	70~74岁	75~79岁	80~84岁	85岁以上	
城镇	是	887	808	547	457	409	208	3316
		87.6%	88.3%	87.1%	90.5%	87.4%	86.0%	88.0%
	否	33	15	15	7	11	9	90
		3.3%	1.6%	2.4%	1.4%	2.4%	3.7%	2.4%
	不适用	91	89	66	40	47	25	358
		9.0%	9.7%	10.5%	7.9%	10.0%	10.3%	9.4%
	缺失值	1	3	0	1	1	0	6
		0.1%	0.3%	0.0%	0.2%	0.2%	0.0%	0.2%
	合计	1012	915	628	505	468	242	3770
		100.0%	100.0%	100.0%	100.0%	100.0%	100.0%	100.0%
农村	是	130	98	69	42	29	10	378
		7.3%	6.7%	6.4%	5.7%	5.7%	3.9%	6.5%
	否	173	135	105	78	46	28	565
		9.7%	9.3%	9.7%	10.5%	9.0%	10.9%	9.7%
	不适用	1477	1213	901	619	432	220	4862
		82.7%	83.5%	83.3%	83.3%	84.5%	85.3%	83.4%
	缺失值	5	6	6	4	4	0	25
		0.3%	0.4%	0.6%	0.5%	0.8%	0.0%	0.4%
	合计	1785	1452	1081	743	511	258	5830
		100.0%	100.0%	100.0%	100.0%	100.0%	100.0%	100.0%
合计	是	1017	906	616	499	438	218	3694
		36.4%	38.3%	36.0%	40.0%	44.7%	43.6%	38.5%
	否	206	150	120	85	57	37	655
		7.4%	6.3%	7.0%	6.8%	5.8%	7.4%	6.8%
	不适用	1568	1302	967	659	479	245	5220
		56.1%	55.0%	56.6%	52.8%	48.9%	49.0%	54.4%
	缺失值	6	9	6	5	5	0	31
		0.2%	0.4%	0.4%	0.4%	0.5%	0.0%	0.3%
	合计	2797	2367	1709	1248	979	500	9600
		100.0%	100.0%	100.0%	100.0%	100.0%	100.0%	100.0%

2. 老年人办理离退休手续时的年龄情况

有 3651 位被访老年人报告了自己离退休时的年龄情况。老年人 49 岁及以下退休的比例为 9.0%，50~54 岁退休的比例为 29.7%，55~59 岁退休的比例为 22.9%，60~64 岁退休的比例为 36.8%，65 岁及以上退休的比例为 1.6%。从城乡来看，城镇老年人 60~64 岁退休的比例为 35.9%，而农村老年人 60~64 岁退休的比例为 45.6%。从年龄来看，55 岁以前退休的比例为 38.7%，60 岁以前退休的比例为 61.6%（见表 2-5-2）。

表 2-5-2　　　　　　　被访老年人办理离退休手续时的年龄分布情况

户籍类型		年龄段						合计
		60~64 岁	65~69 岁	70~74 岁	75~79 岁	80~84 岁	85 岁以上	
城镇	49 岁及以下	84	82	34	45	50	9	304
		9.6%	10.2%	6.3%	9.9%	12.3%	4.4%	9.3%
	50~54 岁	271	233	172	126	102	54	958
		30.9%	29.1%	31.9%	27.8%	25.1%	26.2%	29.2%
	55~59 岁	214	185	137	125	92	44	797
		24.4%	23.1%	25.4%	27.6%	22.7%	21.4%	24.3%
	60~64 岁	309	296	187	151	152	83	1178
		35.2%	36.9%	34.6%	33.3%	37.4%	40.3%	35.9%
	65 岁及以上	0	6	10	6	10	16	48
		0.0%	0.7%	1.9%	1.3%	2.5%	7.8%	1.5%
	合计	878	802	540	453	406	206	3285
		100.0%	100.0%	100.0%	100.0%	100.0%	100.0%	100.0%
农村	49 岁及以下	7	5	3	6	2	1	24
		5.6%	5.3%	4.4%	14.6%	7.4%	11.1%	6.6%
	50~54 岁	32	28	30	22	9	4	125
		25.4%	29.5%	44.1%	53.7%	33.3%	44.4%	34.2%
	55~59 岁	22	8	4	2	1	2	39
		17.5%	8.4%	5.9%	4.9%	3.7%	22.2%	10.7%
	60~64 岁	65	50	27	8	15	2	167
		51.6%	52.6%	39.7%	19.5%	55.6%	22.2%	45.6%
	65 岁及以上	0	4	4	3	0	0	11
		0.0%	4.2%	5.9%	7.3%	0.0%	0.0%	3.0%
	合计	126	95	68	41	27	9	366
		100.0%	100.0%	100.0%	100.0%	100.0%	100.0%	100.0%

续表

户籍类型		年龄段						合计
		60~64岁	65~69岁	70~74岁	75~79岁	80~84岁	85岁以上	
合计	49岁及以下	91	87	37	51	52	10	328
		9.1%	9.7%	6.1%	10.3%	12.0%	4.7%	9.0%
	50~54岁	303	261	202	148	111	58	1083
		30.2%	29.1%	33.2%	30.0%	25.6%	27.0%	29.7%
	55~59岁	236	193	141	127	93	46	836
		23.5%	21.5%	23.2%	25.7%	21.5%	21.4%	22.9%
	60~64岁	374	346	214	159	167	85	1345
		37.3%	38.6%	35.2%	32.2%	38.6%	39.5%	36.8%
	65岁及以上	0	10	14	9	10	16	59
		0.0%	1.1%	2.3%	1.8%	2.3%	7.4%	1.6%
	合计	1004	897	608	494	433	215	3651
		100.0%	100.0%	100.0%	100.0%	100.0%	100.0%	100.0%

3. 老年人离退休前工作单位的性质情况

有3637位被访老年人报告了自己离退休前的工作单位性质。老年人离退休前工作单位为国有企业的比例是56.4%，为事业单位的比例是18.2%，为集体企业的比例是14.9%，为党政机关的比例是4.8%，为农村集体的比例是3.5%，为私营企业的比例是1.2%，为部队的比例是0.6%，为三资企业的比例是0.1%，为其他性质的比例是0.3%。从城乡来看，城镇老年人离退休前单位性质主要以国有企业、事业单位、集体企业为主，而农村老年人则以国有企业、农村集体、集体企业为主。从年龄来看，城镇老年人从事业单位退休的以"80~84岁"为主，从国有企业退休的以"65~69岁"为主；农村老年人从国有企业退休的以"80~84岁"为主，而从农村集体退休的以"85岁以上"为主（见表2-5-3）。

表2-5-3　　　　　　　　被访老年人离退休前单位性质的分布情况

户籍类型		年龄段						合计
		60~64岁	65~69岁	70~74岁	75~79岁	80~84岁	85岁以上	
城镇	党政机关	31	38	27	27	30	16	169
		3.5%	4.8%	5.0%	6.0%	7.4%	7.8%	5.2%
	事业单位	154	129	107	103	97	42	632
		17.5%	16.2%	19.8%	22.8%	24.1%	20.5%	19.3%
	国有企业	502	479	315	254	222	110	1882
		57.2%	60.3%	58.2%	56.3%	55.1%	53.7%	57.5%

续表

户籍类型		年龄段						合计
		60~64岁	65~69岁	70~74岁	75~79岁	80~84岁	85岁以上	
城镇	集体企业	158	129	82	62	45	28	504
		18.0%	16.2%	15.2%	13.7%	11.2%	13.7%	15.4%
	私营企业	19	10	1	0	2	2	34
		2.2%	1.3%	0.2%	0.0%	0.5%	1.0%	1.0%
	三资企业	0	0	2	0	0	0	2
		0.0%	0.0%	0.4%	0.0%	0.0%	0.0%	0.1%
	部队	4	2	3	2	7	4	22
		0.5%	0.3%	0.6%	0.4%	1.7%	2.0%	0.7%
	农村集体	6	3	4	2	0	1	16
		0.7%	0.4%	0.7%	0.4%	0.0%	0.5%	0.5%
	其他	4	4	0	1	0	2	11
		0.5%	0.5%	0.0%	0.2%	0.0%	1.0%	0.3%
	合计	878	794	541	451	403	205	3272
		100.0%	100.0%	100.0%	100.0%	100.0%	100.0%	100.0%
农村	党政机关	4	1	0	0	0	0	5
		3.3%	1.1%	0.0%	0.0%	0.0%	0.0%	1.4%
	事业单位	11	8	3	3	3	1	29
		8.9%	8.5%	4.3%	7.3%	10.7%	10.0%	7.9%
	国有企业	51	40	37	20	16	4	168
		41.5%	42.6%	53.6%	48.8%	57.1%	40.0%	46.0%
	集体企业	18	14	3	2	1	0	38
		14.6%	14.9%	4.3%	4.9%	3.6%	0.0%	10.4%
	私营企业	5	4	1	0	0	0	10
		4.1%	4.3%	1.4%	0.0%	0.0%	0.0%	2.7%
	农村集体	34	24	25	16	8	5	112
		27.6%	25.5%	36.2%	39.0%	28.6%	50.0%	30.7%
	其他	0	3	0	0	0	0	3
		0.0%	3.2%	0.0%	0.0%	0.0%	0.0%	0.8%
	合计	123	94	69	41	28	10	365
		100.0%	100.0%	100.0%	100.0%	100.0%	100.0%	100.0%

续表

户籍类型		年龄段						合计
		60~64岁	65~69岁	70~74岁	75~79岁	80~84岁	85岁以上	
合计	党政机关	35	39	27	27	30	16	174
		3.5%	4.4%	4.4%	5.5%	7.0%	7.4%	4.8%
	事业单位	165	137	110	106	100	43	661
		16.5%	15.4%	18.0%	21.5%	23.2%	20.0%	18.2%
	国有企业	553	519	352	274	238	114	2050
		55.2%	58.4%	57.7%	55.7%	55.2%	53.0%	56.4%
	集体企业	176	143	85	64	46	28	542
		17.6%	16.1%	13.9%	13.0%	10.7%	13.0%	14.9%
	私营企业	24	14	2	0	2	2	44
		2.4%	1.6%	0.3%	0.0%	0.5%	0.9%	1.2%
	三资企业	0	0	2	0	0	0	2
		0.0%	0.0%	0.3%	0.0%	0.0%	0.0%	0.1%
	部队	4	2	3	2	7	4	22
		0.4%	0.2%	0.5%	0.4%	1.6%	1.9%	0.6%
	农村集体	40	27	29	18	8	6	128
		4.0%	3.0%	4.8%	3.7%	1.9%	2.8%	3.5%
	其他	4	7	0	1	0	2	14
		0.4%	0.8%	0.0%	0.2%	0.0%	0.9%	0.4%
	合计	1001	888	610	492	431	215	3637
		100.0%	100.0%	100.0%	100.0%	100.0%	100.0%	100.0%

4. 老年人从事有收入工作的情况

在9600个被访老年人中，有9550位报告了自己从事有收入工作的情况。老年人仍从事有收入工作的比例为11.5%，未从事有收入工作的比例为87.9%。从城乡来看，城镇老年人从事有收入工作的比例为6.3%，而农村老年人的比例为15.0%。从年龄来看，"60~64岁"老年人仍从事有收入工作的比例最高，而"85岁以上"老年人的比例最低（见表2-5-4）。

表2-5-4　　　　　　　被访老年人从事有收入工作的分布情况

户籍类型		年龄段						合计
		60~64岁	65~69岁	70~74岁	75~79岁	80~84岁	85岁以上	
城镇	是	131	73	19	4	5	4	236
		12.9%	8.0%	3.0%	0.8%	1.1%	1.7%	6.3%

续表

户籍类型			年龄段						合计
			60~64岁	65~69岁	70~74岁	75~79岁	80~84岁	85岁以上	
城镇		否	880	835	604	501	455	236	3511
			87.0%	91.3%	96.2%	99.2%	97.2%	97.5%	93.1%
		缺失值	1	7	5	0	8	2	23
			0.1%	0.8%	0.8%	0.0%	1.7%	0.8%	0.6%
		合计	1012	915	628	505	468	242	3770
			100.0%	100.0%	100.0%	100.0%	100.0%	100.0%	100.0%
农村		是	450	246	111	51	12	2	872
			25.2%	16.9%	10.3%	6.9%	2.3%	0.8%	15.0%
		否	1322	1199	963	692	499	256	4931
			74.1%	82.6%	89.1%	93.1%	97.7%	99.2%	84.6%
		缺失值	13	7	7	0	0	0	27
			0.7%	0.5%	0.6%	0.0%	0.0%	0.0%	0.4%
		合计	1785	1452	1081	743	511	258	5830
			100.0%	100.0%	100.0%	100.0%	100.0%	100.0%	100.0%
合计		是	581	319	130	55	17	6	1108
			20.8%	13.5%	7.6%	4.4%	1.7%	1.2%	11.5%
		否	2202	2034	1567	1193	954	492	8442
			78.7%	85.9%	91.7%	95.6%	97.4%	98.4%	87.9%
		缺失值	14	14	12	0	8	2	50
			0.5%	0.6%	0.7%	0.0%	0.8%	0.4%	0.6%
		合计	2797	2367	1709	1248	979	500	9600
			100.0%	100.0%	100.0%	100.0%	100.0%	100.0%	100.0%

5. 从事有收入工作老年人的收入情况

在1108个从事有收入工作的老年人中，有1090个老年人报告了自己从事有收入工作的收入情况。老年人收入"500元以下"的比例为34.4%，收入"500~1000元"的比例为27.0%，收入"1000~2000元"的比例为26.3%，收入"2000~3000元"的比例为8.3%，收入"3000~5000元"的比例为2.8%，收入"5000元以上"的比例为1.2%。从城乡来看，城镇老年人上月从事有收入工作的收入以"1000~2000元"居多，而农村则以"500元以下"为主。从年龄来看，"60~64岁"年龄段从事有收入工作老年人的收入在"1000~2000元"区间的比例最高，为33.6%（见表2-5-5）。

表 2-5-5　　　　　　　　从事有收入工作老年人上月的收入分布情况

户籍类型		年　龄　段						合计
		60~64 岁	65~69 岁	70~74 岁	75~79 岁	80~84 岁	85 岁以上	
城镇	500 元以下	7	13	8	1	2	2	33
		5.4%	18.3%	42.1%	33.3%	40.0%	66.7%	14.3%
	500~1000 元	25	26	3	1	0	0	55
		19.4%	36.6%	15.8%	33.3%	0.0%	0.0%	23.9%
	1000~2000 元	56	15	5	1	1	0	78
		43.4%	21.1%	26.3%	33.3%	20.0%	0.0%	33.9%
	2000~3000 元	25	12	2	0	1	0	40
		19.4%	16.9%	10.5%	0.0%	20.0%	0.0%	17.4%
	3000~5000 元	11	4	1	0	1	0	17
		8.5%	5.6%	5.3%	0.0%	20.0%	0.0%	7.4%
	5000 元以上	5	1	0	0	0	1	7
		3.9%	1.4%	0.0%	0.0%	0.0%	33.3%	3.0%
	合计	129	71	19	3	5	3	230
		100.0%	100.0%	100.0%	100.0%	100.0%	100.0%	100.0%
农村	500 元以下	124	101	67	38	10	2	342
		27.8%	41.4%	62.6%	77.6%	83.3%	100.0%	39.8%
	500~1000 元	134	73	24	6	2	0	239
		30.0%	29.9%	22.4%	12.2%	16.7%	0.0%	27.8%
	1000~2000 元	137	53	15	4	0	0	209
		30.7%	21.7%	14.0%	8.2%	0.0%	0.0%	24.3%
	2000~3000 元	38	10	1	1	0	0	50
		8.5%	4.1%	0.9%	2.0%	0.0%	0.0%	5.8%
	3000~5000 元	9	5	0	0	0	0	14
		2.0%	2.0%	0.0%	0.0%	0.0%	0.0%	1.6%
	5000 元以上	4	2	0	0	0	0	6
		0.9%	0.8%	0.0%	0.0%	0.0%	0.0%	0.7%
	合计	446	244	107	49	12	2	860
		100.0%	100.0%	100.0%	100.0%	100.0%	100.0%	100.0%
合计	500 元以下	131	114	75	39	12	4	375
		22.8%	36.2%	59.5%	75.0%	70.6%	80.0%	34.4%
	500~1000 元	159	99	27	7	2	0	294
		27.7%	31.4%	21.4%	13.5%	11.8%	0.0%	27.0%

续表

户籍类型		年龄段						合计
		60~64岁	65~69岁	70~74岁	75~79岁	80~84岁	85岁以上	
合计	1000~2000元	193	68	20	5	1	0	287
		33.6%	21.6%	15.9%	9.6%	5.9%	0.0%	26.3%
	2000~3000元	63	22	3	1	1	0	90
		11.0%	7.0%	2.4%	1.9%	5.9%	0.0%	8.3%
	3000~5000元	20	9	1	0	1	0	31
		3.5%	2.9%	0.8%	0.0%	5.9%	0.0%	2.8%
	5000元以上	9	3	0	0	0	1	13
		1.6%	1.0%	0.0%	0.0%	0.0%	20.0%	1.2%
	合计	575	315	126	52	17	5	1090
		100.0%	100.0%	100.0%	100.0%	100.0%	100.0%	100.0%

6. 农村老年人现在从事农林牧副渔等经济活动的情况

在5830位被访农村老年人中,有5734位老年人报告了自己从事农林牧副渔等经济活动的情况。有41.9%的农村老年人当前仍在从事农林牧副渔等经济活动,且随年龄增加而减少(见表2-5-6)。

表2-5-6　　农村被访老年人从事农林牧副渔等经济活动的分布情况

从事农林牧副渔等经济活动	年龄段						合计
	60~64岁	65~69岁	70~74岁	75~79岁	80~84岁	85岁以上	
是	986	700	452	191	58	13	2400
	56.2%	48.9%	42.8%	26.0%	11.6%	5.1%	41.9%
否	768	732	605	544	444	241	3334
	43.8%	51.1%	57.2%	74.0%	88.4%	94.9%	58.1%
合计	1754	1432	1057	735	502	254	5734
	100.0%	100.0%	100.0%	100.0%	100.0%	100.0%	100.0%

7. 从事农林牧副渔等经济活动的农村老年人的收入情况

在2400个从事农林牧副渔等经济活动的被访老年人中,有2396位报告了其2014年从事农林牧副渔等经济活动的收入情况。收入"3000元以下"的比例为56.0%,"3000~5000元"的比例为17.9%,"5000~8000元"的比例为10.4%,"8000~10000元"的比例为6.3%,"10000~15000元"的比例为5.4%,"15000元及以上"的比例为4%,且收入低于3000元的以"80~84岁"老年人居多,而高于3000元则以"60~64岁老年人居多","3000~5000元"则以"85岁以上"居多,高于5000元均以"60~64岁"居多(见表2-5-7)。

表 2-5-7　从事农林牧副渔收入等经济活动的农村老年人 2014 年收入的分布情况

农林牧副渔等的收入情况	年龄段						合计
	60~64 岁	65~69 岁	70~74 岁	75~79 岁	80~84 岁	85 岁以上	
3000 元以下	459	392	292	143	47	8	1341
	46.7%	56.0%	64.6%	74.9%	81.0%	61.5%	56.0%
3000~5000 元	189	129	84	21	3	4	430
	19.2%	18.4%	18.6%	11.0%	5.2%	30.8%	17.9%
5000~8000 元	114	76	40	14	4	1	249
	11.6%	10.9%	8.8%	7.3%	6.9%	7.7%	10.4%
8000~10000 元	80	44	17	7	2	0	150
	8.1%	6.3%	3.8%	3.7%	3.4%	0.0%	6.3%
10000~15000 元	71	38	12	6	2	0	129
	7.2%	5.4%	2.7%	3.1%	3.4%	0.0%	5.4%
15000~20000 元	41	9	3	0	0	0	53
	4.2%	1.3%	0.7%	0.0%	0.0%	0.0%	2.2%
20000 元以上	28	12	4	0	0	0	44
	2.9%	1.7%	0.9%	0.0%	0.0%	0.0%	1.8%
合计	982	700	452	191	58	13	2396
	100.0%	100.0%	100.0%	100.0%	100.0%	100.0%	100.0%

8. 老年人和老伴存养老钱的情况

在 9600 位被访老年人中，有 9427 位报告了自己和老伴存养老钱的情况。老年人存养老钱的比例为 35.7%，尚有 62.5% 的老年人没有存养老钱。从城乡来看，城镇老年人存养老钱的比例为 51.5%，而农村老年人的比例仅为 25.6%。从年龄来看，"60~64 岁"老年人存养老钱的比例最高，而"85 岁以上"老年人的比例最低（见表 2-5-8）。

表 2-5-8　　被访老年人和老伴存养老钱的分布情况

户籍类型		年龄段						合计
		60~64 岁	65~69 岁	70~74 岁	75~79 岁	80~84 岁	85 岁以上	
城镇	有	518	463	331	285	237	106	1940
		51.2%	50.6%	52.7%	56.4%	50.6%	43.8%	51.5%
	没有	469	432	277	208	225	131	1742
		46.3%	47.2%	44.1%	41.2%	48.1%	54.1%	46.2%
	缺失值	25	20	20	12	6	5	88
		2.5%	2.2%	3.2%	2.4%	1.3%	2.1%	2.3%
	合计	1012	915	628	505	468	242	3770
		100.0%	100.0%	100.0%	100.0%	100.0%	100.0%	100.0%
农村	有	505	400	290	161	92	42	1490
		28.3%	27.5%	26.8%	21.7%	18.0%	16.3%	25.6%
	没有	1253	1028	777	572	413	212	4255
		70.2%	70.8%	71.9%	77.0%	80.8%	82.2%	73.0%

续表

户籍类型		年龄段						合计
		60~64岁	65~69岁	70~74岁	75~79岁	80~84岁	85岁以上	
农村	缺失值	27	24	14	10	6	4	85
		1.5%	1.7%	1.3%	1.3%	1.2%	1.6%	1.5%
	合计	1785	1452	1081	743	511	258	5830
		100.0%	100.0%	100.0%	100.0%	100.0%	100.0%	100.0%
合计	有	1023	863	621	446	329	148	3430
		36.6%	36.5%	36.3%	35.7%	33.6%	29.6%	35.7%
	没有	1722	1460	1054	780	638	343	5997
		61.6%	61.7%	61.7%	62.5%	65.2%	68.6%	62.5%
	缺失值	52	44	34	22	12	9	173
		1.9%	1.9%	2.0%	1.8%	1.2%	1.8%	1.8%
	合计	2797	2367	1709	1248	979	500	9600
		100.0%	100.0%	100.0%	100.0%	100.0%	100.0%	100.0%

9. 老年人存养老钱的金额情况

有3430位老年人报告了自己和老伴存养老钱的金额情况。老年人存的养老钱金额在"10000元以下"的比例为29.0%，"10000~20000元"的比例为20.6%，"20000~30000元"的比例为11.9%，"30000~40000元"的比例为3.8%，"40000~50000元"的比例为12.1%，"50000元以上"的比例为22.7%。从城乡来看，城镇老年人存储的养老钱金额以"50000元以上"居多，而农村则以"10000元以下"居多。从年龄来看，老年人存储的养老钱金额在"50000元以上"的以"80~84岁"居多（见表2-5-9）。

表2-5-9　　　　　被访老年人及老伴存储养老钱金额的分布情况

户籍类型		年龄段						合计
		60~64岁	65~69岁	70~74岁	75~79岁	80~84岁	85岁以上	
城镇	10000元以下	62	53	34	34	29	21	233
		12.0%	11.4%	10.3%	11.9%	12.2%	19.8%	12.0%
	10000~20000元	91	71	55	44	31	12	304
		17.6%	15.3%	16.6%	15.4%	13.1%	11.3%	15.7%
	20000~30000元	68	50	47	41	33	14	253
		13.1%	10.8%	14.2%	14.4%	13.9%	13.2%	13.0%
	30000~40000元	20	24	21	7	7	9	88
		3.9%	5.2%	6.3%	2.5%	3.0%	8.5%	4.5%
	40000~50000元	88	99	55	59	37	11	349
		17.0%	21.4%	16.6%	20.7%	15.6%	10.4%	18.0%

续表

户籍类型		年龄段						合计
		60~64岁	65~69岁	70~74岁	75~79岁	80~84岁	85岁以上	
城镇	50000元以上	189	166	119	100	100	39	713
		36.5%	35.9%	36.0%	35.1%	42.2%	36.8%	36.8%
	合计	518	463	331	285	237	106	1940
		100.0%	100.0%	100.0%	100.0%	100.0%	100.0%	100.0%
农村	10000元以下	221	191	157	103	59	30	761
		43.8%	47.8%	54.1%	64.0%	64.1%	71.4%	51.1%
	10000~20000元	144	108	75	40	25	10	402
		28.5%	27.0%	25.9%	24.8%	27.2%	23.8%	27.0%
	20000~30000元	60	50	30	10	4	1	155
		11.9%	12.5%	10.3%	6.2%	4.3%	2.4%	10.4%
	30000~40000元	17	13	9	1	1	0	41
		3.4%	3.3%	3.1%	0.6%	1.1%	0.0%	2.8%
	40000~50000元	35	19	7	3	2	1	67
		6.9%	4.8%	2.4%	1.9%	2.2%	2.4%	4.5%
	50000元以上	28	19	12	4	1	0	64
		5.5%	4.8%	4.1%	2.5%	1.1%	0.0%	4.3%
	合计	505	400	290	161	92	42	1490
		100.0%	100.0%	100.0%	100.0%	100.0%	100.0%	100.0%
合计	10000元以下	283	244	191	137	88	51	994
		27.7%	28.3%	30.8%	30.7%	26.7%	34.5%	29.0%
	10000~20000元	235	179	130	84	56	22	706
		23.0%	20.7%	20.9%	18.8%	17.0%	14.9%	20.6%
	20000~30000元	128	100	77	51	37	15	408
		12.5%	11.6%	12.4%	11.4%	11.2%	10.1%	11.9%
	30000~40000元	37	37	30	8	8	9	129
		3.6%	4.3%	4.8%	1.8%	2.4%	6.1%	3.8%
	40000~50000元	123	118	62	62	39	12	416
		12.0%	13.7%	10.0%	13.9%	11.9%	8.1%	12.1%
	50000元以上	217	185	131	104	101	39	777
		21.2%	21.4%	21.1%	23.3%	30.7%	26.4%	22.7%
	合计	1023	863	621	446	329	148	3430
		100.0%	100.0%	100.0%	100.0%	100.0%	100.0%	100.0%

10. 老年人每月养老金收入情况

有9527位老年人报告了自己每月养老金的收入情况。老年人养老金收入"500元以下"的比例为58.3%，收入"500～1000元"的比例为1.8%，收入"1000～2000元"的比例为12.8%，收入"2000～3000元"的比例为17.6%，收入"3000元以上"的比例为9.5%。从城乡来看，城镇老年人领取的养老金以"2000～3000元"居多，而农村则是以"500元以下"居多。从年龄来看，老年人每月领取养老金在"2000～3000元"的以"75～79岁"居多（见表2-5-10）。

表2-5-10　被访老年人每月养老金（离退休金）收入的分布情况

户籍类型		年龄段						合计
		60～64岁	65～69岁	70～74岁	75～79岁	80～84岁	85岁以上	
城镇	500元以下	47	32	30	19	35	16	179
		4.8%	3.6%	5.0%	3.9%	7.8%	7.0%	4.9%
	500～1000元	38	40	9	2	6	1	96
		3.9%	4.5%	1.5%	0.4%	1.3%	0.4%	2.7%
	1000～2000元	311	265	161	82	68	47	934
		32.1%	29.7%	26.7%	16.9%	15.1%	20.5%	25.7%
	2000～3000元	352	401	282	249	184	83	1551
		36.3%	45.0%	46.8%	51.2%	41.0%	36.2%	42.7%
	3000元以上	222	154	121	134	156	82	869
		22.9%	17.3%	20.1%	27.6%	34.7%	35.8%	24.0%
	合计	970	892	603	486	449	229	3629
		100.0%	100.0%	100.0%	100.0%	100.0%	100.0%	100.0%
农村	500元以下	1554	1307	982	675	465	236	5219
		91.4%	92.6%	93.0%	94.0%	93.9%	95.9%	92.7%
	500～1000元	43	16	6	3	2	0	70
		2.5%	1.1%	0.6%	0.4%	0.4%	0.0%	1.2%
	1000～2000元	67	71	54	34	19	6	251
		3.9%	5.0%	5.1%	4.7%	3.8%	2.4%	4.5%
	2000～3000元	35	17	13	5	7	3	80
		2.1%	1.2%	1.2%	0.7%	1.4%	1.2%	1.4%
	3000元以上	2	1	1	1	2	1	8
		0.1%	0.1%	0.1%	0.1%	0.4%	0.4%	0.2%
	合计	1701	1412	1056	718	495	246	5628
		100.0%	100.0%	100.0%	100.0%	100.0%	100.0%	100.0%

续表

户籍类型		年龄段						合计
		60~64岁	65~69岁	70~74岁	75~79岁	80~84岁	85岁以上	
合计	500元以下	1601	1339	1012	694	500	252	5398
		59.9%	58.1%	61.0%	57.6%	53.0%	53.1%	58.3%
	500~1000元	81	56	15	5	8	1	166
		3.0%	2.4%	0.9%	0.4%	0.8%	0.2%	1.8%
	1000~2000元	378	336	215	116	87	53	1185
		14.2%	14.6%	13.0%	9.6%	9.2%	11.2%	12.8%
	2000~3000元	387	418	295	254	191	86	1631
		14.5%	18.1%	17.8%	21.1%	20.2%	18.1%	17.6%
	3000元以上	224	155	122	135	158	83	877
		8.4%	6.7%	7.4%	11.2%	16.7%	17.5%	9.5%
	合计	2671	2304	1659	1204	944	475	9257
		100.0%	100.0%	100.0%	100.0%	100.0%	100.0%	100.0%

11. 老年人2014年利息收入情况

有2673位老年人报告了自己2014年的利息收入情况。老年人利息收入"1000元以下"的比例为59.2%，收入"1000~3000元"的比例为28.8%，收入"3000元以上"的比例为12%。从城乡来看，城镇老年人利息收入"3000元以上"的比例18.9%，而农村老年人的比例为1.2%。从年龄来看，"85岁以上"老年人利息收入比例最高，"70~74岁"老年人的比例最低（见表2-5-11）。

表2-5-11　　　　　　　　被访老年人2014年利息收入的分布情况

户籍类型		年龄段						合计
		60~64岁	65~69岁	70~74岁	75~79岁	80~84岁	85岁以上	
城镇	1000元以下	173	151	112	114	77	42	669
		40.3%	38.9%	40.7%	45.4%	38.1%	46.2%	40.9%
	1000~3000元	171	161	113	95	87	30	657
		39.9%	41.5%	41.1%	37.8%	43.1%	33.0%	40.2%
	3000元以上	85	76	50	42	38	19	310
		19.8%	19.6%	18.2%	16.7%	18.8%	20.9%	18.9%
	合计	429	388	275	251	202	91	1636
		100.0%	100.0%	100.0%	100.0%	100.0%	100.0%	100.0%

续表

户籍类型		年龄段						合计
		60~64岁	65~69岁	70~74岁	75~79岁	80~84岁	85岁以上	
农村	1000元以下	283	250	194	100	58	26	911
		81.8%	87.7%	91.9%	94.3%	93.5%	96.3%	87.8%
	1000~3000元	56	33	15	6	3	1	114
		16.2%	11.6%	7.1%	5.7%	4.8%	3.7%	11.0%
	3000元以上	7	2	2	0	1	0	12
		2.0%	0.7%	0.9%	0.0%	1.6%	0.0%	1.2%
	合计	346	285	211	106	62	27	1037
		100.0%	100.0%	100.0%	100.0%	100.0%	100.0%	100.0%
合计	1000元以下	456	401	306	214	135	68	1580
		58.8%	59.6%	63.0%	59.9%	51.1%	57.6%	59.2%
	1000~3000元	227	194	128	101	90	31	771
		29.3%	28.8%	26.3%	28.3%	34.1%	26.3%	28.8%
	3000元以上	92	78	52	42	39	19	322
		11.9%	11.6%	10.7%	11.8%	14.8%	16.1%	12.0%
	合计	775	673	486	357	264	118	2673
		100.0%	100.0%	100.0%	100.0%	100.0%	100.0%	100.0%

12. 农村老年人2014年土地出租/承包收入情况

有1198位被访老年人报告了其在2014年的土地出租或承包收入。其中，受访农村老年人土地出租/承包收入在"500元以下"的比例为60.0%，在"500~1500元"的比例为25.1%，在1500元及以上占14.9%。收入在"500元以下"的以"80~84岁"居多，"500~1500元"以"85岁以上"居多，收入超过1500元则以"60~64岁"老年人居多（见表2-5-12）。

表2-5-12　农村被访老年人2014年土地出租/承包收入的分布情况

土地出租或承包收入	年龄段						合计
	60~64岁	65~69岁	70~74岁	75~79岁	80~84岁	85岁以上	
500元以下	242	198	136	80	47	16	719
	56.5%	60.0%	59.4%	67.8%	69.1%	64.0%	60.0%
500~1500元	109	76	63	27	17	9	301
	25.5%	23.0%	27.5%	22.9%	25.0%	36.0%	25.1%
1500~3000元	35	32	18	4	2	0	91
	8.2%	9.7%	7.9%	3.4%	2.9%	0.0%	7.6%
3000元以上	42	24	12	7	2	0	87
	9.8%	7.3%	5.2%	5.9%	2.9%	0.0%	7.3%
合计	428	330	229	118	68	25	1198
	100.0%	100.0%	100.0%	100.0%	100.0%	100.0%	100.0%

第五节 经济状况

13. 老年人2014年收到子女钱的情况

有6119位被访老年人报告了自己2014年收到子女钱的情况。老年人收到子女钱的金额在"1000元以下"的比例为39.5%,在"1000~3000元"的比例为33.4%,"3000元以上"的比例为27.1%。从城乡来看,城镇老年人收到子女"3000元以上"的比例为30.7%,而农村老年人的比例为25.8%。从年龄来看,"60~64岁"老年人收到子女"3000元以上"的比例最高,而"85岁以上"老年人最低(见表2-5-13)。

表2-5-13　　　　　　　　老年人2014年收到子女钱物的分布情况

户籍类型		年龄段						合计
		60~64岁	65~69岁	70~74岁	75~79岁	80~84岁	85岁以上	
城镇	1000元以下	142	156	94	88	86	44	610
		33.3%	36.7%	30.4%	37.1%	40.2%	41.9%	35.5%
	1000~3000元	137	135	128	78	72	30	580
		32.2%	31.8%	41.4%	32.9%	33.6%	28.6%	33.8%
	3000元以上	147	134	87	71	56	31	526
		34.5%	31.5%	28.2%	30.0%	26.2%	29.5%	30.7%
	合计	426	425	309	237	214	105	1716
		100.0%	100.0%	100.0%	100.0%	100.0%	100.0%	100.0%
农村	1000元以下	521	435	327	234	180	109	1806
		43.1%	40.5%	37.5%	38.7%	42.4%	50.5%	41.0%
	1000~3000元	351	344	308	231	156	71	1461
		29.0%	32.0%	35.3%	38.2%	36.7%	32.9%	33.2%
	3000元以上	338	296	237	140	89	36	1136
		27.9%	27.5%	27.2%	23.1%	20.9%	16.7%	25.8%
	合计	1210	1075	872	605	425	216	4403
		100.0%	100.0%	100.0%	100.0%	100.0%	100.0%	100.0%
合计	1000元以下	663	591	421	322	266	153	2416
		40.5%	39.4%	35.6%	38.2%	41.6%	47.7%	39.5%
	1000~3000元	488	479	436	309	228	101	2041
		29.8%	31.9%	36.9%	36.7%	35.7%	31.5%	33.4%
	3000元以上	485	430	324	211	145	67	1662
		29.6%	28.7%	27.4%	25.1%	22.7%	20.9%	27.1%
	合计	1636	1500	1181	842	639	321	6119
		100.0%	100.0%	100.0%	100.0%	100.0%	100.0%	100.0%

14. 老年人2014年收到其他亲戚钱的情况

有1974位被访老年人报告了自己2014年收到其他亲戚钱的情况。老年人收到其他亲戚钱的金额在"1000元以下"的比例为84.9%,在"1000~3000元"的比例为12.1%,"3000元以上"的比例为3.0%。从城乡来看,城镇老年人收到其他亲戚"3000元以上"的比例为7.4%,而农村老年人的比例为1.8%。从年龄来看,"60~64岁"老年人收到其他亲戚"3000元以上"的比例最高(见表2-5-14)。

表2-5-14　　被访老年人2014年收到其他亲戚钱物的分布情况

户籍类型		年 龄 段						合计
		60~64岁	65~69岁	70~74岁	75~79岁	80~84岁	85岁以上	
城镇	1000元以下	75	64	75	48	48	25	335
		70.1%	68.1%	85.2%	73.8%	78.7%	86.2%	75.5%
	1000~3000元	19	21	9	12	11	4	76
		17.8%	22.3%	10.2%	18.5%	18.0%	13.8%	17.1%
	3000元以上	13	9	4	5	2	0	33
		12.1%	9.6%	4.5%	7.7%	3.3%	0.0%	7.4%
	合计	107	94	88	65	61	29	444
		100.0%	100.0%	100.0%	100.0%	100.0%	100.0%	100.0%
农村	1000元以下	316	321	283	212	136	72	1340
		85.9%	86.8%	87.6%	86.9%	91.3%	94.7%	87.6%
	1000~3000元	37	44	35	29	13	4	162
		10.1%	11.9%	10.8%	11.9%	8.7%	5.3%	10.6%
	3000元以上	15	5	5	3	0	0	28
		4.1%	1.4%	1.5%	1.2%	0.0%	0.0%	1.8%
	合计	368	370	323	244	149	76	1530
		100.0%	100.0%	100.0%	100.0%	100.0%	100.0%	100.0%
合计	1000元以下	391	385	358	260	184	97	1675
		82.3%	83.0%	87.1%	84.1%	87.6%	92.4%	84.9%
	1000~3000元	56	65	44	41	24	8	238
		11.8%	14.0%	10.7%	13.3%	11.4%	7.6%	12.1%
	3000元以上	28	14	9	8	2	0	61
		5.9%	3.0%	2.2%	2.6%	1.0%	0.0%	3.0%
	合计	475	464	411	309	210	105	1974
		100.0%	100.0%	100.0%	100.0%	100.0%	100.0%	100.0%

15. 老年人从事投资理财活动的情况

有9362位老年人报告了自己从事投资理财活动的情况。从城乡来看,大部分城乡老年人没有从事投资理财活动,城镇老人主要从事的投资理财活动分别是股票(3.0%)、国债/债券（1.3%）、基金（1.3%），而农村仅有小部分老年人从事贵重金属投资，但也仅有0.1%。从年龄来看，现在仍在从事投资理财活动的老年人主要以"60~64岁"为主（见表2-5-15）。

表2-5-15　　　　　　　　被访老年人现在从事投资理财活动的分布情况

户籍类型		年龄段						合计
		60~64岁	65~69岁	70~74岁	75~79岁	80~84岁	85岁以上	
城镇	国债/债券	16	12	11	2	4	4	49
		0.4%	0.3%	0.3%	0.1%	0.1%	0.1%	1.3%
	股票	48	31	16	5	6	3	109
		1.3%	0.8%	0.4%	0.1%	0.2%	0.1%	3.0%
	基金	20	15	7	2	3	2	49
		0.5%	0.4%	0.2%	0.1%	0.1%	0.1%	1.3%
	外汇	1	0	0	0	0	0	1
		0.0%	0.0%	0.0%	0.0%	0.0%	0.0%	0.0%
	贵金属	2	0	0	1	2	0	5
		0.1%	0.0%	0.0%	0.0%	0.1%	0.0%	0.1%
	其他理财产品	16	17	16	6	7	1	63
		0.4%	0.5%	0.4%	0.2%	0.2%	0.0%	1.7%
	其他	4	3	2	1	2	2	14
		0.1%	0.1%	0.1%	0.0%	0.1%	0.1%	0.4%
	都没有	910	834	574	477	431	229	3455
		24.6%	22.6%	15.5%	12.9%	11.7%	6.2%	93.6%
	合计	992	899	616	494	452	239	3692
		26.9%	24.3%	16.7%	13.4%	12.2%	6.5%	100.0%
农村	国债/债券	0	0	0	0	0	1	1
		0.0%	0.0%	0.0%	0.0%	0.0%	0.0%	0.0%
	基金	2	0	0	0	0	0	2
		0.0%	0.0%	0.0%	0.0%	0.0%	0.0%	0.0%
	贵金属	3	0	3	1	0	0	7
		0.1%	0.0%	0.1%	0.0%	0.0%	0.0%	0.1%
	其他理财产品	4	1	1	0	0	0	6
		0.1%	0.0%	0.0%	0.0%	0.0%	0.0%	0.1%
	都没有	1723	1420	1046	714	499	256	5658
		30.4%	25.0%	18.4%	12.6%	8.8%	4.5%	99.8%
	合计	1730	1421	1049	715	499	256	5670
		30.5%	25.1%	18.5%	12.6%	8.8%	4.5%	100.0%

16. 老年人有属于自己（老伴）产权房子的情况

有9549位被访老年人报告了自己有没有产权属于自己（老伴）的房子情况。62.7%的老年人有产权属于自己（老伴）的房子，仍有36.8%的老年人没有产权属于自己（老伴）的房子。从城乡来看，城镇老年人有产权属于自己（老伴）房子的比例为75.2%，而农村老年人的比例为54.6%。从年龄来看，"60~64岁"老年人有产权属于自己（老伴）房子的比例最高，为75.7%，而"85岁以上"老年人有自己（老伴）产权房的比例为36.8%（见表2-5-16）。

表2-5-16　被访老年人有属于自己（老伴）产权房子的分布情况

户籍类型		年龄段						合计
		60~64岁	65~69岁	70~74岁	75~79岁	80~84岁	85岁以上	
城镇	有	812	729	475	371	312	135	2834
		80.2%	79.7%	75.6%	73.5%	66.7%	55.8%	75.2%
	没有	199	184	151	127	153	107	921
		19.7%	20.1%	24.0%	25.1%	32.7%	44.2%	24.4%
	缺失值	1	2	2	7	3	0	15
		0.1%	0.2%	0.3%	1.4%	0.6%	0.0%	0.4%
	合计	1012	915	628	505	468	242	3770
		100.0%	100.0%	100.0%	100.0%	100.0%	100.0%	100.0%
农村	有	1304	853	531	299	145	49	3181
		73.1%	58.7%	49.1%	40.2%	28.4%	19.0%	54.6%
	没有	471	592	541	437	364	208	2613
		26.4%	40.8%	50.0%	58.8%	71.2%	80.6%	44.8%
	缺失值	10	7	9	7	2	1	36
		0.6%	0.5%	0.8%	0.9%	0.4%	0.4%	0.6%
	合计	1785	1452	1081	743	511	258	5830
		100.0%	100.0%	100.0%	100.0%	100.0%	100.0%	100.0%
合计	有	2116	1582	1006	670	457	184	6015
		75.7%	66.8%	58.9%	53.7%	46.7%	36.8%	62.7%
	没有	670	776	692	564	517	315	3534
		24.0%	32.8%	40.5%	45.2%	52.8%	63.0%	36.8%
	缺失值	11	9	11	14	5	1	51
		0.4%	0.4%	0.6%	1.1%	0.5%	0.2%	0.5%
	合计	2797	2367	1709	1248	979	500	9600
		100.0%	100.0%	100.0%	100.0%	100.0%	100.0%	100.0%

17. 老年人有属于自己（老伴）产权房子的数量情况

有5962个被访老年人报告了自己（老伴）产权房子的数量情况。老年人有1套产权房的比例为95.6%，有2套的比例为3.8%，有3套及以上的比例为0.6%。从城乡看，城镇老年人有1套产权房的比例为93.4%，而农村老年人的比例为97.6%。从年龄来看，"85岁以上"老年人有自己产权房的比例为99.5%，"60~64岁"老年人的比例为94.0%（见表2-5-17）。

表2-5-17　被访老年人有属于自己（老伴）产权房子的数量分布情况

户籍类型		年龄段						合计
		60~64岁	65~69岁	70~74岁	75~79岁	80~84岁	85岁以上	
城镇	1套	724	686	447	352	301	134	2644
		89.4%	94.1%	94.1%	94.9%	96.8%	99.3%	93.4%
	2套	74	38	26	17	9	1	165
		9.1%	5.2%	5.5%	4.6%	2.9%	0.7%	5.8%
	3套	7	5	1	2	1	0	16
		0.9%	0.7%	0.2%	0.5%	0.3%	0.0%	0.6%
	4套	5	0	0	0	0	0	5
		0.6%	0.0%	0.0%	0.0%	0.0%	0.0%	0.2%
	6套	0	0	1	0	0	0	1
		0.0%	0.0%	0.2%	0.0%	0.0%	0.0%	0.0%
	合计	810	729	475	371	311	135	2831
		100.0%	100.0%	100.0%	100.0%	100.0%	100.0%	100.0%
农村	1套	1247	816	513	292	140	49	3057
		97.0%	97.5%	97.9%	99.3%	99.3%	100.0%	97.6%
	2套	35	16	10	2	0	0	63
		2.7%	1.9%	1.9%	0.7%	0.0%	0.0%	2.0%
	3套	2	4	1	0	1	0	8
		0.2%	0.5%	0.2%	0.0%	0.7%	0.0%	0.3%
	5套	1	1	0	0	0	0	2
		0.1%	0.1%	0.0%	0.0%	0.0%	0.0%	0.1%
	8套	1	0	0	0	0	0	1
		0.1%	0.0%	0.0%	0.0%	0.0%	0.0%	0.0%
	合计	1286	837	524	294	141	49	3131
		100.0%	100.0%	100.0%	100.0%	100.0%	100.0%	100.0%

续表

户籍类型		年龄段						合计
		60~64岁	65~69岁	70~74岁	75~79岁	80~84岁	85岁以上	
合计	1套	1971	1502	960	644	441	183	5701
		94.0%	95.9%	96.1%	96.8%	97.6%	99.5%	95.6%
	2套	109	54	36	19	9	1	228
		5.2%	3.4%	3.6%	2.9%	2.0%	0.5%	3.8%
	3套	9	9	2	2	2	0	24
		0.4%	0.6%	0.2%	0.3%	0.4%	0.0%	0.4%
	4套	5	0	0	0	0	0	5
		0.2%	0.0%	0.0%	0.0%	0.0%	0.0%	0.1%
	5套	1	1	0	0	0	0	2
		0.0%	0.1%	0.0%	0.0%	0.0%	0.0%	0.0%
	6套	0	0	1	0	0	0	1
		0.0%	0.0%	0.1%	0.0%	0.0%	0.0%	0.0%
	8套	1	0	0	0	0	0	1
		0.0%	0.0%	0.0%	0.0%	0.0%	0.0%	0.0%
	合计	2096	1566	999	665	452	184	5962
		100.0%	100.0%	100.0%	100.0%	100.0%	100.0%	100.0%

18. 老年人现在住房的产权情况

有9571个被访老年人报告了自己现在住房的产权情况。老年人现在住房属于自有产权的比例为59.8%，属于子女房产的比例为34.3%，属于孙子女房产的比例为0.4%，属于租公房的比例为2.5%，属于租私房的比例为0.8%，借住的比例为1%，其他情况的比例为1%。从城乡看，城镇老年人现在住房属于子女房产的比例为19.1%，而农村老年人的比例为44.1%。从年龄来看，"85岁以上"老年人现在住房属于子女产权的比例最高，"60~64岁"老年人的比例最低（见表2-5-18）。

表2-5-18　　　　　　　　被访老年人现在住房的产权分布情况

户籍类型		年龄段						合计
		60~64岁	65~69岁	70~74岁	75~79岁	80~84岁	85岁以上	
城镇	自有产权	770	682	443	348	295	127	2665
		76.1%	74.5%	70.5%	68.9%	63.0%	52.5%	70.7%
	子女的房产	132	161	126	109	114	77	719
		13.0%	17.6%	20.1%	21.6%	24.4%	31.8%	19.1%
	孙子女的房产	0	1	3	6	6	5	21
		0.0%	0.1%	0.5%	1.2%	1.3%	2.1%	0.5%

续表

户籍类型		年龄段						合计
		60~64岁	65~69岁	70~74岁	75~79岁	80~84岁	85岁以上	
城镇	租公房	69	39	35	29	32	17	221
		6.8%	4.3%	5.6%	5.7%	6.8%	7.0%	5.9%
	租私房	10	12	10	6	8	5	51
		1.0%	1.3%	1.6%	1.2%	1.7%	2.1%	1.3%
	借住	15	9	5	2	2	4	37
		1.5%	1.0%	0.8%	0.4%	0.4%	1.7%	1.0%
	其他	14	11	5	5	11	6	52
		1.4%	1.2%	0.8%	1.0%	2.4%	2.5%	1.4%
	缺失值	2	0	1	0	0	1	4
		0.2%	0.0%	0.2%	0.0%	0.0%	0.4%	0.1%
	合计	1012	915	628	505	468	242	3770
		100.0%	100.0%	100.0%	100.0%	100.0%	100.0%	100.0%
农村	自有产权	1277	817	515	276	137	50	3072
		71.5%	56.3%	47.6%	37.1%	26.8%	19.4%	52.7%
	子女的房产	467	588	524	444	352	194	2569
		26.2%	40.5%	48.5%	59.8%	68.9%	75.2%	44.1%
	孙子女的房产	1	2	3	1	4	7	18
		0.1%	0.1%	0.3%	0.1%	0.8%	2.7%	0.3%
	租公房	6	7	3	1	3	0	20
		0.3%	0.5%	0.3%	0.1%	0.6%	0.0%	0.3%
	租私房	6	7	7	1	2	1	24
		0.3%	0.5%	0.6%	0.1%	0.4%	0.4%	0.4%
	借住	13	16	15	11	3	1	59
		0.7%	1.1%	1.4%	1.5%	0.6%	0.4%	1.0%
	其他	11	10	7	5	7	3	43
		0.6%	0.7%	0.6%	0.7%	1.4%	1.2%	0.7%
	缺失值	4	5	7	4	3	2	25
		0.2%	0.3%	0.6%	0.5%	0.6%	0.8%	0.3%
	合计	1785	1452	1081	743	511	258	5830
		100.0%	100.0%	100.0%	100.0%	100.0%	100.0%	100.0%

续表

户籍类型		年龄段						合计
		60~64岁	65~69岁	70~74岁	75~79岁	80~84岁	85岁以上	
合计	自有产权	2047	1499	958	624	432	177	5737
		73.2%	63.3%	56.1%	50.0%	44.1%	35.4%	59.8%
	子女的房产	599	749	650	553	466	271	3288
		21.4%	31.6%	38.0%	44.3%	47.6%	54.2%	34.3%
	孙子女的房产	1	3	6	7	10	12	39
		0.0%	0.1%	0.4%	0.6%	1.0%	2.4%	0.4%
	租公房	75	46	38	30	35	17	241
		2.7%	1.9%	2.2%	2.4%	3.6%	3.4%	2.5%
	租私房	16	19	17	7	10	6	75
		0.6%	0.8%	1.0%	0.6%	1.0%	1.2%	0.8%
	借住	28	25	20	13	5	5	96
		1.0%	1.1%	1.2%	1.0%	0.5%	1.0%	1.0%
	其他	25	21	12	10	18	9	95
		0.9%	0.9%	0.7%	0.8%	1.8%	1.8%	1.0%
	缺失值	6	5	8	4	3	3	29
		0.2%	0.2%	0.5%	0.3%	0.3%	0.6%	0.2%
	合计	2797	2367	1709	1248	979	500	9600
		100.0%	100.0%	100.0%	100.0%	100.0%	100.0%	100.0%

19. 老年人每月个人用品类支出情况

有9354位被访老年人报告了自己每月个人用品类支出（烟酒、化妆品、洗漱用品等）情况。支出在"100元以下"的比例为65.7%，在"100~500元"的比例为29.2%，在"500元以上"的比例为5.1%。从城乡来看，城镇老年人每月个人用品类支出在"500元"以上的比例为9.5%，而农村老年人的比例为2.2%。从年龄来看，支出在"100元以下"的以"85岁以上"老年人居多，"500元以上"以"60~64岁"老年人居多（见表2-5-19）。

表2-5-19 被访老年人每月个人用品类支出（烟酒、化妆品、洗漱用品等）的分布情况

户籍类型		年龄段						合计
		60~64岁	65~69岁	70~74岁	75~79岁	80~84岁	85岁以上	
城镇	100元以下	506	476	368	313	293	165	2121
		50.5%	53.0%	60.1%	63.6%	66.1%	73.3%	57.8%

续表

户籍类型		年龄段						合计
		60~64岁	65~69岁	70~74岁	75~79岁	80~84岁	85岁以上	
城镇	100~500元	356	333	191	148	125	50	1203
		35.6%	37.1%	31.2%	30.1%	28.2%	22.2%	32.8%
	500元以上	139	89	53	31	25	10	347
		13.9%	9.9%	8.7%	6.3%	5.6%	4.4%	9.5%
	合计	1001	898	612	492	443	225	3671
		100.0%	100.0%	100.0%	100.0%	100.0%	100.0%	100.0%
农村	100元以下	1088	984	781	571	399	203	4026
		61.8%	68.7%	74.1%	79.4%	83.3%	84.9%	70.8%
	100~500元	597	420	256	146	77	35	1531
		33.9%	29.3%	24.3%	20.3%	16.1%	14.6%	26.9%
	500元以上	75	28	17	2	3	1	126
		4.3%	2.0%	1.6%	0.3%	0.6%	0.4%	2.2%
	合计	1760	1432	1054	719	479	239	5683
		100.0%	100.0%	100.0%	100.0%	100.0%	100.0%	100.0%
合计	100元以下	1594	1460	1149	884	692	368	6147
		57.7%	62.7%	69.0%	73.0%	75.1%	79.3%	65.7%
	100~500元	953	753	447	294	202	85	2734
		34.5%	32.3%	26.8%	24.3%	21.9%	18.3%	29.2%
	500元以上	214	117	70	33	28	11	473
		7.8%	5.0%	4.2%	2.7%	3.0%	2.4%	5.1%
	合计	2761	2330	1666	1211	922	464	9354
		100.0%	100.0%	100.0%	100.0%	100.0%	100.0%	100.0%

20. 老年人每月卫生保健支出情况

有5806位被访老年人报告了自己每月卫生保健支出的情况。支出在"30元以下"的比例为84.3%，在"30~100元"的比例为8.5%，在"100元以上"的比例为7.2%。从城乡来看，城镇老年人每月卫生保健支出在"100元"以上的比例为15.2%，而农村老年人的比例为1.7%。从年龄来看，"85岁以上"老年人卫生保健支出在"100元以上"的比例最高，"65~69岁"老年人比例最低（见表2-5-20）。

表 2-5-20　　　　　　　　被访老年人每月卫生保健支出的分布情况

户籍类型		年龄段						合计
		60~64岁	65~69岁	70~74岁	75~79岁	80~84岁	85岁以上	
城镇	30元以下	460	419	277	202	202	83	1643
		66.6%	72.0%	69.6%	68.0%	74.8%	69.7%	69.7%
	30~100元	126	86	61	40	29	14	356
		18.2%	14.8%	15.3%	13.5%	10.7%	11.8%	15.1%
	100元以上	105	77	60	55	39	22	358
		15.2%	13.2%	15.1%	18.5%	14.4%	18.5%	15.2%
	合计	691	582	398	297	270	119	2357
		100.0%	100.0%	100.0%	100.0%	100.0%	100.0%	100.0%
农村	30元以下	989	827	594	416	294	134	3254
		93.7%	93.7%	93.7%	96.1%	97.4%	95.0%	94.3%
	30~100元	44	40	31	10	7	5	137
		4.2%	4.5%	4.9%	2.3%	2.3%	3.5%	4.0%
	100元以上	23	16	9	7	1	2	58
		2.2%	1.8%	1.4%	1.6%	0.3%	1.4%	1.7%
	合计	1056	883	634	433	302	141	3449
		100.0%	100.0%	100.0%	100.0%	100.0%	100.0%	100.0%
合计	30元以下	1449	1246	871	618	496	217	4897
		82.9%	85.1%	84.4%	84.7%	86.7%	83.5%	84.3%
	30~100元	170	126	92	50	36	19	493
		9.7%	8.6%	8.9%	6.8%	6.3%	7.3%	8.5%
	100元以上	128	93	69	62	40	24	416
		7.3%	6.3%	6.7%	8.5%	7.0%	9.2%	7.2%
	合计	1747	1465	1032	730	572	260	5806
		100.0%	100.0%	100.0%	100.0%	100.0%	100.0%	100.0%

21. 老年人 2014 年衣装鞋帽类支出情况

有 8466 位被访老年人报告了自己 2014 年衣装鞋帽类支出情况。支出在"500元以下"的比例为 63.3%，在"500~1000元"的比例为 22.5%，在"1000元以上"的比例为 14.2%。从城乡来看，城镇老年人 2014 年衣装鞋帽类支出在"1000元"以上的比例为 28.1%，而农村老年人的比例仅为 5.5%。从年龄来看，"60~64岁"老年人 2014 年衣装鞋帽类支出在"1000元以上"的比例最高，"85岁以上"老年人的比例为 6.7%（见表 2-5-21）。

表 2-5-21　　　　　　　被访老年人 2014 年衣装鞋帽类的支出分布情况

户籍类型		年龄段						合计
		60~64 岁	65~69 岁	70~74 岁	75~79 岁	80~84 岁	85 岁以上	
城镇	500 元以下	312	351	235	203	191	109	1401
		33.5%	42.4%	43.0%	50.4%	53.8%	63.0%	43.3%
	500~1000 元	280	238	174	101	93	40	926
		30.0%	28.7%	31.8%	25.1%	26.2%	23.1%	28.6%
	1000 元以上	340	239	138	99	71	24	911
		36.5%	28.9%	25.2%	24.6%	20.0%	13.9%	28.1%
	合计	932	828	547	403	355	173	3238
		100.0%	100.0%	100.0%	100.0%	100.0%	100.0%	100.0%
农村	500 元以下	1092	983	779	529	378	196	3957
		66.5%	74.6%	80.9%	81.0%	86.3%	91.2%	75.7%
	500~1000 元	407	253	145	106	53	17	981
		24.8%	19.2%	15.1%	16.2%	12.1%	7.9%	18.8%
	1000 元以上	143	81	39	18	7	2	290
		8.7%	6.2%	4.0%	2.8%	1.6%	0.9%	5.5%
	合计	1642	1317	963	653	438	215	5228
		100.0%	100.0%	100.0%	100.0%	100.0%	100.0%	100.0%
合计	500 元以下	1404	1334	1014	732	569	305	5358
		54.5%	62.2%	67.2%	69.3%	71.8%	78.6%	63.3%
	500~1000 元	687	491	319	207	146	57	1907
		26.7%	22.9%	21.1%	19.6%	18.4%	14.7%	22.5%
	1000 元以上	483	320	177	117	78	26	1201
		18.8%	14.9%	11.7%	11.1%	9.8%	6.7%	14.2%
	合计	2574	2145	1510	1056	793	388	8466
		100.0%	100.0%	100.0%	100.0%	100.0%	100.0%	100.0%

22. 老年人给子女钱的情况

有 4958 个被访老年人报告了自己 2014 年给子女钱物的情况。金额在 "1000 元以下" 的比例为 59.9%，在 "1000~3000 元" 的比例为 20.9%，在 "3000 元以上" 的比例为 19.2%。从城乡来看，城镇老年人 2014 年给子女钱支出在 "3000 元" 以上的比例为 31.8%，而农村老年人的比例为 5.3%。从年龄来看，"80~84 岁" 老年人 2014 年给子女钱支出在 "3000 元以上" 的比例最高，"65~69 岁" 老年人的比例最低（见表 2-5-22）。

表 2-5-22　　　　　　　被访老年人 2014 年给子女钱物的分布情况

户籍类型		年龄段						合计
		60~64 岁	65~69 岁	70~74 岁	75~79 岁	80~84 岁	85 岁以上	
城镇	1000 元以下	259	281	183	125	105	48	1001
		38.0%	40.8%	39.5%	36.0%	35.8%	37.2%	38.5%
	1000~3000 元	201	210	147	96	80	40	774
		29.5%	30.5%	31.7%	27.7%	27.3%	31.0%	29.7%
	3000 元以上	221	198	133	126	108	41	827
		32.5%	28.7%	28.7%	36.3%	36.9%	31.8%	31.8%
	合计	681	689	463	347	293	129	2602
		100.0%	100.0%	100.0%	100.0%	100.0%	100.0%	100.0%
农村	1000 元以下	787	549	333	169	95	36	1969
		81.8%	85.0%	84.7%	83.3%	84.8%	90.0%	83.6%
	1000~3000 元	108	70	42	27	12	3	262
		11.2%	10.8%	10.7%	13.3%	10.7%	7.5%	11.1%
	3000 元以上	67	27	18	7	5	1	125
		7.0%	4.2%	4.6%	3.4%	4.5%	2.5%	5.3%
	合计	962	646	393	203	112	40	2356
		100.0%	100.0%	100.0%	100.0%	100.0%	100.0%	100.0%
合计	1000 元以下	1046	830	516	294	200	84	2970
		63.7%	62.2%	60.3%	53.5%	49.4%	49.7%	59.9%
	1000~3000 元	309	280	189	123	92	43	1036
		18.8%	21.0%	22.1%	22.4%	22.7%	25.4%	20.9%
	3000 元以上	288	225	151	133	113	42	952
		17.5%	16.9%	17.6%	24.2%	27.9%	24.9%	19.2%
	合计	1643	1335	856	550	405	169	4958
		100.0%	100.0%	100.0%	100.0%	100.0%	100.0%	100.0%

23. 老年人家庭每月食品支出情况

有 9568 个被访老年人报告了自己家庭每月食品支出情况。支出在"500 元以下"的比例为 34.9%，在"500~1000 元"的比例为 28.8%，在"1000~1500 元"的比例为 13.6%，在"1500~2000 元"的比例为 12.3%，在"2000 元以上"的比例为 10.4%。从城乡看，城镇老年人家庭每月食品支出在"1500~2000 元"居多，而农村则以"500 元以下"居多。从年龄来看，城镇老年人每月家庭食品支出"1500~2000 元"的以"60~64 岁"居多，农村老年人每月支出在"500 元以下"的以"80~84 岁"居多，"1500~2000 元"的以"60~64 岁"居多（见表 2-5-23）。

表 2-5-23　　被访老年人家庭每月食品支出的分布情况

户籍类型		年龄段						合计
		60~64岁	65~69岁	70~74岁	75~79岁	80~84岁	85岁以上	
城镇	500元以下	40	36	43	32	57	26	234
		4.0%	3.9%	6.9%	6.3%	12.2%	10.9%	6.2%
	500~1000元	221	209	150	152	135	74	941
		21.9%	22.9%	24.0%	30.2%	29.0%	31.0%	25.1%
	1000~1500元	207	189	147	97	87	44	771
		20.5%	20.7%	23.5%	19.2%	18.7%	18.4%	20.5%
	1500~2000元	282	236	152	132	95	55	952
		27.9%	25.9%	24.3%	26.2%	20.4%	23.0%	25.3%
	2000元以上	260	242	134	91	92	40	859
		25.7%	26.5%	21.4%	18.1%	19.7%	16.7%	22.9%
	合计	1010	912	626	504	466	239	3757
		100.0%	100.0%	100.0%	100.0%	100.0%	100.0%	100.0%
农村	500元以下	762	753	645	460	339	146	3105
		42.8%	52.0%	59.9%	62.1%	66.7%	57.3%	53.4%
	500~1000元	668	466	296	192	119	74	1815
		37.5%	32.2%	27.5%	25.9%	23.4%	29.0%	31.2%
	1000~1500元	192	148	83	56	29	21	529
		10.8%	10.2%	7.7%	7.6%	5.7%	8.2%	9.1%
	1500~2000元	101	49	33	19	12	12	226
		5.7%	3.4%	3.1%	2.6%	2.4%	4.7%	3.9%
	2000元以上	59	32	20	14	9	2	136
		3.3%	2.2%	1.9%	1.9%	1.8%	0.8%	2.4%
	合计	1782	1448	1077	741	508	255	5811
		100.0%	100.0%	100.0%	100.0%	100.0%	100.0%	100.0%
合计	500元以下	802	789	688	492	396	172	3339
		28.7%	33.4%	40.4%	39.5%	40.7%	34.8%	34.9%
	500~1000元	889	675	446	344	254	148	2756
		31.8%	28.6%	26.2%	27.6%	26.1%	30.0%	28.8%
	1000~1500元	399	337	230	153	116	65	1300
		14.3%	14.3%	13.5%	12.3%	11.9%	13.2%	13.6%
	1500~2000元	383	285	185	151	107	67	1178
		13.7%	12.1%	10.9%	12.1%	11.0%	13.6%	12.3%

续表

户籍类型		年龄段						合计
		60~64岁	65~69岁	70~74岁	75~79岁	80~84岁	85岁以上	
合计	2000元以上	319	274	154	105	101	42	995
		11.4%	11.6%	9.0%	8.4%	10.4%	8.5%	10.4%
	合计	2792	2360	1703	1245	974	494	9568
		100.0%	100.0%	100.0%	100.0%	100.0%	100.0%	100.0%

24. 老年人2014年家庭总支出情况

有9555位被访老年人报告了2014年家庭总支出情况。支出在"1万元以下"的比例为25.1%，"1万~3万元"的比例为41.4%，"3万~5万元"的比例为20.2%，"5万~8万元"的比例为9.0%，"8万~10万元"的比例为1.9%，"10万元以上"的比例为2.4%。从城乡来看，城镇老年人2014年家庭开支以"3万~5万元"居多，而农村则以"1万~3万元"居多。从年龄来看，2014年家庭总支出在"3万~5万元"的老年人以"60~64岁"居多（见表2-5-24）。

表2-5-24 被访老年人2014年家庭总支出的分布情况

户籍类型		年龄段						合计
		60~64岁	65~69岁	70~74岁	75~79岁	80~84岁	85岁以上	
城镇	1万元以下	29	31	19	19	39	14	151
		2.9%	3.4%	3.1%	3.8%	8.4%	5.9%	4.0%
	1万~3万元	278	283	223	198	170	91	1243
		27.6%	31.1%	36.0%	39.6%	36.7%	38.4%	33.3%
	3万~5万元	382	353	224	164	122	67	1312
		38.0%	38.8%	36.2%	32.8%	26.3%	28.3%	35.1%
	5万~8万元	205	173	105	89	94	35	701
		20.4%	19.0%	17.0%	17.8%	20.3%	14.8%	18.8%
	8万~10万元	43	35	25	11	24	19	157
		4.3%	3.9%	4.0%	2.2%	5.2%	8.0%	4.2%
	10万元以上	69	34	23	19	14	11	170
		6.9%	3.7%	3.7%	3.8%	3.0%	4.6%	4.6%
	合计	1006	909	619	500	463	237	3734
		100.0%	100.0%	100.0%	100.0%	100.0%	100.0%	100.0%

续表

户籍类型		年龄段						合计
		60~64岁	65~69岁	70~74岁	75~79岁	80~84岁	85岁以上	
农村	1万元以下	401	515	538	390	288	119	2251
		22.5%	35.5%	50.0%	52.6%	56.5%	46.3%	38.7%
	1万~3万元	1034	719	422	272	164	99	2710
		57.9%	49.6%	39.2%	36.7%	32.2%	38.5%	46.6%
	3万~5万元	240	153	84	58	47	34	616
		13.4%	10.5%	7.8%	7.8%	9.2%	13.2%	10.6%
	5万~8万元	68	43	25	11	9	4	160
		3.8%	3.0%	2.3%	1.5%	1.8%	1.6%	2.7%
	8万~10万元	15	7	2	2	1	1	28
		0.8%	0.5%	0.2%	0.3%	0.2%	0.4%	0.4%
	10万元以上	27	14	6	8	1	0	56
		1.5%	1.0%	0.6%	1.1%	0.2%	0.0%	1.0%
	合计	1785	1451	1077	741	510	257	5821
		100.0%	100.0%	100.0%	100.0%	100.0%	100.0%	100.0%
合计	1万元以下	430	546	557	409	327	133	2402
		15.4%	23.1%	32.8%	33.0%	33.6%	26.9%	25.1%
	1万~3万元	1312	1002	645	470	334	190	3953
		47.0%	42.5%	38.0%	37.9%	34.3%	38.5%	41.4%
	3万~5万元	622	506	308	222	169	101	1928
		22.3%	21.4%	18.2%	17.9%	17.4%	20.4%	20.2%
	5万~8万元	273	216	130	100	103	39	861
		9.8%	9.2%	7.7%	8.1%	10.6%	7.9%	9.0%
	8万~10万元	58	42	27	13	25	20	185
		2.1%	1.8%	1.6%	1.0%	2.6%	4.0%	1.9%
	10万元以上	96	48	29	27	15	11	226
		3.4%	2.0%	1.7%	2.2%	1.5%	2.2%	2.4%
	合计	2791	2360	1696	1241	973	494	9555
		100.0%	100.0%	100.0%	100.0%	100.0%	100.0%	100.0%

25. 老年人2014年家庭总收入情况

有9555个被访老年人报告了2014年家庭总收入情况。老年人家庭总收入在"1万元以下"的比例为21.6%，"1万~3万元"的比例为30.3%，"3万~5万元"的比例为20.6%，"5万~8万元"的比例为18.5%，"8万~10万元"的比例为4.7%，"10万元以上"的比例为4.4%。从城乡来看，城镇老年人家庭总收入以"5万~8万元"居多，而农村以"1万~3万元"居多。从年龄来看，城镇老年人家庭总收入在"5万~8万元"的主要集中在"75~79岁"，而农村老年人家庭收入在"1万~3万元"的主要集中在"60~64岁"（见表2-5-25）。

表 2-5-25　被访老年人 2014 年家庭总收入的分布情况

户籍类型		年龄段						合计
		60~64岁	65~69岁	70~74岁	75~79岁	80~84岁	85岁以上	
城镇	1万元以下	15	17	15	9	22	11	89
		1.5%	1.9%	2.4%	1.8%	4.8%	4.6%	2.4%
	1万~3万元	121	126	107	77	77	52	560
		12.0%	13.8%	17.2%	15.4%	16.7%	21.9%	15.0%
	3万~5万元	299	276	171	138	107	56	1047
		29.7%	30.3%	27.5%	27.6%	23.2%	23.6%	28.0%
	5万~8万元	350	338	218	191	161	62	1320
		34.8%	37.1%	35.1%	38.2%	34.8%	26.2%	35.3%
	8万~10万元	105	76	56	50	45	29	361
		10.4%	8.4%	9.0%	10.0%	9.7%	12.2%	9.7%
	10万元以上	116	77	54	35	50	27	359
		11.5%	8.5%	8.7%	7.0%	10.8%	11.4%	9.6%
	合计	1006	910	621	500	462	237	3736
		100.0%	100.0%	100.0%	100.0%	100.0%	100.0%	100.0%
农村	1万元以下	311	442	466	367	274	112	1972
		17.4%	30.4%	43.3%	49.5%	53.8%	43.4%	33.9%
	1万~3万元	883	617	394	233	132	78	2337
		49.5%	42.5%	36.6%	31.4%	25.9%	30.2%	40.2%
	3万~5万元	342	243	144	89	62	41	921
		19.2%	16.7%	13.4%	12.0%	12.2%	15.9%	15.8%
	5万~8万元	173	118	51	41	37	24	444
		9.7%	8.1%	4.7%	5.5%	7.3%	9.3%	7.6%
	8万~10万元	41	21	14	8	1	3	88
		2.3%	1.4%	1.3%	1.1%	0.2%	1.2%	1.5%
	10万元以上	33	11	7	3	3	0	57
		1.9%	0.8%	0.7%	0.4%	0.6%	0.0%	1.0%
	合计	1783	1452	1076	741	509	258	5819
		100.0%	100.0%	100.0%	100.0%	100.0%	100.0%	100.0%

续表

户籍类型		年 龄 段						合计
		60~64岁	65~69岁	70~74岁	75~79岁	80~84岁	85岁以上	
合计	1万元以下	326	459	481	376	296	123	2061
		11.7%	19.4%	28.3%	30.3%	30.5%	24.8%	21.6%
	1万~3万元	1004	743	501	310	209	130	2897
		36.0%	31.5%	29.5%	25.0%	21.5%	26.3%	30.3%
	3万~5万元	641	519	315	227	169	97	1968
		23.0%	22.0%	18.6%	18.3%	17.4%	19.6%	20.6%
	5万~8万元	523	456	269	232	198	86	1764
		18.8%	19.3%	15.9%	18.7%	20.4%	17.4%	18.5%
	8万~10万元	146	97	70	58	46	32	449
		5.2%	4.1%	4.1%	4.7%	4.7%	6.5%	4.7%
	10万元以上	149	88	61	38	53	27	416
		5.3%	3.7%	3.6%	3.1%	5.5%	5.5%	4.3%
	合计	2789	2362	1697	1241	971	495	9555
		100.0%	100.0%	100.0%	100.0%	100.0%	100.0%	100.0%

26. 老年人认为（孙）子女存在"啃老"现象的情况

有9344个被访老年人报告了自己家中（孙）子女存在"啃老"现象的情况。8.2%的老年人认为孙子女存在"啃老"现象，而89.2%的老年人不认为（孙）子女存在"啃老"现象。从城乡看，城镇老年人家中有"啃老"现象的比例为14.4%，而农村老年人的比例为4.2%。从年龄来看，"60~64岁"老年人认为（孙）子女存在"啃老"现象的比例最高，"85岁以上"老年人的比例为3.0%（见表2-5-26）。

表2-5-26　　被访老年人认为（孙）子女存在"啃老"现象的分布情况

户籍类型		年 龄 段						合计
		60~64岁	65~69岁	70~74岁	75~79岁	80~84岁	85岁以上	
城镇	是	165	173	85	71	33	15	542
		16.3%	18.9%	13.5%	14.1%	7.1%	6.2%	14.4%
	否	827	729	529	427	429	222	3163
		81.7%	79.7%	84.2%	84.6%	91.7%	91.7%	83.9%
	缺失值	20	13	14	7	6	5	65
		2.0%	1.4%	2.2%	1.4%	1.3%	2.1%	1.7%
	合计	1012	915	628	505	468	242	3770
		100.0%	100.0%	100.0%	100.0%	100.0%	100.0%	100.0%

续表

户籍类型		年 龄 段						合计
		60~64岁	65~69岁	70~74岁	75~79岁	80~84岁	85岁以上	
农村	是	124	66	27	12	14	0	243
		6.9%	4.5%	2.5%	1.6%	2.7%	0.0%	4.2%
	否	1608	1342	1013	703	480	250	5396
		90.1%	92.4%	93.7%	94.6%	93.9%	96.9%	92.6%
	缺失值	53	44	41	28	17	8	191
		3.0%	3.0%	3.8%	3.8%	3.3%	3.1%	3.2%
	合计	1785	1452	1081	743	511	258	5830
		100.0%	100.0%	100.0%	100.0%	100.0%	100.0%	100.0%
合计	是	289	239	112	83	47	15	785
		10.3%	10.1%	6.6%	6.7%	4.8%	3.0%	8.2%
	否	2435	2071	1542	1130	909	472	8559
		87.1%	87.5%	90.2%	90.5%	92.8%	94.4%	89.2%
	缺失值	73	57	55	35	23	13	256
		2.6%	2.4%	3.2%	2.8%	2.3%	2.6%	2.6%
	合计	2797	2367	1709	1248	979	500	9600
		100.0%	100.0%	100.0%	100.0%	100.0%	100.0%	100.0%

27. 老年人对自己经济状况的评价情况

有9550个被访老年人报告了自己的经济状况评价情况。老年人认为自己经济状况非常宽裕的比例为1.1%，比较宽裕的比例为14.7%，基本够用的比例为57.9%，比较困难的比例为21.6%，非常困难的比例为4.2%。从城乡看，城镇老年人经济状况非常宽裕的比例为1.8%，而农村老年人的比例为0.6%。从年龄来看，"60~64岁"老年人经济状况非常困难的比例为3.1%，"85岁以上"老年人的比例为6.0%（见表2-5-27）。

表2-5-27　　　　　被访老年人对自己经济状况评价的分布情况

户籍类型		年 龄 段						合计
		60~64岁	65~69岁	70~74岁	75~79岁	80~84岁	85岁以上	
城镇	非常宽裕	16	13	8	10	14	7	68
		1.6%	1.4%	1.3%	2.0%	3.0%	2.9%	1.8%
	比较宽裕	196	170	126	122	117	45	776
		19.4%	18.6%	20.1%	24.2%	25.0%	18.6%	20.6%
	基本够用	661	597	405	320	271	145	2399
		65.3%	65.2%	64.5%	63.4%	57.9%	59.9%	63.6%

续表

户籍类型		年龄段						合计
		60~64岁	65~69岁	70~74岁	75~79岁	80~84岁	85岁以上	
城镇	比较困难	117	110	74	44	48	32	425
		11.6%	12.0%	11.8%	8.7%	10.3%	13.2%	11.3%
	非常困难	19	20	14	8	13	11	85
		1.9%	2.2%	2.2%	1.6%	2.8%	4.5%	2.3%
	缺失值	3	5	1	1	5	2	17
		0.3%	0.5%	0.2%	0.2%	1.1%	0.8%	0.5%
	合计	1012	915	628	505	468	242	3770
		100.0%	100.0%	100.0%	100.0%	100.0%	100.0%	100.0%
农村	非常宽裕	15	9	9	1	2	1	37
		0.8%	0.6%	0.8%	0.1%	0.4%	0.4%	0.6%
	比较宽裕	271	170	94	54	32	17	638
		15.2%	11.7%	8.7%	7.3%	6.3%	6.6%	10.9%
	基本够用	997	810	586	373	266	123	3155
		55.9%	55.8%	54.2%	50.2%	52.1%	47.7%	54.1%
	比较困难	425	389	325	260	157	96	1652
		23.8%	26.8%	30.1%	35.0%	30.7%	37.2%	28.3%
	非常困难	68	65	60	53	50	19	315
		3.8%	4.5%	5.6%	7.1%	9.8%	7.4%	5.4%
	缺失值	9	9	7	2	4	2	33
		0.5%	0.6%	0.6%	0.3%	0.8%	0.8%	0.6%
	合计	1785	1452	1081	743	511	258	5830
		100.0%	100.0%	100.0%	100.0%	100.0%	100.0%	100.0%
合计	非常宽裕	31	22	17	11	16	8	105
		1.1%	0.9%	1.0%	0.9%	1.6%	1.6%	1.1%
	比较宽裕	467	340	220	176	149	62	1414
		16.7%	14.4%	12.9%	14.1%	15.2%	12.4%	14.7%
	基本够用	1658	1407	991	693	537	268	5554
		59.3%	59.4%	58.0%	55.5%	54.9%	53.6%	57.9%
	比较困难	542	499	399	304	205	128	2077
		19.4%	21.1%	23.3%	24.4%	20.9%	25.6%	21.6%
	非常困难	87	85	74	61	63	30	400
		3.1%	3.6%	4.3%	4.9%	6.4%	6.0%	4.2%
	缺失值	12	14	8	3	9	4	50
		0.4%	0.6%	0.5%	0.2%	0.9%	0.8%	0.5%
	合计	2797	2367	1709	1248	979	500	9600
		100.0%	100.0%	100.0%	100.0%	100.0%	100.0%	100.0%

第六节　宜居环境状况

本节主要介绍了被访老年人的宜居环境状况,包括住房修建年代、面积、是否有单独居住房间、住房存在的问题以及住房满意程度等几个方面的情况。

1. 老年人当前住房修建年代的情况

在9600个被访老年人中,有9565位报告了自己当前住房修建年代的情况。1949年前修建的比例为1%,50—60年代的比例为4.7%,70—80年代的比例为31.8%,90年代的比例为28.4%,2000年以后的比例为33.7%。从城乡来看,城镇老年人现在居住的住房为2000年以后修建的比例为24.2%,而农村老年人住房为2000年以后修建的比例为39.9%。从年龄来看,"60~64岁"老年人住房为2000年以后修建的比例为38.5%,而"80~84岁"老年人的比例为27.7%(见表2-6-1)。

表2-6-1　　　　　　　　　被访老年人当前住房修建年代的分布情况

户籍类型		年龄段						合计
		60~64岁	65~69岁	70~74岁	75~79岁	80~84岁	85岁以上	
城镇	1949年前	1	3	3	2	5	2	16
		0.1%	0.3%	0.5%	0.4%	1.1%	0.8%	0.4%
	50—60年代	40	26	22	23	28	12	151
		4.0%	2.8%	3.5%	4.6%	6.0%	5.0%	4.0%
	70—80年代	291	291	262	243	232	122	1441
		28.8%	31.8%	41.7%	48.1%	49.6%	50.4%	38.2%
	90年代	365	356	213	134	117	55	1240
		36.1%	38.9%	33.9%	26.5%	25.0%	22.7%	32.9%
	2000年以后	314	236	125	101	85	51	912
		31.0%	25.8%	19.9%	20.0%	18.2%	21.1%	24.2%
	缺失值	1	3	3	2	1	0	10
		0.1%	0.3%	0.5%	0.4%	0.2%	0.0%	0.3%
	合计	1012	915	628	505	468	242	3770
		100.0%	100.0%	100.0%	100.0%	100.0%	100.0%	100.0%
农村	1949年前	15	17	17	10	13	7	79
		0.8%	1.2%	1.6%	1.3%	2.5%	2.7%	1.4%
	50—60年代	45	61	78	54	38	22	298
		2.5%	4.2%	7.2%	7.3%	7.4%	8.5%	5.1%
	70—80年代	486	411	309	212	140	57	1615
		27.2%	28.3%	28.6%	28.5%	27.4%	22.1%	27.70%

续表

户籍类型		年龄段						合计
		60~64岁	65~69岁	70~74岁	75~79岁	80~84岁	85岁以上	
农村	90年代	471	378	264	167	133	74	1487
		26.4%	26.0%	24.4%	22.5%	26.0%	28.7%	25.5%
	2000年以后	763	580	405	296	186	96	2326
		42.7%	39.9%	37.5%	39.8%	36.4%	37.2%	39.9%
	缺失值	5	5	8	4	1	2	25
		0.3%	0.3%	0.7%	0.5%	0.2%	0.8%	0.4%
	合计	1785	1452	1081	743	511	258	5830
		100.0%	100.0%	100.0%	100.0%	100.0%	100.0%	100.0%
合计	1949年前	16	20	20	12	18	9	95
		0.6%	0.8%	1.2%	1.0%	1.8%	1.8%	1.0%
	50—60年代	85	87	100	77	66	34	449
		3.0%	3.7%	5.9%	6.2%	6.7%	6.8%	4.7%
	70—80年代	777	702	571	455	372	179	3056
		27.8%	29.7%	33.4%	36.5%	38.0%	35.8%	31.8%
	90年代	836	734	477	301	250	129	2727
		29.9%	31.0%	27.9%	24.1%	25.5%	25.8%	28.4%
	2000年以后	1077	816	530	397	271	147	3238
		38.5%	34.5%	31.0%	31.8%	27.7%	29.4%	33.7%
	缺失值	6	8	11	6	2	2	35
		0.2%	0.3%	0.6%	0.5%	0.2%	0.4%	0.4%
	合计	2797	2367	1709	1248	979	500	9600
		100.0%	100.0%	100.0%	100.0%	100.0%	100.0%	100.0%

2. 老年人现在住房的建筑面积情况

在9600个被访老年人中，有9534位报告了自己现在住房的建筑面积情况。建筑面积在50平方米以下的比例为11.2%，在50~80平方米的比例为24.4%，在80~100平方米的比例为18.3%，在100~120平方米的比例为14.0%，在120~150平方米的比例为10.8%，在150平方米以上的比例为21.2%。从城乡来看，城镇老年人住房面积在150平方米以上的比例为10.6%，而农村老年人的该比例为28.1%。从年龄来看，"60~64岁"老年人住房面积超过150平方米的比例最高，最低的是"80~84岁"的老年人（见表2-6-2）。

表 2-6-2　　　　　　　　　被访老年人住房建筑面积的分布情况

户籍类型		年龄段						合计
		60~64岁	65~69岁	70~74岁	75~79岁	80~84岁	85岁以上	
城镇	50平方米以下	129	109	67	75	70	52	502
		12.8%	12.0%	10.7%	14.9%	15.0%	21.6%	13.4%
	50~80平方米	333	330	245	194	179	95	1376
		33.0%	36.2%	39.1%	38.6%	38.3%	39.4%	36.6%
	80~100平方米	155	161	118	99	114	42	689
		15.4%	17.7%	18.8%	19.7%	24.4%	17.4%	18.3%
	100~120平方米	121	106	58	54	43	20	402
		12.0%	11.6%	9.3%	10.8%	9.2%	8.3%	10.7%
	120~150平方米	125	105	62	43	40	15	390
		12.4%	11.5%	9.9%	8.6%	8.6%	6.2%	10.4%
	150平方米以上	145	100	77	37	21	17	397
		14.4%	11.0%	12.3%	7.4%	4.5%	7.1%	10.6%
	合计	1008	911	627	502	467	241	3756
		100.0%	100.0%	100.0%	100.0%	100.0%	100.0%	100.0%
农村	50平方米以下	79	115	119	125	95	33	566
		4.5%	8.0%	11.1%	17.1%	18.8%	12.9%	9.8%
	50~80平方米	247	226	213	122	100	44	952
		13.9%	15.7%	19.9%	16.6%	19.8%	17.3%	16.5%
	80~100平方米	339	256	201	134	85	45	1060
		19.1%	17.7%	18.8%	18.3%	16.8%	17.6%	18.3%
	100~120平方米	318	254	168	105	58	34	937
		17.9%	17.6%	15.7%	14.3%	11.5%	13.3%	16.2%
	120~150平方米	230	169	106	70	43	24	642
		13.0%	11.7%	9.9%	9.5%	8.5%	9.4%	11.1%
	150平方米以上	560	423	261	177	125	75	1621
		31.6%	29.3%	24.4%	24.1%	24.7%	29.4%	28.1%
	合计	1773	1443	1068	733	506	255	5778
		100.0%	100.0%	100.0%	100.0%	100.0%	100.0%	100.0%
合计	50平方米以下	208	224	186	200	165	85	1068
		7.5%	9.5%	11.0%	16.2%	17.0%	17.1%	11.2%
	50~80平方米	580	556	458	316	279	139	2328
		20.9%	23.6%	27.0%	25.6%	28.7%	28.0%	24.4%

续表

户籍类型		年龄段						合计
		60~64岁	65~69岁	70~74岁	75~79岁	80~84岁	85岁以上	
合计	80~100平方米	494	417	319	233	199	87	1749
		17.8%	17.7%	18.8%	18.9%	20.5%	17.5%	18.3%
	100~120平方米	439	360	226	159	101	54	1339
		15.8%	15.3%	13.3%	12.9%	10.4%	10.9%	14.0%
	120~150平方米	355	274	168	113	83	39	1032
		12.8%	11.6%	9.9%	9.1%	8.5%	7.9%	10.8%
	150平方米以上	705	523	338	214	146	92	2018
		25.4%	22.2%	19.9%	17.3%	15.0%	18.5%	21.2%
	合计	2781	2354	1695	1235	973	496	9534
		100.0%	100.0%	100.0%	100.0%	100.0%	100.0%	100.0%

3. 老年人有单独居住房间的情况

在9600个被访老年人中,有9536位报告了自己有无单独居住房间的情况。老年人有单独居住房间的比例为93.5%,尚有5.8%的老年人没有单独居住的房间。从城乡来看,城镇老年人有单独居住房间的比例为93.8%,农村老年人的该比例为93.4%。从年龄来看,"60~64岁"老年人有单独居住房间的比例最高,最低的是"85岁以上"的老年人(见表2-6-3)。

表2-6-3　　　　　被访老年人（和老伴）有单独居住房间的分布情况

户籍类型		年龄段						合计
		60~64岁	65~69岁	70~74岁	75~79岁	80~84岁	85岁以上	
城镇	有	950	862	595	478	435	215	3535
		93.9%	94.2%	94.7%	94.7%	92.9%	88.8%	93.8%
	无	58	47	29	24	32	26	216
		5.7%	5.1%	4.6%	4.8%	6.8%	10.7%	5.7%
	缺失值	4	6	4	3	1	1	19
		0.4%	0.7%	0.6%	0.6%	0.2%	0.4%	0.5%
	合计	1012	915	628	505	468	242	3770
		100.0%	100.0%	100.0%	100.0%	100.0%	100.0%	100.0%
农村	有	1690	1361	1000	694	469	231	5445
		94.7%	93.7%	92.5%	93.4%	91.8%	89.5%	93.40%

续表

户籍类型		年龄段						合计
		60~64岁	65~69岁	70~74岁	75~79岁	80~84岁	85岁以上	
农村	无	81	80	70	42	40	27	340
		4.5%	5.5%	6.5%	5.7%	7.8%	10.5%	5.8%
	缺失值	14	11	11	7	2	0	45
		0.8%	0.8%	1.0%	0.9%	0.4%	0.0%	0.8%
	合计	1785	1452	1081	743	511	258	5830
		100.0%	100.0%	100.0%	100.0%	100.0%	100.0%	100.0%
合计	有	2640	2223	1595	1172	904	446	8980
		94.4%	93.9%	93.3%	93.9%	92.3%	89.2%	93.5%
	无	139	127	99	66	72	53	556
		5.0%	5.4%	5.8%	5.3%	7.4%	10.6%	5.8%
	缺失值	18	17	15	10	3	1	64
		0.6%	0.7%	0.9%	0.8%	0.3%	0.2%	0.7%
	合计	2797	2367	1709	1248	979	500	9600
		100.0%	100.0%	100.0%	100.0%	100.0%	100.0%	100.0%

4. 老年人2015年以来是否跌倒过的情况

在9600个被访老年人中，有9492位报告了自己2015年以来是否跌倒过的情况。老年人2015年以来跌倒过的比例为16.3%，未跌倒过的比例为82.6%。从城乡来看，城镇老年人跌倒过的比例为13.0%，而农村老年人跌倒过的比例为18.4%。从年龄来看，"60~64岁"老年人2015年以来跌倒过的比例最低，"85岁以上"老年人跌倒过的比例高达30.0%（见表2-6-4）。

表2-6-4　　　　　　被访老年人2015年以来是否跌倒过的分布情况

户籍类型		年龄段						合计
		60~64岁	65~69岁	70~74岁	75~79岁	80~84岁	85岁以上	
城镇	是	89	110	89	68	78	57	491
		8.8%	12.0%	14.2%	13.5%	16.7%	23.6%	13.0%
	否	915	793	533	432	384	183	3240
		90.4%	86.7%	84.9%	85.5%	82.1%	75.6%	85.9%
	缺失值	8	12	6	5	6	2	39
		0.8%	1.3%	1.0%	1.0%	1.3%	0.8%	1.0%
	合计	1012	915	628	505	468	242	3770
		100.0%	100.0%	100.0%	100.0%	100.0%	100.0%	100.0%

续表

户籍类型		年龄段						合计
		60~64岁	65~69岁	70~74岁	75~79岁	80~84岁	85岁以上	
农村	是	245	227	194	173	143	93	1075
		13.7%	15.6%	17.9%	23.3%	28.0%	36.0%	18.4%
	否	1523	1206	871	558	365	163	4686
		85.3%	83.1%	80.6%	75.1%	71.4%	63.2%	80.4%
	缺失值	17	19	16	12	3	2	69
		1.0%	1.3%	1.5%	1.6%	0.6%	0.8%	1.2%
	合计	1785	1452	1081	743	511	258	5830
		100.0%	100.0%	100.0%	100.0%	100.0%	100.0%	100.0%
合计	是	334	337	283	241	221	150	1566
		11.9%	14.2%	16.6%	19.3%	22.6%	30.0%	16.3%
	否	2438	1999	1404	990	749	346	7926
		87.2%	84.5%	82.2%	79.3%	76.5%	69.2%	82.6%
	缺失值	25	31	22	17	9	4	108
		0.9%	1.3%	1.3%	1.4%	0.9%	0.8%	1.1%
	合计	2797	2367	1709	1248	979	500	9600
		100.0%	100.0%	100.0%	100.0%	100.0%	100.0%	100.0%

5. 老年人现在住房存在的问题情况

在9600个被访老年人中，有9472位报告了自己现在住房存在的问题情况。从城乡来看，城镇老年人现在住房存在的主要问题是没有呼叫/报警设施（41.7%）、没有扶手（21.3%）、光线昏暗（18.6%）、有噪音（18.0%）、厕所/浴室不好用（10.2%），而农村老年人则是没有呼叫/报警设施（35.8%）、光线昏暗（24.3%）、厕所/浴室不好用（23.8%）、没有扶手（20.0%），门槛绊脚（19.7%）、门用起来不合适（11.9%）。可见，没有呼叫/报警设施、没有扶手和光线昏暗是城乡老年对现有住房反映的最突出的三个问题。从年龄来看，反映没有呼叫/报警设施、没有扶手和光线昏暗问题的老年人均以"60~64岁"和"65~69岁"居多（见表2-6-5）。

表2-6-5　　　　　　被访老年人现在住房存在问题的分布情况

户籍类型		年龄段						合计
		60~64岁	65~69岁	70~74岁	75~79岁	80~84岁	85岁以上	
城镇	光线昏暗	167	168	95	106	100	57	693
		4.5%	4.5%	2.5%	2.8%	2.7%	1.5%	18.6%

续表

户籍类型		年龄段						合计
		60~64岁	65~69岁	70~74岁	75~79岁	80~84岁	85岁以上	
城镇	门槛绊脚或地面高低不平	44	39	35	36	24	15	193
		1.2%	1.0%	0.9%	1.0%	0.6%	0.4%	5.2%
	没有扶手	186	169	123	113	128	76	795
		5.0%	4.5%	3.3%	3.0%	3.4%	2.0%	21.3%
	地面滑	28	23	22	16	28	8	125
		0.8%	0.6%	0.6%	0.4%	0.8%	0.2%	3.4%
	门用起来不合适	23	23	17	16	14	12	105
		0.6%	0.6%	0.5%	0.4%	0.4%	0.3%	2.8%
	厕所/浴室不好用	83	85	70	53	61	29	381
		2.2%	2.3%	1.9%	1.4%	1.6%	0.8%	10.2%
	没有呼叫/报警设施	405	383	243	221	195	107	1554
		10.9%	10.3%	6.5%	5.9%	5.2%	2.9%	41.7%
	有噪音	171	175	119	81	78	46	670
		4.6%	4.7%	3.2%	2.2%	2.1%	1.2%	18.0%
	其他	57	61	44	31	24	12	229
		1.5%	1.6%	1.2%	0.8%	0.6%	0.3%	6.1%
	都很好，没什么问题	421	340	233	173	179	89	1435
		11.3%	9.1%	6.3%	4.6%	4.8%	2.4%	38.5%
	合计	1001	902	619	499	466	240	3727
		26.9%	24.2%	16.6%	13.4%	12.5%	6.4%	100.0%
农村	光线昏暗	302	337	289	229	144	93	1394
		5.3%	5.9%	5.0%	4.0%	2.5%	1.6%	24.3%
	门槛绊脚或地面高低不平	244	257	236	186	141	69	1133
		4.2%	4.5%	4.1%	3.2%	2.5%	1.2%	19.7%
	没有扶手	257	277	237	168	121	91	1151
		4.5%	4.8%	4.1%	2.9%	2.1%	1.6%	20.0%
	地面滑	104	96	71	60	42	29	402
		1.8%	1.7%	1.2%	1.0%	0.7%	0.5%	7.0%
	门用起来不合适	151	191	139	117	52	31	681
		2.6%	3.3%	2.4%	2.0%	0.9%	0.5%	11.9%

续表

户籍类型		年龄段						合计
		60~64岁	65~69岁	70~74岁	75~79岁	80~84岁	85岁以上	
农村	厕所/浴室不好用	377	324	260	201	135	71	1368
		6.6%	5.6%	4.5%	3.5%	2.3%	1.2%	23.8%
	没有呼叫/报警设施	571	489	370	300	211	114	2055
		9.9%	8.5%	6.4%	5.2%	3.7%	2.0%	35.8%
	有噪音	103	79	52	38	31	13	316
		1.8%	1.4%	0.9%	0.7%	0.5%	0.2%	5.5%
	其他	52	27	23	17	8	4	131
		0.9%	0.5%	0.4%	0.3%	0.1%	0.1%	2.3%
	都很好，没什么问题	803	600	413	257	169	64	2306
		14.0%	10.4%	7.2%	4.5%	2.9%	1.1%	40.1%
	合计	1763	1431	1057	736	504	254	5745
		30.7%	24.9%	18.4%	12.8%	8.8%	4.4%	100.0%

6. 老年人对现有住房条件的满意程度情况

在9600个被访老年人中，有9585位报告了自己对现有住房条件的满意程度情况。老年人对现有住房条件满意的比例为46.2%，一般的比例为37.4%，不满意的比例为16.4%。从城乡来看，城镇老年人对现有住房条件不满意的比例为14.6%，农村老年人的该比例为17.5%。从年龄来看，老年人对住房条件不满意比例最高的年龄段是"70~74岁"，最低的是"65~69岁"（见表2-6-6）。

表2-6-6　　　　　　　　被访老年人对现有住房条件满意程度的分布情况

户籍类型		年龄段						合计
		60~64岁	65~69岁	70~74岁	75~79岁	80~84岁	85岁以上	
城镇	满意	467	433	303	241	209	94	1747
		46.1%	47.3%	48.2%	47.7%	44.7%	38.8%	46.3%
	一般	376	348	235	195	200	115	1469
		37.2%	38.0%	37.4%	38.6%	42.7%	47.5%	39.0%
	不满意	169	132	89	68	59	33	550
		16.7%	14.4%	14.2%	13.5%	12.6%	13.6%	14.6%
	缺失值	0	2	1	1	0	0	4
		0.0%	0.2%	0.2%	0.2%	0.0%	0.0%	0.1%
	合计	1012	915	628	505	468	242	3770
		100.0%	100.0%	100.0%	100.0%	100.0%	100.0%	100.0%

续表

户籍类型		年龄段						合计
		60~64岁	65~69岁	70~74岁	75~79岁	80~84岁	85岁以上	
农村	满意	873	684	471	327	228	99	2682
		48.9%	47.1%	43.6%	44.0%	44.6%	38.4%	46.0%
	一般	627	523	402	273	184	110	2119
		35.1%	36.0%	37.2%	36.7%	36.0%	42.6%	36.3%
	不满意	283	244	205	142	96	48	1018
		15.9%	16.8%	19.0%	19.1%	18.8%	18.6%	17.5%
	缺失值	2	1	3	1	3	1	11
		0.1%	0.1%	0.3%	0.1%	0.6%	0.4%	0.2%
	合计	1785	1452	1081	743	511	258	5830
		100.0%	100.0%	100.0%	100.0%	100.0%	100.0%	100.0%
合计	满意	1340	1117	774	568	437	193	4429
		47.9%	47.2%	45.3%	45.5%	44.6%	38.6%	46.1%
	一般	1003	871	637	468	384	225	3588
		35.9%	36.8%	37.3%	37.5%	39.2%	45.0%	37.4%
	不满意	452	376	294	210	155	81	1568
		16.2%	15.9%	17.2%	16.8%	15.8%	16.2%	16.3%
	缺失值	2	3	4	2	3	1	15
		0.1%	0.1%	0.2%	0.2%	0.3%	0.2%	0.2%
	合计	2797	2367	1709	1248	979	500	9600
		100.0%	100.0%	100.0%	100.0%	100.0%	100.0%	100.0%

第七节 社会参与状况

本节主要介绍了被访老年人的社会参与状况，主要包括老年人参与公益活动、参加老年协会、帮助有困难老年人、参与选举、向社区提建议等方面。

1. 老年人参与公益活动的情况

在9600个被访老年人中，有9546位报告了自己参与公益活动的情况。从城乡来看，城镇老年人经常参加公益活动为帮助邻里（28.6%）、维护社区卫生环境（24.5%）、协助调解邻里纠纷（16.9%）、关心教育下一代（12.6%）。而农村老年人则是帮助邻里（36.7%）、协助调解邻里纠纷（20.9%）、维护社区卫生环境（18.6%）、关心教育下一代（13.4%）。从年龄来看，经常参与公益活动的老年人以"60~64岁"为主（见表2-7-1）。

表 2-7-1 被访老年人参与公益活动的分布情况

户籍类型		年龄段						合计
		60~64岁	65~69岁	70~74岁	75~79岁	80~84岁	85岁以上	
城镇	维护社区社会治安	148	94	54	32	19	3	350
		4.0%	2.5%	1.4%	0.9%	0.5%	0.1%	9.3%
	协助调解邻里纠纷	221	182	112	63	46	8	632
		5.9%	4.9%	3.0%	1.7%	1.2%	0.2%	16.9%
	维护社区卫生环境	305	255	173	103	61	19	916
		8.1%	6.8%	4.6%	2.8%	1.6%	0.5%	24.5%
	帮助邻里	364	313	191	111	74	17	1070
		9.7%	8.4%	5.1%	3.0%	2.0%	0.5%	28.6%
	关心教育下一代（不包括教育自己孙子女）	163	132	80	49	35	14	473
		4.4%	3.5%	2.1%	1.3%	0.9%	0.4%	12.6%
	参加文化科技推广活动	70	55	36	15	16	1	193
		1.9%	1.5%	1.0%	0.4%	0.4%	0.0%	5.2%
	都没有	507	474	336	330	340	209	2196
		13.5%	12.7%	9.0%	8.8%	9.1%	5.6%	58.7%
	合计	1006	911	622	501	462	242	3744
		26.9%	24.3%	16.6%	13.4%	12.3%	6.5%	100.0%
农村	维护社区社会治安	167	104	70	33	20	6	400
		2.9%	1.8%	1.2%	0.6%	0.3%	0.1%	6.9%
	协助调解邻里纠纷	453	332	211	133	65	18	1212
		7.8%	5.7%	3.6%	2.3%	1.1%	0.3%	20.9%
	维护社区卫生环境	395	284	198	122	58	20	1077
		6.8%	4.9%	3.4%	2.1%	1.0%	0.3%	18.6%
	帮助邻里	821	553	387	218	112	37	2128
		14.2%	9.5%	6.7%	3.8%	1.9%	0.6%	36.7%
	关心教育下一代（不包括教育自己孙子女）	285	209	138	86	48	11	777
		4.9%	3.6%	2.4%	1.5%	0.8%	0.2%	13.4%
	参加文化科技推广活动	45	22	24	10	4	0	105
		0.8%	0.4%	0.4%	0.2%	0.1%	0.0%	1.8%
	都没有	751	725	586	433	348	201	3044
		12.9%	12.5%	10.1%	7.5%	6.0%	3.5%	52.5%
	合计	1777	1445	1077	740	508	255	5802
		30.6%	24.9%	18.6%	12.8%	8.8%	4.4%	100.0%

2. 老年人参与老年协会的情况

在9600个被访老年人中,有9561位报告了自己参与老年协会的情况。老年人参与老年协会的比例为6.2%,93.4%的老年人未参加老年协会。从城乡来看,城镇老年人参加老年协会的比例为7.4%,农村老年人的该比例为5.5%。从年龄来看,经常参与老年协会的老年人以"60~64岁"为主(见表2-7-2)。

表2-7-2　　　　　　　　　被访老年人参与老年协会的分布情况

户籍类型		年龄段						合计
		60~64岁	65~69岁	70~74岁	75~79岁	80~84岁	85岁以上	
城镇	是	88	74	44	35	31	8	280
		8.7%	8.1%	7.0%	6.9%	6.6%	3.3%	7.4%
	否	920	837	580	469	435	233	3474
		90.9%	91.5%	92.4%	92.9%	92.9%	96.3%	92.1%
	缺失值	4	4	4	1	2	1	16
		0.4%	0.4%	0.6%	0.2%	0.4%	0.4%	0.5%
	合计	1012	915	628	505	468	242	3770
		100.0%	100.0%	100.0%	100.0%	100.0%	100.0%	100.0%
农村	是	105	80	59	37	29	9	319
		5.9%	5.5%	5.5%	5.0%	5.7%	3.5%	5.5%
	否	1676	1361	1018	705	480	248	5488
		93.9%	93.7%	94.2%	94.9%	93.9%	96.1%	94.1%
	缺失值	4	11	4	1	2	1	23
		0.2%	0.8%	0.4%	0.1%	0.4%	0.4%	0.4%
	合计	1785	1452	1081	743	511	258	5830
		100.0%	100.0%	100.0%	100.0%	100.0%	100.0%	100.0%
合计	是	193	154	103	72	60	17	599
		6.9%	6.5%	6.0%	5.8%	6.1%	3.4%	6.2%
	否	2596	2198	1598	1174	915	481	8962
		92.8%	92.9%	93.5%	94.1%	93.5%	96.2%	93.4%
	缺失值	8	15	8	2	4	2	39
		0.3%	0.6%	0.5%	0.2%	0.4%	0.4%	0.4%
	合计	2797	2367	1709	1248	979	500	9600
		100.0%	100.0%	100.0%	100.0%	100.0%	100.0%	100.0%

3. 老年人对老年协会组织活动的满意度情况

有599位老年人报告了自己对老年协会组织活动的满意度情况。老年人对老年协会组织活动非常满意的比例为16.7%，比较满意的比例为46.1%，一般的比例为32.6%，比较不满意的比例为1.5%，非常不满意的比例为0.5%。从城乡来看，城镇老年人对老年协会组织活动非常满意的比例为27.1%，农村老年人的比例为7.5%。从年龄来看，"60~64岁"老年人对老年协会活动非常满意的比例最高，而"85岁以上"老年人的该比例最低（见表2-7-3）。

表2-7-3　　　　　被访老年人对老年协会组织活动的满意度分布情况

户籍类型		年　龄　段						合计
		60~64岁	65~69岁	70~74岁	75~79岁	80~84岁	85岁以上	
城镇	非常满意	28	15	15	9	8	1	76
		31.8%	20.3%	34.1%	25.7%	25.8%	12.5%	27.1%
	比较满意	40	46	23	17	18	3	147
		45.5%	62.2%	52.3%	48.6%	58.1%	37.5%	52.5%
	一般	14	12	5	6	5	3	45
		15.9%	16.2%	11.4%	17.1%	16.1%	37.5%	16.1%
	比较不满意	3	1	0	1	0	1	6
		3.4%	1.4%	0.0%	2.9%	0.0%	12.5%	2.1%
	非常不满意	0	0	1	1	0	0	2
		0.0%	0.0%	2.3%	2.9%	0.0%	0.0%	0.7%
	缺失值	3	0	0	1	0	0	4
		3.4%	0.0%	0.0%	2.9%	0.0%	0.0%	1.5%
	合计	88	74	44	35	31	8	280
		100.0%	100.0%	100.0%	100.0%	100.0%	100.0%	100.0%
农村	非常满意	10	3	6	5	0	0	24
		9.5%	3.8%	10.2%	13.5%	0.0%	0.0%	7.5%
	比较满意	51	34	24	10	8	2	129
		48.6%	42.5%	40.7%	27.0%	27.6%	22.2%	40.4%
	一般	37	41	28	18	20	6	150
		35.2%	51.3%	47.5%	48.6%	69.0%	66.7%	47.0%
	比较不满意	2	0	1	0	0	0	3
		1.9%	0.0%	1.7%	0.0%	0.0%	0.0%	0.9%
	非常不满意	1	0	0	0	0	0	1
		1.0%	0.0%	0.0%	0.0%	0.0%	0.0%	0.3%
	缺失值	4	2	0	4	1	1	12
		3.8%	2.5%	0.0%	10.8%	3.4%	11.1%	3.9%
	合计	105	80	59	37	29	9	319
		100.0%	100.0%	100.0%	100.0%	100.0%	100.0%	100.0%

续表

户籍类型		年龄段						合计
		60~64岁	65~69岁	70~74岁	75~79岁	80~84岁	85岁以上	
合计	非常满意	38	18	21	14	8	1	100
		19.7%	11.7%	20.4%	19.4%	13.3%	5.9%	16.7%
	比较满意	91	80	47	27	26	5	276
		47.2%	51.9%	45.6%	37.5%	43.3%	29.4%	46.1%
	一般	51	53	33	24	25	9	195
		26.4%	34.4%	32.0%	33.3%	41.7%	52.9%	32.6%
	比较不满意	5	1	1	1	0	1	9
		2.6%	0.6%	1.0%	1.4%	0.0%	5.9%	1.5%
	非常不满意	1	0	1	1	0	0	3
		0.5%	0.0%	1.0%	1.4%	0.0%	0.0%	0.5%
	缺失值	7	2	0	5	1	1	16
		3.6%	1.3%	0.0%	6.9%	1.7%	5.9%	2.6%
	合计	193	154	103	72	60	17	599
		100.0%	100.0%	100.0%	100.0%	100.0%	100.0%	100.0%

4. 老年人未参加老年协会的原因情况

在8962个未参加过老年协会的被访老年人中,有8646位老年人给出了没有参加老年协会的原因。从城乡来看,城镇老年人没有参加老年协会的原因是没有时间(34.5%)、身体不允许(31.5%)、不感兴趣(26.4%)、没有成立(15.6%),而农村老年人则是没有成立(60.5%)、不感兴趣(19.9%)、没有时间(17.7%)、身体不允许(17%)。从年龄来看,城镇老年人选择"没有时间"和农村老年人选择"没有成立"的均以"60~64岁"为主,而"身体不允许"的以"80~84岁"老年人为主(见表2-7-4)。

表2-7-4　　　　被访老年人未参加老年协会的原因分布情况

户籍类型		年龄段						合计
		60~64岁	65~69岁	70~74岁	75~79岁	80~84岁	85岁以上	
城镇	没有成立	149	146	105	59	43	18	520
		4.5%	4.4%	3.1%	1.8%	1.3%	0.5%	15.6%
	不感兴趣	229	239	167	125	93	30	883
		6.9%	7.1%	5.0%	3.7%	2.8%	0.9%	26.4%
	没有时间	439	325	182	118	64	26	1154
		13.1%	9.7%	5.4%	3.5%	1.9%	0.8%	34.5%

续表

户籍类型		年龄段						合计
		60~64岁	65~69岁	70~74岁	75~79岁	80~84岁	85岁以上	
城镇	身体不允许	153	150	153	187	247	164	1054
		4.6%	4.5%	4.6%	5.6%	7.4%	4.9%	31.5%
	家人不支持	2	6	4	3	2	0	17
		0.1%	0.2%	0.1%	0.1%	0.1%	0.0%	0.5%
	其他	46	45	21	30	27	7	176
		1.4%	1.3%	0.6%	0.9%	0.8%	0.2%	5.3%
	合计	886	812	555	444	422	224	3343
		26.5%	24.3%	16.6%	13.3%	12.6%	6.7%	100.0%
农村	没有成立	1026	792	608	402	243	135	3206
		19.3%	14.9%	11.5%	7.6%	4.6%	2.5%	60.5%
	不感兴趣	314	276	217	124	90	33	1054
		5.9%	5.2%	4.1%	2.3%	1.7%	0.6%	19.9%
	没有时间	390	283	145	71	36	13	938
		7.4%	5.3%	2.7%	1.3%	0.7%	0.2%	17.7%
	身体不允许	149	163	166	156	174	93	901
		2.8%	3.1%	3.1%	2.9%	3.3%	1.8%	17.0%
	家人不支持	10	10	2	4	2	2	30
		0.2%	0.2%	0.0%	0.1%	0.0%	0.0%	0.6%
	其他	63	38	38	29	20	9	197
		1.2%	0.7%	0.7%	0.5%	0.4%	0.2%	3.7%
	合计	1634	1315	993	661	461	239	5303
		30.8%	24.8%	18.7%	12.5%	8.7%	4.5%	100.0%

5. 老年人帮助社区有困难老年人的意愿情况

有9583位老年人报告了自己帮助社区有困难老年人的意愿情况。69.0%的老年人愿意帮助社区有困难的老年人。从城乡来看，城镇老年人愿意帮助社区有困难老年人的比例为69.8%，而农村老年人的该比例为68.5%。从年龄来看，"60~64岁"老年人愿意帮助社区有困难老年人的比例最高，而"85岁以上"老年人的比例最低（见表2-7-5）。

表 2-7-5　被访老年人帮助社区有困难老年人的意愿分布情况

户籍类型		年龄段						合计
		60~64岁	65~69岁	70~74岁	75~79岁	80~84岁	85岁以上	
城镇	是	779	710	450	335	259	97	2630
		77.0%	77.6%	71.7%	66.3%	55.3%	40.1%	69.8%
	否	233	205	176	168	207	145	1134
		23.0%	22.4%	28.0%	33.3%	44.2%	59.9%	30.1%
	缺失值	0	0	2	2	2	0	6
		0.0%	0.0%	0.3%	0.4%	0.4%	0.0%	0.1%
	合计	1012	915	628	505	468	242	3770
		100.0%	100.0%	100.0%	100.0%	100.0%	100.0%	100.0%
农村	是	1368	1031	733	477	268	117	3994
		76.6%	71.0%	67.8%	64.2%	52.4%	45.3%	68.5%
	否	411	419	346	265	243	141	1825
		23.0%	28.9%	32.0%	35.7%	47.6%	54.7%	31.3%
	缺失值	6	2	2	1	0	0	11
		0.3%	0.1%	0.2%	0.1%	0.0%	0.0%	0.2%
	合计	1785	1452	1081	743	511	258	5830
		100.0%	100.0%	100.0%	100.0%	100.0%	100.0%	100.0%
合计	是	2147	1741	1183	812	527	214	6624
		76.8%	73.6%	69.2%	65.1%	53.8%	42.8%	69.0%
	否	644	624	522	433	450	286	2959
		23.0%	26.4%	30.5%	34.7%	46.0%	57.2%	30.8%
	缺失值	6	2	4	3	2	0	17
		0.2%	0.1%	0.2%	0.2%	0.2%	0.0%	0.2%
	合计	2797	2367	1709	1248	979	500	9600
		100.0%	100.0%	100.0%	100.0%	100.0%	100.0%	100.0%

6. 老年人参与社区选举的情况

有9592位老年人报告了自己参与社区选举的情况。54.2%的老年人参加了社区最近一次的选举。从城乡来看，城镇老年人参加了社区最近一次选举的比例为29.8%，而农村老年人的该比例为63.1%。从年龄来看，"60~64岁"老年人参加了社区最近一次选举的比例最高，"85岁以上"老年人的比例最低（见表2-7-6）。

表 2-7-6　　　　　　　　　　被访老年人参与选举的分布情况

户籍类型		年　龄　段						合计
		60~64岁	65~69岁	70~74岁	75~79岁	80~84岁	85岁以上	
城镇	参加了	424	390	263	207	171	72	1527
		41.9%	42.6%	41.9%	41.0%	36.5%	29.8%	40.5%
	没参加	588	525	364	298	296	170	2241
		58.1%	57.4%	58.0%	59.0%	63.2%	70.2%	59.4%
	缺失值	0	0	1	0	1	0	2
		0.0%	0.0%	0.2%	0.0%	0.2%	0.0%	0.1%
	合计	1012	915	628	505	468	242	3770
		100.0%	100.0%	100.0%	100.0%	100.0%	100.0%	100.0%
农村	参加了	1273	934	689	414	261	105	3676
		71.3%	64.3%	63.7%	55.7%	51.1%	40.7%	63.1%
	没参加	509	517	391	328	250	153	2148
		28.5%	35.6%	36.2%	44.1%	48.9%	59.3%	36.8%
	缺失值	3	1	1	1	0	0	6
		0.2%	0.1%	0.1%	0.1%	0.0%	0.0%	0.1%
	合计	1785	1452	1081	743	511	258	5830
		100.0%	100.0%	100.0%	100.0%	100.0%	100.0%	100.0%
合计	参加了	1697	1324	952	621	432	177	5203
		60.7%	55.9%	55.7%	49.8%	44.1%	35.4%	54.2%
	没参加	1097	1042	755	626	546	323	4389
		39.2%	44.0%	44.2%	50.2%	55.8%	64.6%	45.7%
	缺失值	3	1	2	1	1	0	8
		0.1%	0.0%	0.1%	0.1%	0.1%	0.0%	0.1%
	合计	2797	2367	1709	1248	979	500	9600
		100.0%	100.0%	100.0%	100.0%	100.0%	100.0%	100.0%

7. 老年人所在社区办大事征求老年人意见的情况

有9581位老年人报告了自己所在社区办大事征求其意见的情况。老年人所在社区办大事征求过其意见的比例为33.2%，未征求过其意见的比例为66.6%。从城乡来看，城镇老年人所在社区办大事征求过其意见的比例为34.1%，农村老年人的该比例为32.7%。从年龄来看，"60~64岁"老年人所在社区办大事征求过其意见的比例最高，"85岁以上"老年人的比例最低（见表2-7-7）。

表 2-7-7   被访老年人所在社区办大事向其征求意见的分布情况

户籍类型		年龄段						合计
		60~64岁	65~69岁	70~74岁	75~79岁	80~84岁	85岁以上	
城镇	是	379	326	225	169	128	58	1285
		37.5%	35.6%	35.8%	33.5%	27.4%	24.0%	34.1%
	否	632	588	402	336	338	184	2480
		62.5%	64.3%	64.0%	66.5%	72.2%	76.0%	65.8%
	缺失值	1	1	1	0	2	0	5
		0.1%	0.1%	0.2%	0.0%	0.4%	0.0%	0.1%
	合计	1012	915	628	505	468	242	3770
		100.0%	100.0%	100.0%	100.0%	100.0%	100.0%	100.0%
农村	是	715	508	350	182	124	26	1905
		40.1%	35.0%	32.4%	24.5%	24.3%	10.1%	32.7%
	否	1062	941	730	560	387	231	3911
		59.5%	64.8%	67.5%	75.4%	75.7%	89.5%	67.1%
	缺失值	8	3	1	1	0	1	14
		0.4%	0.2%	0.1%	0.1%	0.0%	0.4%	0.2%
	合计	1785	1452	1081	743	511	258	5830
		100.0%	100.0%	100.0%	100.0%	100.0%	100.0%	100.0%
合计	是	1094	834	575	351	252	84	3190
		39.1%	35.2%	33.6%	28.1%	25.7%	16.8%	33.2%
	否	1694	1529	1132	896	725	415	6391
		60.6%	64.6%	66.2%	71.8%	74.1%	83.0%	66.6%
	缺失值	9	4	2	1	2	1	19
		0.3%	0.2%	0.1%	0.1%	0.2%	0.2%	0.2%
	合计	2797	2367	1709	1248	979	500	9600
		100.0%	100.0%	100.0%	100.0%	100.0%	100.0%	100.0%

8. 老年人向社区提过建议的情况

有9591位老年人报告了自己向社区提建议的情况。老年人向社区提过建议的比例为22.9%，尚有77.0%的老年人未向社区提过建议。从城乡来看，城镇老年人向社区提过建议的比例为26.3%，农村老年人的该比例为20.7%。从年龄来看，"60~64岁"老年人向社区提过建议的比例最高，"85岁以上"老年人的比例最低（见表2-7-8）。

表 2-7-8　　　　　　　　　被访老年人向社区提建议的分布情况

户籍类型		年龄段						合计
		60~64岁	65~69岁	70~74岁	75~79岁	80~84岁	85岁以上	
城镇	是	300	259	176	127	89	40	991
		29.6%	28.3%	28.0%	25.1%	19.0%	16.5%	26.3%
	否	712	656	451	378	378	202	2777
		70.4%	71.7%	71.8%	74.9%	80.8%	83.5%	73.7%
	缺失值	0	0	1	0	1	0	2
		0.0%	0.0%	0.2%	0.0%	0.2%	0.0%	0.0%
	合计	1012	915	628	505	468	242	3770
		100.0%	100.0%	100.0%	100.0%	100.0%	100.0%	100.0%
农村	是	461	349	219	103	62	12	1206
		25.8%	24.0%	20.3%	13.9%	12.1%	4.7%	20.7%
	否	1319	1102	861	640	449	246	4617
		73.9%	75.9%	79.6%	86.1%	87.9%	95.3%	79.2%
	缺失值	5	1	1	0	0	0	7
		0.3%	0.1%	0.1%	0.0%	0.0%	0.0%	0.1%
	合计	1785	1452	1081	743	511	258	5830
		100.0%	100.0%	100.0%	100.0%	100.0%	100.0%	100.0%
合计	是	761	608	395	230	151	52	2197
		27.2%	25.7%	23.1%	18.4%	15.4%	10.4%	22.9%
	否	2031	1758	1312	1018	827	448	7394
		72.6%	74.3%	76.8%	81.6%	84.5%	89.6%	77.0%
	缺失值	5	1	2	0	1	0	9
		0.2%	0.0%	0.1%	0.0%	0.1%	0.0%	0.1%
	合计	2797	2367	1709	1248	979	500	9600
		100.0%	100.0%	100.0%	100.0%	100.0%	100.0%	100.0%

第八节　维权状况

本节主要介绍了被访老年人的维权状况，包括对我国《老年人权益保障法》的知晓情况、享受老年优待情况、权益遭受侵害情况以及对合法权益得到保障的认知情况等。

1. 老年人对《老年人权益保障法》的知晓情况

有9582位老年人报告了自己对《老年人权益保障法》的知晓情况。30.0%的老年人知晓《老年人权益保障法》，尚有69.8%的老年人不知晓《老年人权益保障法》。从城乡来看,城镇老年人知晓《老年人权益保障法》的比例为47.3%,农村老年人的比例为18.8%。从年龄来看,"60~64岁"老年人知晓《老年人权益保障法》的比例最高,"85岁以上"老年人的比例最低(见表2-8-1)。

表2-8-1　　　　被访老年人对《老年人权益保障法》的知晓情况

户籍类型		年龄段						合计
		60~64岁	65~69岁	70~74岁	75~79岁	80~84岁	85岁以上	
城镇	知道	487	437	304	244	211	100	1783
		48.1%	47.8%	48.4%	48.3%	45.1%	41.3%	47.3%
	不知道	523	477	323	261	255	140	1979
		51.7%	52.1%	51.4%	51.7%	54.5%	57.9%	52.5%
	缺失值	2	1	1	0	2	2	8
		0.2%	0.1%	0.2%	0.0%	0.4%	0.8%	0.2%
	合计	1012	915	628	505	468	242	3770
		100.0%	100.0%	100.0%	100.0%	100.0%	100.0%	100.0%
农村	知道	419	259	204	110	73	30	1095
		23.5%	17.8%	18.9%	14.8%	14.3%	11.6%	18.8%
	不知道	1362	1192	876	630	438	227	4725
		76.3%	82.1%	81.0%	84.8%	85.7%	88.0%	81.0%
	缺失值	4	1	1	3	0	1	10
		0.2%	0.1%	0.1%	0.4%	0.0%	0.4%	0.2%
	合计	1785	1452	1081	743	511	258	5830
		100.0%	100.0%	100.0%	100.0%	100.0%	100.0%	100.0%
合计	知道	906	696	508	354	284	130	2878
		32.4%	29.4%	29.7%	28.4%	29.0%	26.0%	30.0%
	不知道	1885	1669	1199	891	693	367	6704
		67.4%	70.5%	70.2%	71.4%	70.8%	73.4%	69.8%
	缺失值	6	2	2	3	2	3	18
		0.2%	0.1%	0.1%	0.2%	0.2%	0.6%	0.2%
	合计	2797	2367	1709	1248	979	500	9600
		100.0%	100.0%	100.0%	100.0%	100.0%	100.0%	100.0%

2. 老年人办理老年人优待证的情况

有9546位老年人报告了自己办理老年人优待证的情况。26.9%的老年人已办理老年人优待证,但尚有72.5%的老年人未办理优待证。从城乡来看,城镇老年人办理优待证的比例为58.3%,而农村老年人的该比例仅为6.6%。从年龄来看,"80~84岁"老年人已办理优待证的比例为40.2%,"60~64岁"老年人办理优待证的比例仅为6.3%(见表2-8-2)。

表2-8-2　　　　　　　　　被访老年人办理优待证的分布情况

户籍类型		年 龄 段						合计
		60~64岁	65~69岁	70~74岁	75~79岁	80~84岁	85岁以上	
城镇	是	141	671	462	404	346	175	2199
		13.9%	73.3%	73.6%	80.0%	73.9%	72.3%	58.3%
	否	869	244	163	100	122	67	1565
		85.9%	26.7%	26.0%	19.8%	26.1%	27.7%	41.5%
	缺失值	2	0	3	1	0	0	6
		0.2%	0.0%	0.5%	0.2%	0.0%	0.0%	0.2%
	合计	1012	915	628	505	468	242	3770
		100.0%	100.0%	100.0%	100.0%	100.0%	100.0%	100.0%
农村	是	34	129	101	62	48	12	386
		1.9%	8.9%	9.3%	8.3%	9.4%	4.7%	6.6%
	否	1733	1312	976	670	460	245	5396
		97.1%	90.4%	90.3%	90.2%	90.0%	95.0%	92.6%
	缺失值	18	11	4	11	3	1	48
		1.0%	0.8%	0.4%	1.5%	0.6%	0.4%	0.8%
	合计	1785	1452	1081	743	511	258	5830
		100.0%	100.0%	100.0%	100.0%	100.0%	100.0%	100.0%
合计	是	175	800	563	466	394	187	2585
		6.3%	33.8%	32.9%	37.3%	40.2%	37.4%	26.9%
	否	2602	1556	1139	770	582	312	6961
		93.0%	65.7%	66.6%	61.7%	59.4%	62.4%	72.5%
	缺失值	20	11	7	12	3	1	54
		0.7%	0.5%	0.4%	1.0%	0.3%	0.2%	0.6%
	合计	2797	2367	1709	1248	979	500	9600
		100.0%	100.0%	100.0%	100.0%	100.0%	100.0%	100.0%

3. 老年人享受老年优待的情况

有9508位老年人报告了自己享受优待的情况。从城乡来看,城镇老年人享受过的优待为免费体检(50.2%)、公共交通票价减免(48.1%)、公园门票减免(34.1%)、旅游景点门票减免(25.6%)、普通门诊挂号费减免(25.0%)、博物馆等公共文化场所门票减免(18.0%),而农村老年人则是免费体检45.1%、普通门诊挂号费减免(3.5%)、公共交通票价减免(3.5%)。从年龄来看,城镇老年人享受各项优待比例均以"65~69岁"居多(见表2-8-3)。

表 2-8-3　　　　　　　　被访老年人享受老年优待的分布情况

户籍类型		年龄段						合计
		60~64岁	65~69岁	70~74岁	75~79岁	80~84岁	85岁以上	
城镇	免费体检	316	515	366	294	259	129	1879
		8.4%	13.8%	9.8%	7.9%	6.9%	3.4%	50.2%
	普通门诊挂号费减免	72	218	188	186	162	110	936
		1.9%	5.8%	5.0%	5.0%	4.3%	2.9%	25.0%
	公共交通票价减免	72	558	386	359	289	137	1801
		1.9%	14.9%	10.3%	9.6%	7.7%	3.7%	48.1%
	公园门票减免	156	353	257	230	194	86	1276
		4.2%	9.4%	6.9%	6.1%	5.2%	2.3%	34.1%
	旅游景点门票减免	116	265	195	186	137	59	958
		3.1%	7.1%	5.2%	5.0%	3.7%	1.6%	25.6%
	博物馆、公共图书馆等公共文化场所门票减免	83	177	134	132	102	45	673
		2.2%	4.7%	3.6%	3.5%	2.7%	1.2%	18.0%
	都没有	553	162	98	71	86	53	1023
		14.8%	4.3%	2.6%	1.9%	2.3%	1.4%	27.3%
	合计	999	912	624	503	462	242	3742
		26.7%	24.4%	16.7%	13.4%	12.3%	6.5%	100.0%
农村	免费体检	691	644	585	349	232	98	2599
		12.0%	11.2%	10.1%	6.1%	4.0%	1.7%	45.1%
	普通门诊挂号费减免	56	52	43	29	20	4	204
		1.0%	0.9%	0.7%	0.5%	0.3%	0.1%	3.5%
	公共交通票价减免	11	68	59	29	28	7	202
		0.2%	1.2%	1.0%	0.5%	0.5%	0.1%	3.5%
	公园门票减免	11	23	23	10	14	2	83
		0.2%	0.4%	0.4%	0.2%	0.2%	0.0%	1.4%
	旅游景点门票减免	5	21	21	8	11	0	66
		0.1%	0.4%	0.4%	0.1%	0.2%	0.0%	1.1%
	博物馆、公共图书馆等公共文化场所门票减免	5	8	12	3	5	1	34
		0.1%	0.1%	0.2%	0.1%	0.1%	0.0%	0.6%
	都没有	1032	735	447	366	255	152	2987
		17.9%	12.7%	7.8%	6.3%	4.4%	2.6%	51.8%
	合计	1765	1436	1069	737	503	256	5766
		30.6%	24.9%	18.5%	12.8%	8.7%	4.4%	100.0%

4. 老年人 2015 年以来遭遇的权益侵害事件情况

有 9528 位老年人报告了自己 2015 年以来遭遇的权益侵害事件情况。从城乡来看,城乡老年人有遭遇权益侵害事件的比例不高,而且无论是城镇还是农村,老年人遭遇的权益侵害事件主要以"上当受骗"和"被盗"为主。从年龄来看,城乡老年人遭遇"上当受骗"主要以"65~69 岁"为主(见表 2-8-4)。

表 2-8-4　　　　　　被访老年人 2014 年遭遇的权益侵害事件分布情况

户籍类型		年 龄 段						合计
		60~64 岁	65~69 岁	70~74 岁	75~79 岁	80~84 岁	85 岁以上	
城镇	上当受骗	18	24	15	13	19	8	97
		0.5%	0.6%	0.4%	0.3%	0.5%	0.2%	2.6%
	被抢劫	4	1	0	0	1	2	8
		0.1%	0.0%	0.0%	0.0%	0.0%	0.1%	0.2%
	被盗	23	21	14	12	7	2	79
		0.6%	0.6%	0.4%	0.3%	0.2%	0.1%	2.1%
	被打骂/恐吓	9	1	1	4	1	0	16
		0.2%	0.0%	0.0%	0.1%	0.0%	0.0%	0.4%
	其他	4	6	2	3	2	0	17
		0.1%	0.2%	0.1%	0.1%	0.1%	0.0%	0.5%
	都没有	952	863	595	467	435	229	3541
		25.4%	23.1%	15.9%	12.5%	11.6%	6.1%	94.6%
	合计	1003	914	624	499	462	240	3742
		26.8%	24.4%	16.7%	13.3%	12.3%	6.4%	100.0%
农村	上当受骗	30	42	30	18	11	1	132
		0.5%	0.7%	0.5%	0.3%	0.2%	0.0%	2.3%
	被抢劫	5	2	1	0	0	0	8
		0.1%	0.0%	0.0%	0.0%	0.0%	0.0%	0.1%
	被盗	43	33	12	11	4	2	105
		0.7%	0.6%	0.2%	0.2%	0.1%	0.0%	1.8%
	被打骂/恐吓	11	10	5	6	3	0	35
		0.2%	0.2%	0.1%	0.1%	0.1%	0.0%	0.6%
	其他	9	3	1	1	0	0	14
		0.2%	0.1%	0.0%	0.0%	0.0%	0.0%	0.2%
	都没有	1673	1358	1031	707	492	252	5513
		28.9%	23.5%	17.8%	12.2%	8.5%	4.4%	95.3%
	合计	1766	1442	1074	739	510	255	5786
		30.5%	24.9%	18.6%	12.8%	8.8%	4.4%	100.0%

5. 老年人对自我合法权益是否得到保障的评价情况

有9464位老年人报告了自己合法权益是否得到保障的评价情况。91.7%的老年人认为自己的合法权益得到了保障，尚有6.9%的老年人认为自己的合法权益没有得到保障。从城乡来看，城镇老年人认为其合法权益得到保障的比例为92.7%，农村老年人的该比例为91.1%。从年龄来看，"70~74岁"老年人认为其合法权益得到保障的比例最高，"60~64岁"老年人的比例最低（见表2-8-5）。

表2-8-5　被访老年人评价自我合法权益是否得到保障的分布情况

户籍类型		年龄段						合计
		60~64岁	65~69岁	70~74岁	75~79岁	80~84岁	85岁以上	
城镇	是	913	847	592	483	434	226	3495
		90.2%	92.6%	94.3%	95.6%	92.7%	93.4%	92.7%
	否	78	56	30	20	24	10	218
		7.7%	6.1%	4.8%	4.0%	5.1%	4.1%	5.8%
	缺失值	21	12	6	2	10	6	57
		2.1%	1.3%	1.0%	0.4%	2.1%	2.5%	1.5%
	合计	1012	915	628	505	468	242	3770
		100.0%	100.0%	100.0%	100.0%	100.0%	100.0%	100.0%
农村	是	1624	1324	992	670	463	236	5309
		91.0%	91.2%	91.8%	90.2%	90.6%	91.5%	91.1%
	否	137	105	80	59	42	19	442
		7.7%	7.2%	7.4%	7.9%	8.2%	7.4%	7.6%
	缺失值	24	23	9	14	6	3	79
		1.3%	1.6%	0.8%	1.9%	1.2%	1.2%	1.4%
	合计	1785	1452	1081	743	511	258	5830
		100.0%	100.0%	100.0%	100.0%	100.0%	100.0%	100.0%
合计	是	2537	2171	1584	1153	897	462	8804
		90.7%	91.7%	92.7%	92.4%	91.6%	92.4%	91.7%
	否	215	161	110	79	66	29	660
		7.7%	6.8%	6.4%	6.3%	6.7%	5.8%	6.9%
	缺失值	45	35	15	16	16	9	136
		1.6%	1.5%	0.9%	1.3%	1.6%	1.8%	1.4%
	合计	2797	2367	1709	1248	979	500	9600
		100.0%	100.0%	100.0%	100.0%	100.0%	100.0%	100.0%

第九节 精神文化生活状况

本节主要介绍了被访老年人的精神文化生活状况，主要包括老年人参与娱乐活动、参加老年大学、上网、旅游、宗教信仰、孤独感和幸福感等方面。

1. 老年人经常参加的活动情况

有9553位老年人报告了自己经常参加的活动情况。从城乡来看，城镇老年人经常参加的活动类型为看电视/听广播（94.1%）、散步/慢跑等（68.7%）、读书/看报（52.3%）、种花养草（34.4%）、打麻将/打牌/下棋（26.2%）、打太极/做保健操等（9.9%），而农村老年人则是看电视/听广播（87.5%）、散步/慢跑等（23.2%）、打麻将/打牌/下棋21.2%、读书/看报（10.5%）。可见城镇老年人经常参加的前三种活动分别是看电视/听广播、散步/慢跑等、读书/看报，而农村老年人则是看电视/听广播、散步/慢跑等、打麻将/打牌/下棋。从年龄来看，经常看电视/听广播、散步/慢跑等、读书/看报、打麻将/打牌/下棋的老年人基本以"60~64岁"居多（见表2-9-1）。

表2-9-1　　　　　　　　被访老年人经常参与活动的分布情况

户籍类型		年龄段						合计
		60~64岁	65~69岁	70~74岁	75~79岁	80~84岁	85岁以上	
城镇	看电视/听广播	973	882	598	464	423	197	3537
		25.9%	23.5%	15.9%	12.3%	11.3%	5.2%	94.1%
	读书/看报	541	481	351	269	225	98	1965
		14.4%	12.8%	9.3%	7.2%	6.0%	2.6%	52.3%
	去影院看电影/去戏院听戏	56	60	35	19	9	7	186
		1.5%	1.6%	0.9%	0.5%	0.2%	0.2%	4.9%
	散步/慢跑等	740	693	454	341	255	99	2582
		19.7%	18.4%	12.1%	9.1%	6.8%	2.6%	68.7%
	打太极拳/做保健操等	102	93	69	54	39	16	373
		2.7%	2.5%	1.8%	1.4%	1.0%	0.4%	9.9%
	跳舞（广场舞/扭秧歌）	170	103	56	26	7	3	365
		4.5%	2.7%	1.5%	0.7%	0.2%	0.1%	9.7%
	打门球/乒乓球/羽毛球等	75	37	13	17	10	3	155
		2.0%	1.0%	0.3%	0.5%	0.3%	0.1%	4.1%
	打麻将/打牌/下棋等	334	269	156	112	86	26	983
		8.9%	7.2%	4.2%	3.0%	2.3%	0.7%	26.2%
	种花养草等	354	346	237	175	135	46	1293
		9.4%	9.2%	6.3%	4.7%	3.6%	1.2%	34.4%

续表

户籍类型		年龄段						合计
		60~64岁	65~69岁	70~74岁	75~79岁	80~84岁	85岁以上	
城镇	养宠物	69	48	35	18	19	5	194
		1.8%	1.3%	0.9%	0.5%	0.5%	0.1%	5.2%
	钓鱼/书画/摄影/收藏	105	78	55	31	20	6	295
		2.8%	2.1%	1.5%	0.8%	0.5%	0.2%	7.8%
	其他	13	10	6	3	2	1	35
		0.3%	0.3%	0.2%	0.1%	0.1%	0.0%	0.9%
	都没有	7	9	10	10	21	25	82
		0.2%	0.2%	0.3%	0.3%	0.6%	0.7%	2.2%
	合计	1009	915	627	502	465	240	3758
		26.8%	24.3%	16.7%	13.4%	12.4%	6.4%	100.0%
农村	看电视/听广播	1674	1319	953	595	363	164	5068
		28.9%	22.8%	16.4%	10.3%	6.3%	2.8%	87.5%
	读书/看报	261	163	107	41	28	7	607
		4.5%	2.8%	1.8%	0.7%	0.5%	0.1%	10.5%
	去影院看电影/去戏院听戏	33	36	21	14	7	6	117
		0.6%	0.6%	0.4%	0.2%	0.1%	0.1%	2.0%
	散步/慢跑等	437	354	250	150	122	33	1346
		7.5%	6.1%	4.3%	2.6%	2.1%	0.6%	23.2%
	打太极拳/做保健操等	7	14	10	2	3	2	38
		0.1%	0.2%	0.2%	0.0%	0.1%	0.0%	0.7%
	跳舞（广场舞/扭秧歌）	51	27	14	3	1	0	96
		0.9%	0.5%	0.2%	0.1%	0.0%	0.0%	1.7%
	打门球/乒乓球/羽毛球等	10	9	2	0	0	0	21
		0.2%	0.2%	0.0%	0.0%	0.0%	0.0%	0.4%
	打麻将/打牌/下棋等	503	357	184	105	61	16	1226
		8.7%	6.2%	3.2%	1.8%	1.1%	0.3%	21.2%
	种花养草等	109	79	66	32	19	4	309
		1.9%	1.4%	1.1%	0.6%	0.3%	0.1%	5.3%
	养宠物	85	43	40	27	13	7	215
		1.5%	0.7%	0.7%	0.5%	0.2%	0.1%	3.7%
	钓鱼/书画/摄影/收藏	32	30	19	2	2	0	85
		0.6%	0.5%	0.3%	0.0%	0.0%	0.0%	1.5%

续表

户籍类型		年龄段						合计
		60~64岁	65~69岁	70~74岁	75~79岁	80~84岁	85岁以上	
农村	其他	7	2	4	1	2	2	18
		0.1%	0.0%	0.1%	0.0%	0.0%	0.0%	0.3%
	都没有	72	97	89	112	112	82	564
		1.2%	1.7%	1.5%	1.9%	1.9%	1.4%	9.7%
	合计	1779	1445	1071	739	506	255	5795
		30.7%	24.9%	18.5%	12.8%	8.7%	4.4%	100.0%

2. 老年人上网情况

有9526位老年人报告了自己的上网情况。老年人经常上网的比例为7.9%，91.3%的老年人并不经常上网。从城乡来看，城镇老年人经常上网的比例为19.1%，而农村老年人经常上网的比例仅为0.8%。从年龄来看，"60~64岁"老年人经常上网的比例为12.5%，而"85岁以上"老年人经常上网的比例仅为2.6%（见表2-9-2）。

表2-9-2　　　　　　　　　被访老年人经常上网的分布情况

户籍类型		年龄段						合计
		60~64岁	65~69岁	70~74岁	75~79岁	80~84岁	85岁以上	
城镇	是	320	193	101	52	40	13	719
		31.6%	21.1%	16.1%	10.3%	8.5%	5.4%	19.1%
	否	685	716	517	450	424	226	3018
		67.7%	78.3%	82.3%	89.1%	90.6%	93.4%	80.1%
	缺失值	7	6	10	3	4	3	33
		0.7%	0.7%	1.6%	0.6%	0.9%	1.2%	0.9%
	合计	1012	915	628	505	468	242	3770
		100.0%	100.0%	100.0%	100.0%	100.0%	100.0%	100.0%
农村	是	31	7	5	0	1	0	44
		1.7%	0.5%	0.5%	0.0%	0.2%	0.0%	0.8%
	否	1742	1430	1072	739	504	258	5745
		97.6%	98.5%	99.2%	99.5%	98.6%	100.0%	98.5%
	缺失值	12	15	4	4	6	0	41
		0.7%	1.0%	0.4%	0.5%	1.2%	0.0%	0.7%
	合计	1785	1452	1081	743	511	258	5830
		100.0%	100.0%	100.0%	100.0%	100.0%	100.0%	100.0%

续表

户籍类型		年龄段						合计
		60~64岁	65~69岁	70~74岁	75~79岁	80~84岁	85岁以上	
合计	是	351	200	106	52	41	13	763
		12.5%	8.4%	6.2%	4.2%	4.2%	2.6%	7.9%
	否	2427	2146	1589	1189	928	484	8763
		86.8%	90.7%	93.0%	95.3%	94.8%	96.8%	91.3%
	缺失值	19	21	14	7	10	3	74
		0.7%	0.9%	0.8%	0.6%	1.0%	0.6%	0.8%
	合计	2797	2367	1709	1248	979	500	9600
		100.0%	100.0%	100.0%	100.0%	100.0%	100.0%	100.0%

3. 老年人参加老年大学的情况

有9554位老年人报告了自己参加老年大学的情况。老年人参加了老年大学的比例为2.5%，97%的老年人并未参加老年大学。从城乡来看，城镇老年人参加了老年大学的比例为5.7%，而农村老年人的比例仅为0.5%。从年龄来看，"60~64岁"老年人参加了老年大学的比例为2.9%，"85岁以上"老年人参加了老年大学的比例为1.2%（见表2-9-3）。

表2-9-3　　　　　　　　被访老年人参加老年大学的分布情况

户籍类型		年龄段						合计
		60~64岁	65~69岁	70~74岁	75~79岁	80~84岁	85岁以上	
城镇	参加了	73	55	39	26	17	5	215
		7.2%	6.0%	6.2%	5.1%	3.6%	2.1%	5.7%
	没参加	932	855	584	475	446	237	3529
		92.1%	93.4%	93.0%	94.1%	95.3%	97.9%	93.6%
	缺失值	7	5	5	4	5	0	26
		0.7%	0.5%	0.8%	0.8%	1.1%	0.0%	0.7%
	合计	1012	915	628	505	468	242	3770
		100.0%	100.0%	100.0%	100.0%	100.0%	100.0%	100.0%
农村	参加了	8	5	8	4	2	1	28
		0.4%	0.3%	0.7%	0.5%	0.4%	0.4%	0.5%
	没参加	1773	1444	1067	733	509	256	5782
		99.3%	99.4%	98.7%	98.7%	99.6%	99.2%	99.2%
	缺失值	4	3	6	6	0	1	20
		0.2%	0.2%	0.6%	0.8%	0.0%	0.4%	0.3%
	合计	1785	1452	1081	743	511	258	5830
		100.0%	100.0%	100.0%	100.0%	100.0%	100.0%	100.0%

续表

户籍类型		年龄段						合计
		60~64岁	65~69岁	70~74岁	75~79岁	80~84岁	85岁以上	
合计	参加了	81	60	47	30	19	6	243
		2.9%	2.5%	2.8%	2.4%	1.9%	1.2%	2.5%
	没参加	2705	2299	1651	1208	955	493	9311
		96.7%	97.1%	96.6%	96.8%	97.5%	98.6%	97.0%
	缺失值	11	8	11	10	5	1	46
		0.4%	0.3%	0.6%	0.8%	0.5%	0.2%	0.5%
	合计	2797	2367	1709	1248	979	500	9600
		100.0%	100.0%	100.0%	100.0%	100.0%	100.0%	100.0%

4. 老年人未来一年的旅游打算情况

有9484位老年人报告了自己未来一年的旅游打算情况。老年人未来一年打算出去旅游的比例为14.4%，75.4%的老年人并没有外出旅游的打算。从城乡来看，城镇老年人未来一年打算出去旅游的比例为24.3%，而农村老年人的比例仅为8.0%。从年龄来看，"60~64岁"老年人打算出去旅游的比例为19.5%，"85岁以上"老年人的比例为5.0%（见表2-9-4）。

表2-9-4　　　　　　　　被访老年人未来一年旅游打算的分布情况

户籍类型		年龄段						合计
		60~64岁	65~69岁	70~74岁	75~79岁	80~84岁	85岁以上	
城镇	有	346	263	152	92	50	14	917
		34.2%	28.7%	24.2%	18.2%	10.7%	5.8%	24.3%
	没有	519	515	385	344	382	211	2356
		51.3%	56.3%	61.3%	68.1%	81.6%	87.2%	62.5%
	说不好	141	133	87	66	33	17	477
		13.9%	14.5%	13.9%	13.1%	7.1%	7.0%	12.7%
	缺失值	6	4	4	3	3	0	20
		0.6%	0.4%	0.6%	0.6%	0.6%	0.0%	0.5%
	合计	1012	915	628	505	468	242	3770
		100.0%	100.0%	100.0%	100.0%	100.0%	100.0%	100.0%
农村	有	199	139	75	25	15	11	464
		11.1%	9.6%	6.9%	3.4%	2.9%	4.3%	8.0%
	没有	1402	1159	919	682	478	243	4883
		78.5%	79.8%	85.0%	91.8%	93.5%	94.2%	83.8%

续表

户籍类型		年龄段						合计
		60~64岁	65~69岁	70~74岁	75~79岁	80~84岁	85岁以上	
农村	说不好	156	124	67	26	13	1	387
		8.7%	8.5%	6.2%	3.5%	2.5%	0.4%	6.6%
	缺失值	28	30	20	10	5	3	96
		1.6%	2.1%	1.9%	1.3%	1.0%	1.2%	1.6%
	合计	1785	1452	1081	743	511	258	5830
		100.0%	100.0%	100.0%	100.0%	100.0%	100.0%	100.0%
合计	有	545	402	227	117	65	25	1381
		19.5%	17.0%	13.3%	9.4%	6.6%	5.0%	14.4%
	没有	1921	1674	1304	1026	860	454	7239
		68.7%	70.7%	76.3%	82.2%	87.8%	90.8%	75.4%
	说不好	297	257	154	92	46	18	864
		10.6%	10.9%	9.0%	7.4%	4.7%	3.6%	9.0%
	缺失值	34	34	24	13	8	3	116
		1.2%	1.4%	1.4%	1.0%	0.8%	0.6%	1.2%
	合计	2797	2367	1709	1248	979	500	9600
		100.0%	100.0%	100.0%	100.0%	100.0%	100.0%	100.0%

5. 老年人的宗教信仰情况

有9550位老年人报告了自己的宗教信仰情况。老年人不信仰任何宗教的比例为91.2%，信仰佛教的比例为6.6%，信仰基督教的比例为1.6%，信仰天主教的比例为0.3%，信仰道教的比例为0.2%，信仰伊斯兰教的比例为0.2%，信仰其他宗教的比例为0%。从城乡来看，城镇老年人不信仰任何宗教的比例为93.4%，农村老年人不信仰任何宗教的比例为89.0%。从年龄来看，"85岁以上"老年人不信仰任何宗教的比例最高，"75~79岁"老年人的比例最低（见表2-9-5）。

表2-9-5　　　　　　　　　　被访老年人宗教信仰的分布情况

户籍类型		年龄段						合计
		60~64岁	65~69岁	70~74岁	75~79岁	80~84岁	85岁以上	
城镇	不信仰任何宗教	951	864	584	458	437	229	3523
		94.0%	94.4%	93.0%	90.7%	93.4%	94.6%	93.4%
	佛教	37	36	25	30	24	10	162
		3.7%	3.9%	4.0%	5.9%	5.1%	4.1%	4.3%
	伊斯兰教	6	4	1	2	1	0	14
		0.6%	0.4%	0.2%	0.4%	0.2%	0.0%	0.4%

续表

户籍类型		年龄段						合计
		60~64岁	65~69岁	70~74岁	75~79岁	80~84岁	85岁以上	
城镇	基督教	12	9	12	11	4	3	51
		1.2%	1.0%	1.9%	2.2%	0.9%	1.2%	1.4%
	天主教	1	0	1	3	0	0	5
		0.1%	0.0%	0.2%	0.6%	0.0%	0.0%	0.1%
	道教	2	0	3	0	0	0	5
		0.2%	0.0%	0.5%	0.0%	0.0%	0.0%	0.1%
	缺失值	3	2	2	1	2	0	10
		0.3%	0.2%	0.3%	0.2%	0.4%	0.0%	0.3%
	合计	1012	915	628	505	468	242	3770
		100.0%	100.0%	100.0%	100.0%	100.0%	100.0%	100.0%
农村	不信仰任何宗教	1583	1311	947	658	457	231	5187
		88.7%	90.3%	87.6%	88.6%	89.4%	89.5%	89.0%
	佛教	152	100	97	56	40	21	466
		8.5%	6.9%	9.0%	7.5%	7.8%	8.1%	8.0%
	伊斯兰教	2	0	0	0	0	0	2
		0.1%	0.0%	0.0%	0.0%	0.0%	0.0%	0.0%
	基督教	27	22	20	20	6	4	99
		1.5%	1.5%	1.9%	2.7%	1.2%	1.6%	1.7%
	天主教	8	5	4	1	1	0	19
		0.4%	0.3%	0.4%	0.1%	0.2%	0.0%	0.3%
	道教	3	5	2	0	4	2	16
		0.2%	0.3%	0.2%	0.0%	0.8%	0.8%	0.3%
	其他宗教	0	0	1	0	0	0	1
		0.0%	0.0%	0.1%	0.0%	0.0%	0.0%	0.0%
	缺失值	10	9	10	8	3	0	40
		0.6%	0.6%	0.9%	1.1%	0.6%	0.0%	0.7%
	合计	1785	1452	1081	743	511	258	5830
		100.0%	100.0%	100.0%	100.0%	100.0%	100.0%	100.0%
合计	不信仰任何宗教	2534	2175	1531	1116	894	460	8710
		90.6%	91.9%	89.6%	89.4%	91.3%	92.0%	90.7%
	佛教	189	136	122	86	64	31	628
		6.8%	5.7%	7.1%	6.9%	6.5%	6.2%	6.5%

续表

户籍类型		年龄段						合计
		60~64岁	65~69岁	70~74岁	75~79岁	80~84岁	85岁以上	
合计	伊斯兰教	8	4	1	2	1	0	16
		0.3%	0.2%	0.1%	0.2%	0.1%	0.0%	0.2%
	基督教	39	31	32	31	10	7	150
		1.4%	1.3%	1.9%	2.5%	1.0%	1.4%	1.6%
	天主教	9	5	5	4	1	0	24
		0.3%	0.2%	0.3%	0.3%	0.1%	0.0%	0.3%
	道教	5	5	5	0	4	2	21
		0.2%	0.2%	0.3%	0.0%	0.4%	0.4%	0.2%
	其他宗教	0	0	1	0	0	0	1
		0.0%	0.0%	0.1%	0.0%	0.0%	0.0%	0.0%
	缺失值	13	11	12	9	5	0	50
		0.5%	0.5%	0.7%	0.7%	0.5%	0.0%	0.5%
	合计	2797	2367	1709	1248	979	500	9600
		100.0%	100.0%	100.0%	100.0%	100.0%	100.0%	100.0%

6. 老年人感到孤独的情况

有9532位老年人报告了自己感到孤独的情况。老年人经常感到孤独的比例为7.2%，有时感到孤独的比例为30.4%，从不感到孤独的比例为61.8%。从城乡来看，城镇老年人经常感到孤独的比例为3.9%，农村老年人经常感到孤独的比例为9.2%。从年龄来看，"85岁以上"老年人经常感到孤独的比例最高，为13.2%，"60~64岁"老年人经常感到孤独的比例为4.9%（见表2-9-6）。

表2-9-6　　　　　　　　　　被访老年人感到孤独的分布情况

户籍类型		年龄段						合计
		60~64岁	65~69岁	70~74岁	75~79岁	80~84岁	85岁以上	
城镇	经常	34	22	17	27	26	22	148
		3.4%	2.4%	2.7%	5.3%	5.6%	9.1%	3.9%
	有时	147	153	127	123	134	94	778
		14.5%	16.7%	20.2%	24.4%	28.6%	38.8%	20.6%
	从不	828	737	478	350	303	123	2819
		81.8%	80.5%	76.1%	69.3%	64.7%	50.8%	74.8%

续表

户籍类型		年龄段						合计
		60~64岁	65~69岁	70~74岁	75~79岁	80~84岁	85岁以上	
城镇	缺失值	3	3	6	5	5	3	25
		0.3%	0.3%	1.0%	1.0%	1.1%	1.2%	0.7%
	合计	1012	915	628	505	468	242	3770
		100.0%	100.0%	100.0%	100.0%	100.0%	100.0%	100.0%
农村	经常	104	128	82	100	81	44	539
		5.8%	8.8%	7.6%	13.5%	15.9%	17.1%	9.2%
	有时	524	468	424	332	247	144	2139
		29.4%	32.2%	39.2%	44.7%	48.3%	55.8%	36.7%
	从不	1142	844	566	308	179	70	3109
		64.0%	58.1%	52.4%	41.5%	35.0%	27.1%	53.3%
	缺失值	15	12	9	3	4	0	43
		0.8%	0.8%	0.8%	0.4%	0.8%	0.0%	0.8%
	合计	1785	1452	1081	743	511	258	5830
		100.0%	100.0%	100.0%	100.0%	100.0%	100.0%	100.0%
合计	经常	138	150	99	127	107	66	687
		4.9%	6.3%	5.8%	10.2%	10.9%	13.2%	7.2%
	有时	671	621	551	455	381	238	2917
		24.0%	26.2%	32.2%	36.5%	38.9%	47.6%	30.4%
	从不	1970	1581	1044	658	482	193	5928
		70.4%	66.8%	61.1%	52.7%	49.2%	38.6%	61.8%
	缺失值	18	15	15	8	9	3	68
		0.6%	0.6%	0.9%	0.6%	0.9%	0.6%	0.6%
	合计	2797	2367	1709	1248	979	500	9600
		100.0%	100.0%	100.0%	100.0%	100.0%	100.0%	100.0%

7. 老年人的幸福感情况

有9594位老年人报告了自己的幸福感情况。老年人认为自己非常幸福的比例为15.5%，比较幸福的比例为47.5%，一般的比例为29.1%，比较不幸福的比例为6.4%，非常不幸福的比例为1.5%。从城乡来看，城镇老年人认为自己非常幸福的比例为22.5%，农村老年人认为自己非常幸福的比例为10.9%。从年龄来看，"80~84岁"老年人认为自己非常幸福的比例最高，为17.3%，"85岁以上"老年人认为自己非常幸福的比例最低，为12.4%（见表2-9-7）。

表 2-9-7　　　　　　　　　　　被访老年人的幸福感分布情况

户籍类型		年　龄　段						合计
		60~64岁	65~69岁	70~74岁	75~79岁	80~84岁	85岁以上	
城镇	非常幸福	226	205	142	117	116	43	849
		22.3%	22.4%	22.6%	23.2%	24.8%	17.8%	22.5%
	比较幸福	498	478	326	271	222	112	1907
		49.2%	52.2%	51.9%	53.7%	47.4%	46.3%	50.6%
	一般	247	207	136	105	105	74	874
		24.4%	22.6%	21.7%	20.8%	22.4%	30.6%	23.2%
	比较不幸福	31	20	20	10	21	9	111
		3.1%	2.2%	3.2%	2.0%	4.5%	3.7%	2.9%
	非常不幸福	10	5	3	2	2	2	24
		1.0%	0.5%	0.5%	0.4%	0.4%	0.8%	0.6%
	缺失值	0	0	1	0	2	2	5
		0.0%	0.0%	0.2%	0.0%	0.4%	0.8%	0.2%
	合计	1012	915	628	505	468	242	3770
		100.0%	100.0%	100.0%	100.0%	100.0%	100.0%	100.0%
农村	非常幸福	209	173	122	61	53	19	637
		11.7%	11.9%	11.3%	8.2%	10.4%	7.4%	10.9%
	比较幸福	864	685	492	311	194	100	2646
		48.4%	47.2%	45.5%	41.9%	38.0%	38.8%	45.5%
	一般	548	449	352	272	184	114	1919
		30.7%	30.9%	32.6%	36.6%	36.0%	44.2%	32.9%
	比较不幸福	140	111	93	78	58	23	503
		7.8%	7.6%	8.6%	10.5%	11.4%	8.9%	8.6%
	非常不幸福	24	33	22	21	22	2	124
		1.3%	2.3%	2.0%	2.8%	4.3%	0.8%	2.1%
	缺失值	0	1	0	0	0	0	1
		0.0%	0.1%	0.0%	0.0%	0.0%	0.0%	0.0%
	合计	1785	1452	1081	743	511	258	5830
		100.0%	100.0%	100.0%	100.0%	100.0%	100.0%	100.0%

续表

户籍类型		年 龄 段						合计
		60~64岁	65~69岁	70~74岁	75~79岁	80~84岁	85岁以上	
合计	非常幸福	435	378	264	178	169	62	1486
		15.6%	16.0%	15.4%	14.3%	17.3%	12.4%	15.5%
	比较幸福	1362	1163	818	582	416	212	4553
		48.7%	49.1%	47.9%	46.6%	42.5%	42.4%	47.4%
	一般	795	656	488	377	289	188	2793
		28.4%	27.7%	28.6%	30.2%	29.5%	37.6%	29.1%
	比较不幸福	171	131	113	88	79	32	614
		6.1%	5.5%	6.6%	7.1%	8.1%	6.4%	6.4%
	非常不幸福	34	38	25	23	24	4	148
		1.2%	1.6%	1.5%	1.8%	2.5%	0.8%	1.5%
	缺失值	0	1	1	0	2	2	6
		0.0%	0.0%	0.1%	0.0%	0.2%	0.4%	0.1%
	合计	2797	2367	1709	1248	979	500	9600
		100.0%	100.0%	100.0%	100.0%	100.0%	100.0%	100.0%

第三章 受访社区（村、居）老龄工作基本情况

第一节 地理与人口状况

1. 本社区（村、居）地理位置

如表 3-1-1 所示，在 319 个有效样本中，"离乡镇较远的地区"和"中心城区"占有效样本的比例持平，为 28.5%，其次是"乡镇附近"的社区，占有效样本的 21%。

表 3-1-1　　　　　　　　受访社区地理位置的分布情况

		频数	百分比（%）	有效百分比（%）	累积百分比（%）
有效样本	中心城区	91	28.4	28.5	28.5
	边缘城区	14	4.4	4.4	32.9
	城乡结合部	39	12.2	12.2	45.1
	城区以外的镇/乡镇中心	16	5.0	5.0	50.2
	乡镇附近	67	20.9	21.0	71.2
	离乡镇较远的地区	91	28.4	28.5	99.7
	其他	1	0.3	0.3	100.0
	小计	319	99.7	100.0	
缺失值		1	0.3		
总计		320	100.0		

2. 本社区（村、居）类型

如表 3-1-2 所示，317 个有效样本报告了本社区的类型，"农村（地处农村中心区）社区"占有效响应次数的 42.3%，其次是"混合的单位社区"，占 17.1%，紧接着是"未经改造的老城区（街坊型社区）"，占 15.5%。

表 3-1-2　　　　　　　　　　受访社区类型的分布情况

	响应次数		占有效样本的百分比（%）
	频数	百分比（%）	
未经改造的老城区（街坊型社区）	66	15.5	20.8
单一的单位社区（企事业单位）	17	4.0	5.4
混合的单位社区	73	17.1	23.0
保障性住房社区	12	2.8	3.8
普通商品房小区	42	9.9	13.2
别墅区或高级住宅区	3	0.7	0.9
新近由农村社区转变过来的城镇社区农村	24	5.6	7.6
农村（地处农村中心区）社区	180	42.3	56.8
特殊型（林场/矿区/校区等）社区	3	0.7	0.9
其他类型	6	1.4	1.9
总计	426	100.0	134.4

3. 本社区（村、居）总面积及（农村）本村人均耕地面积

（1）本社区（村、居）总面积为多少平方公里？

如表 3-1-3-1 所示，在 318 个有效样本中，受访社区面积大多以 5 平方公里以下为主，占有效样本的 62.8%，其次是"5~10 平方公里"占有效样本的 20.8%。

表 3-1-3-1　　　　　　　　　　受访社区总面积的分布情况

		频数	百分比（%）	有效百分比（%）	累积百分比（%）
有效样本	5 平方公里以下	200	62.8	62.8	62.8
	5~10 平方公里	66	20.8	20.8	83.6
	10~20 平方公里	25	7.9	7.9	91.5
	20 平方公里以上	27	8.5	8.5	100.0
	总计	318	100.0	100.0	

均值=6.62 平方公里，众数=2.5 平方公里，最小值=0.04 平方公里，最大值=53.89 平方公里

（2）农村人均耕地面积为多少亩？

如表 3-1-3-2 所示，184 个有效样本报告本村耕种面积的村中人均耕地情况，以人均耕种面积低于 1 亩的居多，占有效样本的 49.5%，其次是 1~2 亩的占 46.2%，出现最多的 1 亩，最低为 0.01 亩，最高为 8.55 亩，平均为 1.23 亩。

表 3-1-3-2　　　　　　　　受访村庄人均耕种面积的分布情况

		频数	百分比（%）	有效百分比（%）	累积百分比（%）
有效样本	1亩以下	91	49.5	49.5	49.5
	1~2亩	85	46.2	46.2	95.7
	2~3亩	6	3.3	3.3	98.9
	3亩以上	2	1.1	1.1	100.0
	小计	184	100.0	100.0	

均值=1.23亩，众数=1，最小值=0.01亩，最大值=8.55亩

4. 本社区（村、居）2014年底的户籍登记总人口数

如表3-1-4所示，在319个有效样本中，受访社区2014年底的户籍登记总人口以2500人以下的居多，占有效样本的34.5%，其次是2500~5000人，占32.3，再次是7500人以上，占21.9%，出现最多的是1508人，最小的是228人，最大的是157252人，平均为6253.25人。

表 3-1-4　　　　　　　　受访社区2014年户籍登记总人口数的分布情况

		频数	百分比（%）	有效百分比（%）	累积百分比（%）
有效样本	2500人以下	110	34.5	34.5	34.5
	2500~5000人	103	32.3	32.3	66.8
	5000~7500人	36	11.3	11.3	78.1
	7500人以上	70	21.9	21.9	100.0
	总计	319	100.0	100.0	

均值=6253.25人，众数=1508人，最小值=228人，最大值=157252人

5. 本社区（村、居）2014年底常住人口的总人口数，以及农村长期在外打工的青年人大约占青壮年劳力的比例

（1）本社区（村、居）2014年底常住人口的总人口数。

如表3-1-5-1所示，在319个有效样本中，2014年底常住人口的总人口数以低于2500人的居多，占有效样本的37.3%，其次是7500人以上，占27.9%，再次是2500~5000人，占22.6%。出现最多的是1800人，最小的228人，最大的43316人，平均为5818.31人。

表 3-1-5-1　　　　　受访社区 2014 年底常住人口总数的分布情况

		频数	百分比（%）	有效百分比（%）	累积百分比（%）
有效样本	2500 人以下	119	37.3	37.3	37.3
	2500~5000 人	72	22.6	22.6	59.9
	5000~7500 人	39	12.2	12.2	72.1
	7500 人以上	89	27.9	27.9	100.0
	总计	319	100.0	100.0	

均值=5818.31 人，众数=1800 人，最小值=228 人，最大值=43316 人

（2）农村长期在外打工的青年人大约占青壮年劳力的比例。

如表 3-1-5-2 所示，有 201 个受访村庄报告了本村长期在外打工的青年占青壮年劳力的比例情况。该比例超过 50% 以上的村庄占有效样本的 59.2%，其中 50%~70% 占有效样本的 33.8%。出现最多的为 70%，最小的为 5.9%，最大的为 95%，平均为 55.46%。说明大部分农村青年都在外打工。

表 3-1-5-2　　　受访村庄长期在外打工的青年人大约占青壮年劳力的比例情况

		频数	百分比（%）	有效百分比（%）	累积百分比（%）
有效样本	30% 以下	45	22.4	22.4	22.4
	30%~50%	37	18.4	18.4	40.8
	50%~70%	68	33.8	33.8	74.6
	70% 以上	51	25.4	25.4	100.0
	总计	201	100.0	100.0	

均值=55.46%，众数=70%，最小值=5.9%，最大值=95%

6. 本社区（村、居）2014 年底的户籍登记老年人口（60 周岁及以上）数量

如表 3-1-6 所示，有 319 个受访社区报告了 2014 年底户籍登记老年人口（60 周岁及以上）人数的情况。其中，500 人以下的占有效样本的 41.4%，其次是 500~1000 人，占 31%。出现最多的为 493 人，最小的为 35 人，最大的为 11242 人，平均为 863.29 人。

表 3-1-6　　　　受访社区 2014 年底户籍登记 60 周岁以上人口数量的分布情况

		频数	百分比（%）	有效百分比（%）	累积百分比（%）
有效样本	500 人以下	132	41.4	41.4	41.4
	500~1000 人	99	31.0	31.0	72.4
	1000~1500 人	36	11.3	11.3	83.7
	1500 人以上	52	16.3	16.3	100.0
	总计	319	100.0	100.0	

均值=863.29 人，众数=493 人，最小值=35 人，最大值=11242 人

7. 本社区（村、居）2014年底的户籍登记老年人口（80周岁及以上）数量

如表3-1-7所示，有319个受访社区报告了2014年底户籍登记老年人口（80周岁及以上）人数的情况。其中，50人以下的占有效样本的33.5%，其次是50~100人，占29.8%。出现最多的为38人，最小的为4人，最大的为773人，平均为112.16人。

表3-1-7　　受访社区2014年底户籍登记80周岁以上人口数量的分布情况

		频数	百分比（%）	有效百分比（%）	累积百分比（%）
有效样本	50人以下	107	33.5	33.5	33.5
	50~100人	95	29.8	29.8	63.3
	100~150人	46	14.4	14.4	77.7
	150人以上	71	22.3	22.3	100.0
	总计	319	100.0	100.0	

均值=112.16人，众数=38人，最小值=4人，最大值=773人

8. 本社区（村、居）2014年底的户籍登记老年人口（100周岁及以上）数量

如表3-1-8所示，仅有51个受访社区报告了2014年底的户籍登记100周岁及以上老年人口数量的情况。其中，大部分社区都有1个，占有效样本的78.8%，其次是2个的，占有效样本的13.5%。出现最多的是1个，最大的为5个。

表3-1-8　　受访社区2014年底户籍登记100周岁及以上人口数量的分布情况

		频数	百分比（%）	有效百分比（%）	累积百分比（%）
有效样本	1个	41	80.4	80.4	80.4
	2个	7	13.7	13.7	94.1
	3个	2	3.9	3.9	98.0
	5个	1	2.0	2.0	100.0
	总计	51	100.0	100.0	

9. 本社区（村、居）2014年获得低保救助的老年人数量

如表3-1-9所示，有300个受访社区报告了2014年获得低保救助的老年人数量的情况。其中，以50人以下的居多，占有效样本的68.7%，其次是50~100人，占22%。出现最多的为1人，最小的为1人，最大的为831人，平均为45.84人。

10. 本社区（村、居）2014年被纳入"三无"/"五保"救助的老年人数量

如表3-1-10所示，有239个社区报告了本社区2014年被纳入"三无"/"五保"救助的老年人数量情况。以10人以下居多，占有效样本的70.3%，其次是10~30人，占25.1%。出现最多和最小的均为1人，最大的为58人，平均为8.88人。

表 3-1-9　　　　　受访社区 2014 年获得低保救助的老年人数量的分布情况

		频数	百分比（%）	有效百分比（%）	累积百分比（%）
有效样本	50 人以下	206	68.7	68.7	68.7
	50~100 人	66	22.0	22.0	90.7
	100~150 人	16	5.3	5.3	96.0
	150 人以上	12	4.0	4.0	100.0
	总计	300	100.0	100.0	

均值=45.84 人，众数=1 人，最小值=1 人，最大值=831 人

表 3-1-10　受访社区 2014 年被纳入"三无"/"五保"救助的老年人数量的分布情况

		频数	百分比（%）	有效百分比（%）	累积百分比（%）
有效样本	10 人以下	168	70.3	70.3	70.3
	10~30 人	60	25.1	25.1	95.4
	30 人以上	11	4.6	4.6	100.0
	总计	239	100.0	100.0	

均值=8.88 人，众数=1 人，最小值=1 人，最大值=58 人

第二节　基础设施和活动场所

1. 本社区（村、居）的主要道路类型

如表 3-2-1 所示，在 320 个有效样本中，有 78.8% 的受访社区的主要道路属于水泥路，其次有 18.7% 的为柏油路。

表 3-2-1　　　　　　　受访社区主要道路类型的分布情况

		频数	百分比（%）	有效百分比（%）	累积百分比（%）
有效样本	柏油路	60	18.7	18.7	18.7
	水泥路	252	78.8	78.8	97.5
	土路	3	0.9	0.9	98.4
	沙石路	5	1.6	1.6	100.0
	总计	320	100.0	100.0	

2. 本社区（村、居）主要炊事燃料

如表 3-2-2 所示，319 个有效样本中，有 51.9% 的主要炊事燃料为燃气，其次是柴草，占 29.8%。

表 3-2-2　　　　　　　　　受访社区主要炊事燃料的分布情况

		频数	百分比（%）	有效百分比（%）	累积百分比（%）
有效样本	燃气	166	51.8	51.9	51.9
	煤炭	13	4.1	4.1	56.1
	电	28	8.8	8.8	64.9
	沼气	6	1.9	1.9	66.8
	柴草	95	29.7	29.8	96.6
	其他	11	3.4	3.4	100.0
	小计	319	99.7	100.0	
缺失值		1	0.3		
总计		320	100.0		

3. 本社区（村、居）饮用水类型

如表 3-2-3 所示，318 个有效样本中有 73.6% 的受访社区饮用水为自来水，其次有 18.9% 使用的是井水。

表 3-2-3　　　　　　　　　受访社区饮用水类型的分布情况

		频数	百分比（%）	有效百分比（%）	累积百分比（%）
有效样本	井水	60	18.8	18.9	18.9
	自来水（管道）	234	73.1	73.6	92.5
	地表水	22	6.9	6.9	99.4
	其他	2	0.6	0.6	100.0
	小计	318	99.4	100.0	
缺失值		2	0.6		
总计		320	100.0		

4. 本社区（村、居）是否集中供暖

如表 3-2-4 所示，320 个受访社区中是集中供暖的仅有 4.7%，这与农村样本居多有关。

5. 本社区（村、居）是否有下水道系统

如表 3-2-5 所示，有 318 个受访社区报告了本社区的下水道系统情况。有下水道系统的社区和没有下水道系统的社区数量几乎持平。有下水道系统的社区占 50.9%。

表 3-2-4　　　　　　　　　受访社区是否集中供暖的分布情况

		频数	百分比（%）	有效百分比（%）	累积百分比（%）
有效样本	否	305	95.3	95.3	95.3
	是	15	4.7	4.7	100.0
	总计	320	100.0	100.0	

表 3-2-5　　　　　　　　　受访社区是否有下水道系统的分布情况

		频数	百分比（%）	有效百分比（%）	累积百分比（%）
有效样本	否	156	48.8	49.1	49.1
	是	162	50.6	50.9	100.0
	小计	318	99.4	100.0	
缺失值		2	0.6		
总计		320	100.0		

6. 本社区（村、居）的垃圾处理方式

如表 3-2-6 所示，320 个受访社区中有 75% 的垃圾处理方式是采用"集中处理"。

表 3-2-6　　　　　　　　　受访社区垃圾处理方式的分布情况

		频数	百分比（%）	有效百分比（%）	累积百分比（%）
有效样本	集中处理	240	75.0	75.0	75.0
	自行处理	77	24.1	24.1	99.1
	其他	3	0.9	0.9	100.0
	总计	320	100.0	100.0	

7. 本社区（村、居）有哪些公共无障碍设施

如表 3-2-7 所示，有 313 个受访社区报告了公共无障碍设施的情况。"都没有"的占有效响应次数的 35.5%，其次是清晰的标志占 20%，坡道占 17.6%。

8. 本社区（村、居）公共活动用房面积为多少平方米

如表 3-2-8 所示，有 294 个受访社区报告了本社区公共活动用房面积的大小情况。其中，以低于 300 平方米的居多，占有效样本的 52.7%，其次是 300~500 平方米，占 19.7%。出现最多的为 300 平方米，最低的为 20 平方米，最高的为 8000 平方米，平均为 513.48 平方米。

表 3-2-7　　　　　受访社区公共无障碍设施的分布情况

	响应次数		占有效样本的
	频数	百分比（%）	百分比（%）
坡道	80	17.6	25.6
无障碍电梯	15	3.3	4.8
无障碍厕所或厕位	49	10.8	15.7
低位柜台或电话	33	7.3	10.5
清晰的标志	91	20.0	29.1
字幕提示和语音提示	25	5.5	8.0
都没有	161	35.5	51.4
总计	454	100.0	145.0

表 3-2-8　　　　　受访社区公共活动用房面积大小的分布情况

		频数	百分比（%）	有效百分比（%）	累积百分比（%）
有效样本	300 平方米以下	155	52.7	52.7	52.7
	300~500 平方米	58	19.7	19.7	72.4
	500~800 平方米	31	10.6	10.6	83.0
	800 平方米以上	50	17.0	17.0	100.0
	总计	294	100.0	100.0	

均值=513.48 平方米，众数=300 平方米，最小值=20 平方米，最大值=8000 平方米

9. 本社区（村、居）公共活动用房建设年代

如表 3-2-9 所示，有 301 个受访社区报告了本社区公共活动用房建设的年代。有 64.5%的是"近十年内新建"的，其次是"80—90 年代"建的，占有效样本的 30.9%，而 80 年代以前的累积不足有效样本的 5%。

表 3-2-9　　　　　受访社区公共活动用房建设年代的分布情况

		频数	百分比（%）	有效百分比（%）	累积百分比（%）
有效样本	40—50 年代	1	0.3	0.3	0.3
	60—70 年代	13	4.1	4.3	4.6
	80—90 年代	93	29.1	30.9	35.5
	近十年内新建	194	60.6	64.5	100.0
	小计	301	94.1	100.0	
缺失值		19	5.9		
总计		320	100.0		

10. 本社区（村、居）附近（半径1000米）基础公共设施情况

（1）公共基础设施。

如表3-2-10-1所示，320个受访社区报告了本社区附近（半径1000米）公共设施的分布情况。其中，"商店/超市/便利店/百货点"占有效响应次数的11.7%，其次是社区（村、居）社区服务中心/站，占10.3%，然后是学校，占9.6%，"都没有"的仅有0.5%。

表3-2-10-1　　　　　　　　受访社区公共基础设施的分布情况

	响应次数		占有效样本的百分比（%）
	频数	百分比（%）	
汽车站	166	7.2	51.9
加油站	114	4.9	35.6
邮局/储蓄所	128	5.5	40.0
商店/超市/便利店/百货点	271	11.7	84.7
农贸市场	150	6.5	46.9
学校	222	9.6	69.4
图书馆/文化站	117	5.1	36.6
派出所/警务室/治安岗亭	165	7.2	51.6
社区（村、居）社区服务中心/站	238	10.3	74.4
邮局/储蓄	88	3.8	27.5
银行（支行）/信用社（不含邮局/储蓄所）	155	6.7	48.4
电影院/剧院	41	1.8	12.8
公共厕所（公共场所）	177	7.7	55.3
餐馆/饭店/酒店	201	8.7	62.8
公园	62	2.7	19.4
都没有	12	0.5	3.8
总计	2307	100.0	720.9

（2）养老设施基本情况。

如表3-2-10-2所示，有319个社区报告了养老设施基本情况，"都没有"的社区占有效样本的58.8%。有养老机构的占21.8%，有日间照料中心的为19.4%。

（3）医疗卫生机构基本情况。

如表3-2-10-3所示，320个受访社区中有"社区卫生服务中心/站"的占有效响应次数的28.2%，其次是"诊所"和"药店"，分别为26.2%和21.6%。

表 3-2-10-2　　　　　　　　受访社区老设施的分布情况

	响应次数		占有效样本的百分比（%）
	频数	百分比（%）	
养老机构（敬老院/福利院/光荣院等）	73	21.8	22.9
社区日间照料中心	65	19.4	20.4
都没有	197	58.8	61.8
总计	335	100.0	105.0

表 3-2-10-3　　　　　　　　受访社区医疗卫生机构的分布情况

	响应次数		占有效样本的百分比（%）
	频数	百分比（%）	
医院	91	12.1	28.4
诊所	197	26.2	61.6
社区卫生服务中心/站	212	28.2	66.3
老年保健中心（残疾人康复/保健中心）	26	3.5	8.1
乡镇卫生院	59	7.8	18.4
药店	163	21.6	50.9
都没有	5	0.7	1.6
总计	753	100.0	235.3

（4）文体设施情况。

如表3-2-10-4所示，有318个受访社区报告了本社区文体设施的情况。"露天健身器材场地（乒乓球/台球场地/等）"占有效响应次数的29.2%，其次是"室内活动场所（棋牌活动室/乒乓球/等）"和"老年活动中心/站（老年星光之家/农村幸福大院）"，分别占24.9%和20.8%。

表 3-2-10-4　　　　　　　　受访社区文体设施的分布情况

	响应次数		占有效样本的百分比（%）
	频数	百分比（%）	
老干部活动中心	58	8.1	18.2
老年活动中心/站（老年星光之家/农村幸福大院）	148	20.8	46.5
露天健身器材场地（乒乓球/台球场地/等）	208	29.2	65.4
室内活动场所（棋牌活动室/乒乓球/等）	177	24.9	55.7
教堂/庙宇寺庙/清真寺	44	6.2	13.8
家族祠堂	25	3.5	7.9
都没有	52	7.3	16.4
总计	712	100.0	223.9

第三节 老龄服务体系建设

1. 生活服务类

如表 3-3-1 所示,320 个受访社区报告了生活服务类的提供情况。"便民服务(代缴费/充值、快递服务等)"占有效响应次数的 26.6%,其次是"法律/维权服务",占 22.2%。

表 3-3-1　　　　　　　　受访社区生活服务类的分布情况

	响应次数		占有效样本的百分比(%)
	频数	百分比(%)	
老年餐桌	8	1.2	2.5
家政服务(家政服务公司提供)	78	11.9	24.4
陪同购物	6	0.9	1.9
便民服务(代缴费/充值、快递服务等)	175	26.6	54.7
托老服务(日间照料中心/站)	50	7.6	15.6
理财服务	18	2.7	5.6
法律/维权服务	146	22.2	45.6
老年婚介服务	12	1.8	3.8
殡葬服务	73	11.1	22.8
都没有	92	14.0	28.8
总计	658	100.0	205.6

2. 医疗、康复服务类

如表 3-3-2 所示,320 个受访社区报告了医疗和康复服务类的提供情况。"健康讲座"占有效响应次数的 24%,其次是"上门看病",占 22.2%,"康复服务"占 10.1%。值得注意的是,"都没有"占有效响应次数的 20.6% 且占有效样本的 36.3%。

3. 文化娱乐、社会参与服务类

如表 3-3-3 所示,320 个受访社区报告了文化娱乐、社会参与类服务的提供情况。其中,"棋牌娱乐等"占有效响应次数的 29%,其次是"读书看报",占 28.6%,然后是"球类活动",占 17.6%。

表 3-3-2　　　　　受访社区医疗、康复服务类的分布情况

	响应次数		占有效样本的
	频数	百分比（%）	百分比（%）
健康讲座	135	24.0	42.2
陪同看病	18	3.2	5.6
上门看病	125	22.2	39.1
家庭病床	17	3.0	5.3
康复服务	57	10.1	17.8
上门护理	29	5.2	9.1
心理咨询	53	9.4	16.6
康复辅具租赁/出售	13	2.3	4.1
都没有	116	20.6	36.3
总计	563	100.0	175.9

表 3-3-3　　　　　受访社区文化娱乐、社会参与服务类的分布情况

	响应次数		占有效样本的
	频数	百分比（%）	百分比（%）
棋牌娱乐等	222	29.0	69.4
球类活动	135	17.6	42.2
读书看报	219	28.6	68.4
老年人再就业服务	11	1.4	3.4
老年学校/大学	47	6.1	14.7
旅游咨询	29	3.8	9.1
老年人上网服务	27	3.5	8.4
老年人交友服务	16	2.1	5.0
都没有	60	7.8	18.8
总计	766	100.0	239.4

第四节　老龄工作现状与规划

1. 2014 年，本社区（村、居）用于老龄工作的经费及老龄工作经费的拨款方式

（1）2014 年，本社区（村、居）用于老龄工作的经费。

如表 3-4-1-1 所示，129 个社区报告了 2014 年用于老龄工作的经费情况。其中以"1万元以下"居多，占有效样本的 61.2%，其次是"1 万~3 万元"，占 26.4%。

表 3-4-1-1　　　　　受访社区 2014 年用于老龄工作经费的分布情况

		频数	百分比（%）	有效百分比（%）	累积百分比（%）
有效样本	1 万元以下	79	61.2	61.2	61.2
	1 万~3 万元	34	26.4	26.4	87.6
	3 万~5 万元	4	3.1	3.1	90.7
	5 万元以上	12	9.3	9.3	100.0
	总计	129	100.0	100.0	

均值 = 1.99 万元，众数 = 1 万元，最小值 = 0.1 万元，最大值 = 25 万元

（2）老龄工作经费的拨款方式。

如表 3-4-1-2 所示，有 132 个受访社区报告了老龄工作经费的拨款方式，其中以"一事一议"的居多，占有效样本的 59.8%，其次是"固定经费"，占 22%。

表 3-4-1-2　　　　　受访社区老龄工作经费拨款方式的分布情况

		频数	百分比（%）	有效百分比（%）	累积百分比（%）
有效样本	一事一议	79	24.7	59.8	59.8
	固定经费	29	9.1	22.0	81.8
	按人头拨付	8	2.5	6.1	87.9
	其他	16	5.0	12.1	100.0
	小计	132	41.3	100.0	
缺失值		188	58.8		
总计		320	100.0		

2. 本社区（村、居）老龄工作机构/老年人组织

如表 3-4-2 所示，314 个受访社区报告了老龄工作机构或组织的情况。"老年协会"占有效响应次数的 32.5%，其次是"老年志愿组织"，占 20.7%。

表 3-4-2　　　　　受访社区拥有老年工作机构或组织的分布情况

	响应次数		占有效样本的百分比（%）
	频数	百分比（%）	
老龄/老年事务处/科/组	23	4.5	7.3
老年协会	166	32.5	52.9
老年志愿组织	106	20.7	33.8
老年兴趣小组	67	13.1	21.3
老年学校	44	8.6	14.0
其他	6	1.2	1.9
都没有	99	19.4	31.5
总计	511	100.0	162.7

3. 2015 年以来，本社区（村、居）组织老年人文化娱乐活动情况

如表 3-4-3 所示，有 127 个受访社区报告了 2015 年以来组织老年人文化娱乐活动的情况。其中，"歌舞活动"占有效响应次数的 28.6%，其次是"健身活动"，占 23.7%，再次是"书画活动"，占 17.2%。

表 3-4-3　　　受访社区 2015 年以来组织老年人文化娱乐活动的分布情况

	响应次数		占有效样本的百分比（%）
	频数	百分比（%）	
歌舞活动	93	28.6	73.2
戏曲活动	43	13.2	33.9
书画活动	56	17.2	44.1
健身活动	77	23.7	60.6
集体旅游	18	5.5	14.2
其他活动	21	6.5	16.5
都没有	17	5.2	13.4
总计	325	100.0	255.9

4. 2015 年以来，本社区（村、居）开展老龄工作情况

（1）落实老龄政策法规。

如表 3-4-4-1 所示，320 个受访社区报告了 2015 年以来开展老龄工作情况。"'五保'老年人供养"占有效响应次数的 29.8%，其次是"农村计划生育家庭奖励扶助制度"，占 28.6%，再次是"最低生活保障制度"，占 23.8%。

表 3-4-4-1　　　受访社区 2015 年以来开展老龄工作的分布情况

	响应次数		占有效样本的百分比（%）
	频数	百分比（%）	
最低生活保障制度	155	23.8	48.4
"三无"老年人供养	115	17.8	35.9
农村计划生育家庭奖励扶助制度	186	28.6	58.1
"五保"老年人供养	194	29.8	60.6
总计	650	100.0	203.1

（2）完善老龄服务设施。

如表 3-4-4-2 所示，240 个受访社区报告了 2015 年以来完善老龄服务设施的情况。"解决老年人活动场所不足问题"占有效响应次数的 24.7%，其次是"老年大学（学

校）"和"老年活动中心（站、室）",均占 24.1%,然后是老龄服务机构,占 23.9%。

表 3-4-4-2　　受访社区 2015 年以来完善老龄服务设施的分布情况

	响应次数		占有效样本的百分比（%）
	频数	百分比（%）	
老龄服务机构	120	23.9	50.0
老年活动中心（站、室）	121	24.1	50.4
老年大学（学校）	121	24.1	50.4
解决老年人活动场所不足问题	124	24.7	51.7
开展幸福大院	16	3.2	6.7
总计	502	100.0	209.2

（3）建设老龄服务体系。

如表 3-4-4-3 所示,319 个受访社区报告了 2015 年以来建设老龄服务体系的情况。"开展老年人定期免费体检"占有效响应次数的 27.1%,其次是"加强志愿者队伍建设",占 13.1%,再次是"加强社区生活照料、医疗卫生等便捷老龄服务建设"和"开展健康管理服务",分别占 11.8%和 11.9%。

表 3-4-4-3　　受访社区 2015 年以来建设老龄服务体系的分布情况

	响应次数		占有效样的百分比（%）
	频数	百分比（%）	
加强社区生活照料、医疗卫生等便捷老龄服务建设	105	11.8	32.9
开展老年人定期免费体检	241	27.1	75.5
鼓励和引导社会力量参与老龄服务业发展	87	9.8	27.3
开展健康管理服务	106	11.9	33.2
加强老龄服务队伍建设	85	9.6	26.6
加强志愿者队伍建设	117	13.1	36.7
加大老龄服务培训工作	43	4.8	13.5
建设老龄服务网络/信息化建设	55	6.2	17.2
都没有	51	5.7	16.0
总计	890	100.0	279.0

（4）维护老年人合法权益。

如表 3-4-4-4 所示,318 个受访社区报告了 2015 年以来维护老年人合法权益的情况。"落实城乡老年人优待政策"占有效响应次数的 26.2%,其次是"调解涉老纠纷",占 25.6%,再次是"开展《老年人权益保障法》普法宣传",占 19.1%。

表 3-4-4-4　受访社区 2015 年以来维护老年人合法权益的分布情况

	响应次数		占有效样的
	频数	百分比（%）	百分比（%）
开展《老年人权益保障法》普法宣传	161	19.1	50.6
落实城乡老年人优待政策	221	26.2	69.5
开设为老法律服务热线	50	5.9	15.7
调解涉老纠纷	216	25.6	67.9
推动签订家庭养老赡养协议	20	2.4	6.3
提供法律援助和法律服务	114	13.5	35.8
监管老龄用品市场，保护老年消费者合法权益	23	2.7	7.2
都没有	39	4.6	12.3
总计	844	100.0	265.4

（5）组织开展老年文化、教育、体育活动。

如表 3-4-4-5 所示，有 315 个受访社区报告了 2015 年以来组织开展老年文化、教育、体育活动的情况。"开展文体娱乐活动"占有效响应次数的 27.6%，其次是"举办健康讲座"，占 17.9%，再次是"加强基层老年人组织建设"，占 13.9%。

表 3-4-4-5　受访社区 2015 年以来组织开展老年文化、教育、体育活动的分布情况

	响应次数		占有效样的
	频数	百分比（%）	百分比（%）
举办健康讲座	124	17.9	39.4
培训老年文化、体育骨干	61	8.8	19.4
开展文体娱乐活动	191	27.6	60.6
组织/参与县（市、区）级大型老年文化体育活动	73	10.5	23.2
开办老年教育（老年大学/学校/老年远程教育）	44	6.4	14.0
加强基层老年人组织建设	96	13.9	30.5
都没有	103	14.9	32.7
总计	692	100.0	219.7

5. 本社区（村、居）老年人能够获得哪些特殊帮助

如表 3-4-5 所示，319 个受访社区报告了本社区为老年人提供的特殊帮助情况。其中，"高龄补贴"占有效响应次数的 22.5%，其次是"低保救助"，占 21.9%，再次是"特困老年人生活补贴"，占 15%。

表 3-4-5　　　　　　　　受访社区为老年人提供特殊帮助的分布情况

	响应次数		占有效样的
	频数	百分比（%）	百分比（%）
法律援助	162	11.7	50.8
高龄补贴	311	22.5	97.5
特困老年人生活补贴	207	15.0	64.9
特困老年人医疗救助	152	11.0	47.6
低保救助	302	21.9	94.7
失独家庭帮扶	169	12.2	53.0
老年心理关爱	73	5.3	22.9
都没有	4	0.3	1.3
总计	1380	100.0	432.6

6. 本社区（村、居）缺少哪种类型的老龄服务人员

如表 3-4-6 所示，314 个受访社区报告了缺乏的老龄服务人员类型的情况。其中"全科医生"占有效响应次数的 23.1%，然后是"护理员"和"家政服务人员"，分别占 21.6% 和 20.5%。

表 3-4-6　　　　　　　　受访社区缺乏老龄服务人员类型的分布情况

	响应次数		占有效样的
	频数	百分比（%）	百分比（%）
家政服务人员	212	20.5	67.5
护理员	224	21.6	71.3
全科医生	239	23.1	76.1
志愿者	173	16.7	55.1
社会工作者	178	17.2	56.7
其他	1	0.1	0.3
都不缺	8	0.8	2.5
总计	1035	100.0	329.6

7. 2014 年底，本社区（村、居）"纯老户"数量，以及（农村）2014 年底，本村委会"留守老年人"数量

（1）2014 年底，本社区（村、居）"纯老户"有多少户？

如表 3-4-7-1 所示，311 个受访社区报告了 2014 年底本社区"纯老户"的数量情况。"低于 50 户"的，占有效样本的 55.3%，其次是"50~100 户"的，占 17.7%。出现最多的为 10 户，最小的 0 户，最大的 965 户，平均为 95.19 户。

表 3-4-7-1　受访社区 2014 年底"纯老户"数量的分布情况

		频数	百分比（%）	有效百分比（%）	累积百分比（%）
有效样本	低于 50 户	172	55.3	55.3	55.3
	50~100 户	55	17.7	17.7	73.0
	100~200 户	38	12.2	12.2	85.2
	200 户以上	46	14.8	14.8	100.0
	总计	311	100.0	100.0	

均值=95.19 户，众数=10 户，最小值=0 户，最大值=965 户

（2）（农村）2014 年底，本村委会"留守老年人"有多少人？

如表 3-4-7-2 所示，207 个受访社区报告了本村委会 2014 年底"留守老年人"的数量情况。"低于 50 户"的占有效样本的 46.4%，其次是"100~200 户"，占 20.7%。出现最多和最小的均为 0 户，最大的为 728 户，平均为 110.52 户。

表 3-4-7-2　受访社区 2014 年底"留守老年人"数量的分布情况

		频数	百分比（%）	有效百分比（%）	累积百分比（%）
有效样本	低于 50 户	96	46.4	46.4	46.4
	50~100 户	36	17.4	17.4	63.8
	100~200 户	43	20.7	20.7	84.5
	200 户以上	32	15.5	15.5	100.0
	总计	207	100.0	100.0	

均值=110.52 户，众数=0 户，最小值=0 户，最大值=728 户

8. 目前，本社区（村、居）对"纯老户/留守老年人"是否有专门的帮扶措施

如表 3-4-8 所示，有 263 个受访社区报告了本社区当前对"纯老户/留守老年人"专门帮扶措施的情况。其中，有帮扶措施的占有效样本的 35.7%。

表 3-4-8　受访社区对"纯老户/留守老年人"专门帮扶措施的分布情况

		频数	百分比（%）	有效百分比（%）	累积百分比（%）
有效样本	没有	169	52.8	64.3	64.3
	有	94	29.4	35.7	100.0
	小计	263	82.2	100.0	
缺失值		57	17.8		
总计		320	100.0		

9. 2015年以来，本社区（村、居）发生了虐待/不赡养老年人的情况

如表3-4-9所示，有318个受访社区报告了本社区2015年以来发生虐待/不赡养老年人案例数的情况。其中，没有发生的占有效样本的79.9%，有1例的占12.3%。

表3-4-9　受访社区2015年以来发生虐待/不赡养老年人案例数的分布情况

		频数	百分比（%）	有效百分比（%）	累积百分比（%）
有效样本	0件	254	79.4	79.9	79.9
	1件	39	12.2	12.3	92.2
	2件	15	4.7	4.7	96.9
	3件	7	2.2	2.2	99.1
	5件	3	0.9	0.9	100.0
	小计	318	99.4	100.0	
缺失值		2	0.6		
总计		320	100.0		

10. 2015年以来，本社区（村、居）发生老年人受骗上当的案例

如表3-4-10所示，317个受访社区报告了本社区2015年以来发生老年人上当受骗的情况。"5例以下"的占有效样本的93.1%，5例以上累积仅有6.9%，最高的出现次数为110例，平均为1.93例。

表3-4-10　受访社区2015年以来发生老年人上当受骗案例数的分布情况

		频数	百分比（%）	有效百分比（%）	累积百分比（%）
有效样本	5例以下	295	93.1	93.1	93.1
	5~10例	13	4.1	4.1	97.2
	10例以上	9	2.8	2.8	100.0
	总计	317	100.0	100.0	
均值=1.93例，众数=0例，最小值=0例，最大值=110例					

11. 2015年以来，本社区（村、居）发生老年人犯罪的案例

如表3-4-11所示，大部分受访社区未发生老年人犯罪情况，占有效样本的97.8%，发生1起及以上的仅占有效样本的2.2%。

12. 本社区（村、居）有多少老年人办理了优待证（卡）

如表3-4-12所示，314个受访社区报告了本社区办理过优待证的老年人数量情况。其中，"100人以下"的占有效样本的61.8%，其次是"300人以上"，占27.1%。最大值为2500人，平均为257.94人。

表 3-4-11　　　　受访社区 2015 年以来发生老年人犯罪案例的分布情况

		频数	百分比（%）	有效百分比（%）	累积百分比（%）
有效样本	0 件	311	97.8	97.8	97.8
	1 件	6	1.9	1.9	99.7
	3 件	1	0.3	0.3	100.0
	总计	318	100.0	100.0	

表 3-4-12　　　　受访社区办过老年优待证人数的分布情况

		频数	百分比（%）	有效百分比（%）	累积百分比（%）
有效样本	100 人以下	194	61.8	61.8	61.8
	100~200 人	24	7.6	7.6	69.4
	200~300 人	11	3.5	3.5	72.9
	300 人以上	85	27.1	27.1	100.0
	总计	314	100.0	100.0	

均值=257.94 人，众数=0 人，最小值=0，最大值=2500 人

13. 目前，本社区（村、居）入住养老机构的老年人共有多少人

如表 3-4-13 所示，有 315 个村报告了本社区目前入住养老机构老年人数量的情况。其中，"30 人以下"的占有效样本的 94%，而 30 人以上的累积不超过 6%。数量最高的社区有 1398 人，均值为 12.83 人。

表 3-4-13　　　　受访社区目前入住养老机构的老年人数量的分布情况

		频数	百分比（%）	有效百分比（%）	累积百分比（%）
有效样本	30 人以下	296	94.0	94.0	94.0
	30~50 人	12	3.8	3.8	97.8
	50~100 人	3	1.0	1.0	98.8
	100 人以上	4	1.2	1.2	100.0
	总计	315	100.0	100.0	

均值=12.83 人，众数=0 人，最小值=0 人，最大值=1398 人

第四章 受访乡镇（街道）老龄工作基本情况

第一节 地理与人口情况

1. 本乡镇（街道）地理位置

如表4-1-1所示，有79个受访乡镇（街道）样本报告了地理位置情况。其中，以"县（市、区）城区以外的镇"居多，占有效样本的44.3%，其次是"县（市、区）城的中心城区"，占32.9%。

表4-1-1　　　　　　　　受访乡镇（街道）地理位置分布情况

		频数	百分比（%）	有效百分比（%）	累积百分比（%）
有效样本	县（市、区）城的中心城区	26	32.5	32.9	32.9
	县（市、区）城的边缘城区	8	10.0	10.1	43.0
	县（市、区）城的城乡结合部	10	12.5	12.7	55.7
	县（市、区）城区以外的镇	35	43.8	44.3	100.0
	小计	79	98.8	100.0	
缺失值		1	1.2		
总计		80	100.0		

2. 本乡镇（街道）总面积为多少平方公里

如表4-1-2所示，80个受访乡镇（街道）中"50平方公里以下"的占32.5%，其次是"100~200平方公里"，占23.8%。出现最多的为82平方公里，最小的为0.82平方公里，最大的为525平方公里，平均为115.4平方公里。

3. 本乡镇（街道）2014年底的常住总人口数

如表4-1-3所示，80个受访乡镇（街道）2014年底的常住总人口数在"5万以下"和"5万~10万"的持平，占有效样本的38.8%，其次是"10万~15万"，占16.3%。出现最多的为10.2万人，最小值为1.43万人，最大值为29万人，平均为7.28万人。

表 4-1-2　　　　　　　受访乡镇（街道）总面积的分布情况

		频数	百分比（%）	有效百分比（%）	累积百分比（%）
有效样本	50 平方公里以下	26	32.5	32.5	32.5
	50~100 平方公里	18	22.5	22.5	55.0
	100~200 平方公里	19	23.8	23.8	78.8
	200 平方公里以上	17	21.2	21.2	100.0
	总计	80	100.0	100.0	

均值=115.4 平方公里，众数=82 平方公里，最小值=0.82 平方公里，最大值=525 平方公里

表 4-1-3　　　　　受访乡镇（街道）2014 年底的常住总人口数的分布情况

		频数	百分比（%）	有效百分比（%）	累积百分比（%）
有效样本	5 万以下	31	38.8	38.8	38.8
	5 万~10 万	31	38.8	38.8	77.5
	10 万~15 万	13	16.3	16.3	93.8
	15 万以上	5	6.2	6.2	100.0
	总计	80	100.0	100.0	

均值=7.28 万人，众数=10.2 万人，最小值=1.43 万人，最大值=29 万人

4. 本乡镇（街道）2014 年底的户籍总人口数

如表 4-1-4 所示，80 个受访乡镇（街道）中 2014 年底户籍总人口数在"5 万~10 万"的占 47.5%，其次是"5 万以下"，占 36.3%。出现最多的为 7.5 万人，最小值为 0.99 万人，最大值为 20 万人，平均为 6.74 万人。

表 4-1-4　　　　　受访乡镇（街道）2014 年底的户籍总人口数的分布情况

		频数	百分比（%）	有效百分比（%）	累积百分比（%）
有效样本	5 万以下	29	36.3	36.3	36.3
	5 万~10 万	38	47.5	47.5	83.8
	10 万以上	13	16.2	16.2	100.0
	总计	80	100.0	100.0	

均值=6.74 万人，众数=7.5 万人，最小值=0.99 万人，最大值=20 万人

5. 本乡镇（街道）2014 年底的常住老年人口（60 周岁及以上）数

如表 4-1-5 所示，80 个受访乡镇（街道）中 2014 年底常住人口在 60 周岁及以上的人口以"10000 人以下"居多，占有效样本的 43.8%，其次是"10000~15000 人"，占 37.5%。出现最多的为 11694 人，最小值为 3615 人，最大值为 100000 人，平均为 12184.96 人。

表 4-1-5　受访乡镇（街道）2014 年底常住人口在 60 周岁及以上人数的分布情况

		频数	百分比（%）	有效百分比（%）	累积百分比（%）
有效样本	10000 人以下	35	43.8	43.8	43.8
	10000～15000 人	30	37.5	37.5	81.3
	15000 人以上	15	18.7	18.7	100.0
	总计	80	100.0	100.0	

均值 = 12184.96 人，众数 = 11694 人，最小值 = 3615 人，最大值 = 100000 人

6. 本乡镇（街道）2014 年底的户籍老年人口（60 周岁及以上）数

如表 4-1-6 所示，80 个受访乡镇（街道）中 2014 年户籍在 60 周岁及以上的人口以"10000 人以下"居多，占有效样本的 42.5%，其次是"10000～15000 人"，占 41.3%。出现最多的为 12715 人，最小值为 1843 人，最大值为 31267 人，平均为 10316.45 人。

表 4-1-6　受访乡镇（街道）2014 年底户籍在 60 周岁及以上人数的分布情况

		频数	百分比（%）	有效百分比（%）	累积百分比（%）
有效样本	10000 人以下	34	42.5	42.5	42.5
	10000～15000 人	33	41.3	41.3	83.8
	15000 人以上	13	16.2	16.2	100.0
	总计	80	100.0	100.0	

均值 = 10316.45 人，众数 = 12715 人，最小值 = 1843 人，最大值 = 31267 人

7. 本乡镇（街道）2014 年底的户籍老年人口（80 周岁及以上）数

如表 4-1-7 所示，80 个受访乡镇（街道）中 2014 年户籍在 80 周岁及以上的人口以"1000 人以下"居多，占有效样本的 47.5%，其次是"1000～2000 人"，占 33.8%。出现最多的为 542 人，最小值为 62 人，最大值为 4915 人，平均为 1368.8 人。

表 4-1-7　受访乡镇（街道）2014 年底户籍在 80 周岁及以上人数的分布情况

		频数	百分比（%）	有效百分比（%）	累积百分比（%）
有效样本	1000 人以下	38	47.5	47.5	47.5
	1000～2000 人	27	33.8	33.8	81.3
	2000 人以上	15	18.7	18.7	100.0
	总计	80	100.0	100.0	

均值 = 1368.8 人，众数 = 542 人，最小值 = 62 人，最大值 = 4915 人

8. 本乡镇（街道）2014年底的户籍老年人口（100周岁及以上）数

如表4-1-8所示，80个受访乡镇（街道）中2014年户籍在100周岁及以上的以没有的居多，占有效样本的21.3%，其次是有3个，占20%，最多的是有45位100周岁以上老年人。

表4-1-8　受访乡镇（街道）2014年底户籍在100周岁及以上人数的分布情况

		频数	百分比（%）	有效百分比（%）	累积百分比（%）
有效样本	0人	17	21.3	21.3	21.3
	1人	14	17.5	17.5	38.8
	2人	13	16.3	16.3	55.0
	3人	16	20.0	20.0	75.0
	4人	8	10.0	10.0	85.0
	5人	2	2.5	2.5	87.5
	7人	2	2.5	2.5	90.0
	8人	2	2.5	2.5	92.5
	9人	2	2.5	2.5	95.0
	11人	1	1.3	1.3	96.3
	18人	2	2.5	2.5	98.8
	45人	1	1.2	1.2	100.0
	总计	80	100.0	100.0	

9. 本乡镇（街道）2014年底户籍人口家庭户总数

如表4-1-9所示，80个受访乡镇（街道）中2014年底户籍人口家庭总数以"15000户以下"居多，占有效样本的42.5%，其次是"15000~25000户"，占26.3%。最小值为6476户，最大值为84311户，平均为23289.19户。

表4-1-9　受访乡镇（街道）2014年底户籍人口家庭总数的分布情况

		频数	百分比（%）	有效百分比（%）	累积百分比（%）
有效样本	15000户以下	34	42.5	42.5	42.5
	15000~25000户	21	26.3	26.3	68.8
	25000~35000户	9	11.3	11.3	80.1
	35000户以上	16	19.9	19.9	100.0
	总计	80	100.0	100.0	

均值=23289.19户，最小值=6476户，最大值=84311户

10. 本乡镇（街道）管辖的居委会数量

如表 4-1-10 所示，80 个受访乡镇（街道）管辖管委会数量以 1 个居多，占有效样本的 25%，其次是 2 个，占 17.5%，最多的为 24 个。

表 4-1-10　　　　　　　受访乡镇（街道）管辖居委会数量的分布情况

		频数	百分比（%）	有效百分比（%）	累积百分比（%）
有效样本	0 个	5	6.3	6.3	6.3
	1 个	20	25.0	25.0	31.3
	2 个	14	17.5	17.5	48.8
	3 个	2	2.5	2.5	51.3
	4 个	3	3.8	3.8	55.0
	5 个	5	6.3	6.3	61.3
	6 个	3	3.8	3.8	65.0
	7 个	2	2.5	2.5	67.5
	8 个	3	3.8	3.8	71.3
	9 个	3	3.8	3.8	75.0
	10 个	6	7.5	7.5	82.5
	11 个	4	5.0	5.0	87.5
	12 个	2	2.5	2.5	90.0
	13 个	1	1.3	1.3	91.3
	14 个	1	1.3	1.3	92.5
	15 个	1	1.3	1.3	93.8
	16 个	2	2.5	2.5	96.3
	19 个	1	1.3	1.3	97.5
	20 个	1	1.3	1.3	98.8
	24 个	1	1.2	1.2	100.0
	总计	80	100.0	100.0	

11. 本乡镇（街道）管辖的村委会数量

如表 4-1-11 所示，80 个受访乡镇（街道）中有 75 个报告了管辖管委会数量。其中，以"15 个以下"的居多，占有效样本的 52%，其次是"15~30 个"，占 28%，最多的为 69 个。

表 4-1-11　　受访乡镇（街道）管辖村委会数量的分布情况

		频数	百分比（%）	有效百分比（%）	累积百分比（%）
有效样本	15 个以下	39	52.0	52.0	52.0
	15~30 个	21	28.0	28.0	80.0
	30 个以上	15	20.0	20.0	100.0
	总计	75	100.0	100.0	

均值=17.76 个，最小值=0 个，最大值=69 个

第二节　老年人收入保障

1. 2014 年底，本乡镇（街道）2014 年共有多少家庭获得低保救助

如表 4-2-1 所示，80 个受访乡镇（街道）2014 年底获得低保救助家庭数量在"1000 户以下"的，占 40%，其次是"1000~2000 户"的占 35%，最小值为 30 户，最大值为 12229 户，平均为 1765.76 户。

表 4-2-1　　受访乡镇（街道）2014 年获得低保救助家庭数量的分布情况

		频数	百分比（%）	有效百分比（%）	累积百分比（%）
有效样本	1000 户以下	32	40.0	40.0	40.0
	1000~2000 户	28	35.0	35.0	75.0
	2000 户以上	20	25.0	25.0	100.0
	总计	80	100.0	100.0	

均值=1765.76 户，最小值=30 户，最大值=12229 户

2. 本乡镇（街道）2014 年纳入城乡最低生活保障制度的 60 周岁以上老年人口数及其占低保对象总人数的比例

（1）本乡镇（街道）2014 年纳入城乡最低生活保障制度的 60 周岁以上老年人数。

如表 4-2-2-1 所示，80 个受访乡镇（街道）2014 年底纳入城乡最低生活保障制度的 60 周岁以上老年人口数在"500 人以下"，占有效样本的 43.8%，其次是"500~1000 人"，占 36.2%，出现最多的为 73 人，最小值为 3 人，最大值为 8474 人，平均为 862.16 人。

（2）占低保对象总人数的比例。

如表 4-2-2-2 所示，80 个受访乡镇（街道）2014 年底纳入城乡最低生活保障制度的 60 周岁以上老年人口数占低保总人数比例在 30% 以上的占有效样本的 55%，其次是"30%~40%"，占 18.8%，最小值为 2%，最大值为 80%。

表 4-2-2-1　受访乡镇（街道）2014年纳入城乡最低生活保障制度的60周岁以上老年人数情况

		频数	百分比（%）	有效百分比（%）	累积百分比（%）
有效样本	500人以下	35	43.8	43.8	43.8
	500~1000人	29	36.2	36.2	80.0
	1000人以上	16	20.0	20.0	100.0
	总计	80	100.0	100.0	

均值=862.16人，众数=73人，最小值=3人，最大值=8474人

表 4-2-2-2　该人数占低保对象总数比例的分布情况

		频数	百分比（%）	有效百分比（%）	累积百分比（%）
有效样本	30%以上	44	55.0	55.0	55.0
	30%~40%	15	18.8	18.8	73.8
	40%~50%	9	11.2	11.2	85.0
	50%以上	12	15.0	15.0	100.0
	总计	80	100.0	100.0	

均值=29.19%，众数=34%，最小值=2%，最大值=80%

3. 本乡镇（街道）是否为老年人建立了相关津贴制度

如表4-2-3所示，80个受访乡镇（街道）中有93.7%的样本建立了相关津贴制度。

表 4-2-3　受访乡镇（街道）建立相关津贴制度的分布情况

		频数	百分比（%）	有效百分比（%）	累积百分比（%）
有效样本	否	5	6.3	6.3	6.3
	是	75	93.7	93.7	100.0
	总计	80	100.0	100.0	

（1）相关津贴制度。

①困难老年人生活补贴（70~79岁）

如表4-2-3-1-1所示，75个建立了相关津贴制度的受访乡镇（街道）中仅有4%的建立了困难老年人生活补贴（70~79岁）制度，每月补贴金额为100元。

②高龄补贴（80~89岁）。

如表4-2-3-1-2所示，75个建立了相关津贴制度的受访乡镇（街道）中93.3%的建立了高龄补贴（80~89岁）制度，每月补贴金额为20元、30元、50元、70元、100元不等。

表 4-2-3-1-1　受访乡镇（街道）建立困难老年人生活补贴（70~79岁）制度的分布情况

		频数	百分比（%）	有效百分比（%）	累积百分比（%）
有效样本	没有	72	96.0	96.0	96.0
	有	3	4.0	4.0	100.0
	总计	75	100.0	100.0	

表 4-2-3-1-2　受访乡镇（街道）建立高龄补贴（80~89岁）制度的分布情况

		频数	百分比（%）	有效百分比（%）	累积百分比（%）
有效样本	没有	5	6.7	6.7	6.7
	有	70	93.3	93.3	100.0
	总计	75	100.0	100.0	

③高龄补贴（90~99岁）。

如表 4-2-3-1-3 所示，75 个建立了相关津贴制度的受访乡镇（街道）中 74.7%的建立了高龄补贴（90~99岁）制度，每月补贴金额包括 50 元、75 元、95 元、100 元、200 元、300 元不等。

表 4-2-3-1-3　受访乡镇（街道）建立高龄补贴（90~99岁）制度的分布情况

		频数	百分比（%）	有效百分比（%）	累积百分比（%）
有效样本	没有	19	25.3	25.3	25.3
	有	56	74.7	74.7	100.0
	总计	75	100.0	100.0	

④高龄补贴（100 岁及以上）。

如表 4-2-3-1-4 所示，75 个建立了相关津贴制度的受访乡镇（街道）中 84%的建立了高龄补贴（100 岁及以上）制度，每月补贴金额包括 100 元、200 元、300 元、400 元、450 元、500 元不等。

表 4-2-3-1-4　受访乡镇（街道）建立高龄补贴（100 岁及以上）制度的分布情况

		频数	百分比（%）	有效百分比（%）	累积百分比（%）
有效样本	没有	12	16.0	16.0	16.0
	有	63	84.0	84.0	100.0
	总计	75	100.0	100.0	

⑤其他。

如表 4-2-3-1-5 所示，75 个建立了相关津贴制度的受访乡镇（街道）中 1 个建立了新农保

(60岁以上）制度，每月80元；有2个建立了农村计划生育家庭奖励制度，每月80元。

表4-2-3-1-5　　受访乡镇（街道）建立其他津贴制度的分布情况

		频数	百分比（%）	有效百分比（%）	累积百分比（%）
有效样本	新农保（60岁以上）	1	1.3	33.3	33.3
	农村计划生育家庭奖励	2	2.7	66.7	100.0
	小计	3	4.0	100.0	
缺失值		72	96.0		
总计		75	100.0		

（2）2014年领取相关津贴的老年人数量。

如表4-2-3-2所示，有72个受访乡镇（街道）报告了2014年领取相关津贴老年人数量的情况。"1000人以下"占有效样本的54.2%，最小值为86人，最大值为17224人，平均为1770.32人。

表4-2-3-2　　受访乡镇（街道）2014年领取相关津贴老年人数量的分布情况

		频数	百分比（%）	有效百分比（%）	累积百分比（%）
有效样本	1000人以下	39	54.2	54.2	54.2
	1000~2000人	16	22.2	22.2	76.4
	2000人以上	17	23.6	23.6	100.0
	总计	72	100.0	100.0	

均值=1770.32人，众数=93人，最小值=86人，最大值=17224人

（3）2014年发放相关津贴的总额。

如表4-2-3-3所示，有71个受访乡镇（街道）报告了2014年发放相关津贴总额的情况。"50万元以下"的占有效样本的57.7%，其次是"50万~150万元"占21.2%，最小值为2.47万元，最大值为576万元。

表4-2-3-3　　受访乡镇（街道）2014年发放相关津贴总额的分布情况

		频数	百分比（%）	有效百分比（%）	累积百分比（%）
有效样本	50万元以下	41	57.7	57.7	57.7
	50万~150万元	15	21.2	21.2	78.9
	150万~250万元	5	7.0	7.0	85.9
	250万元以上	10	14.1	14.1	100.0
	总计	71	100.0	100.0	

均值=103.34万元，众数=10.8万元，最小值=2.47万元，最大值=576万元

第四章 受访乡镇（街道）老龄工作基本情况

4. 2014年底，本乡镇（街道）城镇"三无老年人"数量

如表4-2-4所示，有78个受访乡镇（街道）报告了2014年"三无老年人"的数量情况。"30人以下"占有效样本的69.2%（其中，数量为0占25.6%），最大值为932人（孝感市大悟县宣化店镇）。

表4-2-4　受访乡镇（街道）2014年底"三无老年人"数量的分布情况

		频数	百分比（%）	有效百分比（%）	累积百分比（%）
有效样本	30人以下	54	69.2	69.2	69.2
	30~100人	11	14.1	14.1	83.3
	100人以上	13	16.7	16.7	100.0
	总计	78	100.0	100.0	

均值=79.28人，众数=0人，最小值=0人，最大值=932人

5. 2014年底，本乡镇（街道）农村"五保老年人"数量

如表4-2-5所示，77个受访乡镇（街道）报告了2014年"五保老年人"数量的分布情况。"100人以下"占有效样本的39%（其中0占18.2%），其次为"200人以上"，占33.8%，最大值为856人。

表4-2-5　受访乡镇（街道）2014年底农村"五保老年人"数量的分布情况

		频数	百分比（%）	有效百分比（%）	累积百分比（%）
有效样本	100人以下	30	39.0	39.0	39.0
	100~200人	21	27.2	27.2	66.2
	200人以上	26	33.8	33.8	100.0
	总计	77	100.0	100.0	

均值=172.75人，众数=0人，最小值=0人，最大值=856人

6. 2014年底，本乡镇（街道）领取计划生育家庭奖励扶助金的老年人数量

如表4-2-6所示，78个受访乡镇（街道）报告了2014年底领取计划生育家庭奖励扶助金的老年人数量的分布情况。"100人以下"占有效样本的48.8%（其中，0人占10.3%），其次是"500人以上"，占33.3%，最大值为2402人，平均为385.04人。

7. 2014年底，本乡镇（街道）领取计划生育家庭特别扶助金的老年人数量

如表4-2-7所示，78个受访乡镇（街道）报告了2014年底领取计划生育家庭特别扶助金的老年人数量情况。"50人以下"占有效样本的73.0%（其中0人的占9%），其次是"50~100人"，占16.7%，最大值为172人，平均为36.1人。

表 4-2-6　受访乡镇（街道）2014 年底领取计划生育家庭奖励扶助金的老年人数量的分布情况

		频数	百分比（%）	有效百分比（%）	累积百分比（%）
有效样本	100 人以下	38	48.8	48.8	48.8
	100~500 人	14	17.9	17.9	66.7
	500 人以上	26	33.3	33.3	100.0
	总计	78	100.0	100.0	

均值 = 385.04 人，众数 = 0 人，最小值 = 0 人，最大值 = 2402 人

表 4-2-7　受访乡镇（街道）2014 年底领取计划生育家庭特别扶助金的老年人数量的分布情况

		频数	百分比（%）	有效百分比（%）	累积百分比（%）
有效样本	50 人以下	57	73.0	73.0	73.0
	50~100 人	13	16.7	16.7	89.7
	100 人以上	8	10.3	10.3	100.0
	总计	78	100.0	100.0	

均值 = 36.1 人，众数 = 0 人，最小值 = 0 人，最大值 = 172 人

8. 2014 年底，本乡镇（街道）设立养老基地的村委会的数量

如表 4-2-8 所示，76 个受访乡镇（街道）报告了设立养老基地村委会数量情况。"5 个以下"占有效样本的 88.2%（其中 0 个占 57.9%），其次是"5~10 个"，占 9.2%，出现个数最高的为 35 个。

表 4-2-8　受访乡镇（街道）2014 年底设立养老基地的村委会数量的分布情况

		频数	百分比（%）	有效百分比（%）	累积百分比（%）
有效样本	5 个以下	67	88.2	88.2	88.2
	5~10 个	7	9.2	9.2	97.4
	10 个以上	2	2.6	2.6	100.0
	总计	76	100.0	100.0	

均值 = 2.31 个，众数 = 0 人，最小值 = 0 人，最大值 = 35 个

第三节　老年人健康保障

1. 2014 年底，本乡镇（街道）纳入城乡医疗救助制度的 60 周岁以上老年人口数，以及占医疗救助对象总人数的比例

（1）2014 年底，本乡镇（街道）纳入城乡医疗救助制度的 60 周岁以上老年人数量。

如表 4-3-1-1 所示，78 个受访乡镇（街道）纳入城乡医疗救助制度的 60 周岁以上老

年人数量在"1000人以下"占50%，其次是"5000~10000人"，占26.9%，最小值为0人，最大值为23217人，平均为3442.78人。

表4-3-1-1 受访乡镇（街道）2014年底纳入城乡医疗救助制度的60周岁以上老年人数的分布情况

		频数	百分比（%）	有效百分比（%）	累积百分比（%）
有效样本	1000人以下	39	50.0	50.0	50.0
	1000~5000人	14	17.9	17.9	67.9
	5000~10000人	21	26.9	26.9	94.8
	10000人以上	4	5.2	5.2	100.0
	总计	78	100.0	100.0	

均值=3442.78人，众数=78人，最小值=0人，最大值=23217人

（2）占医疗救助对象总人数的比例。

如表4-3-1-2所示，76个受访乡镇（街道）报告了纳入城乡医疗救助制度的60周岁以上老年人占医疗救助对象总人数的比例情况。"30%以下"的占有效样本的48.7%，其次是"30%~50%"，占19.7%，比例最小值为1.2%，最大值为100%，平均为39.22%。

表4-3-1-2 上述人数占医疗救助对象总人数的分布情况

		频数	百分比（%）	有效百分比（%）	累积百分比（%）
有效样本	30%以下	37	48.7	48.7	48.7
	30%~50%	15	19.7	19.7	68.4
	50%~70%	10	13.2	13.2	81.6
	70%以上	14	18.4	18.4	100.0
	总计	76	100.0	100.0	

均值=39.22%，最小值=1.2%，最大值=100%

2. 2014年底，本乡镇（街道）基层医疗卫生机构数量，以及社区卫生服务中心、社区卫生服务站、乡镇卫生院、村卫生室、诊所（医务室）、共有病床数量

如表4-3-2所示，80个受访乡镇（街道）报告了拥有基层医疗卫生机构在"30个以下"的占有效样本的71.2%，其次是"30~50个"，占16.3%。最小值为1个，最大值为115个，平均为24.95个。

表 4-3-2　受访乡镇（街道）2014 年底拥有基层医疗卫生机构数量的分布情况

		频数	百分比（%）	有效百分比（%）	累积百分比（%）
有效样本	30 个以下	57	71.2	71.2	71.2
	30~50 个	13	16.3	16.3	87.5
	50~70 个	6	7.5	7.5	95.0
	70 个以上	4	5.0	5.0	100.0
	总计	80	100.0	100.0	

均值=24.95 个，最小值=1 个，最大值=115 个

（1）社区卫生服务中心。

如表 4-3-2-1 所示，74 个受访乡镇（街道）报告了拥有社区卫生服务中心的情况。其中，没有的占有效样本的 45.9%，其次是 1 个的，占 33.8%，最大值为 38 个，平均为 24.95 个。

表 4-3-2-1　受访乡镇（街道）2014 年底拥有社区卫生服务中心数量的分布情况

		频数	百分比（%）	有效百分比（%）	累积百分比（%）
有效样本	0 个	34	45.9	45.9	45.9
	1 个	25	33.8	33.8	79.7
	2 个	7	9.5	9.5	89.2
	3 个	1	1.4	1.4	90.5
	5 个	1	1.4	1.4	91.9
	6 个	1	1.4	1.4	93.2
	7 个	1	1.4	1.4	94.6
	11 个	1	1.4	1.4	95.9
	15 个	1	1.4	1.4	97.3
	17 个	1	1.4	1.4	98.6
	38 个	1	1.4	1.4	100.0
	总计	74	100.0	100.0	

（2）社区卫生服务站。

如表 4-3-2-2 所示，74 个受访乡镇（街道）报告了拥有社区卫生服务站的情况。有"5 个以下"的占有效样本的 86.5%（其中没有的占 39.2%），其次是"5~10 个"，占 8.1%，最大值为 38 个，平均为 3.04 个。

表 4-3-2-2　受访乡镇（街道）2014 年底拥有社区卫生站数量的分布情况

		频数	百分比（%）	有效百分比（%）	累积百分比（%）
有效样本	5 个以下	64	86.5	86.5	86.5
	5~10 个	6	8.1	8.1	94.6
	10 个以上	4	5.4	5.4	100.0
	总计	74	100.0	100.0	

均值=3.04 个，最小值=0 个，最大值=38 个

（3）乡镇卫生院。

如表 4-3-2-3 所示，75 个受访乡镇（街道）报告了拥有乡镇卫生院的情况。以有 1 个乡镇卫生院的居多，占有效样本的 61.3%，最多的有 3 个。值得一提的是，没有的占 24%。

表 4-3-2-3　受访乡镇（街道）2014 年底拥有乡镇卫生院数量的分布情况

		频数	百分比（%）	有效百分比（%）	累积百分比（%）
有效样本	0 个	18	24.0	24.0	24.0
	1 个	46	61.3	61.3	85.3
	2 个	10	13.3	13.3	98.7
	3 个	1	1.3	1.3	100.0
	总计	75	100.0	100.0	

（4）村卫生室。

如表 4-3-2-4 所示，75 个受访乡镇（街道）报告了拥有村卫生室的情况。"15 个以下"占有效样本的 49.3%（其中有 0 个的占 17.3%），最大值为 69 个，平均为 17.88 个。

表 4-3-2-4　受访乡镇（街道）2014 年底拥有村卫生室数量的分布情况

		频数	百分比（%）	有效百分比（%）	累积百分比（%）
有效样本	15 个以下	37	49.3	49.3	49.3
	15~25 个	20	26.7	26.7	76.0
	25 个以上	18	24.0	24.0	100.0
	总计	75	100.0	100.0	

均值=17.88 个，最小值=0 个，最大值=69 个

（5）诊所（医务室）。

如表 4-3-2-5 所示，74 个受访乡镇（街道）报告了拥有诊所（医务室）的情况。"10 个以下"占有效样本的 73%（其中有 0 个的占 33.8%），最大值为 94 个，平均为 10.26 个。

表 4-3-2-5　受访乡镇（街道）2014 年底拥有诊所（医务室）数量的分布情况

		频数	百分比（%）	有效百分比（%）	累积百分比（%）
有效样本	10 个以下	54	73.0	73.0	73.0
	10~30 个	10	13.5	13.5	86.5
	30 个以上	10	13.5	13.5	100.0
	总计	74	100.0	100.0	

均值=10.26 个，最小值=0 个，最大值=94 个

（6）病床。

如表 4-3-2-6 所示，74 个受访乡镇（街道）报告了拥有病床数的情况。"100 个以下"占有效样本的 66.3%（其中有 0 个的仅占 3.8%），出现最多的为 40 个，最大值为 2900 个，平均为 160.74 个。

表 4-3-2-6　受访乡镇（街道）2014 年底拥有病床数量的分布情况

		频数	百分比（%）	有效百分比（%）	累积百分比（%）
有效样本	100 个以下	53	66.3	66.3	66.3
	100~300 个	22	27.5	27.5	93.8
	300 个以上	5	6.2	6.2	100.0
	总计	80	100.0	100.0	

均值=160.74 个，众数=40 个，最小值=0 个，最大值=2900 个

3. 2014 年底，本乡镇（街道）建立老年人健康档案的村（居）委会数量，以及建立老年人健康档案的居委会数量

（1）2014 年底，本乡镇（街道）建立老年人健康档案的村（居）委会个数。

如表 4-3-3-1 所示，79 个受访乡镇（街道）报告了 2014 年底建立老年人健康档案的村（居）委会的个数情况。"15 个以下"占有效样本的 58.2%（其中有 0 个的仅占 17.7%），最大值为 58 个，平均为 16.56 个。

表 4-3-3-1　受访乡镇（街道）2014 年底建立老年人健康档案的村（居）委会数量的分布情况

		频数	百分比（%）	有效百分比（%）	累积百分比（%）
有效样本	15 个以下	46	58.2	58.2	58.2
	15~30 个	17	21.5	21.5	79.7
	30 个以上	16	20.3	20.3	100.0
	总计	79	100.0	100.0	

均值=16.56 个，众数=0 个，最小值=0 个，最大值=58 个

(2) 建立老年人健康档案居委会的数量。

如表4-3-3-2所示,78个受访乡镇(街道)报告了2014年底建立老年人健康档案的居委会的个数情况。"15个以下"占有效样本的87.2%(其中有0个的仅占20.5%),最大值为46个,平均为7个。

表4-3-3-2 受访乡镇(街道)2014年底建立老年人健康档案的居委会数量的分布情况

		频数	百分比(%)	有效百分比(%)	累积百分比(%)
有效样本	15个以下	68	87.2	87.2	87.2
	15~30个	6	7.7	7.7	94.9
	30个以上	4	5.1	5.1	100.0
	总计	78	100.0	100.0	

均值=7个,众数=0个,最小值=0个,最大值=46个

第四节 老龄服务体系建设

1. 本乡镇(街道)养老机构数量,以及民办养老机构数量

(1) 本乡镇(街道)养老机构数量。

如表4-4-1-1所示,80个受访乡镇(街道)中有1个养老机构的占有效样本的45%,其次是有2个的,占25%,而没有养老机构的仅占有效样本的5%。

表4-4-1-1 受访乡镇(街道)养老机构数量的分布情况

		频数	百分比(%)	有效百分比(%)	累积百分比(%)
有效样本	0个	4	5.0	5.0	5.0
	1个	36	45.0	45.0	50.0
	2个	20	25.0	25.0	75.0
	3个	7	8.8	8.8	83.8
	4个	4	5.0	5.0	88.8
	5个	4	5.0	5.0	93.8
	6个	2	2.5	2.5	96.3
	7个	1	1.3	1.3	97.5
	9个	2	2.5	2.5	100.0
	总计	80	100.0	100.0	

(2) 民办养老机构数量。

如表4-4-1-2所示,80个受访乡镇(街道)中有77个报告了民办养老机构数量。有1

个的占有效样本的 19.5%，其次是有 2 个，占 13%，而"没有"的却高达 54.5%。

表 4-4-1-2　　　　受访乡镇（街道）民办养老机构数量的分布情况

		频数	百分比（%）	有效百分比（%）	累积百分比（%）
有效样本	0 个	42	54.5	54.5	54.5
	1 个	15	19.5	19.5	74.0
	2 个	10	13.0	13.0	87.0
	3 个	3	3.9	3.9	90.9
	4 个	4	5.2	5.2	96.1
	5 个	1	1.3	1.3	97.4
	7 个	1	1.3	1.3	98.7
	8 个	1	1.3	1.3	100.0
	总计	77	100.0	100.0	

2. 本乡镇（街道）养老机构床位数量，以及民办养老机构床位、具有护理功能的床位、工作人员、入住老年人的数量

如表 4-4-2 所示，80 个受访乡镇（街道）中养老机构床位数在"100 张以下"的占有效样本的 46.3%，其次是"100~300 张"，占 41.3%，出现最多为 60 张，最小值为 0 张（占有效样本 5%），最大值为 960 张，平均为 167.03 张。

表 4-4-2　　　　受访乡镇（街道）养老机构床位数的分布情况

		频数	百分比（%）	有效百分比（%）	累积百分比（%）
有效样本	100 张以下	37	46.3	46.3	46.3
	100~300 张	33	41.3	41.3	87.6
	300 张以上	10	12.4	12.4	100.0
	总计	80	100.0	100.0	

均值=167.03 张，众数=60 张，最小值=0 张，最大值=960 张

（1）民办养老机构床位。

如表 4-4-2-1 所示，80 个受访乡镇（街道）中有 77 位报告了养老机构床位数的情况。"100 张以下"的占有效样本的 70.1%，其次是"100~300 张"，占 24.7%，最小值为 0 张（占有效样本 54.5%），最大值为 574 张，平均为 76.34 张。

表 4-4-2-1　　　　受访乡镇（街道）民办养老机构床位数的分布情况

		频数	百分比（%）	有效百分比（%）	累积百分比（%）
有效样本	100 张以下	54	70.1	70.1	70.1
	100~300 张	19	24.7	24.7	94.8
	300 张以上	4	5.2	5.2	100.0
	合计	77	100.0	100.0	

均值=76.34 张，众数=0 张，最小值=0 张，最大值=574 张

（2）具有护理功能的床位。

如表 4-4-2-2 所示，80 个受访乡镇（街道）中有 78 个报告了具有护理功能床位数的情况。"50 张以下"的占有效样本的 80.8%，其次是"50~100 张"，占 10.2%，最小值为 0 张（占有效样本 52.6%），最大值为 278 张，平均为 29.21 张。

表 4-4-2-2　　　　受访乡镇（街道）具有护理功能床位数的分布情况

		频数	百分比（%）	有效百分比（%）	累积百分比（%）
有效样本	50 张以下	63	80.8	80.8	80.8
	50~100 张	8	10.2	10.2	91.0
	100 张以上	7	9.0	9.0	100.0
	总计	78	100.0	100.0	

均值=29.21 张，众数=0 张，最小值=0 张，最大值=278 张

（3）工作人员。

如表 4-4-2-3 所示，80 个受访乡镇（街道）中有 79 为报告了养老机构工作人员数量的情况。"20 人以下"的占有效样本的 74.7%，其次是"20~50 人"，占 20.2%，有 6 个人的居多，最小值为 0 人（占有效样本 5.1%），最大值为 113 人，平均为 16.89 人。

表 4-4-2-3　　　　受访乡镇（街道）养老机构工作人员数量的分布情况

		频数	百分比（%）	有效百分比（%）	累积百分比（%）
有效样本	20 人以下	59	74.7	74.7	74.7
	20~50 人	16	20.2	20.2	94.9
	50 人以上	4	5.1	5.1	100.0
	总计	79	100.0	100.0	

均值=16.89 人，众数=6 人，最小值=0 人，最大值=113 人

（4）入住老年人的数量。

如表 4-4-2-4 所示，80 个受访乡镇（街道）中养老机构入驻老年人数量在"100 人以

下"的占有效样本的62.5%,其次是"100~200人",占25%,最小值为0人(占有效样本5%),最大值为619人,平均为105.86人。

表4-4-2-4　　受访乡镇(街道)养老机构入住老年人数量的分布情况

		频数	百分比(%)	有效百分比(%)	累积百分比(%)
有效样本	100人以下	50	62.5	62.5	62.5
	100~200人	20	25.0	25.0	87.5
	200人以上	10	12.5	12.5	100.0
	总计	80	100.0	100.0	
	均值=105.86人,众数=0人,最小值=0人,最大值=619人				

3. 本乡镇(街道)共建有综合养老服务中心(日间照料中心、互助式养老服务中心)数量

如表4-4-3所示,80个受访乡镇(街道)中共建有综合养老服务中心数量在"5个以下"的占有效样本的68.8%,其次是"5~10个",占20%,最小值为0个(占有效样本13.8%),最大值为35个,平均为4.95个。

表4-4-3　　受访乡镇(街道)综合养老服务中心数量的分布情况

		频数	百分比(%)	有效百分比(%)	累积百分比(%)
有效样本	5个以下	55	68.8	68.8	68.8
	5~10个	16	20.0	20.0	88.8
	10个以上	9	11.2	11.2	100.0
	总计	80	100.0	100.0	
	均值=4.95个,众数=3个,最小值=0个,最大值=35个				

4. 2014年底,本乡镇(街道)享受政府购买居家养老服务的老年人数量

如表4-4-4所示,80个受访乡镇(街道)中有78个报告了享受政府购买居家养老服务老年人数量的情况。数量在"50人以下"的占有效样本的85.9%,最小值为0人(占有效样本64.1%),最大值为2567人,平均为76.68人。

表4-4-4　　受访乡镇(街道)享受政府购买居家养老服务的老年人数的分布情况

		频数	百分比(%)	有效百分比(%)	累积百分比(%)
有效样本	50人以下	67	85.9	85.9	85.9
	50~150人	6	7.7	7.7	93.6
	150人以上	5	6.4	6.4	100.0
	总计	78	100.0	100.0	
	均值=76.68人,众数=0人,最小值=0人,最大值=2567人				

第五节 老年人权益保障

1. 本乡镇（街道）2014年涉老案件数量

如表4-5-1所示，80个受访乡镇（街道）中有78个报告了2014年涉老案件数量的情况。数量在"20件以下"的占有效样本的85.9%，最小值为0件（占有效样本26.9%），最大值为232件，平均为15.68人。

表4-5-1　　受访乡镇（街道）2014年涉老案件数量的分布情况

		频数	百分比（%）	有效百分比（%）	累积百分比（%）
有效样本	20件以下	67	85.9	85.9	85.9
	30~50件	4	5.1	5.1	91.0
	50件以上	7	9.0	9.0	100.0
	总计	78	100.0	100.0	

均值=15.68件，众数=0件，最小值=0件，最大值=232件

2. 本乡镇（街道）老年法律援助站数量，以及为老年人提供法律援助的人次数量

（1）本乡镇（街道）老年法律援助站数量。

如表4-5-2-1所示，80个受访乡镇（街道）中有1个法律援助站的占有效样本的57.5%，而没有的占21.3%，最高的有25个，平均为3.05个。

表4-5-2-1　　受访乡镇（街道）老年法律援助站数量的分布情况

		频数	百分比（%）	有效百分比（%）	累积百分比（%）
有效样本	0个	17	21.3	21.3	21.3
	1个	46	57.5	57.5	78.8
	2个	3	3.8	3.8	82.5
	3个	1	1.3	1.3	83.8
	7个	1	1.3	1.3	85.0
	10个	4	5.0	5.0	90.0
	11个	1	1.3	1.3	91.3
	12个	1	1.3	1.3	92.5
	14个	1	1.3	1.3	93.8
	15个	1	1.3	1.3	95.0
	17个	1	1.3	1.3	96.3
	23个	1	1.3	1.3	97.5
	25个	2	2.5	2.5	100.0
	总计	80	100.0	100.0	

(2) 为老年人提供法律援助的人次数量。

如表4-5-2-2所示，80个受访乡镇（街道）中有77个报告了2014年法律援助站为老年人提供法律援助的人次数量情况。"50人次以下"占有效样本的79.2%，最小值为0次（占有效样本19.5%），最大值为230人次，平均为1.29人次。

表4-5-2-2　受访乡镇（街道）法律援助站为老年人提供法律援助的人次的分布情况

		频数	百分比（%）	有效百分比（%）	累积百分比（%）
有效样本	50人次以下	61	79.2	79.2	79.2
	50~100人次	10	13.0	13.0	92.2
	100人次以上	6	7.8	7.8	100.0
	总计	77	100.0	100.0	

均值=1.29人次，众数=0人次，最小值=0人次，最大值=230人次

3. 本乡镇（街道）2014年调解的涉老纠纷案件数量

如表4-5-3所示，80个受访乡镇（街道）中有79个报告了2014年调解的涉老纠纷案件数量情况。"50件以下"占有效样本的89.9%，最小值为0件（占有效样本16.5%），最大值为458件，平均为22.22件。

表4-5-3　受访乡镇（街道）2014年调解涉老纠纷案件数的分布情况

		频数	百分比（%）	有效百分比（%）	累积百分比（%）
有效样本	50件以下	71	89.9	89.9	89.9
	50~100件	5	6.3	6.3	96.2
	100件以上	3	3.7	3.7	100.0
	总计	79	100.0	100.0	

均值=22.22件，众数=0件，最小值=0件，最大值=458件

4. 本乡镇（街道）2014年老龄工作机构接待老年人来信件数，以及来访人次数

(1) 本乡镇（街道）2014年老龄工作机构接待老年人来信件数。

如表4-5-4-1所示，80个受访乡镇（街道）中有78个报告了2014年老龄工作机构接待老年人来信数量情况。"20件以下"占有效样本的84.6%，最小值为0件（占有效样本29.5%），最大值为208件，平均为15.72件。

(2) 来访人次数。

如表4-5-4-2所示，80个受访乡镇（街道）中2014年接待来访老年人数量在"50人次以下"占有效样本的78.8%，其次为"50~150人次"，占13.7%，最小值为0人次（占有效样本20%），最大值为780人次，平均为56.28人次。

表 4-5-4-1　受访乡镇（街道）2014 年老龄机构接待老年人来信件数的分布情况

		频数	百分比（%）	有效百分比（%）	累积百分比（%）
有效样本	20 件以下	66	84.6	84.6	84.6
	20~50 件	5	6.4	6.4	91.0
	50 件以上	7	9.0	9.0	100.0
	总计	78	100.0	100.0	

均值=15.72 件，众数=0 件，最小值=0 件，最大值=208 件

表 4-5-4-2　受访乡镇（街道）2014 年老龄机构接待来访人数的分布情况

		频数	百分比（%）	有效百分比（%）	累积百分比（%）
有效样本	50 人次以下	63	78.8	78.8	78.8
	50~150 人次	11	13.7	13.7	92.5
	150 人次以上	6	7.5	7.5	100.0
	总计	80	100.0	100.0	

均值=56.28 人次，众数=0 人次，最小值=0 人次，最大值=780 人次

5. 2014 年，本乡镇（街道）共发放《老年人优待证（卡）》数量

如表 4-5-5 所示，80 个受访乡镇（街道）中报告了 2014 年发放《老年人优待证（卡）》的数量情况。"300 张以下"占有效样本的 68.8%（其中数量为 0 张的占有效样本 28.9%），最大值为 14772 张，平均为 979.18 张。

表 4-5-5　受访乡镇（街道）2014 年共发放《老年人优待证（卡）》数量的分布情况

		频数	百分比（%）	有效百分比（%）	累积百分比（%）
有效样本	300 张以下	55	68.8	68.8	68.8
	300~1200 张	11	13.8	13.8	82.6
	1200 张以上	14	17.4	17.4	100.0
	总计	80	100.0	100.0	

均值=979.18 张，众数=0 张，最小值=0 张，最大值=14772 张

第六节　老年人社会参与

1. 本乡镇（街道）（本级）基层老年协会数量

如表 4-6-1 所示，80 个受访乡镇（街道）基层老年协会数量在"10 个以下"占有效样本的 61.3%，其次为"10~30 个"，占 27.5%，以 1 个居多，最小值为 0（占有效样本 12.5%），最大值为 56 个，平均为 11.58 个。

表 4-6-1　　　　　　　受访乡镇（街道）基层老年协会数量的分布情况

		频数	百分比（%）	有效百分比（%）	累积百分比（%）
有效样本	10 个以下	49	61.3	61.3	61.3
	10~30 个	22	27.5	27.5	88.8
	30 个以上	9	11.2	11.2	100.0
	总计	80	100.0	100.0	

均值=11.58 个，众数=1 个，最小值=0 个，最大值=56 个

2. 本乡镇（街道）（本级）基层老年体育协会数量

如表 4-6-2 所示，80 个受访乡镇（街道）有 78 个报告了基层老年体育协会数量情况。有 1 个的占有效样本的 25.6%，而没有的则有 48.7%，最多的有 38 个，平均为 2.92 个。

表 4-6-2　　　　　　　受访乡镇（街道）基层老年体育协会数量的分布情况

		频数	百分比（%）	有效百分比（%）	累积百分比（%）
有效样本	0 个	38	48.7	48.7	48.7
	1 个	20	25.6	25.6	74.3
	2 个	2	2.6	2.6	76.9
	3 个	2	2.6	2.6	79.5
	4 个	2	2.6	2.6	82.1
	5 个	2	2.6	2.6	84.6
	6 个	2	2.6	2.6	87.2
	8 个	1	1.3	1.3	88.5
	9 个	1	1.3	1.3	89.7
	10 个	1	1.3	1.3	91.0
	11 个	1	1.3	1.3	92.3
	14 个	2	2.6	2.6	94.9
	16 个	1	1.3	1.3	96.2
	21 个	1	1.3	1.3	97.4
	27 个	1	1.3	1.3	98.7
	38 个	1	1.3	1.3	100.0
	总计	78	100.0	100.0	

3. 本乡镇（街道）（本级）基层老年书画协会数量

如表 4-6-3 所示，80 个受访乡镇（街道）有 78 个报告了基层老年书画协会数量情况。有 1 个的占有效样本的 30.8%，而没有的则有 48.7%，最多的有 10 个。

表 4-6-3　　受访乡镇（街道）基层老年书画协会数量的分布情况

		频数	百分比（%）	有效百分比（%）	累积百分比（%）
有效样本	0 个	38	48.7	48.7	48.7
	1 个	24	30.8	30.8	79.5
	2 个	8	10.3	10.3	89.7
	3 个	2	2.6	2.6	92.3
	4 个	1	1.3	1.3	93.6
	5 个	3	3.8	3.8	97.4
	6 个	1	1.3	1.3	98.7
	10 个	1	1.3	1.3	100.0
	总计	78	100.0	100.0	

4. 本乡镇（街道）（本级）注册的老年志愿者人数

如表 4-6-4 所示，80 个受访乡镇（街道）有 78 个报告了注册的老年志愿者的数量情况。"100 个以下"的占有效样本的 70.5%，最小值为 0 人（占有效样本 52.6%），最大值为 26000 人，平均为 538.72 人。

表 4-6-4　　受访乡镇（街道）注册的老年志愿者数量的分布情况

		频数	百分比（%）	有效百分比（%）	累积百分比（%）
有效样本	100 人以下	54	69.2	69.2	69.2
	100~300 人	9	11.5	11.5	80.7
	300 人以上	15	19.3	19.3	100.0
	总计	78	100.0	100.0	

均值=538.72 人，众数=0 人，最小值=0 人，最大值=2600 人

第七节　老年人精神文化生活

1. 本乡镇（街道）公园数量

如表 4-7-1 所示，80 个受访乡镇（街道）有 79 个报告了公园的数量情况。没有的占有效样本的 55.7%，有 1 个的占 19%，有 2 个的占 12.7%，最多的有 4 个。

2. 本乡镇（街道）各级老年大学（学校）数量，以及在校学习的学员数量

（1）本乡镇（街道）各级老年大学（学校）数量。

如表 4-7-2-1 所示，80 个受访乡镇（街道）有 77 个报告了拥有各级老年大学的数量情况。没有的占有效样本的 67.5%，有 1 所的占 18.2%，最多的有 24 所。

表 4-7-1　　　　　　受访乡镇（街道）拥有公园数量的分布情况

		频数	百分比（%）	有效百分比（%）	累积百分比（%）
有效样本	0 个	44	55.7	55.7	55.7
	1 个	15	19.0	19.0	74.7
	2 个	10	12.7	12.7	87.4
	3 个	8	10.1	10.1	97.5
	4 个	2	2.5	2.5	100.0
	总计	79	100.0	100.0	

表 4-7-2-1　　　　　受访乡镇（街道）拥有老年大学数量的分布情况

		频数	百分比（%）	有效百分比（%）	累积百分比（%）
有效样本	0 所	52	67.5	67.5	67.5
	1 所	14	18.2	18.2	85.7
	3 所	1	1.3	1.3	87.0
	6 所	1	1.3	1.3	88.3
	8 所	1	1.3	1.3	89.6
	10 所	2	2.6	2.6	92.2
	12 所	2	2.6	2.6	94.8
	14 所	2	2.6	2.6	97.4
	16 所	1	1.3	1.3	98.7
	24 所	1	1.3	1.3	100.0
	总计	77	100.0	100.0	

（2）在校学习的学员数量。

如表 4-7-2-2 所示，有 72 个受访乡镇（街道）报告了在校学习的学员的数量情况。"150 人以下"占有效样本 77.8%（其中有 0 个占 65.3%），最多的有 3298 人。

表 4-7-2-2　　　　　受访乡镇（街道）在校学习的学员数量的分布情况

		频数	百分比（%）	有效百分比（%）	累积百分比（%）
有效样本	150 人以下	56	77.8	77.8	77.8
	150~800 人	9	12.5	12.5	90.3
	800 人以上	7	9.7	9.7	100.0
	总计	72	100.0	100.0	

均值=271.39 人，众数=0 人，最小值=0 人，最大值=3298 人

3. 本乡镇（街道）各类老年活动中心（站）数量，以及老干部活动中心数量

（1）本乡镇（街道）各类老年活动中心（站）数量。

如表4-7-3-1所示，80个受访乡镇（街道）中各类老年活动中心数量在"10个以下"的占有效样本的60%，其次是"10~20个"，占33.8%。以1个居多，最小值为0个（占10%），最大值为36个，平均为8.63个。

表4-7-3-1　　　　受访乡镇（街道）各类老年活动中心数量的分布情况

		频数	百分比（%）	有效百分比（%）	累积百分比（%）
有效样本	10个以下	48	60.0	60.0	60.0
	10~20个	27	33.8	33.8	93.8
	20个以上	5	6.3	6.3	100.0
	总计	80	100.0	100.0	
均值=8.63个，众数=1个，最小值=0个，最大值=36个					

（2）老干部活动中心数量。

如表4-7-3-2所示，80个受访乡镇（街道）中有78个报告了拥有老干部活动中心的情况。有1个的占有效样本的47.4%，其次是有2个的，占11.5%，而一个都没有的占32.1%。最大值为50个，平均为2.09个。

表4-7-3-2　　　　受访乡镇（街道）拥有老干部活动中心数量的分布情况

		频数	百分比（%）	有效百分比（%）	累积百分比（%）
有效样本	0个	25	32.1	32.1	32.1
	1个	37	47.4	47.4	79.5
	2个	9	11.5	11.5	91.0
	6个	2	2.6	2.6	93.6
	7个	1	1.3	1.3	94.9
	12个	1	1.3	1.3	96.2
	13个	1	1.3	1.3	97.4
	14个	1	1.3	1.3	98.7
	50个	1	1.3	1.3	100.0
	总计	78	100.0	100.0	

4. 本乡镇（街道）建有体育健身设施和站点的村（居）委会数量，以及村委会建有的数量

（1）本乡镇（街道）建有体育健身设施和站点的村（居）委会数量。

如表4-7-4-1所示，80个受访乡镇（街道）中有体育健身设施和站点的村（居）委

会数量在"10个以下"的占有效样本的47.5%，其次是"10~20个"，占36.3%，以10个的居多，最小值为0个（占5%），最大值为53个，平均为13.46个。

表4-7-4-1　受访乡镇（街道）有体育健身设施和站点的村（居）委会数量的分布情况

		频数	百分比（%）	有效百分比（%）	累积百分比（%）
有效样本	10个以下	38	47.5	47.5	47.5
	10~20个	29	36.3	36.3	83.8
	20个以上	13	16.2	16.2	100.0
	总计	80	100.0	100.0	
	均值=13.46个，众数=10个，最小值=0个，最大值=53个				

（2）村委会建有健身设施和站点的数量。

如表4-7-4-2所示，80个受访乡镇（街道）中有74个报告了村委会建有健身设施的数量情况。在"10个以下"的占有效样本的64.9%，最小值为0个（占23%），最大值为1553个，平均为38.83个。

表4-7-4-2　受访乡镇（街道）的村委会建有健身设施和站点数量的分布情况

		频数	百分比（%）	有效百分比（%）	累积百分比（%）
有效样本	10个以下	48	64.9	64.9	64.9
	10~20个	13	17.6	17.6	82.4
	20个以上	13	17.6	17.6	100.0
	总计	74	100.0	100.0	
	均值=38.82个，众数=0个，最小值=0个，最大值=1553个				

第八节　老龄工作现状与规划

1. 本乡镇（街道）老龄办专职工作人员数量

如表4-8-1所示，80个受访乡镇（街道）中大部分老龄办没有专职工作人员，占有效样本46.3%，其次是有1位的，占38.7%，数量最多的有4位。

2. 2014年，本乡镇（街道）用于老龄工作的经费数量，以及老龄工作经费的拨款方式

（1）2014年，本乡镇（街道）用于老龄工作的经费数量。

如表4-8-2-1所示，有79个有效样本报告了2014年本乡镇用于老龄工作的经费情况。其中，以"1万元以下"居多，占有效样本的64.5%（其中"没有"的占49.4%），其次为"1万~5万元"占19%，最高的为70万元，平均为4.24万元，以没有的居多。

表 4-8-1　　　　受访乡镇（街道）老龄办专职工作人员数量的分布情况

		频数	百分比（%）	有效百分比（%）	累积百分比（%）
有效样本	0 人	37	46.3	46.3	46.3
	1 人	31	38.7	38.7	85.0
	2 人	7	8.8	8.8	93.8
	3 人	4	5.0	5.0	98.8
	4 人	1	1.2	1.2	100.0
	总计	80	100.0	100.0	

表 4-8-2-1　　　受访乡镇（街道）2014 年用于老龄工作经费的分布情况

		频数	百分比（%）	有效百分比（%）	累积百分比（%）
有效样本	1 万元以下	51	64.5	64.5	64.5
	1 万~5 万元	15	19.0	19.0	83.5
	5 万元以上	13	16.5	16.5	100.0
	总计	79	100.0	100.0	

均值=4.24 万元，最小值=0 万元，最大值=70 万元

（2）老龄工作经费的拨款方式。

如表 4-8-2-2 所示，45 个乡镇（街道）中有 46.7% 老龄工作拨款采用"一事一议"。

表 4-8-2-2　　　受访乡镇（街道）老龄工作经费的拨款方式的分布情况

		频数	百分比（%）	有效百分比（%）	累积百分比（%）
有效样本	一事一议	21	26.3	46.7	46.7
	固定经费	13	16.3	28.9	75.6
	按人头拨付	2	2.5	4.4	80.0
	其他	9	11.3	20.0	100.0
	小计	45	56.3	100.0	
缺失值		35	43.8		
总计		80	100.0		

3. 本乡镇（街道）（本级）老龄工作机构或老年人组织分布

如表 4-8-3 所示，73 个有效样本报告了本乡镇（街道）的老龄工作机构或组织的情况。其中，有"老龄协会"占有效响应次数的 40.3%，其次是"老龄办/事务科/组"，

占 37.3%。

表 4-8-3　　　　受访乡镇（街道）老龄工作机构或组织的分布情况

	响应次数		占有效样本的百分比（%）
	频数	百分比（%）	
老龄办/事务科/组	50	37.3%	68.5%
老年协会	54	40.3%	74.0%
老年志愿组织	28	20.9%	38.4%
其他	2	1.5%	2.7%
小计	134	100.0%	183.6%

4. 本乡镇（街道）2015 年老龄工作有没有纳入政府目标考核管理

如表 4-8-4 所示，78 个有效样本中，有一半的受访乡镇（街道）2015 年把老龄工作纳入了政府目标绩效考核管理。

表 4-8-4　　受访乡镇（街道）2015 年老龄工作纳入政府目标考核管理的分布情况

		频数	百分比（%）	有效百分比（%）	累积百分比（%）
有效样本	没有	39	48.8	50.0	50.0
	有	39	48.8	50.0	100.0
	小计	78	97.6	100.0	
缺失值		2	2.4		
总计		80	100.0		

5. 2015 年以来，本乡镇（街道）开展老龄工作情况：落实老龄政策法规；完善老龄服务设施；建设老龄服务体系；维护老年人合法权益；组织开展老年文化、教育、体育活动

（1）落实老龄政策法规。

如表 4-8-5-1 所示，80 个受访乡镇（街道）获得了 303 次有效响应。其中以"最低生活保障制度"稍多，占有效响应次数的 21.1%，其次是农村计划生育家庭奖励扶助制度，占 20.5%，新型农村合作医疗和"五保"老年人供养均占 20.1%。

（2）完善老龄服务设施。

如表 4-8-5-2 所示，57 个受访乡镇（街道）报告了完善老龄服务设施的情况。其中，"老龄活动中心"占有效响应次数的 35.8%，其次是"老龄服务机构"，占 33.4%。

表 4-8-5-1　　受访乡镇（街道）落实老龄政策法规的分布情况

	响应次数		占有效样本的百分比（%）
	频数	百分比（%）	
最低生活保障制度	64	21.1	80.0
"三无"老年人供养	55	18.2	68.8
新型农村合作医疗	61	20.1	76.3
农村计划生育家庭奖励扶助制度	62	20.5	77.5
"五保"老年人供养	61	20.1	76.3
小计	303	100.0	378.8

表 4-8-5-2　　受访乡镇（街道）完善老龄服务设施的分布情况

	响应次数		占有效样本的百分比（%）
	频数	百分比（%）	
老龄服务机构	53	33.4	93.0
老年大学	49	30.8	86.0
老年活动中心	57	35.8	100.0
小计	159	100.0	278.9

（3）建设老龄服务体系。

如表 4-8-5-3 所示，79 个受访乡镇（街道）报告了建设老龄服务体系的情况。其中，"鼓励和引导社会力量参与老龄服务业发展"占有效响应次数的 24.3%，其次是"加强老龄服务队伍建设"，占 21.3%。

表 4-8-5-3　　受访乡镇（街道）建设老龄服务体系的分布情况

	响应次数		占有效样本的百分比（%）
	频数	百分比（%）	
鼓励和引导社会力量参与老龄服务业发展	56	24.3	70.9
加强老龄服务队伍建设	49	21.3	62.0
加强志愿者队伍建设	38	16.5	48.1
加大老龄服务培训工作	39	17.0	49.4
建设老龄服务网络/信息化建设	34	14.8	43.0
都没有	14	6.1	17.7
小计	230	100.0	291.1

(4) 维护老年人合法权益。

如表4-8-5-4所示,80个受访乡镇(街道)报告了维护老年人合法权益的情况。其中,"落实城乡老年人优待政策"占有效响应次数的23.6%,然后是"调解涉老纠纷",占23.4%,接着是"提供法律援助和法律服务",占20.7%。

表4-8-5-4 受访乡镇(街道)维护老年人合法权益的分布情况

	响应次数		占有效样本的百分比(%)
	频数	百分比(%)	
开展《老年法》普法宣传	60	19.4	75.0
落实城乡老年人优待政策	73	23.6	91.3
开设为老法律服务热线	26	8.4	32.5
调解涉老纠纷	72	23.4	90.0
提供法律援助和法律服务	64	20.7	80.0
监管老龄用品市场,保护老年消费者合法权益	13	4.2	16.3
都没有	1	0.3	1.3
小计	309	100.0	386.3

(5) 组织开展老年文化、教育、体育活动。

如表4-8-5-5所示,80个受访乡镇(街道)报告了组织开展老年文化、教育、体育活动的情况。其中,"开展文体娱乐活动"占有效响应次数的25.2%,其次是"组织/参与县(市、区)级大型老年文化体育活动",占21.8%。

表4-8-5-5 受访乡镇(街道)组织开展老年文化、教育、体育活动的分布情况

	响应次数		占有效样本的百分比(%)
	频数	百分比(%)	
培训老年文化、体育骨干	37	15.8	46.3
开展文体娱乐活动	59	25.2	73.8
组织/参与县(市、区)级大型老年文化体育活动	51	21.8	63.8
开办老年教育(老年大学/学校/老年远程教育)	29	12.4	36.3
加强基层老年人组织建设	50	21.4	62.5
都没有	8	3.4	10.0
小计	234	100.0	292.5

第五章 受访各县（市、区）老龄工作的基本情况

第一节 地理与人口的基本情况

本次抽样调查涉及江岸区、硚口区、武昌区、东西湖区、大冶市、张湾区、沙市区、洪湖市、夷陵区、长阳土家族自治县、宜都市、当阳市、鄂城区、钟祥市、应城市、安陆市、大悟县、红安县、恩施市和天门市等20个县（市、区）。

受访各县（市、区）常住总人口均值为71.7万人，其中天门市常住总人口最多，达129.2万人，其次是武昌区，为125.5万人，最少的是张湾区，为38.2万人。

受访各县（市、区）户籍人口均值为69.4万人，其中最多的是天门市，为162.2万人，其次是武昌区，最低的是张湾区，仅为26.3万人。

60周岁及以上常住总人口平均为11.6万人，其中最多的是天门市，为22.5万人，其次是武昌区，为21.3万人，最少的是张湾区，为6.2万人。

60周岁及以上常住人口占常住总人口的比例平均为16.3%，其中最高的是宜都市，为21.9%，其次是长阳土家族自治县，最低的是沙市区，为10.6%。

60周岁及以上户籍老年人口平均为12.0万人，其中最多的是天门市，为22万人，其次是武昌区，最少的是东西湖区，为4.6万人。

60周岁及以上户籍老年人口占户籍总人口的比例平均为17.8%，其中比例最高的是硚口区，为23.9%，最低的是天门市，为13.6%。

80周岁及以上户籍老年人口平均为1.6万人，其中最多的是武昌区，为3.0万人，其次是天门市，最少的是东西湖区和张湾区，为0.5万人。

80周岁及以上户籍老年人口占户籍总人口比例平均为2.3%，其中比例最高的是江岸区，为3.5%，其次是硚口区，最低的是沙市区，仅为1.1%。

100周岁及以上户籍老年人口平均为29.9人，其中最多的是钟祥市，为109人，其次是武昌区，最少的是长阳土家族自治县，仅为4人。

户籍家庭户总数平均为215974.2户，其中最多的是天门市，为494540户，其次是武昌区，最少的是东西湖区，仅为73752户。

户均人数为3.3人/户，其中最多的是鄂城区，为6.3人/户，其次是硚口区，最少的是当阳市，仅为2.5人/户（见表5-1）。

第一节 地理与人口的基本情况

表 5-1   2014年各县（市、区）基本人口情况汇总

县 （市、区）	总面积 （平方 公里）	常住总 人口 （万人）	户籍总 人口 （万人）	60周岁 及以上 常住人 口 （万人）	60周岁 及以上 常住人 口占常 住人口 总数的 比例 （%）	60周岁 及以上 户籍老 年人口 （万人）	60周岁 及以上 户籍老 年人口 占户籍 总人口 的比例 （%）	80周岁 及以上 户籍老 年人口 （万人）	80周岁 及以上 户籍老 年人口 占户籍 总人口 比例 （%）	100周岁 及以上 户籍老 年人口 （人）	户籍家 庭户总 数 （户）	户均 人口数 （人 /户）	管辖乡 镇数量 （个）	管辖街 道数量 （个）
江岸区	70.3	93.7	71.1	15.9	17.0	15.9	22.4	2.5	3.5	49	273595	2.6	0	16
硚口区	41.5	85.6	53.6	10.2	11.9	12.8	23.9	1.8	3.4	37	110715	4.8	0	11
武昌区	107.8	125.5	111	21.3	17.0	19.8	17.8	3	2.7	74	341566	3.2	0	14
东西湖区	499.7	50.8	28.3	6.7	13.2	4.6	16.3	0.5	1.8	7	73752	3.8	0	12
大冶市	1566.3	90.1	95.9	12.5	13.9	13.6	14.2	1.7	1.8	23	260000	3.7	13	3
张湾区	657	38.2	26.3	6.2	16.2	4.9	18.6	0.5	1.9	5	100006	2.6	4	4
沙市区	492	65.1	54.8	6.9	10.6	8.9	16.2	0.6	1.1	12	156000	3.5	5	5
洪湖市	2519	85.9	93.5	15.8	18.4	15.8	16.9	1.9	2.0	42	294206	3.2	15	2
夷陵区	3419.6	52.3	52.3	9.7	18.5	9.9	18.9	1.6	3.1	15	199700	2.6	11	1
长阳土家 族自治县	3420	38.6	40.2	8.2	21.2	8.3	20.6	1.2	3.0	4	149798	2.7	11	0
宜都市	1357	38.9	39.7	8.5	21.9	8.5	21.4	1.3	3.3	12	150702	2.6	10	1
当阳市	2159	46.8	48.4	9	19.2	9	18.6	1.4	2.9	30	195844	2.5	7	3
鄂城区	523	67.5	65.3	9.2	13.6	10.3	15.8	1.1	1.7	10	102963	6.3	10	3
钟祥市	4488	101.5	106	17.5	17.2	18.1	17.1	2.5	2.4	109	342342	3.1	16	1
应城市	1103	59.8	66.9	9.8	16.4	11.4	17.0	1.5	2.2	18	210099	3.2	16	26
安陆市	1355	65.1	62.3	8.7	13.4	9.9	15.9	1.3	2.1	47	206000	2.7	13	3
大悟县	1983	61.9	63.7	9.8	15.8	9.8	15.4	0.9	1.4	29	162668	3.9	17	0
红安县	1796	60.2	64.7	9.3	15.4	11	17.0	1.0	1.5	24	212151	3	13	6
恩施市	3972	76.6	82.1	13.6	17.8	14.7	17.9	2.5	3.0	15	282837	2.9	14	3
天门市	2622	129.2	162.2	22.5	17.4	22	13.6	2.9	1.8	35	494540	3.3	25	2
均值	1707.6	71.7	69.4	11.6	16.3	12.0	17.8	1.6	2.3	29.9	215974.2	3.3	10.0	5.7

注：（1）60周岁及以上常住人口占常住人口总数的比例=（60周岁及以上常住人口数/常住总人口数）×100%；

（2）60周岁及以上户籍老年人口占户籍总人口的比例=（60周岁及以上户籍老年人口数/常住总人口数）×100%；

（3）80周岁及以上户籍老年人口占户籍总人口的比例=（80周岁及以上户籍老年人口数/常住总人口数）×100%；

（4）户均人数=户籍总人口数/户籍家庭户总数。

第二节 经济状况

被访的20个县（市、区）平均国内GDP为3499483.0万元，其中最高的是武昌区，为7954900万元，其次是江岸区，最低的是长阳土家族自治县，为1098800万元。

人均GDP平均为52758.3元/人，其中最高的是宜都市，为116947.5，其次是东西湖区，最低的是大悟县，仅为17859.5元/人。

财政总收入平均为45734.3万元，其中最高的是东西湖区，为1735196万元，其次是武昌区，最低的是洪湖市，为89442万元。

城镇化水平平均为56.8%，其中最高的是江岸区、硚口区和武昌区，为100%，其次是张湾区，最低的是长阳土家族自治县，仅为12.4%（见表5-2）。

表5-2　　2014年各县（市、区）经济情况汇总

县（市、区）	国内GDP（万元）	人均GDP（元/人）	财政总收入（万元）	城镇化水平（%）
江岸区	6926100	73917.8	1157100	100
硚口区	5095630	59528.4	796700	100
武昌区	7954900	63385.7	1533100	100
东西湖区	5809447	114359.2	1735196	32
大冶市	5001200	55507.2	673408	53.9
张湾区	4024000	105340.3	109958	93.1
沙市区	2773300	42600.6	285100	60
洪湖市	1824200	21236.3	89442	40.9
夷陵区	4412400	84367.1	486174	24.8
长阳土家族自治县	1098800	28466.3	90300	12.4
宜都市	4549251	116947.3	414969	58.8
当阳市	3954801	84504.3	327838	47.6
鄂城区	1250000	18518.5	102000	63
钟祥市	3618300	35648.3	195600	50.1
应城市	2205998	36889.6	200815	57.1
安陆市	1594600	24494.6	121300	44.7

续表

县（市、区）	国内 GDP（万元）	人均 GDP（元/人）	财政总收入（万元）	城镇化水平（%）
大悟县	1105502	17859.5	118312	41.8
红安县	1207600	20059.8	281900	55.7
恩施市	1565030	20431.2	234974	50.1
天门市	4018600	31103.7	193700	50
均值	3499483.0	52758.3	457394.3	56.8

注：各县人均 GDP=各县国内 GDP/各县常住总人口。

第三节　老年人收入保障

被访的 20 个县（市、区）参加社保老年人数平均为 92909.9 人，其中最多的是天门市，为 260000 人，其次是钟祥市，最少的是恩施市，为 25886 人。

获得低保家庭户数平均为 18392.2 户，其中最多的是天门市，为 62231 户，其次是钟祥市，最少的是鄂城区，仅为 660 户。

城乡最低生活保障制度 60 周岁及以上老年人数平均为 9695.9 人，其中最多的是红安县，为 33766 人，其次是钟祥市，最低的是东西湖区，为 216 人。

城乡最低生活保障制度 60 周岁及以上老年人数占低保对象总人数的比例平均为 27.4%，其中最高的是红安县，为 61%，其次是长阳土家族自治县，最低的是鄂城区，仅为 3.1%。

在被访的 20 个县（市、区）中，给予 70~79 岁困难老年人补助的有江岸区、硚口区、武昌区和东西湖区，其他 16 个县（市、区）并未给予 70~79 岁困难老年人补助。

被访的 20 个县（市、区）均给予 80~89 岁老年人高龄补贴，其中最高的是江岸区、硚口区和武昌区，为 100 元/月，最低的是长阳土家族自治县和钟祥市，为 20 元/月。

被访的 20 个县（市、区）除张湾区以外，均给予 90~99 岁老年人高龄补贴，其中最高的是江岸区、硚口区、武昌区和东西湖区，为 200/月，最低的是应城市，为 30 元/月。

被访的 20 个县（市、区）均给予 100 岁及以上老年人高龄补贴，其中最高的是钟祥市，为 505 元/月，最低的是鄂城区、应城市、安陆市、大悟县、红安县和天门市，为 200 元/月。

被访的 20 个县（市、区）中，领取相关津贴老年人数平均为 10755.1 人，其中最高的是武昌区，为 28159 人，其次是江岸区，最低的是恩施市，仅为 1269 人。

被访的 20 个县（市、区）发放相关津贴总额平均为 824.4 万元，其中最高的是武昌区，为 3471.5 万元，其次是江岸区，为 2959.6 万元，最低的是天门市，仅为 112 万元（见表 5-3）。

表 5-3　　受访各县（市、区）2014年老年人收入保障情况汇总

县（市、区）	参加社保老年人数（人）	获得低保家庭户数（户）	城乡最低生活保障制度60周岁及以上老年人数（人）	占低保对象总人数的比例（％）	70~79岁困难老年人补助 有/无	(元/月)	80~89岁高龄补贴 有/无	(元/月)	90~99岁高龄补贴 有/无	(元/月)	100岁及以上高龄补贴 有/无	(元/月)	领取相关津贴老年人数（人）	发放相关津贴总额（万元）
江岸区	140682	7363	1012	8.9	有	100	有	100	有	200	有	500	23762	2959.6
硚口区	157470	9826	1043	6.1	有	100	有	100	有	200	有	500	18553	2104.8
武昌区	140440	8791	1151	8.1	有	100	有	100	有	200	有	500	28159	3471.5
东西湖区	58391	3288	216	7.9	有	100	有	50	有	200	有	500	4936	682.6
大冶市	26896	13503	4689	34.7	无	—	有	50	有	100	有	300	11907	774.5
张湾区	43500	7634	3424	36	无	—	有	50	无	—	有	300	4892	284
沙市区	43754	12676	2840	15	无	—	有	30	有	100	有	300	2898	132
洪湖市	60026	27041	15352	30	无	—	有	30	有	100	有	300	4800	230
夷陵区	98759	12349	7700	32	无	—	有	50	有	100	有	300	13670	839
长阳土家族自治县	72344	15697	9203	39.2	无	—	有	20	有	100	有	400	8995	351
宜都市	26059	12953	7134	34	无	—	有	50	有	100	有	300	12010	759.8
当阳市	88902	12970	6975	35	无	—	有	50	有	100	有	300	11900	712.8
鄂城区	47828	660	467	3.1	无	—	有	50	有	100	有	200	5912	361
钟祥市	180700	47248	24398	36.6	无	—	有	20	有	150	有	505	19459	899.7
应城市	94836	15203	8749	39	无	—	有	30	有	30	有	200	11705	425
安陆市	87120	21548	10437	37.6	无	—	有	30	有	50	有	200	11629	452
大悟县	97000	29763	23210	39.1	无	—	有	30	有	50	有	200	9218	362
红安县	107604	44407	33766	61	无	—	有	50	有	50	有	200	7230	438.0
恩施市	25886	2693	8727	15	无	—	有	50	有	100	有	500	1269	136.0
天门市	260000	62231	23425	29	无	—	有	30	有	50	有	200	2198	112
均值	92909.9	18392.2	9695.9	27.4	—	—	—	—	—	—	—	—	10755.1	824.4

*注：相关津贴制度中：（1）红安县只有"80岁及以上"（50元/月）和"100岁以上"（200元/月）；（2）沙市有"80~89岁"（30元/月），"90~94岁"（50元/月），"95~99岁"（100元/月），"100岁以上"（300元/月）；（3）钟祥市100岁以上老年人，每增加1岁每月增加30元；（4）洪湖市为"85~89岁"（30元/月），"90~95岁"（50元/月），"96~99岁"（100元/月），"100岁以上"（300元/月）。

第四节 老年人健康保障

享受城镇职工基本医疗保险的老年人数平均为37028.1人，其中最多的是武昌区，为211460人，其次是江岸区，最少的是鄂城区，仅为1425人。

享受城镇职工基本医疗保险老年人的比例平均为29.3%，其中最高的是武昌区，为99.3%，其次为江岸区，最低的为鄂城区，仅为1.5%。

享受城镇居民基本医疗保险老年人数平均为10561.0人，其中最多的是东西湖区，为45390人，其次为天门市，最少的是洪湖市，仅为611人。

享受城镇居民基本医疗保险老年人的比例平均11.0%，其中最高的是东西湖区，为67.7%，其次为当阳县，最低的是洪湖市，仅为0.4%。

享受新型合作医疗制度老年人数平均为54355.4人，其中最多的是天门市，为207371人，其次是钟祥市，最少的是江岸区、硚口区和武昌区，这三个区均没有享受新型合作医疗制度的老年人。

享受新型合作医疗制度老年人的比例平均为44.7%，其中最高的是天门市，为92.2%，其次是夷陵区和鄂城区，最低的是江岸区、硚口区和武昌区，为0.0%。

纳入城乡医疗救助制度的60周岁以上老年人数平均为4666.2人，其中最多的是钟祥市，为24398人，其次是夷陵区，最少的是东西湖区，仅为218人。

60周岁以上救助老年人占医疗救助对象的比例平均为35.6%，其中最高的是安陆市，为65%，其次是天门市，最低的是鄂城区，仅为3%。

医院数量平均为54.9家，其中数量最多的是钟祥市，为634家，其次是硚口区，最少的是张湾区，仅有5家。

老年专科医院数量平均有3家，其中数量最多的是红安县，为23家，其次是当阳市，武昌区、大冶市、张湾区、洪湖市等10个县（市、区）没有设立老年专科医院（见表5-4）。

表5-4　　2014年各县（市、区）老年人健康保障情况汇总

县（市、区）	享受城镇职工基本医疗保险的老年人数（人）	享受城镇职工基本医疗保险老年人的比例（%）	享受城镇居民医疗保险老年人数量（人）	享受城镇居民医疗保险老年人的比例（%）	享受新型合作医疗制度老年人数（人）	享受新型合作医疗制度老年人的比例（%）	纳入城乡医疗救助制度的60周岁以上老年人口数（人）	60周岁以上救助老年人占医疗救助对象的比例（%）	医院数量（家）	老年专科医院数量（家）
江岸区	156869	98.7	11086	7.0	0	0.0	1012	9	36	7
硚口区	94040	92.2	8434	8.3	0	0.0	341	16	49	2

续表

县（市、区）	享受城镇职工基本医疗保险的老年人数（人）	享受城镇职工基本医疗保险老年人的比例（%）	享受城镇居民医疗保险老年人数量（人）	享受城镇居民医疗保险老年人的比例（%）	享受新型合作医疗制度老年人数（人）	享受新型合作医疗制度老年人的比例（%）	纳入城乡医疗救助制度的60周岁以上老年人口数（人）	60周岁以上救助老年人占医疗救助对象的比例（%）	医院数量（家）	老年专科医院数量（家）
武昌区	211460	99.3	1185	0.6	0	0.0	538	14	48	0
东西湖区	26393	39.4	45390	67.7	5819	8.7	218	13	22	3
大冶市	7839	6.3	8233	6.6	90800	72.6	2028	45	18	0
张湾区	34352	55.4	1500	2.4	8348	13.5	1222	59	5	0
沙市区	13000	18.8	10180	14.8	19600	28.4	2840	15	16	1
洪湖市	21299	13.5	611	0.4	110200	69.7	2521	48	30	0
夷陵区	10264	10.6	1471	1.5	85604	88.3	11832	37	18	0
长阳土家族自治县	6157	7.5	6690	8.2	18036	22.0	2794	28	14	1
宜都	5311	6.2	1109	1.3	15702	18.5	2600	31	17	0
当阳县	53527	59.5	22118	24.6	14226	15.8	6975	21	14	14
鄂城区	1425	1.5	4628	5.0	46775	50.8	467	3	10	4
钟祥市	25300	14.5	10400	5.9	144800	82.7	24398	34	634	0
应城市	12285	12.5	19022	19.4	69193	70.6	3640	58	23	0
安陆市	10216	11.7	6120	7.0	71369	82.0	4300	65	25	0
大悟县	11587	11.8	9032	9.2	76010	77.6	2133	47	23	2
红安县	11164	12.0	15379	16.5	69809	75.1	4125	55	25	23
恩施市	8265	6.1	1973	1.5	33445	24.6	8023	51	30	0
天门市	19809	8.8	26658	11.8	207371	92.2	11317	62	40	3
均值	49882.4	29.3	10561.0	11.0	54355.4	44.7	4666.2	35.6	54.9	3.0

注：（1）享受城镇职工基本医疗保险老年人的比例＝（享受城镇职工基本医疗保险老年人数/60岁以上常住总人口数）×100%；

（2）享受城镇居民医疗保险老年人的比例＝（享受城镇居民医疗保险老年人数/60岁以上常住总人口数）×100%；

（3）享受新型合作医疗制度老年人的比例＝（享受新型合作医疗制度老年人数/60岁以上常住总人口数）×100%。

第五节 老龄服务体系建设

被访的20个县（市、区）中，养老机构数量平均为19.8个，其中最多的是天门市，为35个，其次是武昌区，最少的是张湾区，仅有5个。

民办养老机构数量平均为7.1个，其中最多的是武昌区，为30个，其次是江岸区和硚口区，均为21个，最少的是当阳市和红安县，1个都没有。

民办养老机构占养老机构比例平均为36.0%，其中最高的是武昌区，为96.8%，其次是江岸区和硚口区，最低的是当阳市和红安县，均为0%。

养老机构床位数量平均为2359.6张，其中最多的是武昌区，为4235张，其次是天门市，最少的是张湾区，仅有360张。

民办养老机构床位数量平均为748.5张，其中最多的是武昌区，为3555张，其次是硚口区，最少的是当阳市和红安县，均为0张。

民办养老机构床位占养老机构床位的比例平均为31.7%，其中最高的是东西湖区，为95.0%，其次是武昌区，最低的是当阳市和红安县，均为0%。

入住养老机构老年人数平均为1546.2人，其中最多的是武昌区，为3388人，其次是天门市，最少的是长阳土家族自治县，仅为150人。

养老机构入住率平均为63.2%，其中最高的是大悟县，为89.0%，其次是恩施市，最低的是长阳土家族自治县，仅为10.5%。

入住民办养老机构老年人数平均为473.0人，其中最多的是武昌区，为2844人，其次是硚口区，最低的是当阳市和红安县，均为0人。

民办养老机构入住率平均为46.5%，其中最高的是恩施市，为95.0%，其次是安陆市，最低的是当阳市和红安县，均为0%。

已建成综合养老服务中心数量平均为54.8个，其中最多的是钟祥市，为148个，其次是天门市，最低的是红安县和恩施市，均为0个。

有居家养老服务信息化平台的共10个县（市、区），分别是江岸区、硚口区、武昌区、东西湖区、张湾区、沙市区、宜都市、鄂城区、应城市和恩施市（见表5-5）。

表5-5　　受访各县（市、区）2014年老龄服务体系建设情况汇总

县（市、区）	养老机构数量（个）	民办养老机构数量（个）	民办养老机构占养老机构比例（%）	养老机构床位数量（张）	民办养老机构床位数量（张）	民办养老机构床位数占养老机构床位数比例（%）	入住养老机构老年人数（人）	养老机构入住率（%）	入住民办养老机构老年人数（人）	民办机构入住率（%）	已建成综合养老服务中心数量（个）	是否有居家养老服务信息化平台
江岸区	22	21	95.5	2667	1667	62.5	1598	59.9	1032	61.9	83	是
硚口区	22	21	95.5	2727	2187	80.2	1649	60.5	1596	73.0	31	是

续表

县（市、区）	养老机构数量（个）	民办养老机构数量（个）	民办养老机构占养老机构比例（%）	养老机构床位数量（张）	民办养老机构床位数量（张）	民办养老机构床位数占养老机构床位数比例（%）	入住养老机构老年人数（人）	养老机构入住率（%）	入住民办养老机构老年人数量（人）	民办机构入住率（%）	已建成综合养老服务中心数量（个）	是否有居家养老服务信息化平台
武昌区	31	30	96.8	4235	3555	83.9	3388	80.0	2844	80.0	51	是
东西湖区	18	15	83.3	1809	1719	95.0	934	51.6	892	51.9	5	是
大冶市	16	3	18.8	3880	520	13.4	1681	43.3	182	35.0	62	否
张湾区	5	1	20	360	158	43.9	185	51.4	4	2.5	21	是
沙市区	12	10	83.3	1400	1100	78.6	830	59.3	830	75.5	68	是
洪湖市	24	3	12.5	2140	240	11.2	1492	69.7	160	66.7	85	否
夷陵区	15	2	13.3	2094	260	12.4	1149	54.9	47	18.1	82	否
长阳土家族自治县	16	1	6.3	1429	128	9.0	150	10.5	15	11.7	67	否
宜都市	21	9	42.9	2198	436	19.8	941	42.8	173	39.7	95	是
当阳市	14	0	0	1683	0	0	1464	87.0	0	0	46	否
鄂城区	12	2	16.7	938	200	21.3	621	66.2	103	51.5	57	是
钟祥市	26	2	7.7	3213	980	30.5	1313	40.9	140	14.3	148	否
应城市	30	11	36.7	3300	1220	37.0	2650	80.3	982	80.5	40	是
安陆市	18	1	5.6	1900	170	9.0	1300	68.4	150	88.2	13	否
大悟县	18	2	11.1	2820	50	1.8	2511	89.0	20	40.0	1	否
红安县	16	0	0	1090	0	0	838	76.9	0	0	0	否
恩施市	24	6	25	3275	240	7.3	2893	88.3	228	95.0	0	是
天门市	35	2	5.7	4033	140	3.5	3336	82.7	61	43.6	141	否
均值	19.8	7.1	36.0	2359.6	748.5	31.7	1546.2	63.2	473.0	46.5	54.8	—

注：（1）养老机构入住率=（入住养老机构人数/养老机构床位数）×100%；
（2）民办养老机构入住率=（入住民办养老机构人数/民办养老机构床位数）×100%。

第六节 老年人权益保障

被访的20个县（市、区）中，涉老案件数量平均为171.6件，其中最多的是武昌区，为1304件，其次是硚口区，为747件，最低的是当阳市，为0件。

法律援助工作站数量平均为13.8个，其中最多的是天门市，为32个，其次是恩施市,最低的是当阳市,为0个。

为老年人提供法律援助人次平均为244.7人次,其中最高的是武昌区,为1671人次,其次是江岸区,最低的是当阳市,为0人次。

调解涉老纠纷案件数量平均为276.8件,其中最多的是武昌区,为2726件,其次是硚口区,为712件,最少的是当阳市,为0件。

街道老年人来信件数平均为40.2件,其中最多的是当阳市,为720件,其次是洪湖市,为20件,最低的是东西湖区、夷陵区、长阳土家族自治县、宜都市、安陆市和恩施市,均为0件。

接待来访人次平均为216.5人次,其中最高的是洪湖市,为1000人次,其次是当阳市,为719人次,最低的是夷陵区,为0人次。

发放《老年人优待证(卡)》数量平均为5786.5张,其中最高的是武昌区,为21561张,其次是洪湖市,为20010张,最低的是长阳土家族自治县,仅为300张(见表5-6)。

表5-6 受访各县(市、区)2014年老年人权益保障情况汇总

县(市、区)	涉老案件数量(件)	法律援助工作站数量(个)	为老年人提供法律援助人次(人次)	调解涉老纠纷案件数量(件)	街道老年人来信件数(件)	接待来访人次(人次)	发放《老年人优待证(卡)》数量(张)
江岸区	150	17	1500	600	6	20	10057
硚口区	747	20	35	712	1	2	9093
武昌区	1304	20	1671	2726	2	146	21561
东西湖区	475	11	26	332	0	3	9046
大冶市	23	22	439	41	8	275	4718
张湾区	240	9	120	53	1	15	1000
沙市区	34	20	708	112	−9	576	9163
洪湖市	50	1	10	8	20	1000	20010
夷陵区	80	8	37	75	0	0	3000
长阳土家族自治县	15	12	48	92	0	320	300
宜都市	40	16	40	610	0	5	1500
当阳市	0	0	0	0	720	719	628
鄂城区	98	10	6	92	13	19	967
钟祥市	10	5	40	7	7	280	2876
应城市	47	17	30	4	3	32	6167
安陆市	21	1	5	16	0	6	6120
大悟县	3	18	3	5	12	11	1003

续表

县（市、区）	涉老案件数量（件）	法律援助工作站数量（个）	为老年人提供法律援助人次（人次）	调解涉老纠纷案件数量（件）	街道老年人来信件数（件）	接待来访人次（人次）	发放《老年人优待证（卡）》数量（张）
红安县	12	14	65	8	15	238	743
恩施市	27	23	27	11	0	560	4479
天门市	55	32	83	32	4	103	3299
均值	171.6	13.8	244.7	276.8	40.2	216.5	5786.5

第七节 老年人社会参与

被访的20个县（市、区）中，基层老年协会数量平均为174.1个，其中最多的是天门市，为723个，其次是钟祥市，为399个，最少的是安陆市，仅有16个。

基层老年体育协会数量平均为61.9个，其中最多的是天门市，为708个，其次是宜都市，为161个，最少的是江岸区、大冶市、沙市区、夷陵区和长阳土家族自治县，均为1个。

基层老年书画协会数量平均为6.9个，其中最多的是洪湖市，为60个，其次是安陆市，为16个，最少的是硚口区、东西湖区、大冶市、沙市区、夷陵区、长阳土家族自治县、宜都市、应城市、大悟县和恩施市，均为1个。

注册老年志愿者人数平均为2724.4人，其中最多的是江岸区，为11399人，其次是硚口区，为11138人，最少的是大冶市、洪湖市、夷陵区、长阳土家族自治县、当阳市、鄂城区、钟祥市、大悟县、红安县、恩施市和天门市，均为0人（见表5-7）。

表5-7 受访各县（市、区）2014年老年人社会参与情况汇总

县（市、区）	基层老年协会数量（个）	基层老年体育协会数量（个）	基层老年书画协会数量（个）	注册老年志愿者人数（人）
江岸区	137	1	11	11399
硚口区	130	4	1	11138
武昌区	177	144	14	2994
东西湖区	72	3	1	7096
大冶市	332	1	1	0
张湾区	70	15	2	10000
沙市区	109	1	1	9800

续表

县（市、区）	基层老年协会数量（个）	基层老年体育协会数量（个）	基层老年书画协会数量（个）	注册老年志愿者人数（人）
洪湖市	112	80	60	0
夷陵区	190	1	1	0
长阳土家族自治县	116	1	1	0
宜都市	108	161	1	300
当阳市	41	37	4	0
鄂城区	57	4	3	0
钟祥市	399	3	3	0
应城市	356	34	1	1200
安陆市	16	16	16	560
大悟县	279	18	1	0
红安县	32	3	2	0
恩施市	25	2	1	0
天门市	723	708	12	0
均值	174.1	61.9	6.9	2724.4

第八节 老年人精神文化生活

被访的20个县（市、区）中，公园数量平均为4.6个，其中最多的是武昌区，为12个，其次是大冶市和夷陵区，为10个，最少的是长阳土家族自治县和大悟县，为1个。

老年大学数量平均为11.7个，其中最多的是武昌区，为120个，其次是硚口区，为46个，再次是江岸区和安陆市，为17个。

老年大学在校学习学员数量平均为4219.5个，其中最多的是硚口区，为31230个，其次是江岸区，为28188个，最少的是洪湖市，为80人。

各类老年活动中心数量平均为114.8个，其中最多的是钟祥市，为452个，其次是应城市，为415个，最低的是大冶市，为2个。

老年干部活动中心数量平均为8.5个，其中最多的是应城市，为57个，其次是恩施市，为20个，最低的是硚口区、大冶市、沙市区、洪湖市、夷陵区、长阳土家族自治县、钟祥市、红安县和天门市，均为1个。

有体育设施的居委会数量平均为42.6个，其中最多的是武昌区，为144个，其次是江岸区，为137个，最低的是长阳土家族自治县，为0个。

有体育健身设施的村委会数量平均为277.0个，其中最多的是天门市，为3829个，其次是大冶市，为332个，最少的是江岸区、硚口区和武昌区，为0个。

开设老年人专题电视/广播节目的县（市、区）有3个，分别是武昌区、应城市和天门市（见表5-8）。

表5-8　　　受访各县（市、区）2014年老年人精神生活情况汇总

县（市、区）	公园数量（个）	老年大学数量（个）	老年大学在校学习学员数量（个）	各类老年活动中心数量（个）	老年干部活动中心数量（个）	有体育设施的居委会数量（个）	有体育健身设施的村委会数量（个）	是否开设老年人专题电视/广播节目
江岸区	4	17	28188	139	2	0	0	没有
硚口区	2	46	31230	130	1	130	0	没有
武昌区	12	120	13293	159	15	144	0	有
东西湖区	6	13	4459	16	16	47	31	没有
大冶市	10	1	719	2	1	42	332	没有
张湾区	4	2	280	126	2	33	67	没有
沙市区	6	1	200	75	1	57	36	没有
洪湖市	1	1	80	15	1	20	201	没有
夷陵区	10	3	460	83	1	19	171	没有
长阳土家族自治县	1	2	200	22	1	0	154	没有
宜都市	6	1	480	16	14	18	65	没有
当阳市	2	1	300	20	2	18	155	没有
鄂城区	2	1	400	57	10	5	107	没有
钟祥市	5	1	1200	452	1	37	183	没有
应城市	5	1	360	415	57	15	8	有
安陆市	4	17	350	402	17	16	68	没有
大悟县	1	1	280	25	6	8	61	没有
红安县	4	1	500	22	1	22	53	没有
恩施市	2	2	510	30	20	20	18	没有
天门市	5	1	900	90	1	64	3829	有
均值	4.6	11.7	4219.5	114.8	8.5	42.6	277.0	/

第九节　老龄工作现状与规划

在20个被访县（市、区）中，老龄办与民政部门关系可以分为内设机构、合署办公、独立和其他四种形式。其中，江岸区、东西湖区、沙市区、长阳土家族自治县、当阳市、钟祥市、红安县等7个县（市、区）的老龄办是民政部门的内设机构。硚口区、武昌区、大冶市、洪湖市、宜都市、天门市和恩施市等7个县（市、区）的老龄办和民政部门是合署办公。张湾区、应城市、安陆市和大悟县等4个县（市、区）的老龄办和民政部门相互独立。

在20个被访县（市、区）中，江岸区、武昌区、大冶市、沙市区、长阳土家族自治县、应城市、安陆市和大悟县等8个县（市、区）中的老龄机构有行政执法协调权。

在20个被访县（市、区）中，江岸区、硚口区、武昌区、东西湖区、大冶市、应城市、安陆市和大悟县等8个县（市、区）的老龄机构最基层分支设在居/村委会。张湾区、洪湖市、长阳土家族自治县、宜都市、钟祥市、红安县等6个县（市、区）的老龄机构最基层分支设在街道（乡镇）。沙市区、夷陵区、当阳市、鄂城区、恩施市和天门市等6个县（市、区）未设置老龄机构最基层分支。

在20个被访县（市、区）中，专职工作人员数量平均为3.4人，其中最多的是应城市，为20人，其次是张湾区和安陆市，均为6人，最低的是武昌区、夷陵区、当阳市和鄂城区，为0人。

20个被访县（市、区）多已制定老龄事业发展专项规划，尚未制定的县（市、区）有张湾区、洪湖市、夷陵区、长阳土家族自治县、宜都市、当阳市、鄂城区和红安县。

20个被访县（市、区）多数未将2015年老龄工作纳入政府目标考核，已纳入的县（市、区）分别为江岸区、硚口区、武昌区、东西湖区、沙市区、宜都市、钟祥市和红安县等8个县（市、区）。

20个被访县（市、区）均已建立基本养老保险制度、基本医疗保险制度和最低生活保障制度。

在20个被访县（市、区）中，除东西湖区和大冶市以外，其他18个县（市、区）均已建立"三无"老年人供养制度。

在20个被访县（市、区）中，除江岸区、硚口区、武昌区和东西湖区之外，其他16个县（市、区）均已建立新型农村合作医疗制度、农村计划生育奖励制度和"五保"老年人供养制度（见表5-9-1）。

表 5-9-1　　受访各县（市、区）2014年老龄工作情况汇总（1）

县（市、区）	老龄办与民政部门关系	老龄机构是否有行政执法协调权	老龄机构的最基层分支所在地	专职工作人员数量（人）	是否制定老龄事业发展专项规划	2015年老龄工作有无纳入政府目标考核	基本养老保险	基本医疗保险	最低生活保障制度	"三无"老年人供养	新型农村合作医疗	农村计划生育奖励	"五保"老年人供养
江岸区	内设机构	有	居/村委会	3	有	有	有	有	有	有	无	无	无
硚口区	合署办公	无	居/村委会	1	有	有	有	有	有	有	无	无	无
武昌区	合署办公	有	居/村委会	0	有	有	有	有	有	有	无	无	无
东西湖区	内设机构	无	居/村委会	3	有	有	有	有	有	无	无	无	无
大冶市	合署办公	有	居/村委会	5	有	无	有	有	有	无	有	有	有
张湾区	独立	无	街道/乡镇	6	无	无	有	有	有	有	有	有	有
沙市区	内设机构	有	无	4	有	有	有	有	有	有	有	有	有
洪湖市	合署办公	无	街道/乡镇	4	无	无	有	有	有	有	有	有	有
夷陵区	其他	无	无	0	无	无	有	有	有	有	有	有	有
长阳土家族自治县	内设机构	有	街道/乡镇	2	无	无	有	有	有	有	有	有	有
宜都市	合署办公	无	街道/乡镇	1	无	有	有	有	有	有	有	有	有
当阳市	内设机构	无	无	0	无	无	有	有	有	有	有	有	有
鄂城区	其他	无	无	0	无	有	有	有	有	有	有	有	有
钟祥市	内设机构	无	街道/乡镇	2	有	有	有	有	有	有	有	有	有

续表

县（市、区）	老龄办与民政部门关系	老龄机构是否有行政执法协调权	老龄机构的最基层分支所在地	专职工作人员数量（人）	是否制定老龄事业发展专项规划	2015年老龄工作有无纳入政府目标考核	基本养老保险	基本医疗保险	最低生活保障制度	"三无"老年人供养	新型农村合作医疗	农村计划生育奖励	"五保"老年人供养
应城市	独立	有	居/村委会	20	有	无	有	有	有	有	有	有	有
安陆市	独立	有	居/村委会	6	有	无	有	有	有	有	有	有	有
大悟县	独立	有	居/村委会	3	有	无	有	有	有	有	有	有	有
红安县	内设机构	无	街道/乡镇	3	无	有	有	有	有	有	有	有	有
恩施市	合署办公	无	无	2	有	无	有	有	有	有	有	有	有
天门市	合署办公	无	无	3	有	无	有	有	有	有	有	有	有
均值	/	/	/	3.4	/	/	/	/	/	/	/	/	/

20个被访县（市、区）均已设立养老服务机构。

在20个被访县（市、区）中，除鄂城区以外，其他19个县（市、区）均设有老年活动中心和老年大学。

在20个被访县（市、区）中，除江岸区、硚口区、武昌区、东西湖区、长阳土家族自治县、当阳市和红安县以外，其他13个县（市、区）2014年均开展了解决老年人活动场所不足的工作。

在20个被访县（市、区）中，除武昌区、大冶市和洪湖市以外，其他17个县（市、区）2014年未开展幸福大院活动。

在20个被访县（市、区）中，除长阳土家族自治县、钟祥市、应城市和大悟县以外，其他16个县（市、区）2014年均开展了便捷老龄服务建设。

在20个被访县（市、区）中，除洪湖市以外，其他19个县（市、区）2014年均开展了免费体检活动以及鼓励和引导社会力量参与老龄工作活动。

在20个被访县（市、区）中，除洪湖市、鄂城区和红安县以外，其他17个县（市、区）2014年均开展了健康管理服务。

在20个被访县（市、区）中，除洪湖市、夷陵区、长阳土家族自治县和当阳市以外，其他16个县（市、区）2014年均开展了老龄服务队伍建设。

在20个被访县（市、区）中，除洪湖市、夷陵区、长阳土家族自治县、当阳市、鄂城区、大悟县、红安县和天门市以外，其他12个县（市、区）2014年均开展了志愿者队伍建设。

在20个被访县（市、区）中，除张湾区、洪湖市、夷陵区、长阳土家族自治县、鄂城区、钟祥市和红安县以外，其他13个县（市、区）2014年均开展了培训工作。

在20个被访县（市、区）中，除洪湖市、夷陵区、宜都市、当阳市、钟祥市、应城市、大悟县、红安县和天门市以外，其他11个县（市、区）2014年均开展了服务及信息化建设（见表5-9-2）。

表5-9-2　　受访各县（市、区）2014年老龄工作情况汇总（2）

县（市、区）	养老服务机构	老年活动中心	老年大学	解决老年人活动场所不足	开展幸福大院	便捷老龄服务建设	开展免费体检	鼓励和引导社会力量参与	健康管理服务	老龄服务队伍建设	志愿者队伍建设	培训工作	服务及信息化建设
江岸区	有	有	有	无	无	有	有	有	有	有	有	有	有
硚口区	有	有	有	无	无	有	有	有	有	有	有	有	有
武昌区	有	有	有	无	无	有	有	有	有	有	有	有	有
东西湖区	有	有	有	无	无	有	有	有	有	有	有	有	有
大冶市	有	有	有	无	无	有	有	有	有	有	有	有	有
张湾区	有	有	有	无	无	有	有	有	有	有	有	无	有
沙市区	有	有	有	无	无	有	有	有	有	有	有	有	有
洪湖市	有	有	有	无	无	无	无	无	无	无	无	无	无
夷陵区	有	有	有	无	无	无	无	无	无	无	无	无	无
长阳土家族自治县	有	有	有	无	无	有	有	有	无	无	无	无	有
宜都市	有	有	有	无	无	有	有	有	有	有	有	有	无
当阳市	有	有	有	无	无	有	有	有	有	有	有	有	无
鄂城区	有	无	无	无	无	有	有	无	有	有	有	无	有
钟祥市	有	有	有	无	无	有	有	有	有	有	有	无	无
应城市	有	有	有	无	无	有	有	有	有	有	有	有	无
安陆市	有	有	有	无	无	有	有	有	有	有	有	有	有
大悟县	有	有	有	无	无	有	有	有	有	有	有	有	无
红安县	有	有	有	无	无	有	有	无	有	有	有	无	无
恩施市	有	有	有	无	无	有	有	有	有	有	有	有	有
天门市	有	有	有	无	无	有	有	有	有	有	有	无	无

20个被访县（市、区）2014年均开展了普法宣传工作和维护老年人合法权益工作，并落实了老年人优待政策。

在20个被访县（市、区）中，除张湾区、洪湖市、夷陵区、长阳土家族自治县、当阳市、鄂城区、钟祥市和大悟县以外，其他12个县（市、区）均建立了老龄法律服务热线。

在20个被访县（市、区）中，除洪湖市和当阳市以外，其他18个县（市、区）均为老年人提供了法律援助。

在20个被访县（市、区）中，有一半开展了监督老年人用品市场，保护老年消费者合法权益的工作，它们分别是硚口区、武昌区、东西湖区、张湾区、沙市区、宜都市、应城市、安陆市、恩施市和天门市。

在20个被访县（市、区）中，除洪湖市、长阳土家族自治县、当阳市和钟祥市以外，其他16个县（市、区）均开展了培训老年骨干工作。

在20个被访县（市、区）中，除鄂城区和钟祥市以外，其他18个县（市、区）均组织了大型老年文体活动。

在20个被访县（市、区）中，除张湾区、洪湖市、当阳市、鄂城区和大悟县以外，其他15个县（市、区）均开展了发展老年教育工作。

在20个被访县（市、区）中，除洪湖市和当阳市以外，其他18个县（市、区）均开展了指导基层老年组织建设工作（见表5-9-3）。

表5-9-3　　　　受访各县（市、区）2014年老龄工作情况汇总（3）

县（市、区）	普法宣传	落实老年人优待政策	建立老龄法律服务热线	提供法律援助	监督老年人用品市场，保护老年消费者合法权益	培训老年骨干	组织大型老年文体活动	发展老年教育	维护老年人合法权益	指导基层老年组织建设
江岸区	有	有	有	有	无	有	有	有	有	有
硚口区	有	有	有	有	有	有	有	有	有	有
武昌区	有	有	有	有	有	有	有	有	有	有
东西湖区	有	有	有	有	有	有	有	有	有	有
大冶市	有	有	有	有	无	有	有	有	有	有
张湾区	有	有	无	有	有	有	有	无	有	有
沙市区	有	有	有	有	有	有	有	有	有	有
洪湖市	有	有	无	无	无	无	有	无	有	无
夷陵区	有	有	无	有	无	有	有	有	有	有
长阳土家族自治县	有	有	无	有	无	无	有	有	有	有
宜都市	有	有	有	有	有	有	有	有	有	有
当阳市	有	有	无	无	无	无	有	无	有	无

续表

县（市、区）	普法宣传	落实老年人优待政策	建立老龄法律服务热线	提供法律援助	监督老年人用品市场，保护老年消费者合法权益	培训老年骨干	组织大型老年文体活动	发展老年教育	维护老年人合法权益	指导基层老年组织建设
鄂城区	有	有	无	有	无	有	无	无	有	有
钟祥市	有	有	无	有	无	无	无	有	有	有
应城市	有	有	有	有	有	有	有	有	有	有
安陆市	有	有	有	有	有	有	有	有	有	有
大悟县	有	有	有	有	无	有	有	无	有	有
红安县	有	有	有	有	无	有	有	有	有	有
恩施市	有	有	有	有	有	有	有	有	有	有
天门市	有	有	有	有	有	有	有	有	有	有

附录

附录1 湖北人口老龄化现状、趋势与对策

人口老龄化是经济社会发展的必然趋势，是人口再生产模式发生转变的结果。按照60岁及以上人口比重超过10%或65岁及以上人口比重超过7%的国际标准，我省早于1998年进入老龄化社会。为科学预测人口老龄化发展趋势，积极应对人口老龄化给经济社会发展带来的新挑战，省老龄办联合省委政研室、武汉大学人口·资源·环境经济研究中心，以2010年第六次人口普查数据为基础，参考以往统计及抽样调查数据资料，采用中国人口预测软件（CPPS）和国际人口预测软件（PADIS—INT），在分析我省人口年龄结构和老年人口发展变化特征的基础上，对2011—2050年全省总人口、老年人口发展趋势进行预测，分析人口发展规模和人口老龄化特点，针对人口老龄化发展过程中存在的问题，提出对策和建议。

一、我省人口老龄化现状分析

中华人民共和国成立以来，我省人口长期处于高出生、低死亡的人口快速增长阶段，期间，除三年自然灾害外，一直持续到20世纪70年代初期。此后，随着计划生育政策实施和生育观念转变，生育水平整体呈下降趋势，逐步完成了向低出生、低死亡、人口低速增长转变，进入现代型的人口再生产类型，同时也加速了我省人口老龄化进程。2010年"六普"数据显示，全省总人口5723.8万，其中0~14岁少儿796.4万，占总人口13.9%；15~59岁4130万，占总人口72.2%；60岁及以上797.4万，占总人口13.9%；65岁及以上520.2万，占总人口的9.1%；80岁及以上80.7万，占总人口1.4%。到2012年底，全省60岁及以上老年人口已达889万，占总人口的15.4%，其中65岁及以上老年人口583.8万，占总人口的10.1%。与"五普"数据相比，呈现以下特点：

（1）生育水平大幅下降，人口总量高位运行。国际上通常将总和生育率小于或等于2.1确定为低生育率水平。中华人民共和国成立初期全省妇女总和生育率为6.23，高于5.29的全国水平。在经历了20世纪60年代的超高总和生育率后，70年代初下降到3.24，到1980年又降至2.12，基本达到国际低生育水平标准，2010年达到1.35。在生育水平持续低下和部分人口向外省流出的情况下，全省常住人口总量在高位运行中有所下降。2010年全省常住总人口5723.8万，比"五普"少227.1万人。

（2）人口结构逆向攀升，老龄化程度逐步加重。2010年，全省0~14岁少儿人口由2000年的1357.1万减少到796.4万，减少了560.7万，占总人口的比例从24.0%下降到13.91%。而60岁及以上老年人口则由2000年的565万增加到2010年的797.4万，净增

232.4万，占总人口的比例由10%上升到13.93%。老年人多于少儿的现象开始出现，老年人口规模不断增大，人口老龄化程度进一步加深。

（3）家庭规模不断缩小，"空巢"现象日益突出。2010年全省共有1669.9万户，平均每户3.16人，比2000年的每户3.51人减少了0.35人。有老年人家庭户为541万户，空巢家庭171.9万户，占老年人家庭户的31.8%；空巢老人276.2万人，占老年人口总数34.6%。家庭规模缩小，空巢老人增多，使传统的家庭养老方式受到冲击。

（4）总抚养比持续下降，人口红利持续上升。根据国际人口学理论，总人口抚养比小于或等于50%称为人口机会窗口期，也称为人口红利期。2002年我省人口总抚养比高峰为46.8%，此后总抚养比呈现持续下降趋势，2010年下降到29.9%。其中少儿抚养比由2002年的33.9%下降到2010年的18.1%。总抚养比从负担少年儿童为主逐步向负担老年人为主转变。在总人口抚养负担不断减轻的情况下，人口红利持续攀升达到顶峰，进入拐点。随着老龄化程度的加剧，总人口抚养比2011年开始进入上升通道，2012年底达到32%，人口红利窗口开始缩小。

（5）少儿数量持续减少，人力资源短缺和老化风险显现。2000年我省少儿占比24.0%，略低于中部六省的24.7%，高于全国的22.9%。2010年我省少儿占比13.9%，明显低于中部六省的18.3%和全国的16.6%。10年间，少儿占比下降了10.1个百分点，远高于全国（6.3个百分点）和中部六省（6.4个百分点）的下降率。由于人口机会窗口扩大主要依靠0~14岁少儿人口减少及老年人口的持平来实现，0~14岁少儿快速下降的人口结构，在加速人口老龄化进程的同时，意味着人力资源走向枯竭，形成人力资本的潜在风险。

二、我省人口老龄化发展趋势预测

（一）人口总规模增速缓慢，2023年左右出现拐点，形成城镇递增、乡村递减态势

据预测，全省常住人口将在2023年达到峰值6064万人，2010—2022年年均增加28.4万人，年均增长率为4.83‰。之后总人口开始以年均18.6万人和3.26‰的比率负增长，2050年为5699.8万人。受城镇化影响，城乡人口增长将呈现城镇增、乡村减的态势。农村人口将提前在2017年左右出现拐点，开始下降。而城镇人口将持续增长至2050年左右（见图1）。

（二）老年人口规模快速增长，2034年后趋缓，增速农村快于城镇

据预测，全省人口老龄化进程在2034年以前的20多年间始终处于快速增长状态。其特点如下：

一是规模大、速度快。"十二五"期间每年净增加49万人，到2015年末，60岁及以上老年人1042.4万人，占总人口的17.6%，65岁及以上686.4万人，占总人口的11.6%；"十三五"期间，受20世纪三年自然灾害低出生、高死亡率的影响，老年人口增长速度稍有放缓，但平均每年也净增39万人，到2020年末，60岁及以上老年人1243.9万人，占总人口的20.6%，65岁及以上老年人894.6万人，占总人口的14.8%；此后的13年间，每年平均增加55万人，到2033年60岁及以上老年人将达到1958.4万人，占总人口的32.6%，65岁及以上老年人1449.6万人，占总人口的24.0%。期间在2019年60

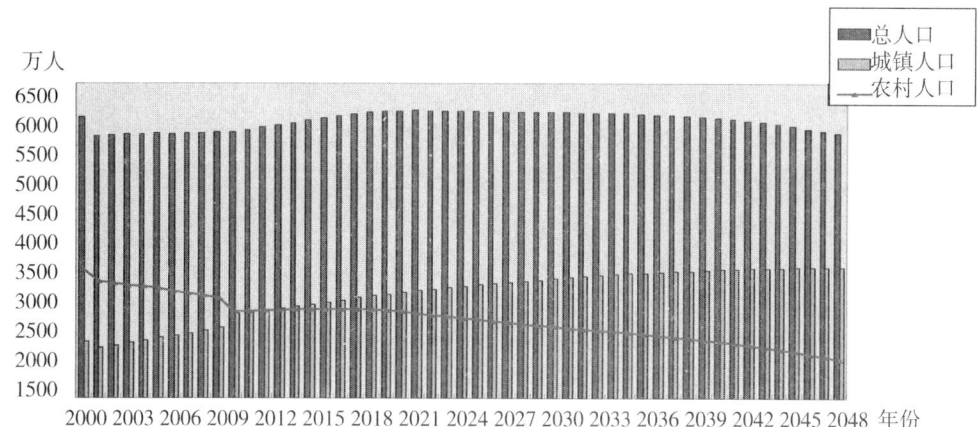

图 1　湖北省 2000—2050 年人口变动预测

岁及以上老年人口超过总人口的 20%，进入中度老龄化状态，2030 年超过总人口的 30%，进入重度老龄化状态。2034 年以后，老年人口增长速度有所减缓，到 2050 年老年人口规模达到峰值时为 2179.8 万人，占总人口的 38.8%。

二是城乡不平衡。全省人口老龄化进程中城乡之间差异明显，农村人口老龄化程度快于、重于城镇。2012 年底，全省 60 岁及以上老年人口中，城镇为 393.7 万人，占总人口的 13.6%，而农村为 496.1 万人，占 17.2%，农村高于城镇 3.6 个百分点。农村人口老龄化将于 2016 年超过 20%，2028 年超过 30%，达到中、重度老龄化状态，而城镇则分别延迟到 2022 年和 2032 年，延迟 4~6 年。2010—2035 年，农村老龄化比重始终高于城镇 3~6 个百分点，之后城乡之间的差距开始逐步缩小，至 2050 年左右，城乡的老龄化程度才能接近平衡（见图 2 和图 3）。

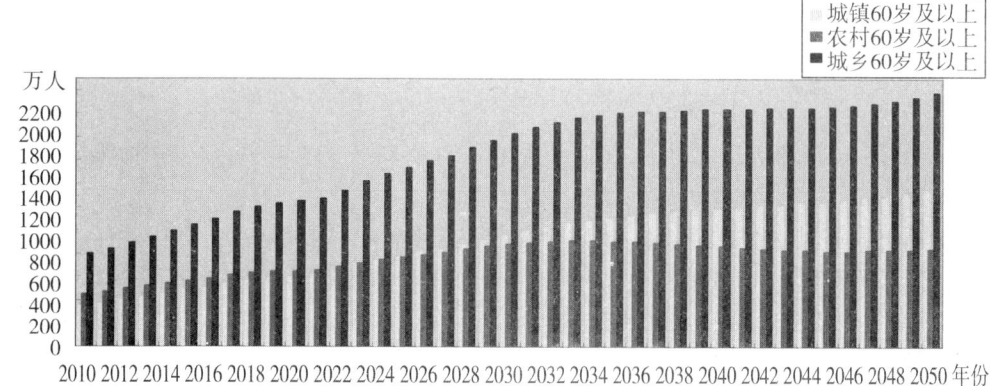

图 2　湖北省城乡老年人分布情况

三是高龄化突出。通常将 80 岁及以上老年人称为高龄老人。随着医疗水平的提高和生活条件的改善，人均预期寿命将逐步延长。据预测，到 2015 年，人均预期寿命约为

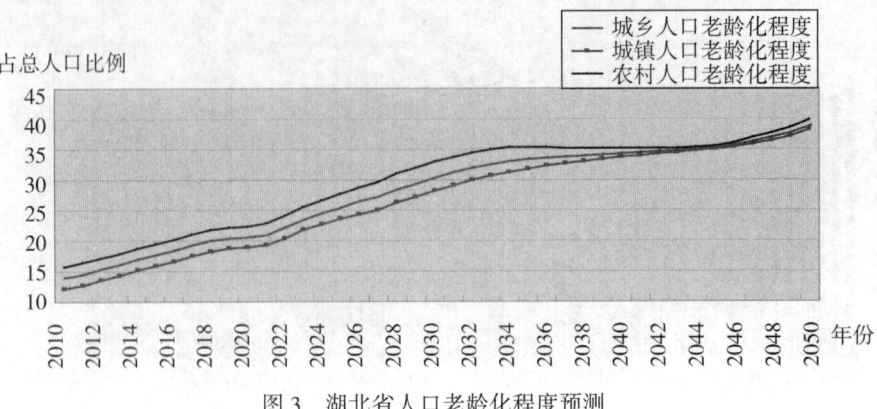

图3 湖北省人口老龄化程度预测

76.5岁，2050年将达到85岁。2015年80岁及以上老年人为129.3万人，占老年人口的12.4%；2030年为285.3万人，占老年人口的15.6%；2050年将达630.5万人，占老年人口的28.9%。老年人口的高龄化，将对社会养老、特别是护理问题带来真正的挑战和考验（见图4）。

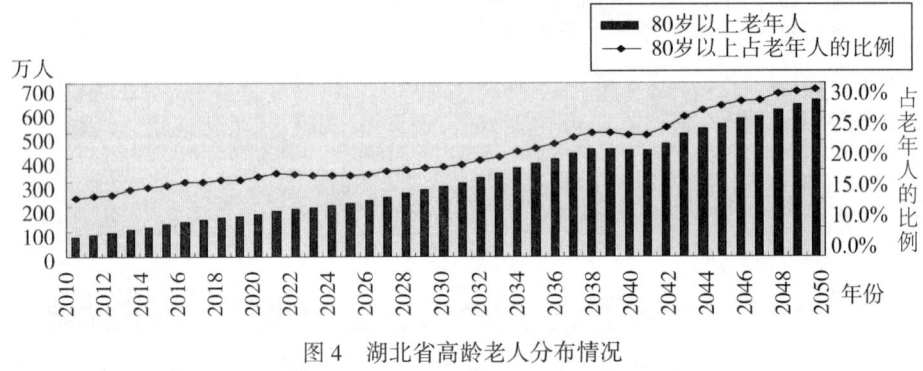

图4 湖北省高龄老人分布情况

（三）抚养比持续快速上升，2030年左右人口红利将完全消失，人口机遇城镇好于农村

据分析，我省社会总抚养比在2010年就已达到29.9%的最低点，其中老年抚养比为11.8%，少儿抚养比为18.1%。未来50年间，全省少儿抚养比将在18%~23%小幅波动，最高的2020年也仅23.1%；而老年抚养比则一直保持快速上升态势，2022年超过少儿抚养比，2033年为少儿抚养比的2倍，达到37.6%，2050年仅老年抚养比即超过50%。在老年抚养比持续快速上升的情况下，全省社会总抚养比从2011年开始由降转升，2030年左右总抚养比将超过50%，达到国际50%的人口红利期上限，人口红利窗口关闭；2050年总抚养比将达到71.7%。其中农村人口红利期将在2019年结束，总抚养比超过50%，2050年达到75.9%；而城镇的人口红利期将延长到2031年左右，2050年上升到69.2%（见图5和图6）。

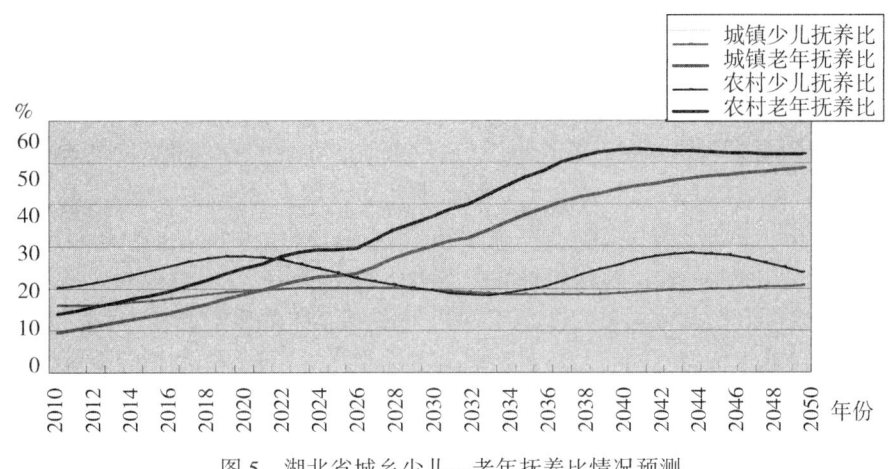

图 5　湖北省城乡少儿—老年抚养比情况预测

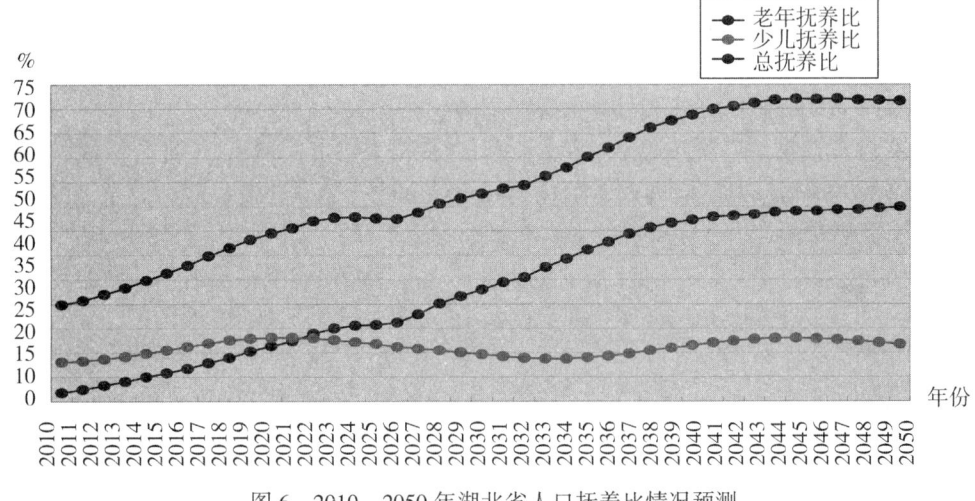

图 6　2010—2050 年湖北省人口抚养比情况预测

三、人口老龄化进程中面临的主要矛盾及应对措施

随着人口老龄化的逐步加重,老龄问题将对经济社会发展发生深刻影响。从经济上看,人口红利逐步消失,企业成本提高,增长潜力下降;从社会上看,养老负担加重,利益格局发生变化,老人诉求增多,管理难度加大;从文化上看,"8—4—2—1"的家庭格局,将导致道德取向发生改变,倾向少儿,淡化老人;从政治上看,数量占优势的老年人,将影响基层民主选举,最终导致政治倾向的变化。在应对人口老龄化问题上,当前面临的矛盾主要有四个方面:一是未富先老。我省是在人均 GDP 尚不足 1000 美元时进入老龄社会,目前人均 GDP 也仅 6000 美元左右。财富不足,使保民生与促发展之间形成矛盾,对经济发展潜力带来直接影响。二是未备先老。社会养老保障体系不完善,制度设计

不平衡，特别是占人口 2/3 的农村养老保障刚刚起步，标准很低；养老服务方面尚未形成系统的政策体系，投入不足，服务设施匮乏；老龄工作体系不健全。准备不足，预示着未来老龄问题的矛盾将日益尖锐。三是老年多病。老年患病率是总人口的 3.2 倍，60% 以上老年人患有两种以上疾病。我省人均预期寿命虽达 76 岁左右，但健康寿命仅有 66 左右，而发达国家人均健康寿命一般在 70 岁以上，日本高达 76 岁左右。不良的健康状况，在加重社会医疗、护理负担的同时，成为预期延长退休年限的主要障碍。四是家庭空巢。据有关资料分析，目前我省的老人空巢率实际达 40% 以上，部分县市的农村超过 60%。空巢现象，成为老年人精神关爱、家庭照料的突出矛盾，同时也将给社会管理带来新的挑战。

老龄问题是一个关系到人口与经济社会可持续发展的战略性问题。我们应当立足当前、着眼长远，充分利用短暂的人口机会窗口，从建设"五个湖北"的高度，积极应对人口老龄化，推动经济社会协调持续发展。

(1) 从"富强湖北"高度，积极应对人口老龄化。发展是解决一切问题的关键。要充分利用未来 20 年人口机会窗口期，加快经济发展，为未来中、重度人口老龄化准备财富；经济发展要考虑人口红利逐步消失和劳动力年龄结构增大等因素，更加重视集约发展和科技创新；产业结构调整要考虑老年人消费特点，重视老龄产业发展，引导社会资本投入老龄服务事业和产业，使其成为经济社会发展新的增长点；重视人口自身的发展，适时、适度调整生育水平，防范人力资源潜在风险。

(2) 从"创新湖北"高度，积极应对人口老龄化。老龄问题是 21 世纪国际社会必须共同面对的一大难题。要适应人口老龄化发展自然规律，创新体制机制，健全老龄工作体系，形成积极应对的合力；创新社会服务模式，整合社会公共资源，逐步形成适应老龄社会特点的社会公共服务体系；创新老年人管理方式，发展和规范基层老年社会组织，倡导老年人自我教育、自我服务、自我管理；创新人才开发模式，最大限度发挥老年人智力科技优势，服务经济社会建设。

(3) 从"法治湖北"高度，积极应对人口老龄化。以贯彻落实新修订的《中华人民共和国老年人权益保障法》为契机，加快老龄法规建设，逐步完善老龄政策法规体系；重视老龄法制宣传教育，增强社会老龄意识，依法保障老年人的生活；广泛开展老年法律援助，切实维护老年人的权益。

(4) 从"文明湖北"高度，积极应对人口老龄化。加强尊老敬老宣传教育，倡导扶老助老社会风尚，构建老少共融、代际和谐的社会环境；重视老年宜居环境建设，城镇规划、建设要充分考虑老龄社会和老年人的特殊需要，加快推进无障碍设施建设，构建方便老年人出行安全、生活方便的居住环境；大力发展老年文化，鼓励老年人走出家门、融入社会，丰富精神生活，提升晚年生活质量。

(5) 从"幸福湖北"高度，积极应对人口老龄化。加快建立和完善政府、社会、家庭和个人相结合的多支柱的老年经济供养体系，围绕"广覆盖、保基本、多层次、可持续"的目标，不断提高老年人经济供养水平，让老年人共享改革发展成果；高度重视养老服务设施建设，加大政府投入，引导社会资本投入，逐步形成居家为基础、社区为依托、机构为支撑的养老服务体系；大力发展老年医疗卫生事业，强化老年医疗保健服务，提升老年人健康水平；引导社会从幼儿开始改变饮食习惯和生活方式，提升全民健康水平，让幸福更有质量。

  调研组组长：刘长斗 省老龄办党组书记、主任
  成员：刘传江 武汉大学经管学院经济研究所所长
     王建楷 省老龄办副巡视员
     田　莹 省老龄办维权调研处处长
     孙　瑜 省委政研室农村处副处长
     张泽文 湖北省老龄办主任科员
     赵颖智 武汉大学经管学院博士

  注：（1）人口红利是指一个国家的劳动年龄人口占总人口比重较大，抚养率比较低，为经济发展创造了有利的人口条件，整个国家的经济成高储蓄、高投资和高增长的局面。国际上通常将人口负担系数小于或等于50%称为人口机会窗口期，也称为人口红利期。

  （2）总和生育率指某国家或地区在当前情况下，平均每个妇女一生所生育的孩子数。

  （3）总抚养比是指在人口当中，非劳动年龄人口对劳动年龄人口数之比，抚养比越大，表明劳动力人均承担的抚养人数就越多，即意味着劳动力的抚养负担就越严重。总抚养比＝（0~14岁+65岁以上人口数）÷15~64岁人口数×100%。

  （4）少儿抚养比＝（0~14岁少年儿童人口数/15~64岁人口数）×100%。

  （5）老年抚养比＝（65岁以上人口数／15~64岁人口数）×100%。

附录 2 中华人民共和国老年人权益保障法

(2012 年 12 月 28 日修订)

第一章 总 则

第一条 为了保障老年人合法权益,发展老龄事业,弘扬中华民族敬老、养老、助老的美德,根据宪法,制定本法。

第二条 本法所称老年人是指六十周岁以上的公民。

第三条 国家保障老年人依法享有的权益。

老年人有从国家和社会获得物质帮助的权利,有享受社会服务和社会优待的权利,有参与社会发展和共享发展成果的权利。

禁止歧视、侮辱、虐待或者遗弃老年人。

第四条 积极应对人口老龄化是国家的一项长期战略任务。

国家和社会应当采取措施,健全保障老年人权益的各项制度,逐步改善保障老年人生活、健康、安全以及参与社会发展的条件,实现老有所养、老有所医、老有所为、老有所学、老有所乐。

第五条 国家建立多层次的社会保障体系,逐步提高对老年人的保障水平。

国家建立和完善以居家为基础、社区为依托、机构为支撑的社会养老服务体系。

倡导全社会优待老年人。

第六条 各级人民政府应当将老龄事业纳入国民经济和社会发展规划,将老龄事业经费列入财政预算,建立稳定的经费保障机制,并鼓励社会各方面投入,使老龄事业与经济、社会协调发展。

国务院制定国家老龄事业发展规划。县级以上地方人民政府根据国家老龄事业发展规划,制定本行政区域的老龄事业发展规划和年度计划。

县级以上人民政府负责老龄工作的机构,负责组织、协调、指导、督促有关部门做好老年人权益保障工作。

第七条 保障老年人合法权益是全社会的共同责任。

国家机关、社会团体、企业事业单位和其他组织应当按照各自职责,做好老年人权益保障工作。

基层群众性自治组织和依法设立的老年人组织应当反映老年人的要求,维护老年人合法权益,为老年人服务。

提倡、鼓励义务为老年人服务。

第八条 国家进行人口老龄化国情教育,增强全社会积极应对人口老龄化意识。

全社会应当广泛开展敬老、养老、助老宣传教育活动，树立尊重、关心、帮助老年人的社会风尚。

青少年组织、学校和幼儿园应当对青少年和儿童进行敬老、养老、助老的道德教育和维护老年人合法权益的法制教育。

广播、电影、电视、报刊、网络等应当反映老年人的生活，开展维护老年人合法权益的宣传，为老年人服务。

第九条 国家支持老龄科学研究，建立老年人状况统计调查和发布制度。

第十条 各级人民政府和有关部门对维护老年人合法权益和敬老、养老、助老成绩显著的组织、家庭或者个人，对参与社会发展做出突出贡献的老年人，按照国家有关规定给予表彰或者奖励。

第十一条 老年人应当遵纪守法，履行法律规定的义务。

第十二条 每年农历九月初九为老年节。

第二章 家庭赡养与扶养

第十三条 老年人养老以居家为基础，家庭成员应当尊重、关心和照料老年人。

第十四条 赡养人应当履行对老年人经济上供养、生活上照料和精神上慰藉的义务，照顾老年人的特殊需要。

赡养人是指老年人的子女以及其他依法负有赡养义务的人。

赡养人的配偶应当协助赡养人履行赡养义务。

第十五条 赡养人应当使患病的老年人及时得到治疗和护理；对经济困难的老年人，应当提供医疗费用。

对生活不能自理的老年人，赡养人应当承担照料责任；不能亲自照料的，可以按照老年人的意愿委托他人或者养老机构等照料。

第十六条 赡养人应当妥善安排老年人的住房，不得强迫老年人居住或者迁居条件低劣的房屋。

老年人自有的或者承租的住房，子女或者其他亲属不得侵占，不得擅自改变产权关系或者租赁关系。

老年人自有的住房，赡养人有维修的义务。

第十七条 赡养人有义务耕种或者委托他人耕种老年人承包的田地，照管或者委托他人照管老年人的林木和牲畜等，收益归老年人所有。

第十八条 家庭成员应当关心老年人的精神需求，不得忽视、冷落老年人。

与老年人分开居住的家庭成员，应当经常看望或者问候老年人。

用人单位应当按照国家有关规定保障赡养人探亲休假的权利。

第十九条 赡养人不得以放弃继承权或者其他理由，拒绝履行赡养义务。

赡养人不履行赡养义务，老年人有要求赡养人付给赡养费等权利。

赡养人不得要求老年人承担力不能及的劳动。

第二十条 经老年人同意，赡养人之间可以就履行赡养义务签订协议。赡养协议的内容不得违反法律的规定和老年人的意愿。

基层群众性自治组织、老年人组织或者赡养人所在单位监督协议的履行。

第二十一条 老年人的婚姻自由受法律保护。子女或者其他亲属不得干涉老年人离婚、再婚及婚后的生活。

赡养人的赡养义务不因老年人的婚姻关系变化而消除。

第二十二条 老年人对个人的财产,依法享有占有、使用、收益和处分的权利,子女或者其他亲属不得干涉,不得以窃取、骗取、强行索取等方式侵犯老年人的财产权益。

老年人有依法继承父母、配偶、子女或者其他亲属遗产的权利,有接受赠与的权利。子女或者其他亲属不得侵占、抢夺、转移、隐匿或者损毁应当由老年人继承或者接受赠与的财产。

老年人以遗嘱处分财产,应当依法为老年配偶保留必要的份额。

第二十三条 老年人与配偶有相互扶养的义务。

由兄、姐扶养的弟、妹成年后,有负担能力的,对年老无赡养人的兄、姐有扶养的义务。

第二十四条 赡养人、扶养人不履行赡养、扶养义务的,基层群众性自治组织、老年人组织或者赡养人、扶养人所在单位应当督促其履行。

第二十五条 禁止对老年人实施家庭暴力。

第二十六条 具备完全民事行为能力的老年人,可以在近亲属或者其他与自己关系密切、愿意承担监护责任的个人、组织中协商确定自己的监护人。监护人在老年人丧失或者部分丧失民事行为能力时,依法承担监护责任。

老年人未事先确定监护人的,其丧失或者部分丧失民事行为能力时,依照有关法律的规定确定监护人。

第二十七条 国家建立健全家庭养老支持政策,鼓励家庭成员与老年人共同生活或者就近居住,为老年人随配偶或者赡养人迁徙提供条件,为家庭成员照料老年人提供帮助。

第三章 社会保障

第二十八条 国家通过基本养老保险制度,保障老年人的基本生活。

第二十九条 国家通过基本医疗保险制度,保障老年人的基本医疗需要。享受最低生活保障的老年人和符合条件的低收入家庭中的老年人参加新型农村合作医疗和城镇居民基本医疗保险所需个人缴费部分,由政府给予补贴。

有关部门制定医疗保险办法,应当对老年人给予照顾。

第三十条 国家逐步开展长期护理保障工作,保障老年人的护理需求。

对生活长期不能自理、经济困难的老年人,地方各级人民政府应当根据其失能程度等情况给予护理补贴。

第三十一条 国家对经济困难的老年人给予基本生活、医疗、居住或者其他救助。

老年人无劳动能力、无生活来源、无赡养人和扶养人,或者其赡养人和扶养人确无赡养能力或者扶养能力的,由地方各级人民政府依照有关规定给予供养或者救助。

对流浪乞讨、遭受遗弃等生活无着的老年人,由地方各级人民政府依照有关规定给予救助。

第三十二条 地方各级人民政府在实施廉租住房、公共租赁住房等住房保障制度或者进行危旧房屋改造时，应当优先照顾符合条件的老年人。

第三十三条 国家建立和完善老年人福利制度，根据经济社会发展水平和老年人的实际需要，增加老年人的社会福利。

国家鼓励地方建立八十周岁以上低收入老年人高龄津贴制度。

国家建立和完善计划生育家庭老年人扶助制度。

农村可以将未承包的集体所有的部分土地、山林、水面、滩涂等作为养老基地，收益供老年人养老。

第三十四条 老年人依法享有的养老金、医疗待遇和其他待遇应当得到保障，有关机构必须按时足额支付，不得克扣、拖欠或者挪用。

国家根据经济发展以及职工平均工资增长、物价上涨等情况，适时提高养老保障水平。

第三十五条 国家鼓励慈善组织以及其他组织和个人为老年人提供物质帮助。

第三十六条 老年人可以与集体经济组织、基层群众性自治组织、养老机构等组织或者个人签订遗赠扶养协议或者其他扶助协议。

第四章 社会服务

第三十七条 地方各级人民政府和有关部门应当采取措施，发展城乡社区养老服务，鼓励、扶持专业服务机构及其他组织和个人，为居家的老年人提供生活照料、紧急救援、医疗护理、精神慰藉、心理咨询等多种形式的服务。

对经济困难的老年人，地方各级人民政府应当逐步给予养老服务补贴。

第三十八条 地方各级人民政府和有关部门、基层群众性自治组织，应当将养老服务设施纳入城乡社区配套设施建设规划，建立适应老年人需要的生活服务、文化体育活动、日间照料、疾病护理与康复等服务设施和网点，就近为老年人提供服务。

发扬邻里互助的传统，提倡邻里间关心、帮助有困难的老年人。

鼓励慈善组织、志愿者为老年人服务。倡导老年人互助服务。

第三十九条 各级人民政府应当根据经济发展水平和老年人服务需求，逐步增加对养老服务的投入。

各级人民政府和有关部门在财政、税费、土地、融资等方面采取措施，鼓励、扶持企业事业单位、社会组织或者个人兴办、运营养老、老年人日间照料、老年文化体育活动等设施。

第四十条 地方各级人民政府和有关部门应当按照老年人口比例及分布情况，将养老服务设施建设纳入城乡规划和土地利用总体规划，统筹安排养老服务设施建设用地及所需物资。

公益性养老服务设施用地，可以依法使用国有划拨土地或者农民集体所有的土地。

养老服务设施用地，非经法定程序不得改变用途。

第四十一条 政府投资兴办的养老机构，应当优先保障经济困难的孤寡、失能、高龄等老年人的服务需求。

第四十二条 国务院有关部门制定养老服务设施建设、养老服务质量和养老服务职业等标准,建立健全养老机构分类管理和养老服务评估制度。

各级人民政府应当规范养老服务收费项目和标准,加强监督和管理。

第四十三条 设立养老机构,应当符合下列条件:

(一) 有自己的名称、住所和章程;

(二) 有与服务内容和规模相适应的资金;

(三) 有符合相关资格条件的管理人员、专业技术人员和服务人员;

(四) 有基本的生活用房、设施设备和活动场地;

(五) 法律、法规规定的其他条件。

第四十四条 设立公益性养老机构应当向县级以上人民政府民政部门申请行政许可;经许可的,依法办理相应的登记。

设立经营性养老机构应当在工商行政管理部门办理登记后,向县级以上人民政府民政部门申请行政许可。

县级以上人民政府民政部门负责养老机构的指导、监督和管理,其他有关部门依照职责分工对养老机构实施监督。

第四十五条 养老机构变更或者终止的,应当妥善安置收住的老年人,并依照规定到有关部门办理手续。有关部门应当为养老机构妥善安置老年人提供帮助。

第四十六条 国家建立健全养老服务人才培养、使用、评价和激励制度,依法规范用工,促进从业人员劳动报酬合理增长,发展专职、兼职和志愿者相结合的养老服务队伍。

国家鼓励高等学校、中等职业学校和职业培训机构设置相关专业或者培训项目,培养养老服务专业人才。

第四十七条 养老机构应当与接受服务的老年人或者其代理人签订服务协议,明确双方的权利、义务。

养老机构及其工作人员不得以任何方式侵害老年人的权益。

第四十八条 国家鼓励养老机构投保责任保险,鼓励保险公司承保责任保险。

第四十九条 各级人民政府和有关部门应当将老年医疗卫生服务纳入城乡医疗卫生服务规划,将老年人健康管理和常见病预防等纳入国家基本公共卫生服务项目。鼓励为老年人提供保健、护理、临终关怀等服务。

国家鼓励医疗机构开设针对老年病的专科或者门诊。

医疗卫生机构应当开展老年人的健康服务和疾病防治工作。

第五十条 国家采取措施,加强老年医学的研究和人才培养,提高老年病的预防、治疗、科研水平,促进老年病的早期发现、诊断和治疗。

国家和社会采取措施,开展各种形式的健康教育,普及老年保健知识,增强老年人自我保健意识。

第五十一条 国家采取措施,发展老龄产业,将老龄产业列入国家扶持行业目录。扶持和引导企业开发、生产、经营适应老年人需要的用品和提供相关的服务。

第五章　社会优待

第五十二条　县级以上人民政府及其有关部门根据经济社会发展情况和老年人的特殊需要，制定优待老年人的办法，逐步提高优待水平。

对常住在本行政区域内的外埠老年人给予同等优待。

第五十三条　各级人民政府和有关部门应当为老年人及时、便利地领取养老金、结算医疗费和享受其他物质帮助提供条件。

第五十四条　各级人民政府和有关部门办理房屋权属关系变更、户口迁移等涉及老年人权益的重大事项时，应当就办理事项是否为老年人的真实意思表示进行询问，并依法优先办理。

第五十五条　老年人因其合法权益受侵害提起诉讼交纳诉讼费确有困难的，可以缓交、减交或者免交；需要获得律师帮助，但无力支付律师费用的，可以获得法律援助。

鼓励律师事务所、公证处、基层法律服务所和其他法律服务机构为经济困难的老年人提供免费或者优惠服务。

第五十六条　医疗机构应当为老年人就医提供方便，对老年人就医予以优先。有条件的地方，可以为老年人设立家庭病床，开展巡回医疗、护理、康复、免费体检等服务。

提倡为老年人义诊。

第五十七条　提倡与老年人日常生活密切相关的服务行业为老年人提供优先、优惠服务。

城镇公共交通、公路、铁路、水路和航空客运，应当为老年人提供优待和照顾。

第五十八条　博物馆、美术馆、科技馆、纪念馆、公共图书馆、文化馆、影剧院、体育场馆、公园、旅游景点等场所，应当对老年人免费或者优惠开放。

第五十九条　农村老年人不承担兴办公益事业的筹劳义务。

第六章　宜居环境

第六十条　国家采取措施，推进宜居环境建设，为老年人提供安全、便利和舒适的环境。

第六十一条　各级人民政府在制定城乡规划时，应当根据人口老龄化发展趋势、老年人口分布和老年人的特点，统筹考虑适合老年人的公共基础设施、生活服务设施、医疗卫生设施和文化体育设施建设。

第六十二条　国家制定和完善涉及老年人的工程建设标准体系，在规划、设计、施工、监理、验收、运行、维护、管理等环节加强相关标准的实施与监督。

第六十三条　国家制定无障碍设施工程建设标准。新建、改建和扩建道路、公共交通设施、建筑物、居住区等，应当符合国家无障碍设施工程建设标准。

各级人民政府和有关部门应当按照国家无障碍设施工程建设标准，优先推进与老年人日常生活密切相关的公共服务设施的改造。

无障碍设施的所有人和管理人应当保障无障碍设施正常使用。

第六十四条　国家推动老年宜居社区建设，引导、支持老年宜居住宅的开发，推动和扶持老年人家庭无障碍设施的改造，为老年人创造无障碍居住环境。

第七章 参与社会发展

第六十五条 国家和社会应当重视、珍惜老年人的知识、技能、经验和优良品德，发挥老年人的专长和作用，保障老年人参与经济、政治、文化和社会生活。

第六十六条 老年人可以通过老年人组织，开展有益身心健康的活动。

第六十七条 制定法律、法规、规章和公共政策，涉及老年人权益重大问题的，应当听取老年人和老年人组织的意见。

老年人和老年人组织有权向国家机关提出老年人权益保障、老龄事业发展等方面的意见和建议。

第六十八条 国家为老年人参与社会发展创造条件。根据社会需要和可能，鼓励老年人在自愿和量力的情况下，从事下列活动：

（一）对青少年和儿童进行社会主义、爱国主义、集体主义和艰苦奋斗等优良传统教育；

（二）传授文化和科技知识；

（三）提供咨询服务；

（四）依法参与科技开发和应用；

（五）依法从事经营和生产活动；

（六）参加志愿服务、兴办社会公益事业；

（七）参与维护社会治安、协助调解民间纠纷；

（八）参加其他社会活动。

第六十九条 老年人参加劳动的合法收入受法律保护。

任何单位和个人不得安排老年人从事危害其身心健康的劳动或者危险作业。

第七十条 老年人有继续受教育的权利。

国家发展老年教育，把老年教育纳入终身教育体系，鼓励社会办好各类老年学校。

各级人民政府对老年教育应当加强领导，统一规划，加大投入。

第七十一条 国家和社会采取措施，开展适合老年人的群众性文化、体育、娱乐活动，丰富老年人的精神文化生活。

第八章 法律责任

第七十二条 老年人合法权益受到侵害的，被侵害人或者其代理人有权要求有关部门处理，或者依法向人民法院提起诉讼。

人民法院和有关部门，对侵犯老年人合法权益的申诉、控告和检举，应当依法及时受理，不得推诿、拖延。

第七十三条 不履行保护老年人合法权益职责的部门或者组织，其上级主管部门应当给予批评教育，责令改正。

国家工作人员违法失职，致使老年人合法权益受到损害的，由其所在单位或者上级机关责令改正，或者依法给予处分；构成犯罪的，依法追究刑事责任。

第七十四条　老年人与家庭成员因赡养、扶养或者住房、财产等发生纠纷，可以申请人民调解委员会或者其他有关组织进行调解，也可以直接向人民法院提起诉讼。

人民调解委员会或者其他有关组织调解前款纠纷时，应当通过说服、疏导等方式化解矛盾和纠纷；对有过错的家庭成员，应当给予批评教育。

人民法院对老年人追索赡养费或者扶养费的申请，可以依法裁定先予执行。

第七十五条　干涉老年人婚姻自由，对老年人负有赡养义务、扶养义务而拒绝赡养、扶养，虐待老年人或者对老年人实施家庭暴力的，由有关单位给予批评教育；构成违反治安管理行为的，依法给予治安管理处罚；构成犯罪的，依法追究刑事责任。

第七十六条　家庭成员盗窃、诈骗、抢夺、侵占、勒索、故意损毁老年人财物，构成违反治安管理行为的，依法给予治安管理处罚；构成犯罪的，依法追究刑事责任。

第七十七条　侮辱、诽谤老年人，构成违反治安管理行为的，依法给予治安管理处罚；构成犯罪的，依法追究刑事责任。

第七十八条　未经许可设立养老机构的，由县级以上人民政府民政部门责令改正；符合法律、法规规定的养老机构条件的，依法补办相关手续；逾期达不到法定条件的，责令停办并妥善安置收住的老年人；造成损害的，依法承担民事责任。

第七十九条　养老机构及其工作人员侵害老年人人身和财产权益，或者未按照约定提供服务的，依法承担民事责任；有关主管部门依法给予行政处罚；构成犯罪的，依法追究刑事责任。

第八十条　对养老机构负有管理和监督职责的部门及其工作人员滥用职权、玩忽职守、徇私舞弊的，对直接负责的主管人员和其他直接责任人员依法给予处分；构成犯罪的，依法追究刑事责任。

第八十一条　不按规定履行优待老年人义务的，由有关主管部门责令改正。

第八十二条　涉及老年人的工程不符合国家规定的标准或者无障碍设施所有人、管理人未尽到维护和管理职责的，由有关主管部门责令改正；造成损害的，依法承担民事责任；对有关单位、个人依法给予行政处罚；构成犯罪的，依法追究刑事责任。

第九章　附　　则

第八十三条　民族自治地方的人民代表大会，可以根据本法的原则，结合当地民族风俗习惯的具体情况，依照法定程序制定变通的或者补充的规定。

第八十四条　本法施行前设立的养老机构不符合本法规定条件的，应当限期整改。具体办法由国务院民政部门制定。

第八十五条　本法自 2013 年 7 月 1 日起施行。

附录3　中共中央、国务院关于加强老龄工作的决定

中发〔2000〕13号

老龄问题涉及政治、经济、文化和社会生活等诸多领域，是关系国计民生和国家长治久安的一个重大社会问题。全党全社会必须从改革、发展、稳定的大局出发，高度重视和切实加强老龄工作。

一、充分认识加强老龄工作的重大意义

（一）目前，我国60岁以上人口已达到1.26亿，其中65岁以上人口达到8600万，分别占总人口的10%和7%。按照国际通行标准，我国人口年龄结构已开始进入老龄化阶段。据预测，今后一个时期我国老年人口还将以较快速度增长，2015年60岁以上人口将超过2亿，约占总人口的14%。

人口平均寿命延长，老年人口增加，是我国社会主义制度优越性的体现和社会文明进步的重要标志，是经济发展、社会进步、人民生活水平提高、医疗卫生条件改善的重大成果。但是，人口老龄化也给我国经济和社会发展带来一系列深刻影响。采取积极措施，加强老龄工作，是一项重要而紧迫的战略任务。

（二）党和人民政府历来十分关心老年人。中华人民共和国成立后特别是改革开放以来，国家颁布实施了一系列维护老年人权益的法律法规和政策，加强了尊老爱幼思想教育，初步建立了养老、医疗等社会保障制度，老年福利、卫生、文化、教育、体育等事业有了一定发展，老年人的生活水平和生活质量不断提高。老龄工作取得的进展和成绩，对推动经济建设和社会发展起到了重要作用。

但是，也要清醒地看到，我国老龄工作基础还比较薄弱，不能很好地适应人口老龄化的要求。主要问题是：对人口老龄化问题认识不足，老龄工作政策、法规不够健全，社会保障制度尚不完善，社区管理和老年服务设施、服务网络建设滞后，老年思想政治工作薄弱，侵犯老年人合法权益的现象时有发生。对此，我们必须高度重视，认真解决。

（三）老年人是社会的重要组成部分，他们为中国革命和建设作出了重要贡献。满足广大老年人日益增长的物质和文化生活需要，让老年人共享经济建设和社会发展的成果，是中国共产党全心全意为人民服务根本宗旨的体现，是在新的历史条件下贯彻落实江泽民同志关于"三个代表"重要思想的体现，也是国家和社会义不容辞的责任。在社会主义市场经济条件下，弘扬中华民族传统美德，形成敬老、养老、助老以及代际和谐的良好社会风尚，是社会主义精神文明建设的一项重要内容。正确处理和解决人口老龄化过程中出现的各种矛盾和问题，切实保障老年人的合法权益，对促进经济建设和社会发展具有重要意义。

二、老龄工作的指导思想、原则和目标

（四）我国老龄工作的指导思想是：以马克思列宁主义、毛泽东思想、邓小平理论为指导，贯彻党的十五大精神，从我国的基本国情出发，适应人口老龄化的发展趋势，完善社会保障制度，建立健全社区管理和社区服务体系，发展老年服务业，维护老年人的合法权益，加强老年思想政治工作，开创老龄工作新局面。

（五）加强老龄工作，发展老龄事业要遵循以下原则：坚持老龄事业与国民经济和社会发展相适应，促进老龄事业健康发展；坚持家庭养老与社会养老相结合，充分发挥家庭养老的积极作用，建立和完善老年社会服务体系；坚持政府引导与社会兴办相结合，按照社会主义市场经济的要求积极发展老年服务业；坚持道德规范与法律约束相结合，广泛开展敬老养老道德教育，加强老龄工作法制建设；坚持关心老年人生活以及老龄妇女的特殊问题与加强思想政治工作相结合，使广大老年人物质生活得到改善，精神文化生活更加丰富；坚持统筹规划与分类指导相结合，因地制宜地开展老龄工作，发展老龄事业。

（六）今后一个时期我国老龄事业发展的主要目标是：从我国社会主义初级阶段的基本国情出发，努力建立和完善有中国特色老年社会保障制度和社会互助制度；建立以家庭养老为基础、社区服务为依托、社会养老为补充的养老机制；逐步建立比较完善的以老年福利、生活照料、医疗保健、体育健身、文化教育和法律服务为主要内容的老年服务体系，切实提高老年人的物质和精神文化生活水平，基本实现老有所养、老有所医、老有所教、老有所学、老有所为、老有所乐。

三、切实保障老年人的合法权益

（七）全社会都要依据《中华人民共和国宪法》和《中华人民共和国老年人权益保障法》等法律法规，切实维护和保障老年人的合法权益。

要加强法制建设，进一步完善有关维护老年人权益的法律法规，加大执法和监督力度，依法处理和打击侵犯老年人合法权益的不法行为。依法取缔伤害老年人身心健康、宣传迷信邪说、侵害老年人合法权益的非法组织。

要在全社会积极开展维护老年人合法权益的法制教育和普法工作。各级司法行政和宣传部门要把老年人权益保障法等相关法律法规纳入普法计划，加大宣传力度，进一步提高全体公民维护老年人合法权益的自觉性和法律意识。老年人也要学法、懂法、守法，依法维护自身的合法权益。

要重视保护老年人合法权益，健全法律援助制度，加强老年人法律服务工作，使老年人能够就地、就近、及时地得到优质的法律服务。各级司法行政部门对需要获得律师及其他法律帮助但又无力支付法律服务费用的老年人，要按照有关规定向他们提供法律援助。各级人民法院对老年人因合法权益受到侵害提起诉讼交纳诉讼费确有困难的，要给予缓交、减交或免交的优待。

要大力弘扬中华民族传统美德，在全社会广泛开展敬老、养老、助老的道德教育，并与开展文明社区、文明村镇、文明家庭创建活动结合起来。中央和省级广播电视机构要开办老年节目，地、县级广播电视机构要结合本地情况进行转播，其他有条件的地方也可开

办老年节目。中小学校要把敬老、养老、助老作为德育的重要内容纳入教育计划。要综合运用行政、法律和宣传、教育等手段，在全社会树立尊重、关心、帮助老年人的社会风尚。

（八）完善社会保障制度，逐步建立国家、社会、家庭和个人相结合的养老保障机制，确保老年人生活、医疗等方面的基本需求。

在城镇，要建立起以基本养老保险、基本医疗保险、商业保险、社会救济、社会福利和社会互助为主要内容的比较完善的养老保障体系。逐步建立起独立于企事业单位之外、资金来源多渠道、管理服务社会化的基本养老保险制度。要进一步完善城镇居民最低生活保障制度，对实际收入低于所在城镇最低生活保障线的老年人，要纳入最低生活保障范围，发放最低生活保障金。积极推进医疗保险制度改革，建立覆盖城镇所有用人单位及其职工的基本医疗保险制度，落实离休和退休人员的医疗保障政策，发展各种类型的补充医疗保险，满足老年人的基本医疗需求。

在农村，要坚持以家庭养老为主，进一步完善社会救济和以保吃、保穿、保住、保医、保葬为内容的"五保"供养制度，倡导村民互助。有条件的地区可探索多种社会养老的路子。不断完善农村合作医疗制度，积极探索多种形式的农村医疗保障制度，加快农村医疗卫生组织建设，完善农村基层卫生服务网络，切实解决贫困地区老年人缺医少药问题。

（九）老年人有受赡养的权利，赡养人特别是子女要依法履行赡养义务。倡导赡养人之间签订《家庭赡养协议书》，并由基层组织监督执行。要切实保障老年人住房、财产、继承等合法权益，重视和解决好老年妇女问题。

要维护老年人婚姻自由的权利。要移风易俗，转变观念，支持单身老年人自由择偶结婚。对再婚老年人，子女要给予理解和支持，并继续依法承担赡养义务。提倡和鼓励老年人之间建立互助关系。

（十）重视发挥老年人的作用，坚持自愿和量力、社会需求同个人志趣相结合的原则，鼓励老年人从事关心教育下一代、传授科学文化知识、开展咨询服务、参与社会公益事业和社区精神文明建设等活动。

四、发展老年服务业

（十一）要加强社区建设，依托社区发展老年服务业，进一步完善社区为老年人服务的功能。今后企事业单位的退休人员要逐步与所在单位相脱离，由社区组织管理和服务。要充分发挥社区组织在老龄事业发展中的积极作用，加快社区老年服务设施和服务网络建设，努力形成设施配套、功能完善、管理规范的社区老年服务体系。

各地要充分利用现有设施，积极兴办不同形式、不同档次的老年福利院、老年护理院、老年公寓、托老所等，为老年人提供生活照料、文化、护理、健身等多方面的服务。各部门、各单位的老年服务设施要逐步向社会开放。倡导社会互助，积极开展扶老助困志愿活动。各级人民政府要制定有关规定，在参观、游览、乘坐公共交通工具等方面，对老年人给予优待和照顾。

各级医疗卫生机构要大力开展多种形式的老年医疗保健服务，逐步建立起完善的社区卫生服务机构，健全老年医疗保健服务网络，提高服务质量。增加社区老年医疗保健设施，发展家庭病床，采取定点、巡回、上门服务等多种形式，为老年人提供预防、医疗、保健、护理、康复和心理咨询等服务。积极开展各种形式的健康教育，普及老年保健和卫生科学知识，增强老年人自我预防和保健技能。

各级文化、体育、广播电视等部门和工会、妇联等群众团体要进一步加强老年文化体育工作，发展老年文化体育事业。要建立社区老年活动中心或活动站。现有图书馆、群众艺术馆、文化馆、文化站、公共体育场所等要为老年人提供优先优惠服务，群众艺术馆、文化馆要建立老年文化活动中心，城区、乡镇的文化站要建立老年文化活动室。要组织老年人开展体育健身和文化娱乐活动，提倡科学文明健康的生活方式。各级文化部门要积极组织创作老年人喜闻乐见的优秀作品，组织开展丰富多彩的老年文化活动。出版部门要组织出版适合老年人特点的图书、音像制品和电子出版物，满足老年人的精神文化需求，丰富老年人的精神文化生活。

各地要重视发展老年教育事业，发展广播、电视、网络和函授教育，鼓励和指导社会力量按照有关规定兴办各类老年学校。各种老年教育主要为老年人提供物质文化生活所需要的知识和技能，使更多的老年人能就近参加学习。

（十二）老年服务业的发展要走社会化、产业化的道路。鼓励和引导社会各方面力量积极参与、共同发展老年服务业，逐步形成政府宏观管理、社会力量兴办、老年服务机构按市场化要求自主经营的管理体制和运行机制。

（十三）要培育和发展老年消费市场。老年人是一个庞大的社会群体，具有不同的消费需求，要积极研制开发适合老年人特点的产品和服务项目，引导老年人合理消费，满足老年人不同层次、不同类型的消费需求。

五、采取有效措施，加快老龄事业发展

（十四）各级人民政府要把老龄事业纳入国民经济和社会发展中长期规划和年度计划。要高度重视社区建设，认真做好"十五"期间社区建设规划。要根据实际需要和建设条件，在充分利用现有设施的基础上，新建和扩建一批社区老年服务设施、福利设施和活动场所。非营利性老年福利设施建设所需资金以各级人民政府投入为主，同时应当制定政策，鼓励和引导社会力量积极兴办老年福利机构。

各级发展计划部门在制定投资计划、安排投资项目时，要加大对老年服务设施的投入。城镇建设、旧城改造、居住区建设要将老年服务设施纳入规划并认真付诸实施。到"十五"末期，基本实现每个县（市）至少有一所老年活动场所，地级以上市有一批社区老年服务设施、福利设施和活动场所，街道办事处有老年综合福利服务设施。乡镇要努力办好敬老院，有条件的地方要逐步将敬老院建设成综合性多功能的老年福利服务中心。

（十五）要坚决贯彻落实党中央、国务院有关方针政策，确保城镇居民最低生活保障金和离退休人员基本养老金按时足额发放，不得拖欠，并随着经济发展合理增长。要进一步完善农村"五保"供养制度，提高供养水平，扩大农村敬老院的服务范围。要特别关注特困老年人的生活，加大对特困老年人的救助力度。老年人遇到特殊困难，当地人民政府要及时给予救济。要倡导和组织社会互助，积极开展扶老助困和志愿者服务等活动。

（十六）各级财政部门要加大对老龄事业的资金投入，主要用于老年社会保障、老年福利与服务设施建设以及老年教育、人才培训、科学研究等。要将老年福利事业经费纳入财政预算。在国家发行的彩票收益中，要有一定比例用于对老龄事业的投入。

（十七）国家鼓励社会力量兴办老年福利服务设施。对社会力量投资兴办的福利性、非营利性的老年服务机构和有关捐赠，要实行减免税等优惠政策，具体办法由财政部、国家税务总局制定。

（十八）金融机构要充分发挥信贷支持作用，热情关注、积极支持社区老年服务设施、活动场所和福利设施的建设，按照信贷通则加大贷款支持力度。

（十九）地方各级人民政府在编制本地区土地利用年度计划实施方案时，应统筹安排社区老年服务设施、活动场所和福利设施建设用地，并按有关法律法规规定，采用行政划拨方式或优惠有偿方式供地。要采取有效措施，对新建老年服务设施的市政基础设施配套建设费酌情给予减免，降低征地和拆迁补偿费。

（二十）加强对老龄工作者队伍的建设，特别要加强对老龄工作干部的业务培训，提高老龄工作者自身素质，培养一支热爱老龄事业、全心全意为老年人服务的干部队伍。有条件的普通院校可开设老年学专业和社区服务类专业，培养从事老龄工作和社区工作的专门人才，加强社区干部队伍建设。

六、开展生动活泼的老年思想政治工作

（二十一）进一步加强和改进老年思想政治工作，认真研究解决老年群体中的各种思想问题。要坚持把马克思列宁主义、毛泽东思想特别是邓小平理论作为老年思想政治教育的重要内容，积极开展党的基本路线、政策、形势、民主与法制和科学文化知识的教育，使广大老年人树立正确的世界观、人生观和价值观，划清科学与迷信、文明与愚昧的界限，坚定对建设有中国特色社会主义的信念，增强对改革开放和现代化建设的信心，坚定地与以江泽民同志为核心的党中央在政治上、思想上保持一致。

（二十二）积极研究和探索新形势下加强和改进老年思想政治工作的新形式、新办法。要根据老年人的特点，把思想教育与开展健康有益的文化体育活动、解决思想问题与解决实际问题结合起来。坚持以理服人，以情感人，寓教于乐，把老年思想政治工作做实、做活、做深、做细，使广大老年人以丰富健康文明的生活方式安享晚年。要总结和推广新经验，树立典型，表彰先进，弘扬正气。

（二十三）充分发挥基层党组织在老年思想政治工作中的战斗堡垒作用，重视和发挥老年党员的政治优势和先锋模范作用。所有老年党员都要编入党的基层组织，参加党组织的活动。要建立社区老年人思想教育工作机制，切实做好老年思想政治工作，保证老年人自觉贯彻执行党的路线、方针、政策。

七、加强对老龄工作的领导

（二十四）老龄工作是党政工作的重要组成部分。各级党委和人民政府要统一思想，提高认识，加强领导，把老龄工作列入日常工作议程，及时研究解决工作中出现的新情况和新问题。

（二十五）理顺和健全老龄工作体制。全国老龄工作在全国老龄工作委员会的领导下，由民政部牵头，中央和国家机关各有关部门、群众团体共同参与。地方各级党委、人民政府要参照全国老龄工作委员会的设置，尽快建立健全本地区老龄工作议事协调机构，并在民政部门建立精干的办事机构，提供必要的工作经费。各地要充分发挥有关部门和工会、共青团、妇联等群众团体及老龄组织的作用，共同做好老龄工作。

加强老龄工作，发展老龄事业，是党中央、国务院面向新世纪作出的重大决策。各级党委和人民政府要认真贯彻落实本决定精神，在以江泽民同志为核心的党中央领导下，高举邓小平理论伟大旗帜，努力开创我国老龄事业的新局面，为实现社会主义现代化建设的宏伟目标做出更大贡献。

附录4 国务院关于加快发展养老服务业的若干意见

国发〔2013〕35号

各省、自治区、直辖市人民政府,国务院各部委、各直属机构:

近年来,我国养老服务业快速发展,以居家为基础、社区为依托、机构为支撑的养老服务体系初步建立,老年消费市场初步形成,老龄事业发展取得显著成就。但总体上看,养老服务和产品供给不足、市场发育不健全、城乡区域发展不平衡等问题还十分突出。当前,我国已经进入人口老龄化快速发展阶段,2012年底我国60周岁以上老年人口已达1.94亿,2020年将达到2.43亿,2025年将突破3亿。积极应对人口老龄化,加快发展养老服务业,不断满足老年人持续增长的养老服务需求,是全面建成小康社会的一项紧迫任务,有利于保障老年人权益,共享改革发展成果,有利于拉动消费、扩大就业,有利于保障和改善民生,促进社会和谐,推进经济社会持续健康发展。为加快发展养老服务业,现提出以下意见:

一、总体要求

(一)指导思想。

以邓小平理论、"三个代表"重要思想、科学发展观为指导,从国情出发,把不断满足老年人日益增长的养老服务需求作为出发点和落脚点,充分发挥政府作用,通过简政放权,创新体制机制,激发社会活力,充分发挥社会力量的主体作用,健全养老服务体系,满足多样化养老服务需求,努力使养老服务业成为积极应对人口老龄化、保障和改善民生的重要举措,成为扩大内需、增加就业、促进服务业发展、推动经济转型升级的重要力量。

(二)基本原则。

深化体制改革。加快转变政府职能,减少行政干预,加大政策支持和引导力度,激发各类服务主体活力,创新服务供给方式,加强监督管理,提高服务质量和效率。

坚持保障基本。以政府为主导,发挥社会力量作用,着力保障特殊困难老年人的养老服务需求,确保人人享有基本养老服务。加大对基层和农村养老服务的投入,充分发挥社区基层组织和服务机构在居家养老服务中的重要作用。支持家庭、个人承担应尽责任。

注重统筹发展。统筹发展居家养老、机构养老和其他多种形式的养老,实行普遍性服务和个性化服务相结合。统筹城镇和农村养老资源,促进基本养老服务均衡发展。统筹利用各种资源,促进养老服务与医疗、家政、保险、教育、健身、旅游等相关领域的互动发展。

完善市场机制。充分发挥市场在资源配置中的基础性作用,逐步使社会力量成为发展养老服务业的主体,营造平等参与、公平竞争的市场环境,大力发展养老服务业,提供方便可及、价格合理的各类养老服务和产品,满足养老服务多样化、多层次需求。

(三)发展目标。

到2020年,全面建成以居家为基础、社区为依托、机构为支撑的,功能完善、规模适度、覆盖城乡的养老服务体系。养老服务产品更加丰富,市场机制不断完善,养老服务业持续健康发展。

——服务体系更加健全。生活照料、医疗护理、精神慰藉、紧急救援等养老服务覆盖所有居家老年人。符合标准的日间照料中心、老年人活动中心等服务设施覆盖所有城镇社区,90%以上的乡镇和60%以上的农村社区建立包括养老服务在内的社区综合服务设施和站点。全国社会养老床位数达到每千名老年人35~40张,服务能力大幅增强。

——产业规模显著扩大。以老年生活照料、老年产品用品、老年健康服务、老年体育健身、老年文化娱乐、老年金融服务、老年旅游等为主的养老服务业全面发展,养老服务业增加值在服务业中的比重显著提升,全国机构养老、居家社区生活照料和护理等服务提供1000万个以上就业岗位。涌现一批带动力强的龙头企业和大批富有创新活力的中小企业,形成一批养老服务产业集群,培育一批知名品牌。

——发展环境更加优化。养老服务业政策法规体系建立健全,行业标准科学规范,监管机制更加完善,服务质量明显提高。全社会积极应对人口老龄化意识显著增强,支持和参与养老服务的氛围更加浓厚,养老志愿服务广泛开展,敬老、养老、助老的优良传统得到进一步弘扬。

二、主要任务

(一)统筹规划发展城镇养老服务设施。

加强社区服务设施建设。各地在制定城镇总体规划、控制性详细规划时,必须按照人均用地不少于0.1平方米的标准,分区分级规划设置养老服务设施。凡新建城区和新建居住(小)区,要按标准要求配套建设养老服务设施,并与住宅同步规划、同步建设、同步验收、同步交付使用;凡老城区和已建成居住(小)区无养老服务设施或现有设施没有达到规划和建设指标要求的,要限期通过购置、置换、租赁等方式开辟养老服务设施,不得挪作他用。

综合发挥多种设施作用。各地要发挥社区公共服务设施的养老服务功能,加强社区养老服务设施与社区服务中心(服务站)及社区卫生、文化、体育等设施的功能衔接,提高使用率,发挥综合效益。要支持和引导各类社会主体参与社区综合服务设施建设、运营和管理,提供养老服务。各类具有为老年人服务功能的设施都要向老年人开放。

实施社区无障碍环境改造。各地区要按照无障碍设施工程建设相关标准和规范,推动和扶持老年人家庭无障碍设施的改造,加快推进坡道、电梯等与老年人日常生活密切相关的公共设施改造。

(二)大力发展居家养老服务网络。

发展居家养老便捷服务。地方政府要支持建立以企业和机构为主体、社区为纽带、满足老年人各种服务需求的居家养老服务网络。要通过制定扶持政策措施,积极培育居家养老服务企业和机构，上门为居家老年人提供助餐、助浴、助洁、助急、助医等定制服务；大力发展家政服务，为居家老年人提供规范化、个性化服务。要支持社区建立健全居家养老服务网点，引入社会组织和家政、物业等企业，兴办或运营老年供餐、社区日间照料、老年活动中心等形式多样的养老服务项目。

发展老年人文体娱乐服务。地方政府要支持社区利用社区公共服务设施和社会场所组织开展适合老年人的群众性文化体育娱乐活动，并发挥群众组织和个人积极性。鼓励专业养老机构利用自身资源优势，培训和指导社区养老服务组织和人员。

发展居家网络信息服务。地方政府要支持企业和机构运用互联网、物联网等技术手段创新居家养老服务模式，发展老年电子商务，建设居家服务网络平台，提供紧急呼叫、家政预约、健康咨询、物品代购、服务缴费等适合老年人的服务项目。

(三) 大力加强养老机构建设。

支持社会力量举办养老机构。各地要根据城乡规划布局要求，统筹考虑建设各类养老机构。在资本金、场地、人员等方面，进一步降低社会力量举办养老机构的门槛，简化手续、规范程序、公开信息，行政许可和登记机关要核定其经营和活动范围，为社会力量举办养老机构提供便捷服务。鼓励境外资本投资养老服务业。鼓励个人举办家庭化、小型化的养老机构，社会力量举办规模化、连锁化的养老机构。鼓励民间资本对企业厂房、商业设施及其他可利用的社会资源进行整合和改造，用于养老服务。

办好公办保障性养老机构。各地公办养老机构要充分发挥托底作用，重点为"三无"(无劳动能力，无生活来源，无赡养人和扶养人、或者其赡养人和扶养人确无赡养和扶养能力) 老年人、低收入老年人、经济困难的失能半失能老年人提供无偿或低收费的供养、护理服务。政府举办的养老机构要实用适用，避免铺张豪华。

开展公办养老机构改制试点。有条件的地方可以积极稳妥地把专门面向社会提供经营性服务的公办养老机构转制成为企业，完善法人治理结构。政府投资兴办的养老床位应逐步通过公建民营等方式管理运营，积极鼓励民间资本通过委托管理等方式，运营公有产权的养老服务设施。要开展服务项目和设施安全标准化建设，不断提高服务水平。

(四) 切实加强农村养老服务。

健全服务网络。要完善农村养老服务托底的措施，将所有农村"三无"老年人全部纳入五保供养范围，适时提高五保供养标准，健全农村五保供养机构功能，使农村五保老年人老有所养。在满足农村五保对象集中供养需求的前提下，支持乡镇五保供养机构改善设施条件并向社会开放，提高运营效益，增强护理功能，使之成为区域性养老服务中心。依托行政村、较大自然村，充分利用农家大院等，建设日间照料中心、托老所、老年活动站等互助性养老服务设施。农村党建活动室、卫生室、农家书屋、学校等要支持农村养老服务工作，组织与老年人相关的活动。充分发挥村民自治功能和老年协会作用，督促家庭成员承担赡养责任，组织开展邻里互助、志愿服务，解决周围老年人实际生活困难。

拓宽资金渠道。各地要进一步落实《中华人民共和国老年人权益保障法》有关农村可以将未承包的集体所有的部分土地、山林、水面、滩涂等作为养老基地，收益供老年人养老的要求。鼓励城镇资金、资产和资源投向农村养老服务。各级政府用于养老服务的财政性资金应重点向农村倾斜。

建立协作机制。城镇公办养老机构要与农村五保供养机构等建立长期稳定的对口支援和合作机制，采取人员培训、技术指导、设备支援等方式，帮助其提高服务能力。建立跨地区养老服务协作机制，鼓励发达地区支援欠发达地区。

（五）繁荣养老服务消费市场。

拓展养老服务内容。各地要积极发展养老服务业，引导养老服务企业和机构优先满足老年人基本服务需求，鼓励和引导相关行业积极拓展适合老年人特点的文化娱乐、体育健身、休闲旅游、健康服务、精神慰藉、法律服务等服务，加强残障老年人专业化服务。

开发老年产品用品。相关部门要围绕适合老年人的衣、食、住、行、医、文化娱乐等需要，支持企业积极开发安全有效的康复辅具、食品药品、服装服饰等老年用品用具和服务产品，引导商场、超市、批发市场设立老年用品专区专柜；开发老年住宅、老年公寓等老年生活设施，提高老年人生活质量。引导和规范商业银行、保险公司、证券公司等金融机构开发适合老年人的理财、信贷、保险等产品。

培育养老产业集群。各地和相关行业部门要加强规划引导，在制定相关产业发展规划中，要鼓励发展养老服务中小企业，扶持发展龙头企业，实施品牌战略，提高创新能力，形成一批产业链长、覆盖领域广、经济社会效益显著的产业集群。健全市场规范和行业标准，确保养老服务和产品质量，营造安全、便利、诚信的消费环境。

（六）积极推进医疗卫生与养老服务相结合。

推动医养融合发展。各地要促进医疗卫生资源进入养老机构、社区和居民家庭。卫生管理部门要支持有条件的养老机构设置医疗机构。医疗机构要积极支持和发展养老服务，有条件的二级以上综合医院应当开设老年病科，增加老年病床数量，做好老年慢病防治和康复护理。要探索医疗机构与养老机构合作新模式，医疗机构、社区卫生服务机构应当为老年人建立健康档案，建立社区医院与老年人家庭医疗契约服务关系，开展上门诊视、健康查体、保健咨询等服务，加快推进面向养老机构的远程医疗服务试点。医疗机构应当为老年人就医提供优先优惠服务。

健全医疗保险机制。对于养老机构内设的医疗机构，符合城镇职工（居民）基本医疗保险和新型农村合作医疗定点条件的，可申请纳入定点范围，入住的参保老年人按规定享受相应待遇。完善医保报销制度，切实解决老年人异地就医结算问题。鼓励老年人投保健康保险、长期护理保险、意外伤害保险等人身保险产品，鼓励和引导商业保险公司开展相关业务。

三、政策措施

（一）完善投融资政策。要通过完善扶持政策，吸引更多民间资本，培育和扶持养老服务机构和企业发展。各级政府要加大投入，安排财政性资金支持养老服务体系建设。金融机构要加快金融产品和服务方式创新，拓宽信贷抵押担保物范围，积极支持养老服务业的信贷需求。积极利用财政贴息、小额贷款等方式，加大对养老服务业的有效信贷投入。加强养老服务机构信用体系建设，增强对信贷资金和民间资本的吸引力。逐步放宽限制，鼓励和支持保险资金投资养老服务领域。开展老年人住房反向抵押养老保险试点。鼓励养老机构投保责任保险，保险公司承保责任保险。地方政府发行债券应统筹考虑养老服务需求，积极支持养老服务设施建设及无障碍改造。

（二）完善土地供应政策。各地要将各类养老服务设施建设用地纳入城镇土地利用总体规划和年度用地计划，合理安排用地需求，可将闲置的公益性用地调整为养老服务用地。民间资本举办的非营利性养老机构与政府举办的养老机构享有相同的土地使用政策，可以依法使用国有划拨土地或者农民集体所有的土地。对营利性养老机构建设用地，按照国家对经营性用地依法办理有偿用地手续的规定，优先保障供应，并制定支持发展养老服务业的土地政策。严禁养老设施建设用地改变用途、容积率等土地使用条件搞房地产开发。

（三）完善税费优惠政策。落实好国家现行支持养老服务业的税收优惠政策，对养老机构提供的养护服务免征营业税，对非营利性养老机构自用房产、土地免征房产税、城镇土地使用税，对符合条件的非营利性养老机构按规定免征企业所得税。对企事业单位、社会团体和个人向非营利性养老机构的捐赠，符合相关规定的，准予在计算其应纳税所得额时按税法规定比例扣除。各地对非营利性养老机构建设要免征有关行政事业性收费，对营利性养老机构建设要减半征收有关行政事业性收费，对养老机构提供养老服务也要适当减免行政事业性收费，养老机构用电、用水、用气、用热按居民生活类价格执行。境内外资本举办养老机构享有同等的税收等优惠政策。制定和完善支持民间资本投资养老服务业的税收优惠政策。

（四）完善补贴支持政策。各地要加快建立养老服务评估机制，建立健全经济困难的高龄、失能等老年人补贴制度。可根据养老服务的实际需要，推进民办公助，选择通过补助投资、贷款贴息、运营补贴、购买服务等方式，支持社会力量举办养老服务机构，开展养老服务。民政部本级彩票公益金和地方各级政府用于社会福利事业的彩票公益金，要将50%以上的资金用于支持发展养老服务业，并随老年人口的增加逐步提高投入比例。国家根据经济社会发展水平和职工平均工资增长、物价上涨等情况，进一步完善落实基本养老、基本医疗、最低生活保障等政策，适时提高养老保障水平。要制定政府向社会力量购买养老服务的政策措施。

（五）完善人才培养和就业政策。教育、人力资源社会保障、民政部门要支持高等院校和中等职业学校增设养老服务相关专业和课程，扩大人才培养规模，加快培养老年医学、康复、护理、营养、心理和社会工作等方面的专门人才，制定优惠政策，鼓励大专院校对口专业毕业生从事养老服务工作。充分发挥开放大学作用，开展继续教育和远程学历教育。依托院校和养老机构建立养老服务实训基地。加强老年护理人员专业培训，对符合条件的参加养老护理职业培训和职业技能鉴定的从业人员按规定给予相关补贴，在养老机构和社区开发公益性岗位，吸纳农村转移劳动力、城镇就业困难人员等从事养老服务。养老机构应当积极改善养老护理员工作条件，加强劳动保护和职业防护，依法缴纳养老保险费等社会保险费，提高职工工资福利待遇。养老机构应当科学设置专业技术岗位，重点培养和引进医生、护士、康复医师、康复治疗师、社会工作者等具有执业或职业资格的专业技术人员。对在养老机构就业的专业技术人员，执行与医疗机构、福利机构相同的执业资格、注册考核政策。

（六）鼓励公益慈善组织支持养老服务。引导公益慈善组织重点参与养老机构建设、养老产品开发、养老服务提供，使公益慈善组织成为发展养老服务业的重要力量。积极培育发展为老服务公益慈善组织。积极扶持发展各类为老服务志愿组织，开展志愿服务活动。倡导机关干部和企事业单位职工、大中小学学生参加养老服务志愿活动。支持老年群众组织开展自我管理、自我服务和服务社会活动。探索建立健康老年人参与志愿互助服务的工作机制，建立为老志愿服务登记制度。弘扬敬老、养老、助老的优良传统，支持社会服务窗口行业开展"敬老文明号"创建活动。

四、组织领导

（一）健全工作机制。各地要将发展养老服务业纳入国民经济和社会发展规划，纳入政府重要议事日程，进一步强化工作协调机制，定期分析养老服务业发展情况和存在问题，研究推进养老服务业加快发展的各项政策措施，认真落实养老服务业发展的相关任务要求。民政部门要切实履行监督管理、行业规范、业务指导职责，推动公办养老机构改革发展。发展改革部门要将养老服务业发展纳入经济社会发展规划、专项规划和区域规划，支持养老服务设施建设。财政部门要在现有资金渠道内对养老服务业发展给予财力保障。老龄工作机构要发挥综合协调作用，加强督促指导工作。教育、公安消防、卫生计生、国土、住房城乡建设、人力资源社会保障、商务、税务、金融、质检、工商、食品药品监管等部门要各司其职，及时解决工作中遇到的问题，形成齐抓共管、整体推进的工作格局。

（二）开展综合改革试点。国家选择有特点和代表性的区域进行养老服务业综合改革试点，在财政、金融、用地、税费、人才、技术及服务模式等方面进行探索创新，先行先试，完善体制机制和政策措施，为全国养老服务业发展提供经验。

（三）强化行业监管。民政部门要健全养老服务的准入、退出、监管制度，指导养老机构完善管理规范、改善服务质量，及时查处侵害老年人人身财产权益的违法行为和安全生产责任事故。价格主管部门要探索建立科学合理的养老服务定价机制，依法确定适用政府定价和政府指导价的范围。有关部门要建立完善养老服务业统计制度。其他各有关部门要依照职责分工对养老服务业实施监督管理。要积极培育和发展养老服务行业协会，发挥行业自律作用。

（四）加强督促检查。各地要加强工作绩效考核，确保责任到位、任务落实。省级人民政府要根据本意见要求，结合实际抓紧制定实施意见。国务院相关部门要根据本部门职责，制定具体政策措施。民政部、发展改革委、财政部等部门要抓紧研究提出促进民间资本参与养老服务业的具体措施和意见。发展改革委、民政部和老龄工作机构要加强对本意见执行情况的监督检查，及时向国务院报告。国务院将适时组织专项督查。

附录 5　中共湖北省委、湖北省人民政府关于进一步加强老龄工作的意见

鄂发〔2011〕21 号

老龄问题是关系国计民生和国家长治久安的重大社会问题，老龄工作是党和政府的重要工作，是中国特色社会主义事业的重要组成部分。为深入贯彻落实科学发展观，进一步加强我省老龄工作，现提出如下意见。

一、切实增强做好老龄工作的责任感和使命感

（一）深刻认识老龄工作面临的形势。我省于 1998 年进入人口老龄化社会。我省第六次人口普查数据显示，截至 2010 年 11 月 1 日，全省 60 岁以上老年人口 794.40 万，占总人口的 13.93%；65 岁以上老年人口 520.19 万，占总人口的 9.09%。目前我省已进入人口老龄化加速发展阶段，预计到 2015 年，我省 60 岁以上老年人口将达 994.2 万，占总人口的 15.5%。近年来，全省各地各单位认真贯彻中央和省委、省政府部署要求，大力推进老龄事业发展，老龄工作取得了显著成绩。但必须清醒地看到，我省老龄事业发展与人口老龄化趋势、与全面建设小康社会的进程、与人民群众的期盼还不相适应。主要表现在：社会养老服务体系尚不健全，老龄事业投入不足，城乡之间、区域之间养老保障水平不平衡，老龄产业发展相对滞后，对老年人精神关爱不够等。进一步加强老龄工作，加快老龄事业发展，已成为一项重大而紧迫的战略任务。

（二）充分认识加强老龄工作的重要意义。老年人是重要的社会群体，是社会的宝贵财富。做好老龄工作，加快老龄事业发展，实现好、维护好、发展好老年人的根本利益，不断满足广大老年人日益增长的物质文化生活需要，让老年人共享改革发展成果，是贯彻落实科学发展观、坚持以人为本理念的重要体现，是促进社会公平正义、维护社会和谐稳定的重要保证，是着力保障改善民生、有效解决老年人切身利益问题的客观要求。各级党委、政府要从全局和战略的高度，充分认识进一步加强老龄工作发展的重要性和紧迫性，进一步增强责任感和使命感，拓宽思路，大胆创新，推动老龄事业加快发展。

（三）加强老龄工作的指导思想和总体要求。老龄工作要以邓小平理论和"三个代表"重要思想为指导，深入贯彻科学发展观，按照构建社会主义和谐社会的要求，从我省经济社会发展实际出发，坚持"党政主导、社会参与、全民关怀"的工作方针，围绕提高老年人生活水平和生活质量，统筹推进城乡、区域之间老龄事业发展，加快建立覆盖城乡的老年人社会养老保障制度，健全社会养老服务体系，大力发展老年服务产业，积极营造尊老、敬老、爱老、助老的社会氛围，推动老龄事业与经济社会协调发展，实现"老有所养、老有所医、老有所教、老有所学、老有所为、老有所乐"的目标，使我省的

老龄工作走在中西部地区的前列。

二、进一步健全和完善社会保障体系

（四）进一步完善社会养老保险制度。按照"保基本、广覆盖、有弹性、可持续"的原则，采取个人缴费、集体补助、政府补贴相结合的筹资方式，按照国家的统一部署和要求，加快扩大新型农村社会养老保险试点覆盖面。继续完善企业职工养老保险制度，适时调整提高企业退休人员基本养老金标准。研究城镇居民养老保障办法。逐步推进事业单位养老保险制度改革，建立健全事业单位养老保险体系。进一步完善医疗保险制度，按照有关政策规定，将所有老年人纳入城镇职工基本医疗保险、城镇居民基本医疗保险和新型农村合作医疗等保障制度，逐步提高医疗保障待遇。

（五）逐步提升老年人社会福利水平。各级政府要加快建立高龄津贴制度，对百岁以上老年人发放长寿补贴；对80岁以上老年人"十二五"期间要全面建立高龄补贴制度。有条件的地方，要逐步放宽高龄补贴年龄范围，提高补贴标准。进一步完善农村计划生育家庭奖励扶助和特别扶助制度，落实企事业单位独生子女职工退休奖励政策。要认真落实农村"五保"供养政策，确保"五保"老年人待遇不低于当地农村居民平均生活水平，并随着经济社会发展逐步提高。建立城镇"三无"老年人供养标准增长机制，根据当地经济社会发展和人民生活水平，按现有经费渠道及时调整城镇"三无"对象供养标准。享受城镇低保的，按分类施保的要求，不得低于当地城镇低保标准的1.5倍。对城乡低保对象中的70岁以上老年人，在核定其享受低保标准时予以适当照顾。把困难老年人作为临时生活救助、医疗救助、司法救助的重点对象，加大救助力度。将城镇居民低收入住房困难家庭的纯老年人户优先纳入廉租住房保障范围。老年人凭《湖北省老年人优待证》免费进入公园、使用公益性文化设施；65岁以上老年人免费乘坐市内公共汽（电）车、地铁和轻轨；70岁以上老年人免费进入风景区、宗教活动场所和公共体育健身场所，免收普通门诊挂号费。长途客运、铁路、水路和航空客运要为老年人提供优先优待服务。加大无障碍设施建设力度。对新建城镇道路、公共建筑和养老机构等场所，要严格执行《城镇道路和建筑物无障碍设计规范》，使无障碍率达到100%。对已建成并投入使用的与老年人生活密切相关的居住区、城镇道路、公共建筑和养老机构，要制定改造计划，增补无障碍设施。开展"老年宜居城镇"、"老年人宜居社区"创建活动，为老年人营造良好的生活服务和生态人文环境。

（六）重视老年人医疗保健服务。加强老年多发病、常见病防治。各市（州）、县（市、区）卫生部门要指定1所二级以上综合医院作为老年病防治中心，针对老年病共性致病因素，实施宣传、教育、咨询、普查、主动介入服务等综合干预措施。扶持老年康复医院建设。建立健全以社区卫生服务为基础的老年医疗保健服务体系，加强社区卫生服务与医疗保险制度的衔接，为老年人提供便捷优质的医疗服务。各地惠民医院优先为符合条件的老年人提供服务。全省普遍建立老年人健康档案，对百岁以上老年人每年进行1次健康体检，实行不间断健康管理。

三、加快推进社会养老服务体系建设

（七）完善社会养老服务体系。坚持以居家养老为基础、社区服务为依托、机构养老为补充，加快构建机构养老与居家养老相结合、福利养老与产业养老相结合，投资渠道多元化、管理服务标准化、服务队伍专业化、服务方式多样化，覆盖城乡可持续发展的社会养老服务体系。合理界定基本养老服务与社会养老服务的功能定位，明确区分服务对象、服务项目、服务等级和投资主体。基本养老服务突出保基本，水平适度。统筹不同投资主体的利益关系，使之既相互促进，又相互补充，激发社会资本投资养老服务业的活力。2015年前，养老床位数保持年均增长10%以上。到2015年，养老床位总数达到老年人总数的3%。

（八）加快基本养老服务机构建设。进一步加快城镇公办福利机构建设，积极推动全国示范性养老基地建设，充分发挥其示范引导作用。有条件的市（州）、县（市、区）要加快建设政府主办的集中供养"三无"老年人、居家养老服务信息平台、民办养老服务机构业务指导培训等多功能于一体的老年公寓或福利中心。积极探索公办民营、合作经营、委托管理、服务外包等运行模式，完善管理机制，降低运行成本，提高服务水平。进一步加强农村福利院基础设施建设，全省"五保"老年人集中供养率稳定在60%以上。

（九）大力发展居家养老服务。依托社区为居家老年人提供生活照料、家政、康复护理和精神慰藉等服务。提倡老年人居家养老。居家养老服务场所和服务平台由政府建设或鼓励社会建设，实行有偿服务，市场化运营。引导和鼓励社会中介组织、家政服务企业参与居家养老服务。地方政府对"三无"对象、"五保"对象及生活在贫困线以下的失能、半失能老年人给予居家养老服务补贴，在安排有关生活补助资金时给予适当照顾。切实关心农村老年人特别是空巢老年人，重点抓好空巢老年人生活上的照顾、身体上的医护和精神上的安慰，让他们安享晚年。2015年前，全省城镇街道、社区要基本建立起多形式、全覆盖的居家养老服务站点；农村依托福利院、村级组织活动场所等现有设施资源，在试点的基础上，建立综合性老年服务中心（站）。制定居家养老服务标准，丰富服务内容，在提供短期托养、日间照料以及助餐、助洁、助浴、助医、助行、助购等生活服务的同时，兼顾老年人多种需求，提供文化娱乐、学习教育、心理关爱等服务。

（十）支持社会力量发展养老服务业。地方政府要制定建设补贴和运营补贴政策，吸引和鼓励社会资本投资兴办老年公寓、老年康复中心、托老所、老年护理院等养老服务机构，在土地使用上优先安排。落实老年服务机构税收减免政策，对符合条件的老年服务机构免征营业税和企业所得税，对老年服务机构使用土地和自用房免征城镇土地使用税、房产税。养老服务机构用水、用电、用气按民用收费标准执行，安装电话、网络、有线电视等实行价格优惠。对新建老年服务设施的市政公用设施配套费酌情给予减免。

（十一）推进养老服务规范化。养老服务统一纳入人力资源服务业，由政府相关部门统一管理，确保服务的规范、优质、安全和健康发展。制定完善各类养老服务机构建设标准，明确服务项目和服务方式，做到服务功能标准化；制定护理、康复、医疗、教育、娱乐、心理关爱等各项具体服务项目的内容和标准，做到服务行为规范化；制定服务人员职业资格标准，加强技能培训，实行持证上岗，做到服务队伍专业化；积极搭建为老年人服

务信息平台，充分利用各类声讯、网络资源，为老年人提供及时有效的远程救助关怀等服务，做到服务载体信息化。制定社会养老服务效果评估办法，全面提高社会养老服务质量和水平。

四、积极推进老年服务产业发展

（十二）搞好老年服务产业规划。针对老年人不断增长的服务需求，加快发展老年服务产业。各级政府要将老年服务产业纳入现代服务业统一规划、统一部署，着力培育老年服务龙头企业，打造老年服务产品知名品牌。将发展养老服务产业与拉动消费、增加就业结合起来，推进全省养老服务业发展，使之成为湖北服务业发展新亮点。各级财政要安排必要的资金，扶持老年服务产业发展。

（十三）培育老年消费市场。鼓励和扶持开发老年产品，引导企业生产满足老年人各种需求、门类齐全、品种多样、经济适用的老年用品。优先发展养老服务、老年护理、康复保健、老年文化娱乐、健身休闲和老年特殊用品等产业。大力发展老年旅游业，推出适宜老年人的旅游线路和服务项目。积极开发符合老年人特点的金融、理财、保险等其他产品。培育老年消费市场，鼓励商家设立老年用品专柜，举办老年产品展销会，促进流通、扩大销售。引导老年人更新消费观念和行为，促进老年消费市场的繁荣与发展。

（十四）规范老年用品市场管理。省和市（州）要成立老年服务产业行业管理机构，加强对老年服务产业的规划和科学管理，制定老年服务产业法规。各级工商行政管理、质量技术监督、食品药品监管等部门，要加强对老年用品特别是老年保健品市场的管理，保障老年用品质量和消费安全。要加强老年服务产业从业人员职业培训，制定老年服务产业标准，提高老年服务产业管理水平。

五、高度重视老年人政治精神文化生活

（十五）营造尊老敬老社会氛围。围绕建设社会主义核心价值体系，在全社会深入开展尊老、敬老、爱老、助老主题教育活动，大力弘扬中华民族传统美德。重阳节、国际老年人节期间，要开展形式多样的宣传、文体和慰问活动。机关、企事业单位和社会团体要把尊老、敬老、爱老、助老宣传教育作为干部职工思想道德建设的重要方面。教育部门要把尊老、敬老、爱老、助老作为中小学德育教育的重要内容，把养老机构作为学生德育教育基地，将助老服务纳入大中学生社会实践内容。宣传、文化等部门要加大宣传力度，及时宣传报道各地各单位发展老龄事业的好经验、好做法和尊老、敬老的先进典型，传播孝文化，弘扬孝道德。各级工会、共青团、妇联、残联、科协等群团组织要广泛开展结对帮扶、志愿服务、和谐家庭和孝亲敬老评比等活动。各级文明办要把敬老活动纳入文明社区、文明村镇、文明家庭创建考核指标体系。各级老龄工作部门要广泛开展"老年温馨家庭"创建活动，表彰尊老敬老先进单位和个人，形成尊重、关心、帮助老年人的良好社会风尚。

（十六）不断丰富老年人精神文化生活。加强老年人活动场所建设。到 2015 年，各县（市、区）都要建立至少 1 所综合性老年活动中心。乡镇（街道）和村（社区）要逐步建立老年文化活动室、老年健身活动场所。整合文化、体育、老干等部门的社会公益活

动场所资源,广泛向老年人开放,充分发挥社会效益。宣传、文化、出版等部门要组织力量,多出面向老年人的优秀精神文化作品。广播、电视、报纸等媒体要开设老年专栏。文化部门要积极开展形式多样、丰富多彩的老年文化艺术活动。体育部门要广泛开展适合老年人特点的体育健身活动,建立健全老年人体育健身组织。各级政府要加大老年人活动场所建设投入。省财政要进一步加大一般转移支付力度,逐步提高困难地区开展基层老年文化娱乐和体育活动等公共服务均等化水平。

(十七)大力发展老年教育。要把老年教育纳入终身教育体系。继续办好各级老年大学,扩大办学规模,改善教学设施,提高教学质量。到2015年,有条件的乡镇(街道)要利用现有资源,建好老年学校。有效利用广播、电视、互联网等现代传媒开展老年远程教育,形成覆盖城乡、多层次、多形式的老年教育网络体系。离退休人员管理部门、老年社会团体要积极组织老年人开展学习活动。到2015年,全省老年人参加各级各类老年学校学习的人数达到老年人总数的10%,条件好的地区力争达到15%以上。

(十八)加强老年人心理疏导服务。各级政府要扶持建立老年心理服务组织和服务网络,购买心理关爱服务,培训心理服务专业人员,为老年人提供专业的心理疏导服务。县(市、区)、乡镇(街道)老年人活动中心及有条件的社区,要设立老年人聊天、心理咨询等服务场所,开展心理健康和生命观等方面教育。重点做好病残、空巢、高龄、临终等老年人心理关爱工作。

(十九)扩大老年人社会参与。广泛开展"银龄行动",鼓励专业技术型老年人才参与科学文化知识传播,从事科学研究,开展科技咨询服务;重视老年志愿者服务工作,组织、支持老年人参与公民道德建设、公益事业、社会治安、移风易俗、民事调解、社区文化活动等社会事务和社区工作,发挥老年人在教育下一代中的作用。各类人才市场、人才中介机构要把老年人力资源纳入服务范围,搭建老年人才与社会需求对接的服务平台。省老龄工作委员会建立老有所为奖励制度,对做出突出贡献的老年人定期进行表彰奖励。

(二十)加强老年思想政治工作。坚持把邓小平理论、"三个代表"重要思想和科学发展观作为老年思想政治建设的重要内容,认真研究解决老年群体中的各种思想问题。所有老年党员都要编入党的基层组织,组织他们参加党的活动。要充分发挥基层党组织在老年思想政治工作中的重要作用,重视和发挥老年人党员的政治优势和先锋模范作用,在老年党的基层组织和老年党员中开展创先争优活动,建立社区老年思想政治工作体制机制,确保老年人政治上的坚定性。要根据老年人的特点,把政治思想教育与开展健康有益的文化体育活动结合起来,把解决思想问题与解决实际问题结合起来,把思想政治工作做实、做细。

六、建立健全老龄事业发展体制机制

(二十一)切实加强组织领导。各级党委、政府要高度重视老龄工作,将老龄工作列入重要议事日程,纳入本地区经济社会发展总体规划和年度计划,定期召开会议,认真听取汇报,及时研究部署,明确发展目标,抓好责任落实。在全省开展创建"敬老模范城(县、区)"活动,进一步健全和完善党政主导、老龄工作机构组织协调、成员单位各司其职、社会广泛参与的工作机制。各地各有关单位要定期对老龄事业发展政策措施落实情况进行督查，对老龄事业发展规划执行情况进行评估，对老龄工作先进单位和先进个人进行评选表彰。要把老龄工作纳入精神文明创建等综合性创建活动指标体系，安排适度评分权重。

（二十二）强化老龄工作机构职能。各级老龄委要充分发挥组织协调、调查研究、检查指导职能，及时研究部署老龄工作任务，定期通报老龄事业发展状况，督促落实相关法规政策，认真解决有关重要问题。老龄委成员单位要切实履行工作职责，加强沟通、密切协作，努力形成推进老龄事业发展的整体合力。加大对基层老龄工作的督查指导，建立工作报告、经验交流、督办反馈等制度。进一步理顺老龄工作管理体制，加强各级老龄工作机构建设。要普遍建立村（社区）老年人协会，确保老龄工作落实到基层。

（二十三）加大老龄事业投入。各级政府要足额安排老龄事业所需的人员经费、工作经费和专项经费，将其纳入财政预算，保障老龄工作正常开展。要充分发挥公共财政主渠道的作用，统筹安排老龄事业发展经费，逐年增加对老龄事业经费的投入，使老龄事业经费投入与经济社会相适应、投入水平与经济增长相协调。老龄事业费主要用于特困老年人慰问、老龄问题调查研究、尊老敬老宣传教育、老年人参与社会活动、老有所为奖励、老龄宣传表彰、开展老年文体娱乐活动等。根据老龄事业发展需要，增加福利彩票公益金、体育彩票公益金对老龄事业的投入。积极鼓励社会资金、慈善捐赠支持老龄事业发展，建立多元化的投入机制。

（二十四）重视老龄工作人才队伍建设。省、市（州）、县（市、区）都要制定与老龄事业发展相适应的人才培训规划。加强老年服务从业人员的职业技能培训，提高他们的职业道德和服务水平。支持创办培养老年服务专业人才的职业技术学院与学校，鼓励大学开设老年管理专业，培养老龄工作管理人才。加强基层老龄工作者队伍建设，切实落实他们的生活待遇。积极发展志愿者队伍，为老年人提供优质的志愿服务。

（二十五）加强老龄科学研究和法规政策体系建设。鼓励和支持各有关部门和单位、大专院校和研究机构，针对人口老龄化趋势，深入开展调查研究，为政府决策和完善为老服务提供理论、信息和技术支持。充分发挥老年学学会、协会作用。积极创造条件，依托大专院校和研究机构，建立省市老龄科学研究基地。结合人口老龄化实际，适时修订完善老年人权益保障政策法规，建立健全有关老年人的政策法规体系，为维护老年人权益提供法律保障。

各地各有关单位要根据本意见精神，制定具体实施办法。

附录6 湖北省关于老年人享受优待服务的规定

湖北省人民政府令（第301号）

《省人民政府关于修改〈湖北省关于老年人享受优待服务的规定〉的决定》已经2007年3月26日省人民政府常务会议通过，现予公布，自2007年7月1日起施行。

省长：罗清泉

2007年5月15日

湖北省人民政府
关于修改《湖北省关于老年人享受优待服务的规定》的决定

省人民政府决定对《湖北省关于老年人享受优待服务的规定》作如下修改：

一、第四条修改为："老年人进入各类公园、纪念性陵园，门票（不包括门票外的合法收费项目）实行免费。"

二、第五条修改为："老年人进入风景区和博物馆、美术馆、科技馆、展览馆、纪念馆、已开放的文物点、宗教活动场所，凡收取门票的对60周岁以上70周岁以下老年人实行半价优惠，对70周岁以上老年人实行免费。

每年10月1日国际老人节和"九·九"重阳敬老日老年人可以免费参观。"

三、第七条第一款修改为："老年人到各级各类医疗机构（含民营和个体诊所）就医，应当享受优先就诊、化验、检查、交费、取药、住院的优待，70周岁以上老年人免收普通门诊挂号费。"

四、第九条增加两款作为第二款、第三款："享受免费乘车的老年人，需办理意外伤害险。

各级政府应该按照国家有关规定，对公交企业承担社会福利所增加的支出，给予专项经济补偿。"

五、第十三条增加一款作为第二款："符合城镇居民最低生活保障条件的老年人家庭，应优先纳入城镇居民最低生活保障范围。对已享受城镇居民最低生活保障的有特殊困难老年人家庭，应适当提高救助水平。"

六、第十四条修改为："对农村老年人免除乡（镇）、村筹资筹劳负担。不得向农村老年人收取各类社会性集资款。"

七、第十五条第一款修改为："对百岁以上的高龄老年人，当地老龄工作机构应当按月发给不低于200元的长寿保健费和生活补助费。各地可根据当地财力情况，适当放宽发放年龄和增加发放金额。"

八、第十六条修改为:"有条件的地方,应当建立社会福利院、敬老院,供养孤寡老人和代养其他需要在福利院、敬老院扶养的老人。基层人民政府应按规定的标准积极筹措按时划拨福利院、敬老院集中供养老人所需的经费。

城乡分散供养的符合"五保"条件的老年人,由基层人民政府积极筹措资金,按照省政府规定标准发给供养费,力争不低于当地居民平均生活水平。符合社会救助条件的老年人家庭,由民政部门按规定给予救助。

对自愿为本辖区内的老年人开展援助服务的志愿者,有关社区和农村基层组织要予以鼓励。"

九、第十七条第二款修改为:"电信部门应当优先为敬老院、光荣院、老年公寓、社会福利院安装电话,并可适当减免因未能及时交纳话费造成的滞纳金。"

增加一款作为第三款:"单独居住的老年人安装燃气、有线电视,持乡(镇)人民政府、街道办事处出具的证明,安装费给予30%的优惠照顾。"

十、第二十一条修改为:"需要有关方面提供优待服务的老年人,应当出示《湖北省老年人优待证》。优待证应当载明为老年人优待服务的主要项目。优待证由省老龄工作机构统一印制和管理,县以上老龄工作机构负责发放,优待证式样由县以上老龄工作机构行文告知。老年人优待证除收取物价部门核定的工本费外不得额外收取任何费用。

外省(自治区、直辖市)老年人,持有当地人民政府或老龄工作机构发放的老年人优待证及其他表明可享受优待的合法证件,来鄂观光旅游、探亲访友等,享受本省老年人同等的优惠待遇。"

十一、第二十二条修改为:"依照本规定应当为老年人提供优待服务的各有关场所,应当在显著位置设置老年人优先、优惠及免费的公示牌和标识,文明服务,兑现承诺。"

十二、第二十三条修改为:"各级老龄工作机构应当会同有关部门对《中华人民共和国老年人权益保障法》、《湖北省实施〈中华人民共和国老年人权益保障法〉办法》及本规定的执行情况进行监督检查。对不按本规定履行优待老年人义务的单位和个人,由当地老龄工作机构提请其所在单位或者有关部门对其进行批评教育,责令其改正;拒绝履行优待老年人义务造成严重后果或不良影响的,由当地老龄工作机构提请其所在单位或者有关部门对其直接责任人和负责人给予行政处分或行政处罚。"

十三、删除第二十五条。

本决定自 2007 年 7 月 1 日起施行。

《湖北省关于老年人享受优待服务的规定》根据本决定作相应的修改并对条款顺序和文字作相应调整,重新公布。

湖北省关于老年人享受优待服务的规定
(省人民政府令第 301 号令)

(1999 年 1 月 1 日省人民政府令第 181 号公布 根据 2007 年 5 月 15 日《省人民政府关于修改〈湖北省关于老年人享受优待服务的规定〉的决定》修订)

附录6 湖北省关于老年人享受优待服务的规定

第一条 为做好对老年人的优待服务工作，改善老年人的生活条件，根据《中华人民共和国老年人权益保障法》和《湖北省实施〈中华人民共和国老年人权益保障法〉办法》，结合我省实际，制定本规定。

第二条 本省行政区域内年满60周岁的老年人，均可依照本规定在全省范围内享受优待服务。60周岁以上各年龄段的老年人，可以依照本规定享受特殊优待服务。

第三条 各级人民政府应当加强对为老年人提供优待服务工作的领导；各有关部门应当在其职责范围内做好为老年人提供优待服务工作；各有关单位和个人应当依照本规定为老年人提供优待服务。

第四条 老年人进入各类公园、纪念性陵园，门票（不包括门票外的合法收费项目）实行免费。

第五条 老年人进入风景区和博物馆、美术馆、科技馆、展览馆、纪念馆、已开放的文物点、宗教活动场所，凡收取门票的对60周岁以上70周岁以下老年人实行半价优惠，对70周岁以上老年人实行免费。每年10月1日国际老人节和"九·九"重阳敬老日老年人可以免费参观。

第六条 各影（剧）院、体育场（馆）、文化馆、工人文化宫和俱乐部，放映电影、录相、举行体育比赛、表演节目（全运会和国际性比赛除外）等，在观众人数不超过容纳限度的条件下，白天对老年人实行半价优惠。

第七条 老年人到各级各类医疗机构（含民营和个体诊所）就医，应当享受优先就诊、化验、检查、交费、取药、住院的优待，70周岁以上老年人免收普通门诊挂号费。

第八条 老年人进入收费公共厕所，免收入厕费。

第九条 65周岁以上的老年人可以免费乘坐市内公共电（汽）车；乘坐长途客运汽车，可以优先购票、优先上下车，县以上长途汽车客运站候车室（厅）内应设老年人专座。享受免费乘车的老年人，需办理意外伤害险。各级政府应该按照国家有关规定，对公交企业承担社会福利所增加的支出，给予专项经济补偿。

第十条 铁路车站应当让老年人及行动不便的老年人的陪同人员进入为老年人、母婴专设的候车室候车；没有为老年人、母婴专设候车室的车站，应在一般候车室内设老年人专座。

第十一条 65周岁以上老年人可以免费乘坐轮渡过渡；老年人乘长途客运轮船，凭证可以在水上客运码头优先购票、优先进候船室、优先托运行李、优先上下船。

第十二条 鼓励从事食品、蔬菜、燃料经营的单位和个人，为老年人提供优质优价服务，有条件的，可以免费承担相应的劳务。

第十三条 城镇老年人不承担社会性集资和其他社会性劳务负担。符合城镇居民最低生活保障条件的老年人家庭，应优先纳入城镇居民最低生活保障范围。对已享受城镇居民最低生活保障的有特殊困难老年人家庭，应适当提高救助水平。

第十四条 对农村老年人免除乡（镇）、村筹资筹劳负担。不得向农村老年人收取各类社会性集资款。

第十五条 对百岁以上的高龄老年人，当地老龄工作机构应当按月发给不低于200元的长寿保健费和生活补助费。各地可根据当地财力情况，适当放宽发放年龄和增加发放金额。当地医疗机构应定期为百岁以上老人免费提供医疗保健服务。

第十六条 有条件的地方，应当建立社会福利院、敬老院，供养孤寡老人和代养其他需要在福利院、敬老院扶养的老人。基层人民政府应按规定的标准积极筹措按时划拨福利院、敬老院集中供养老人所需的经费。城乡分散供养的符合"五保"条件的老年人，由基层人民政府积极筹措资金，按照省政府规定标准发给供养费，力争不低于当地居民平均生活水平。符合社会救助条件的老年人家庭，由民政部门按规定给予救助。对自愿为本辖区内的老年人开展援助服务的志愿者，有关社区和农村基层组织要予以鼓励。

第十七条 邮政、电信部门应当为老年人提供优先办理汇款、取款、取包裹、订报刊、发电报、打电话的服务。有条件的邮政、电信部门应设老年人服务专柜（台）。电信部门应当优先为敬老院、光荣院、老年公寓、社会福利院安装电话，并可适当减免因未能及时交纳话费造成的滞纳金。单独居住的老年人安装燃气、有线电视，持乡（镇）人民政府、街道办事处出具的证明，安装费给予30%的优惠照顾。

第十八条 工商行政管理部门对符合相应条件创办老年福利企业和老年人从事经营活动的，应当优先办理注册登记手续，核发营业执照。

第十九条 人民法院应当优先受理、优先审理老年人因合法权益受侵害而提起诉讼的案件，当事人交纳诉讼费确有困难的，可以依照规定缓交或者减免。公证处、律师事务所和其他法律咨询服务机构应当免费提供有关维护老年人合法权益方面的法律咨询。老年人因其合法权益受到侵害，需要获得律师帮助，但无力支付律师费用的，可以依照有关规定获得法律援助。

第二十条 城镇老年人死亡时，由有关单位或社会保险机构按规定给予丧葬补助；农村老年人死亡时，可由农村集体经济组织从所提取的公益金中给予适当的丧葬补助。

第二十一条 需要有关方面提供优待服务的老年人，应当出示《湖北省老年人优待证》。优待证应当载明为老年人优待服务的主要项目。优待证由省老龄工作机构统一印制和管理，县以上老龄工作机构负责发放，优待证式样由县以上老龄工作机构行文告知。老年人优待证除收取物价部门核定的工本费外不得额外收取任何费用。外省（自治区、直辖市）老年人，持有当地人民政府或老龄工作机构发放的老年人优待证及其他表明可享受优待的合法证件，来鄂观光旅游、探亲访友等，享受本省老年人同等的优惠待遇。

第二十二条 依照本规定应当为老年人提供优待服务的各有关场所，应当在显著位置设置老年人优先、优惠及免费的公示牌和标识，文明服务，兑现承诺。

第二十三条 各级老龄工作机构应当会同有关部门对《中华人民共和国老年人权益保障法》、《湖北省实施〈中华人民共和国老年人权益保障法〉办法》及本规定的执行情况进行监督检查。对不按本规定履行优待老年人义务的单位和个人，由当地老龄工作机构提请其所在单位或者有关部门对其进行批评教育，责令其改正，拒绝履行优待老年人义务造成严重后果或不良影响的，由当地老龄工作机构提请其所在单位或者有关部门对其直接责任人和负责人给予行政处分或行政处罚。

第二十四条 各市、县人民政府可以根据本地实际情况，制定实施本规定的具体措施。

第二十五条 本规定自2007年7月1日起施行。

附录7 湖北省人民政府关于加快发展养老服务业的实施意见

鄂政发〔2014〕30号

各市、州、县人民政府,省政府各部门:

为贯彻落实《国务院关于加快发展养老服务业的若干意见》(国发〔2013〕35号)精神,积极应对人口老龄化,加快发展我省养老服务业,现提出以下实施意见。

一、总体思路

深入贯彻党的十八大和十八届三中全会精神,按照"深化体制改革、坚持保障基本、注重统筹发展、完善市场机制"的基本原则,立足湖北省情,充分发挥政府的主导作用和社会力量的主体作用以及家庭的基础性作用,加快建立健全养老服务体系,大力发展养老服务业,不断满足日益增长的多样化、多层次的养老服务需求,积极应对人口老龄化,努力保障和改善民生,推动经济转型升级,加快建设"幸福湖北"。

二、发展目标

到2020年,全面建成以居家为基础、社区为依托、机构为支撑的,功能完善、规模适度、服务优良、运行规范、覆盖城乡的养老服务体系。养老服务覆盖所有居家老年人,符合标准的社区居家养老服务中心、老年人活动中心等服务设施覆盖所有城镇社区,90%以上的乡镇建立包括养老服务在内的综合服务设施,60%以上的农村社区建立农村老年人互助照料活动中心或托老所。机构养老和社区日间照料床位新建和改扩建18万张以上,养老床位数达到每千名老年人35张。初步形成涵盖养老、医疗、家政、金融、教育、文化、体育、旅游等行业,养老产品更加丰富,市场机制不断完善,产业集群初步显现的养老服务业,提供就业岗位45万个以上。

三、主要任务

(一)统筹规划建设城镇养老服务设施。

1. 科学规划建设社区养老服务设施。各地在制定完善城镇总体规划和控制性详细规划时,必须按照人均用地不少于0.1平方米的标准,分区分级规划设置养老服务设施。凡新建城区和新建居住(小)区,按每百户不少于20平方米的标准建设社区居家养老服务用房,并与住宅同步规划、同步建设、同步验收、同步交付使用;凡老城区和已建成居住(小)区无养老服务设施或现有设施没有达到规划和建设指标要求的,要限期通过购置、置换、租赁等方式,开辟养老服务设施,不得挪作他用。2015年12月底前,各县(市、区）要完成《城镇养老设施空间布局规划（2015—2020 年）》的编制。

2. 综合发挥多种设施作用。各地要充分整合利用各种社区公共服务设施，提升社区养老服务功能。加强社区养老服务设施与社区服务中心（服务站）、党员群众服务中心、社区卫生服务站以及文化、体育等设施的功能衔接，提高使用率。支持和引导各类社会主体参与社区综合服务设施建设、运营和管理，提供养老服务。各类具有为老年人服务功能的设施都要向老年人开放。

3. 推动社区无障碍环境改造。各地要开展老年宜居社区建设工作，按照无障碍设施工程建设相关标准和规范，推动和扶持老年人家庭无障碍设施的改造，加快推进坡道、电梯等与老年人日常生活密切相关的公共设施改造和建设。

（二）大力发展社区居家养老服务网络。

1. 发展社区居家养老服务。制定出台相关扶持政策，通过购买服务、项目委托、以奖代补等多种措施，积极培育居家养老服务企业和机构，上门为居家老年人提供助餐、助浴、助洁、助急、助医等定制服务；大力发展家政服务，为居家老年人提供规范化、个性化服务。支持社区建立健全居家养老服务网点，鼓励社会组织和家政、物业等企业兴办或运营老年供餐、社区日间照料、老年活动中心等形式多样的养老服务项目。

2. 发展老年人文体娱乐服务。支持社区利用社区公共服务设施和社会场所组织开展适合老年人的群众性文化体育娱乐活动，并发挥群众组织和个人积极性。鼓励专业养老服务企业和机构利用自身资源优势，培训和指导社区养老服务组织和人员。

3. 发展居家网络信息服务。支持企业和机构运用互联网、物联网等技术手段创新居家养老服务模式，发展老年电子商务，建设居家服务网络平台，提供紧急呼叫、家政预约、健康咨询、物品代购、服务缴费等适合老年人的服务项目。

（三）加快推进各类养老机构建设。

1. 支持社会力量兴办养老机构。各地要为社会力量举办养老机构提供便捷服务，进一步降低资本金、场地、人员等方面的门槛，简化手续、规范程序、公开信息。鼓励境外资本投资养老服务业，支持个人举办家庭托老所、社区养老院（护理院）等小型养老机构，推动社会力量兴办的养老机构走差异化竞争发展之路。鼓励民间资本对企业厂房、商业设施及其他可利用的社会资源进行整合和改造，用于养老服务。

2. 办好公办保障性养老机构。各地要加快建立公办养老机构入住评估制度，充分发挥其托底作用，重点为"三无"（无劳动能力，无生活来源，无赡养人和扶养人、或者其赡养人和扶养人确无赡养和扶养能力）老年人、低收入老年人、经济困难的失能半失能老年人提供无偿或低收费的供养、护理服务。建设公办养老机构要因地制宜、经济适用，力戒铺张豪华。大力推进农村福利院维修改造，确保农村五保对象自愿条件下集中供养。

3. 稳妥推进公办养老机构改革。有条件的地方可以把专门面向社会提供经营性服务的公办养老机构转制成为企业，完善法人治理结构。公办养老机构或其面向社会服务的部分设施，在确保产权明晰、养老用途不改变和国有资产不流失的前提下，应积极推行公建民营，将所有权与经营权分离，通过公开招投标，将经营权以租赁经营、委托经营、合作经营等方式，择优选择社会组织或市场主体运营。鼓励引导公办养老机构员工通过登记成立民办非企业单位或公司制企业，利用专业优势承接公办养老机构日常运营和服务外包项目,实现人员分流和机制转换。

(四)切实加强农村养老服务。

1. 健全服务网络。充分发挥村民自治功能和老年协会作用,督促家庭成员依法承担赡养责任,履行对老年人经济上供养、生活上照料和精神上慰藉的义务。各地要将符合条件的农村五保老年人纳入供养范围,在满足农村五保对象集中供养需求的前提下,支持乡镇五保供养机构改善设施条件并向社会开放,提高运营效益,增强护理功能,使之成为区域性养老服务中心。各地要充分利用农村闲置房产、农村中心户房屋,整合农村党建活动室、卫生室、农家书屋等资源,在留守老年人较多、居住相对集中的建制村或者自然村,加快建设农村老年人互助照料活动中心,鼓励有条件的村建设具有日托或全托功能的农村幸福院。全面建立农村老年协会,充分发挥其在联络、组织老年人开展邻里互助、志愿服务、文体娱乐、精神慰藉和化解纠纷等方面的作用。

2. 拓展筹资渠道。各级政府用于养老服务的财政性资金应重点向农村倾斜。各地要进一步落实《中华人民共和国老年人权益保障法》中有关农村可以将未承包的集体所有的部分土地、山林、水面、滩涂等作为养老基地,收益供老年人养老的要求。鼓励个人捐资兴建养老服务设施(项目),捐赠额占项目投资总额2/3以上的,该设施(项目)可以其名命名(国家明确规定不能命名的除外)。鼓励城镇资金、资产和资源投向农村养老服务。

3. 完善帮扶机制。建立公办城镇养老机构与农村五保供养机构及社会办养老机构长期稳定的对口支援和合作机制,采取人员培训、互派人员进行业务指导或在岗锻炼、设备支援等方式,帮助农村五保供养机构和社会办养老机构提高管理服务水平。建立跨地区养老服务协作机制,鼓励经济发达地区支援经济欠发达地区。

(五)积极发展养老产业。

1. 开发老年产品市场。各地要鼓励和引导相关行业积极拓展适合老年人特点的文化娱乐、体育健身、休闲旅游、健康服务、精神慰藉、法律帮助等服务,加强残障、失能老年人专业化服务。支持企业积极开发安全有效的康复辅具、食品药品、服装服饰、图书音像等老年用品用具和服务产品,引导商场、超市、批发市场、电子商务行业设立老年用品专区专柜;开发老年住宅、老年公寓等老年生活设施,提高老年人生活质量。引导和规范商业银行、保险公司、证券公司等金融机构开发适合老年人的理财、信贷、保险等产品。

2. 培育养老产业集群。各地和相关行业部门要加强养老产业发展规划,鼓励发展养老服务中小企业,扶持发展龙头企业,加快形成养老产业集群。健全市场规范和行业标准,确保养老服务和产品质量,营造安全、便利、诚信的消费环境。

(六)加快推进医疗卫生与养老服务相结合。

1. 推动医养融合发展。卫生计生部门要支持有条件的养老机构设置医疗机构,为其注册登记提供便利;支持养老机构与周边医院、基层医疗卫生机构进行合作,实现资源共享;加强二级以上综合医院老年病科建设,做好老年慢病防治和康复护理;积极支持基层医疗机构向老年护理院、老年康复医院转型;支持社会力量举办老年人护理院、老年康复医院和提供临终关怀服务的医疗机构。积极探索医疗机构与养老机构合作新模式,医疗机构、社区卫生服务机构应当为老年人建立健康档案,推动社区医疗机构与老年人家庭建立医疗契约服务关系，开展上门诊视、健康查体、保健咨询等服务，加快推进面向养老机构的远程医疗服务试点。医疗机构应当为老年人就医提供优先优惠服务。

2. 健全医疗保险机制。人社部门和卫生计生部门要支持将符合城镇职工（居民）基本医疗保险和新型农村合作医疗定点条件的养老机构内设医疗机构纳入定点医疗机构范围，入住的参保老年人按规定享受相应待遇。完善和落实医保报销制度，切实解决老年人异地就医结算问题。鼓励和指导老年人购买商业健康保险、长期护理保险、意外伤害保险等人身保险产品，鼓励和引导商业保险公司开展相关业务。

四、保障措施

（一）建立健全投融资政策。要通过完善扶持政策，吸引更多民间资本投资养老服务业。各级政府要根据经济发展水平和实际需求，安排包括基本建设投资在内的各类财政性资金，支持养老服务体系建设。金融机构要加快金融产品和服务方式创新，拓宽信贷抵押担保物范围，满足养老服务业的信贷需求。各地要积极利用财政贴息、小额贷款等方式，加大对养老服务业的有效信贷投入。加强养老服务机构信用体系建设，增强对信贷资金和民间资本的吸引力。根据国家有关政策，积极支持保险机构开展养老服务保险业务试点，设计符合养老服务特点的保险产品，鼓励养老机构投保责任保险和保险公司承保责任保险。

（二）建立健全土地供应政策。各地要将各类养老服务设施建设用地纳入城镇土地利用总体规划和年度用地计划，合理安排用地需求，可将闲置的公益性用地调整为养老服务用地。因不适应城镇功能定位退出的土地，在符合城镇规划的前提下，优先用于发展养老机构。自有产权的养老机构因城镇建设需要依法拆迁时，要优先安排不低于同等面积的回迁或异地建设用地。各级政府要合理安排养老用地，预留用地指标，保障乡镇农村福利院生产基地等养老设施项目落地。积极支持社会力量投资建设养老服务机构，民间资本举办的非营利性养老机构与政府举办的养老机构享有相同的土地使用政策，可以依法使用国有划拨用地或者农民集体所有的土地。对营利性养老机构建设用地，按照国家对经营性用地依法办理有偿用地手续的规定，优先保障供应，可采取协议出让方式供地；同一宗养老服务机构用地有两个或两个以上申请用地者的，应当以招标、拍卖或者挂牌方式供地。新建城区和居住（小）区按规定配建养老服务设施，依据规划用途可以划分为不同宗地的，应当先行分割成不同宗地，再按宗供应；不能分宗的，应当明确养老服务设施用地、社区其他用途土地的面积比例和供应方式。在符合规划的前提下，在已建成的住宅小区内增加非营利性养老服务设施建筑面积的，可不增收土地价款。新建养老服务机构项目用地涉及新增建设用地，符合土地利用总体规划和城乡规划的，应当在土地利用年度计划指标中优先予以安排。企事业单位、个人对城镇现有空闲的厂房、学校、社区用房等进行改造和利用，兴办养老服务机构，经规划批准临时改变建筑使用功能从事非营利性养老服务且连续经营一年以上的，五年内可不增收土地年租金或土地收益差价，土地使用性质也可暂不作变更。严禁养老设施建设用地改变用途、容积率等土地使用条件搞房地产开发，严禁改变养老服务性质及服务设施用途。

（三）建立健全税费优惠政策。各地要落实好国家现行支持养老服务业的税收优惠政策，对养老机构提供的养护服务免征营业税，对非营利性养老机构自用房产、土地免征房产税、城镇土地使用税，对符合条件的非营利性养老机构按规定免征企业所得税。对企事业单位、社会团体和个人向非营利性养老机构的捐赠，符合相关规定的，准予在计算其应纳税所得额时按税法规定比例扣除。对非营利性养老机构建设免征有关行政事业性收费，对营利性养老机构建设减半征收有关行政事业性收费。对所有养老服务机构提供的养老服务适当减免行政事业性收费；养老机构用电、用水、用气、用热按居民生活类价格执行。各地要对新建养老服务设施的城镇基础设施配套费制定减免政策，同时要比照公益性养老机构，落实社区居家养老服务实体的优惠政策。境内外资本举办养老机构享有同等的税收等优惠政策。

（四）建立健全补贴支持政策。各地要加快建立80岁以上老年人高龄津贴制度；全面建立重点针对分散居住"三无"老年人、享受最低生活保障的高龄老年人等经济困难老年人的养老服务补贴制度，采取向社会购买服务等方式，每人每天提供不少于1小时的服务；鼓励有条件的地方积极探索建立经济困难失能半失能老年人护理补贴制度。各地要在2015年底前，对经民政部门许可、符合相关条件的非营利性社会办养老机构，建立建设补贴和运营补贴制度，对新建机构每张床位给予不低于1000元、改造和租赁用房每张床位给予不低于500元一次性补助（每个机构最高补贴不超过500张床位），对正常运营1年以上的，按收住失能对象每人每年不低于900元、其他对象每人每年不低于600元给予运营补贴；要加快建立城乡社区居家养老服务中心建设补贴和运营补贴制度，对城镇社区（街道）居家养老服务中心和农村老年人互助照料活动中心，分别给予运营补贴和一次性建设补贴。各级政府用于社会福利事业的彩票公益金，要将50%以上用于支持发展养老服务业。省级对经济困难、建立健全财政补贴制度的地区，采取"以奖代补"方式，给予养老服务体系建设补助。

（五）建立健全人才培养和就业政策。教育部门要支持高等院校和中等职业学校增设养老服务相关专业和课程，鼓励毕业生从事养老服务工作。人社部门要积极组织养老护理人员参加养老服务职业技能培训，并按规定落实培训补贴。养老机构要积极吸纳农村转移劳动力、城镇就业困难人员等从事养老服务工作。养老机构应当积极改善养老护理员工作条件，加强劳动保护和职业防护，依法缴纳养老保险费等社会保险费，提高职工工资福利待遇。本省养老机构与具有本省户籍的就业困难人员签订1年以上劳动合同，并按规定缴纳了社会保险费的，可按规定享受社会保险补贴和公益性岗位补贴。对在养老机构就业的专业技术人员，执行与医疗机构、福利机构相同的执业资格、注册考核政策。要保障养老服务从业人员工资福利待遇，对取得国家养老护理员职业资格证书、连续从业2年以上的人员，各地可给予养老护理员特殊岗位补贴或一次性奖励。

（六）建立健全公益慈善组织支持养老服务的机制。引导公益慈善组织重点参与养老机构建设、养老产品开发、养老服务提供，使公益慈善组织成为发展养老服务业的重要力量。积极培育发展为老服务公益慈善组织和志愿组织，推广"志愿服务记录"、"爱心储蓄"等做法，鼓励支持社会各界人士参与养老志愿服务。支持基层社区建立老年协会等群众组织，引导其积极开展自我管理、自我服务和服务社会活动。

五、组织领导

（一）强化政府责任。各级政府要高度重视发展养老服务业，将其纳入国民经济和社会发展规划，纳入政府重要议事日程。要落实工作责任，建立联席会议制度，进一步强化工作机制，推动目标任务落实。支持武汉市、宜昌市开展养老服务业综合改革试点。民政部门要切实履行行业监管、行业规范、业务指导职责。发展改革部门要将养老服务业发展纳入经济社会发展规划、专项规划和区域规划。财政部门要在现有资金渠道内对养老服务业发展给予财力保障。商务部门要支持家政企业投资养老服务业。老龄工作机构要发挥综合协调作用。教育、公安（消防）、国土资源、卫生计生、人社、住建、商务、税务、工商、质监、物价、食品药品监管等部门及有关金融机构要各司其职，及时解决工作中遇到的问题，形成齐抓共管、整体推进的工作格局。

（二）强化行业监管。民政部门要健全养老服务的准入、退出、监管制度。价格主管部门要建立科学合理的养老服务收费定价机制，区别不同性质的养老服务机构，分别明确相关收费政策。工商和统计等部门要建立完善养老服务业统计制度。其他各有关部门要各司其职，加强对养老服务业的监督管理。要发挥养老服务行业协会行业服务和自律作用。

（三）强化督促检查。各地要加强检查督办，确保责任到位、任务落实。各市、州、县（市、区）人民政府要结合实际，制定具体的实施意见或工作措施。省有关部门要及时研究制定相关政策措施。省发展改革委、省民政厅和省老龄办要加强对本意见执行情况的监督检查并及时向省人民政府报告。省人民政府将适时对落实情况进行专项督查。2014年6月29日作措施。省有关部门要及时研究制定相关政策措施。省发展改革委、省民政厅和省老龄办要加强对本意见执行情况的监督检查并及时向省人民政府报告。省人民政府将适时对落实情况进行专项督查。

2014 年 6 月 27 日

附录8 省人民政府办公厅关于加快发展城乡社区居家养老服务的意见

鄂政办发〔2012〕83号

各市、州、县人民政府，省政府各部门：

为积极应对人口老龄化，不断满足人民群众日益增长的养老服务需求，经省人民政府同意，现就加快发展全省城乡社区居家养老服务提出如下意见：

一、总体要求

深入贯彻党的十八大精神，以邓小平理论、"三个代表"重要思想、科学发展观为指导，按照建设"幸福湖北"的部署要求，坚持政府主导、政策扶持、社会参与、市场运作，全面构建与我省人口老龄化进程相适应、经济社会发展水平相协调，以满足全体居家老年人生活照料、家政服务、康复护理、医疗保健、精神慰藉和日间托养等需求为目标，以保障散居"三无"老年人和低收入的高龄、失能等特殊困难老年人为重点，以社区养老服务中心为平台，以提供上门服务为主要方式，以信息化建设为支撑的居家养老服务体系，确保广大老年人老有所养，安享晚年。

二、工作目标和任务

（一）工作目标。

到2015年，力争居家养老服务和为老服务信息系统基本覆盖全省所有城镇社区，老年人互助照料活动中心覆盖50%以上的农村社区，城乡社区居家养老服务设施合理布局基本形成。

（二）主要任务。

1. 着力提升城乡社区居家养老服务功能。各地要把居家养老服务设施建设作为社区建设的重点。在城镇，已建有居家养老服务站、"星光老年之家"的社区要通过设施改造、功能提升，转型升级为社区居家养老服务中心；尚未建有居家养老服务站的社区要在社区公共服务站内设置社区居家养老服务中心；有条件的社区，要通过多种方式，进一步提升社区居家养老服务功能，满足老年人多样化、多层次需求。在农村，要逐步在留守老年人较多、居住相对集中的建制村，建设一批农村老年人互助照料活动中心。

2. 加快居家养老服务信息化建设。积极改进居家养老服务方式。力争到2015年，所有城镇社区建立居家养老服务信息网络和服务平台，对接老年人服务需求和各类社会主体服务供给，为老年人提供便捷的居家养老服务。积极推广"一键通"模式，有条件的地方要为散居"三无"老年人和低收入的高龄老年人、失能老年人免费配置"一键通"电子呼叫设备。

3. 鼓励发展居家养老服务社会组织和市场主体。各地要按照转变政府职能和养老服务社会化的要求，采取购买服务、项目委托、以奖代补等多种形式，鼓励和支持服务质量好的市场主体参与社区居家养老服务，重点扶持发展一批专业从事社区居家养老服务的企业和民办非企业单位。鼓励企业、社会组织、个人创办社区养老服务机构，就近就便为社区老年人提供集中照料和居家养老服务。鼓励社会力量捐资设立养老服务类非公募基金会。

4. 加强社区居家养老服务队伍建设。各地要高度重视社区居家养老服务队伍建设，支持引导大中专院校、技工院校开设老年服务与管理专业、养老护理专业，鼓励大中专院校护理专业、社会服务与管理、公共事务管理和家政等相关专业毕业学生到社区从事养老服务工作。实行养老护理员职业资格评定制度。养老护理机构组织从业人员开展职业技能培训的，可按规定享受职业培训补贴，其中通过初次职业技能鉴定并取得职业资格证书或专项能力证书的，可按规定享受一次性鉴定补贴。上述两项补贴可从就业资金中列支。加强对社工专业人才的培养，在养老服务业中设置社会工作岗位，纳入民政部门统一管理。大力发展养老服务志愿者组织，推广"志愿服务记录"、"爱心储蓄"等做法，鼓励支持社会各界人士参与社区居家养老服务。

三、保障措施

（一）加大政策扶持力度。

1. 科学规划建设。各地要比照公益性养老机构，将社区居家养老服务中心和服务实体的设施、场所建设纳入本地经济社会发展规划，在编制实施城乡规划、土地利用总体规划、新农村建设规划和基本公共服务规划时，充分考虑社区居家养老服务发展需要，优先规划定点，预留发展空间，合理规划布局养老服务设施和场所。城镇新建住宅小区开发建设和旧城改造要将社区养老服务设施和场所建设纳入同步规划。已建住宅小区没有养老服务设施和场所的，要补建或利用闲置的场所改建。

2. 加强用地保障。各地要比照公益性养老机构，优先安排城乡社区居家养老设施建设用地。按照有关规定应当采取政府划拨方式供地的，要优先予以划拨；采取有偿使用方式供地的，要给予优惠价格；征用或者使用集体所有的非耕地建设养老机构的，按照国家规定减免有关规费；严禁擅自改变养老服务设施土地用途进行商业性房地产开发。

3. 落实税费减免。各地要比照公益性养老机构，落实社区居家养老服务实体的优惠政策。对非营利性社区居家养老实体所得收入，比照符合条件的非营利性组织免征企业所得税；公益性单位开办的非营利性社区居家养老实体，利用自有房产从事养老服务的，按规定免征房产税、城镇土地使用税；非营利性社区居家养老实体使用的车船，比照相关规定免征车船税；企事业单位、社会团体和个人通过非营利性社会团体或政府部门向非营利性社区居家养老服务实体的捐赠，在缴纳企业所得税和个人所得税前，准予按有关规定予以扣除；经工商部门登记的社区居家养老服务实体，比照小型微利企业和家庭服务业享受相应的税费优惠政策；非营利性社区居家养老服务实体用水、用气价格按当地居民用水、用气价格执行；高校毕业生、失业人员、农民工、退役军人创办社区居家养老服务业实体的，除法律、行政法规、地方性法规以及国务院或省人民政府及其财政、价格主管部门另有规定外，自首次注册之日起5年内免收各类行政事业性收费。

（二）建立健全投入机制。

各地要加大对社区居家养老服务的投入，省财政通过加大一般转移支付力度给予支持。各地留成使用的福利彩票公益金要拿出一部分用于社区居家养老服务体系建设，用于发展服务业的资金要向社区居家养老服务业重点倾斜，用于扶持中小企业发展的资金要对社区居家养老服务企业给予支持。金融部门要落实为养老服务业提供信贷支持的政策。鼓励各类社会组织和市场主体以独资、合资、合作、联营、参股、特许经营等方式，依法参与社区居家养老服务业。

（三）切实加强组织领导。

社区居家养老服务是社会养老服务体系建设的重点，事关千家万户的安宁和幸福。各级人民政府要切实加强对城乡社区居家养老服务工作的领导，将其列入政府为民办实事内容，加大推进力度。各级民政部门要切实履行牵头协调职责，发改、财政、人社、住建、国土等部门要充分履行职责，加强协同配合。

各地各有关部门要根据本意见精神，结合实际，制定具体实施方案。

2012年12月29日

附录9 相关问卷

印刷流水号：

调查问卷编号：☐☐☐☐☐☐☐☐☐☐☐

《中华人民共和国统计法》第七条规定：国家机关、企业事业单位和其他组织以及个体工商户和个人等统计调查对象，必须依照本法和国家有关规定，真实、准确、完整、及时地提供统计调查所需的资料，不得提供不真实或者不完整的统计资料，不得迟报、拒报统计资料。 《中华人民共和国统计法》第二十五条规定：统计调查中获得的能够识别或者推断单个统计对象身份的资料，任何单位和个人不得对外提供、泄露，不得用于统计以外的目的。	表　　号：CRCA2015-1 制定机关：民政部 批准机关：国家统计局 批准文号：国统制〔2014〕87号 有效期至：2015年9月

****

第四次中国城乡老年人生活状况抽样调查
个人问卷（长表）

****

一、访问地点

省（自治区、直辖市）_____　　地级市_____

县（市、区）_____　　乡镇（街道）_____

村（居）委会_____　　家庭地址_____

二、访问记录

访问日期			
月	日		

调查员签名：_____ 电话：_____ 日期：___月___日
乡级督导员签名：_____ 电话：_____ 日期：___月___日
县级督导员签名：_____ 电话：_____ 日期：___月___日
录入人员签名：_____ 电话：_____ 日期：___月___日

【调查导语】

尊敬的_____（被访老人姓名）老人家：

您好！我是第四次老年人生活状况调查的工作人员，这次调查是全国老年人生活中的一件大事，得到了全国老龄工作委员会和国家统计局的批准。我们希望通过这次调查，全面了解全国老年人生活的各种情况、困难和问题，为党和政府制定政策提供依据，目的是提高全国老年人的生活质量和水平。您有幸成为全国老年人的代表。我们将严格遵守《统计法》的有关规定，认真做好相关保密工作。希望您告诉我们您生活的实际情况，非常感谢您的合作！

【填表说明】

1. 本问卷由调查员入户填写，所有数据必须做到公正、客观、准确，调查员对所提供的数据材料真实性负责。
2. 本问卷答案没有对错之分，但一定要准确反映被访者的真实情况。
3. 本问卷的题型分为两类：一类为选择题，另一类为填空题。
4. 单选题：请在答案中选择一个选项打√。
5. 多选题：请在相应选项前面的□中打√。
6. 填空题：请填入反映被访者真实情况的答案（文字或数字）。
7. 选择"其他"项需要详述的，请给予相应说明。
8. 部分题目不适用、老年人无法回答、拒答等情况，请在题目序号上打"×"，并在题目序号旁边标注原因。

A 基本状况

A1　被访老年人性别：【调查员观察填写】　1. 男　0. 女
A2　被访老年人出生年月：【调查员根据身份证填写】_____年_____月

A3　您的户籍属于哪种类型？【调查员根据户口簿填写】
　　1. 农业　　2. 非农业　　3. 统一居民户口

A4　您属于哪个民族？【调查员根据身份证填写】
　　1. 汉族　　2. 壮族　　3. 回族　　4. 满族　　5. 维吾尔族
　　6. 苗族　　7. 彝族　　8. 土家族　9. 藏族　　10. 蒙古族
　　11. 其他民族_____（请写出民族全称）

A5　您的文化程度：
　　1. 未上过学（包括扫盲班）　　2. 小学（包括私塾）　　3. 初中
　　4. 高中/中专/职高　　5. 大学专科　　6. 本科及以上

A6　您的专业技术职称：
　　1. 没有　　2. 技术员级　　3. 初级职称
　　4. 中级职称　　5. 高级职称

A7　您的政治面貌：
　　1. 群众　　2. 中共党员　　3. 民主党派
　　4. 无党派人士

A8　您现在的婚姻状况：
　　1. 有配偶，配偶年龄_____周岁？　　2. 丧偶，丧偶距今_____年了？
　　3. 离婚，离婚距今_____年了？　　4. 从未结婚

B　家庭状况

【调查员：接下来，我们想了解您的家庭状况】

B1　您现在的子女情况：【调查员：包括养/继子女，不包括儿媳/女婿】
　　B1.1　儿子_____人；
　　B1.2　女儿_____人。【没有子女的，跳问B2】
　　B1.3　您子女中有生活困难的吗？　1. 有　0. 无【跳问B1.5】
　　B1.4　您长期在经济上支持生活有困难的子女吗？　1. 有　0. 无
　　B1.5　您是不是由子女轮流赡养？　1. 是　0. 否
　　B1.6　您觉得您的子女孝顺吗？　1. 孝顺　2. 一般　3. 不孝顺

B2　现在，您家（与您同吃同住）有哪些人？（多选题）
【调查员：按照与被访老年人的关系选择，并写明人数】
　　□单独居住　　□配偶　　□（岳）父母_____人
　　□儿子_____人　　□儿媳_____人　　□女儿_____人
　　□女婿_____人　　□（外、重）孙子女_____人　　□保姆_____人
　　□其他_____人

B3　您有子女居住在本省以外吗？　1. 有　0. 无【跳问B4】
　　B3.1　您在本省以外居住的子女有几人？_____人
　　B3.2　您在本省以外居住的子女每年回家看望您几次？
　　1. 少于一次　　2. 一次　　3. 两至三次　　4. 四次以上

B4　您愿意和子女长期一起生活吗？　1. 愿意　2. 不愿意　3. 看情况

B5　您现在帮子女做以下事情吗？（多选题）【调查员：逐项询问】
　　□照看家　　　　　　　□做家务　*（农村）
　　□干农活　　　　　　　□照看（外）孙子女
　　□其他（请说明）_____　□都没有做

B6　您经常来往的亲属/朋友有_____人？

B7　2015年以来，您家发生了哪些重大事件？（多选题）【调查员：逐项询问】
　　□子女失业　　□子女离异　　□纠纷/官司
　　□亲人大病　　□亲人去世　　□其他（请说明）_____　　□都没有

B8　您平时主要利用什么交通方式出行？（多选题）【调查员：逐项询问】
　　□骑自行车　　□骑摩托车/电动车　　□乘公交车
　　□乘地铁　　　□乘出租车　　　　　　□开坐/私家车
　　□其他（请说明）_____　　□都没有

B9　您家里有重大支出谁说了算？　1. 自己　2. 配偶　3. 子女　4. 共同协商

C 健康医疗状况

【调查员：接下来，我们想了解您的健康医疗状况】

C1　您吸烟吗？
　　1. 从来不吸烟【跳问C2】　　2. 曾经吸烟，现在已经戒烟
　　3. 经常吸烟　　　　　　　　4. 偶尔吸烟
　　C1.1　您吸烟多少年了？_____年

C2　您喝酒吗？1. 不喝或偶尔喝　2. 每周一至两次　3. 每周至少3次　4. 经常醉酒

C3　您平时的睡眠质量怎么样？
　　1. 非常好　　2. 比较好　　3. 一般　　4. 比较差　　5. 非常差

C4　您看得清楚吗（包括戴眼镜）？
　　1. 非常清楚　2. 比较清楚　3. 一般　4. 不太清楚　5. 几乎/完全看不清

C5　您听得清楚吗（包括戴助听器）？
　　1. 很难听清楚　　2. 需要别人提高声音　　3. 能听清楚

C6　您的牙齿影响您吃饭吗？　1. 有影响　0. 没影响

C7　您经常有疼痛感？　1. 有　0. 没有【跳问C8】
　　C7.1　如果您经常有疼痛感，疼痛程度如何？　1. 不严重　2. 一般　3. 严重

C8　您每周锻炼几次？
　　1. 从不锻炼　2. 不到一次　3. 一至两次　4. 三至五次　5. 六次及以上

C9　您吃保健品吗？　1. 从来不吃　2. 偶尔吃　3. 经常吃

C10　2014年，您是否体检过？　1. 是　0. 否

C11　您患有下列慢性疾病吗？（多选题）【调查员：逐项询问】
　　□白内障/青光眼　　□高血压　　□糖尿病　　□胃病
　　□心脑血管疾病（冠心病/心绞痛/脑卒中等）

□骨关节病（骨质疏松/关节炎/风湿/椎间盘疾病等）
□慢性肺部疾病（慢阻肺/气管炎/肺气肿等）
□哮喘　　　□恶性肿瘤　　　□生殖系统疾病
□其他慢性病（请说明）_____　□都没有

C12　调查前两周，您是否生过病？　1. 是　0. 否【跳问 C13】

 C12.1　您这次生病属于哪种情况？
1. 两周内新发生
2. 急性病两周前开始发病延续到两周内
3. 慢性病两周前开始发病延续到两周内

 C12.2　您患病后，是如何处置的？
1. 找医生看病　2. 未处置【跳问 C12.4】　3. 自我治疗【跳问 C12.5】

 C12.3　最近两周，您到医院或诊所看过几次病？_____次【跳问 C13】

 C12.4　您未处置的主要原因是什么？（多选题）【调查员：逐项询问】
□自感病轻　　　□经济困难　　　□没时间　　　□行动不便
□没人陪同　　　□医院太远　　　□就医麻烦　　　□其他原因（请说明）_____

【答完此题，跳问 C13】

 C12.5　您采取过下列哪些自我治疗措施？（多选题）【调查员：逐项询问】
□自己买药　　　□采用传统方法治疗　　　□使用保健康复设备
□其他（请说明）_____

C13　平时您主要在哪里看病？
【调查员：可能去了多个医疗卫生机构看过，填去得最多的医疗卫生机构】
1. 私人诊所　　　2. 卫生室/站　　　3. 社区卫生服务中心　　　4. 乡镇（街道）卫生院
5. 县/市/区医院　6. 市/地医院　　　7. 省级医院　　　8. 其他（请说明）_____

 C13.1　您去得最多的医疗卫生机构离您家有多远？
1. 不足一公里　　　2. 一至两公里　　　3. 两至五公里　　　4. 五公里及以上

C14　你到医院或诊所看病遇到过下列问题吗？（多选题）【调查员：逐项询问】
□排队时间太长　　　□手续繁琐　　　□无障碍设施不健全　　　□不能及时住院
□服务态度不好　　　□收费太高　　　□其他（请说明）_____

C15　2014 年，您住院几次？_____次

C16　2014 年，您看病／住院总共花费多少钱？_____元

 C16.1　其中，自费（不能报销）花了多少钱？_____元

 C16.2　自费的部分里，您的孩子或他人替您支付了多少钱？_____元

C17　2014 年，您在药店自费购买药物花了多少钱？_____元

C18　您享受了以下哪些医疗保障待遇？（多选题）【调查员：逐项询问】
□城镇职工基本医疗保险　　　□城镇居民基本医疗保险　　　□新型农村合作医疗保险
□城乡居民基本医疗保险（城镇居民基本医疗保险与新型农村合作医疗保险合一）
□城乡居民大病保险　　　□公费医疗　　　□职工大额医疗补助
□其他（请说明）_____　　　□都没有

C18.1　您认为医药费用报销是否方便？
　　　1. 很方便　　2. 比较方便　　3. 一般　　4. 比较不方便　　5. 很不方便
C19　您是否购买了商业健康保险？　1. 是　　0. 否
C20　您觉得自己的健康状况如何？
　　　1. 非常好　　2. 比较好　　3. 一般　　4. 比较差　　5. 非常差

D　照料护理服务状况

【调查员：接下来，我们想了解您的照料护理服务状况】

D1　您在进行下列日常活动中属于哪种情况？

日常活动	做得了	有些困难	做不了
吃饭	1	2	3
穿衣	1	2	3
上厕所	1	2	3
上下床	1	2	3
在室内走动	1	2	3
洗澡	1	2	3
做饭	1	2	3
洗衣	1	2	3
扫地	1	2	3
日常购物	1	2	3
上下楼梯	1	2	3
乘坐公交车	1	2	3
提起10斤重物	1	2	3
打电话	1	2	3
管理个人财务	1	2	3

D2　很多老年人有失禁的情况，您是否也有？（多选题）【调查员：逐项询问】
　　　□大便失禁　　□小便失禁　　□都没有
D3　您现在使用下列辅具用品吗？（多选题）【调查员：逐项询问】
　　　□老花镜　　　□助听器　　　□假牙　　　□拐杖
　　　□轮椅　　　　□血压计　　　□血糖仪　　□成人纸尿裤/护理垫
　　　□按摩器具　　□智能穿戴用品
　　　□护理床　　　□其他（请说明）_____　　□都没有
D4　您现在的日常生活需要别人照料护理吗？　1. 需要　0. 不需要　【跳问 D5】
　　D4.1　您是否有人照料护理？

1. 有　　0. 无【跳问 D5】

D4.2　您最主要的照料护理者是谁？

1. 配偶　　　　2. 儿子　　　　3. 儿媳　　　　4. 女儿
5. 女婿　　　　6. 孙子女　　　7. 其他亲属　　8. 朋友/邻居
9. 志愿人员　　10. 家政服务人员（保姆，小时工等）
11. 医疗护理机构人员　　　12. 养老机构人员　　13. 社区工作人员
14. 其他人（请说明）＿＿＿＿

D4.3　她/他（指最主要的照料护理者）的年龄？＿＿＿＿周岁

D5　您家里还有其他需要照料护理的老年人吗？　1. 有　　0. 没有【跳问 D6】

D5.1.　现在谁在照料护理他/她？

1. 被访老年人　2. 其他人（请说明）＿＿＿＿

D6　如果需要，您最愿意在哪里接受照料护理服务？

1. 在家里【跳问 D7】　　　　2. 白天在社区晚上回家【跳问 D7】
3. 在养老机构　　　　　　　4. 视情况而定

D6.1　如果入住养老机构，您（和家人）每月最多能承担多少费用？

1. 1000 元以下　　　2. 1000~1999 元　　　3. 2000~2999 元
4. 3000~3999 元　　　5. 4000~4999 元　　　6. 5000 元以上

D7　您对以下社区老龄服务项目的需要、知晓和利用情况：【调查员：逐项询问】

服务项目	是否需要	是否有	是否用过
助餐服务	1. 是　0. 否	1. 是　2. 否　3. 不知道	1. 是　0. 否
助浴服务	1. 是　0. 否	1. 是　2. 否　3. 不知道	1. 是　0. 否
上门做家务	1. 是　0. 否	1. 是　2. 否　3. 不知道	1. 是　0. 否
上门看病	1. 是　0. 否	1. 是　2. 否　3. 不知道	1. 是　0. 否
日间照料	1. 是　0. 否	1. 是　2. 否　3. 不知道	1. 是　0. 否
康复护理	1. 是　0. 否	1. 是　2. 否　3. 不知道	1. 是　0. 否
老年辅具用品租赁	1. 是　0. 否	1. 是　2. 否　3. 不知道	1. 是　0. 否
健康教育服务	1. 是　0. 否	1. 是　2. 否　3. 不知道	1. 是　0. 否
心理咨询/聊天解闷	1. 是　0. 否	1. 是　2. 否　3. 不知道	1. 是　0. 否

E　经济状况

【调查员：接下来，我们想了解您个人和家庭的基本经济状况】

E1　您现在是否已经办理了离退休手续？

1. 是　　2. 否【跳问 E2】　　3. 不适用（从未有过正式工作）【跳问 E2】

E1.1　您离退休时的年龄是多少岁？＿＿＿＿周岁

E1.2　您是否属于提前离退休？　1. 是　　0. 否

E1.3　您离退休前的工作单位属于什么性质？
　　1. 党政机关　　2. 事业单位　　3. 国有企业　　4. 集体企业　　5. 私营企业
　　6. 三资企业　　7. 部队　　　　8. 农村集体　　9. 其他（请说明）_____

E2　您现在还在从事有收入的工作吗（包括务工、做生意等）？
　　1. 是　0. 否【跳问 E2.3】
　　E2.1　获得这份工作的途径？
　　1. 个人关系　　2. 单位返聘　　3. 市场招聘　　4. 政府帮助　　5. 自己创业
　　6. 其他（请说明）_____
　　E2.2　上个月，您从事上述工作的收入为？_____元
　　E2.3　您现在是否愿意从事有收入的工作（包括务工、做生意等）？　1. 是　0. 否

E3　*（农村）您现在是否从事农林牧副渔等经济活动？　1. 是　0. 否【跳问 E4】
　　E3.1　2014年，您从事上述经济活动的纯收入是？_____元

E4　您和老伴有没有存一笔养老钱？　1. 有　0. 没有【跳问 E5】
　　E4.1　共存了多少钱？_____元

E5　您现在每月有以下固定收入吗？
【调查员：逐项询问，有则填具体金额，无则填0】
　　E5.1　养老金（离退休金）_____元　　E5.2　遗属抚恤金_____元
　　E5.3　职业/企业年金_____元　　　　E5.4　商业养老保险金_____元
　　E5.5　高龄津贴_____元　　　　　　　E5.6　养老服务补贴_____元
　　E5.8　最低生活保障金_____元　　　　E5.7　护理补贴_____元
　　E5.9　五保/三无救助金_____元
　　E5.10　计划生育家庭奖励（特别）扶助金_____元
　　E5.11　其他社会保障收入（请说明）_____，_____元

E6　2014年，您和老伴还有以下收入吗？
【调查员：逐项询问，有则填具体金额，无则填0】
　　E6.1　房租收入_____元
　　E6.2　利息收入_____元
　　E6.3　*（农村）土地出租/承包收入_____元
　　E6.4　原单位福利/集体补贴/分红_____元
　　E6.5　子女（孙子女）们给的钱（含实物）_____元
　　E6.6　其他亲戚给的钱（含实物）_____元

E7　您现在从事下列哪些投资理财活动？（多选题）【调查员：逐项询问】
　　□国债/债券　　□股票　　□基金　　□外汇　　□贵金属
　　□其他理财产品　　□其他（请说明）_____　　□都没有【跳问 E8】
　　E7.1　如果有以上金融资产，现值总共_____万元

E8　您有产权属于自己（或老伴）的房子吗？　1. 有　0. 没有【跳问 E9】
　　E8.1　一共有几套？_____套
　　E8.2　现在这些房子大约值多少钱？_____万元

E8.3 如果把房子出售/出租/抵押以换取养老金，您愿意吗？
  1. 愿意   2. 不愿意   3. 看情况
E9 您现在居住的住房属于哪种情况？
  1. 自有产权   2. 子女的房产   3. 孙子女的房产   4. 租公房
  5. 租私房   6. 借住   7. 其他（请说明）_____
E10 平均每月，您个人日常生活开支情况：
【调查员：逐项询问，有则填具体金额，无则填0】
  E10.1 个人用品类支出（包括烟酒、化妆品、洗漱用品等）_____元
  E10.2 交通支出_____元
  E10.3 通信支出_____元
  E10.4 雇佣保姆/钟点工/护工_____元
  E10.5 卫生保健支出（美容美发、保健品、按摩等）_____元
  E10.6 文体娱乐支出（看电影、订书报等）_____元
E11 2014年，您个人下列开支情况：【调查员：逐项询问，有则填具体金额，无则填0】
  E11.1 衣装鞋帽类支出_____元
  E11.2 旅游支出_____元
  E11.3 给子女/孙子女_____元
  E11.4 购买辅助器具（镶牙、轮椅、助听器等）_____元
E12 2014年，您和老伴以下支出情况：
【调查员：逐项询问，有则填具体金额，无则填0】
  E12.1 房租_____元   E12.2 取暖费_____元
  E12.3 物业费_____元   E12.4 购房/装修_____万元
  E12.5 购买家具家电_____元   E12.6 购买车辆_____万元
  E12.7 贵重首饰_____万元
E13 您家平均每月食品支出（伙食费）是_____元
E14 2014年，您家总支出是_____万元
E15 2014年，您家总收入是_____万元
E16 您家现在大概有多少债务？_____元
E17 您是否觉得您的（孙）子女存在"啃老"的现象？ 1. 是   0. 否
E18 您觉得自己的经济状况属于下列哪种情况？
  1. 非常宽裕   2. 比较宽裕   3. 基本够用   4. 比较困难   5. 非常困难

F 宜居环境状况

【调查员：接下来，我们想了解您的宜居环境状况】
F1 您现在居住的这个房子是什么时候建的？
  1. 1949年前   2. 50—60年代   3. 70—80年代   4. 90年代   5. 2000年以后
F2 您家现在居住房子的建筑面积共有多少？_____平方米
F3 您（和老伴）有单独居住的房间吗？   1. 有   0. 无

F4 您现在的住房中有下列生活设施吗？（多选题）【调查员：逐项询问】
☐自来水　　☐煤气/天然气/沼气　　☐暖气/土暖气
☐室内厕所　☐洗澡/淋浴设施　　　☐都没有

F5 您现在的住房中有下列电子产品和家用电器吗？（多选题）【调查员：逐项询问】
☐固定电话　☐老人手机　☐智能手机　☐普通手机　☐电脑　　☐电视机
☐洗衣机　　☐空调　　　☐电冰箱　　☐空气净化器 ☐净水设备 ☐都没有

F6 2015年以来，您是否跌倒过？　1. 是　0. 否【跳问F7】
　F6.1　您最近一次跌倒的地点在哪？
　1. 卧室　　　2. 卫生间　　3. 客厅　　　4. 厨房　　5. 阳台
　6. 门槛　　　7. 楼梯/台阶　8. 院子　　　9. 道路　　10. 交通工具
　11. 购物场所　12. 健身场所　13. 公园　　14. 劳动场所
　15. 其他地点（请说明）_____
　F6.2　您跌倒后产生的后果是什么？
　1. 没有受伤　2. 轻伤，无需医治　3. 重伤，需要医治　4. 重伤，长期卧床

F7 您现在的住房存在下列哪些情况？（多选题）【调查员：逐项询问】
☐光线昏暗　　　　☐门槛绊脚或地面高低不平　☐没有扶手　　☐地面滑
☐门用起来不合适　☐厕所/浴室不好用　　　　☐没有呼叫/报警设施
☐有噪音　　　　　☐其他（请说明）_____　☐都很好，没什么问题

F8 您对现在的住房条件满意吗？　1. 满意　2. 一般　3. 不满意

F9 您在本社区（村/居）住了多少年？_____年

F10 您与邻居关系属于哪种情况？
　1. 不了解　2. 仅限于打招呼　3. 经常走动　4. 必要时相互帮助

F11 您对本社区（村/居）下列哪些情况感到满意？（多选题）
☐指示牌/标识　　☐道路/街道照明　☐交通状况　　☐生活设施
☐健身活动场所　　☐公共卫生间　　☐环境绿化　　☐治安环境
☐尊老敬老氛围　　☐都不满意

G　社会参与状况

【调查员：接下来，我们想了解您的社会参与状况】

G1 您经常参加以下公益活动吗？（多选题）
☐维护社区社会治安　　☐协助调解邻里纠纷　　☐维护社区卫生环境
☐帮助邻里　　　　　　☐关心教育下一代（不包括教育自己孙子女）
☐参加文化科技推广活动　☐都没有

G2 您参加了下列哪些组织或团体？（多选题）【调查员：逐项询问】
☐社区治安小组　　　　　　　☐人民调解委员会
☐社会公益组织（志愿/慈善等）☐文体娱乐组织（书画/歌唱/舞蹈等）
☐民俗/民间文化组织　　　　　☐专业技术团体或组织
☐老年合作组织（自愿养老团体/老年经济组织等）

□其他组织（请说明）_____　　□都没有

G3　您参加过下列家族/宗族活动吗？（多选题）【调查员：逐项询问】
　　□修家谱/族谱　　　　　　　　　　□参加祭祖活动
　　□参加家族/宗族组织的慈善/公益活动　□帮助调解族内或族间纠纷
　　□其他活动（请说明）_____　　□都没参加

G4　您是否参加了老年协会？　1. 是　　0. 否【跳问 G4.3】
　G4.1　您对老年协会组织的活动满意吗？
　　1. 非常满意　2. 比较满意　3. 一般　4. 比较不满意　5. 非常不满意
　G4.2　您希望老年协会开展哪些方面的活动？（多选题）【调查员：逐项询问】
　　□学习/娱乐活动　　□困难老人帮扶活动　□老少共融亲情活动
　　□老年人权益维护　　□志愿公益活动　　　□营利项目活动
　　□参与社区公共事务　□其他（请说明）_____　□没有建议【跳问 G5】
　G4.3　您没有参加老年协会的主要原因是？（多选题）【调查员：逐项询问】
　　□没有成立　　□不感兴趣　　□没有时间　　□身体不允许
　　□家人不支持　□其他（请说明）_____

G5　您是否愿意帮助社区有困难的老年人？　1. 是　　0. 否
G6　最近一次的社区选举您参加了吗？　1. 参加了　　0. 没参加
G7　您是否关心社区事务公开？　1. 关心　　2. 不关心　　3. 无所谓
G8　本社区办大事时是否征求过您的意见？　1. 是　　0. 否
G9　您是否向社区提出过建议？　1. 是　　0. 否
G10　您是否关心国家大事？　1. 是　　0. 否

H　维权状况

【调查员：接下来，我们想了解您的维权状况】

H1　您知道《老年人权益保障法》吗？　1. 知道　　0. 不知道
H2　您是否办了老年人优待证（卡）？　1. 是　　0. 否
H3　您享受过以下老年人优待吗？（多选题）【调查员：逐项询问】
　　□免费体检　　　　　　□普通门诊挂号费减免
　　□公共交通票价减免　　□公园门票减免
　　□旅游景点门票减免　　□博物馆、公共图书馆等公共文化场所门票减免
　　□都没有

H4　2015 年以来，您家人对您有过下列行为吗？（多选题）【调查员：逐项询问】
　　□在您要求提供基本生活费时不给您提供
　　□给您提供的住所条件差　　□不给您吃饱/吃的很差
　　□不给您看病　　　　　　　□在您需要时不照顾您
　　□侵占您的财产　　　　　　□长期不来探望/问候/不和您说话
　　□经常打骂您＊（仅对丧偶、离异老年人）　　□阻止您再婚
　　□其他行为（请说明）_____　　□都没有【跳问 H5】

H4.1　如果存在以上情况之一，您采取了什么措施解决？（多选题）
　　□自己委屈/忍气吞声　　　　□找亲属/宗族调解
　　□找居委会（村委会）寻求帮助　□找老年协会求助
　　□找家人单位调解　　　　　　□打官司/找司法机关解决
　　□向媒体反映　　　　　　　　□其他（请说明）＿＿＿＿

H5　2015年以来，您遇到过下列哪些情况？（多选题）【调查员：逐项询问】
　　□上当受骗　　　　　　□被抢劫　　　　　　　　　□被盗
　　□被打骂/恐吓　　　　 □其他（请说明）＿＿＿＿　□都没有

H6　2015年以来，您是否接受过法律援助？　1. 是　0. 否
H7　您认为您的合法权益是否得到了应有的保障？　1. 是　0. 否

I　精神文化生活状况

【调查员：接下来，我们想了解您的精神文化生活状况】

I1　您经常参加下列活动吗？（多选题）【调查员：逐项询问】
　　□看电视/听广播　　　　　　□读书/看报
　　□去影院看电影/去戏院听戏　□散步/慢跑等
　　□打太极拳/做保健操等　　　□跳舞（广场舞/扭秧歌）
　　□打门球/乒乓球/羽毛球等　 □打麻将/打牌/下棋等
　　□种花养草等　　　　　　　　□养宠物
　　□钓鱼/书画/摄影/收藏　　　□其他（请说明）＿＿＿＿
　　□都没有

I2　您经常上网吗？　1. 是　0. 否　【跳问I3】
　　I2.1　如果您经常上网，您做以下事项吗？（多选题）【调查员：逐项询问】
　　　□看新闻　□看影视剧　□聊天　□购物
　　　□玩游戏　□炒股票　　□其他（请说明）＿＿＿＿

I3　您参加了老年大学/学校（含远程老年教育）吗？　1. 参加了　0. 没参加
I4　您家附近有下列活动场所吗？您经常去参加活动吗？
【调查员：逐项询问，如果被访老年人回答"无"或"不知道"，不再询问是否经常去】

活动场所	有无场所	是否经常去
广场	1. 有　2. 无　3. 不知道	1. 从不　2. 偶尔　3. 经常
公园	1. 有　2. 无　3. 不知道	1. 从不　2. 偶尔　3. 经常
健身场所	1. 有　2. 无　3. 不知道	1. 从不　2. 偶尔　3. 经常
老年活动中心/站/室	1. 有　2. 无　3. 不知道	1. 从不　2. 偶尔　3. 经常
图书馆/文化站	1. 有　2. 无　3. 不知道	1. 从不　2. 偶尔　3. 经常

I5 通常您每天用于下列活动的时间分布情况是怎样的？

活动类型	活动时间
有收入的工作/劳动/经营活动	＿＿＿＿小时
家务劳动	＿＿＿＿小时
看电视	＿＿＿＿小时
读书看报	＿＿＿＿小时
其他休闲活动	＿＿＿＿小时
午休	＿＿＿＿小时

I6 未来一年，您有出去旅游的打算吗？
   1. 有   2. 没有   3. 说不好
I7 您现在信仰什么宗教？
   1. 不信仰任何宗教 2. 佛教 3. 伊斯兰教 4. 基督教 5. 天主教 6. 道教
   7. 其他宗教（请说明）＿＿＿＿
I8 您的日常生活中出现过以下情况吗？（多选题）【调查员：逐项询问】
   □突然对亲朋好友的面孔有陌生感   □常常想不起亲朋好友的名字
   □出门后一时找不到自己的家门   □经常忘记带钥匙
   □常常忘记灶上还煮着粥或烧着水   □都没有
I9 您感到孤独吗？   1. 经常 2. 有时 3. 从不
I10 在过去的一星期里，您有以下方面的感受吗？（多选题）【调查员：逐项询问】
   □大部分时间觉得心情愉快   □整天觉得烦躁和坐立不安
   □常常感到情绪低落   □认为现在活着是件好事
I11 您觉得自己的心理年龄是多少岁？＿＿＿＿周岁
I12 由于各种原因，少数老人有轻生的情况，您怎么看？
   1. 珍惜生命 2. 顺其自然 3. 自己有权利放弃生命
I13 以下说法您赞同吗？（多选题）【调查员：逐项询问】
   □老年人应该发挥余热，参与社会发展
   □老年人就应该享受生活，得到家庭和社会供养
   □老年人是家庭的负担
   □老年人是社会的负担
   □老年人是国家和社会的宝贵财富
   □老年人应该自强自立，尽可能不给子女和社会添麻烦
I14 总的来说，您觉得自己幸福吗？
   1. 非常幸福 2. 比较幸福 3. 一般 4. 比较不幸福 5. 非常不幸福

＊＊＊＊＊＊＊＊＊＊＊＊＊＊＊＊＊＊＊＊＊＊＊＊＊＊＊＊＊＊＊＊＊＊

【调查员：为了便于单位核实我对您的访问情况，请留下您（代答人）的姓名和联系电话】

　　　　被访者签名＿＿＿＿＿＿＿＿；电话号码＿＿＿＿＿＿＿＿
　　　　代答人签名＿＿＿＿＿＿＿＿；电话号码＿＿＿＿＿＿＿＿
　　　　调查到此结束，多谢您的支持与配合！

J　调查后记

【调查员：调查结束后，请依据本次调查情况继续填写下面问题】

J1　老人现在居住的房屋属于哪种类型？
　　　1. 楼房　　2. 平房　　3. 土坯房　　4. 其他（请说明）＿＿＿＿＿

J2　如果是楼房，被访老年人住几层？＿＿＿＿＿层

J3　如果是楼房，是否有电梯？
　　　1. 有　　0. 没有

J4　在整个调查过程中，是否有他人在场？
　　　1. 有　　0. 没有

J5　在场的其他人是否代答问题？
　　　1. 是　　0. 否【跳至J8】

J6　代答人（与被访老年人的关系）
　　　1. 配偶　　2. 子女　　3. 孙子女　　4. 其他人（请说明）＿＿＿＿＿

J7　代答原因：（多选题）
　　　□因聋哑无法回答　　　　□因痴呆无法回答
　　　□回答不清　　　　　　　□听觉障碍
　　　□生病不能接受访问　　　□其他（请说明）＿＿＿＿＿

J8　对被访老年人的健康判断：
　　　1. 非常健康　　2. 比较健康　　3. 一般　　4. 比较不健康　　5. 非常不健康

J9　对被访老年人的生活自理能力判断：
　　　1. 完全自理　　2. 部分自理　　3. 完全不能自理

附录9 相关问卷

印刷流水号：
调查问卷编号：□□□□□□□□□□□□

《中华人民共和国统计法》第七条规定：国家机关、企业事业单位和其他组织以及个体工商户和个人等统计调查对象，必须依照本法和国家有关规定，真实、准确、完整、及时地提供统计调查所需的资料，不得提供不真实或者不完整的统计资料，不得迟报、拒报统计资料。

《中华人民共和国统计法》第二十五条规定：统计调查中获得的能够识别或者推断单个统计对象身份的资料，任何单位和个人不得对外提供、泄露，不得用于统计以外的目的。

表　　号：CRCA2015-1
制定机关：民政部
批准机关：国家统计局
批准文号：国统制〔2014〕87号
有效期至：2015年9月

****

第四次中国城乡老年人生活状况抽样调查
个人问卷（短表）

****

一、访问地点

省（自治区、直辖市）_____　　地级市_____
县（市、区）_____　　乡镇（街道）_____
村（居）委会_____　　家庭地址_____

二、访问记录

访问日期			
月	日		

调查员签名：_____ 电话：_____ 日期：___月___日

乡级督导员签名：_____ 电话：_____ 日期：___月___日
县级督导员签名：_____ 电话：_____ 日期：___月___日
录入人员签名：_____ 电话：_____ 日期：___月___日

【调查导语】

尊敬的_____（被访老人姓名）老人家：

您好！我是第四次老年人生活状况调查的工作人员，这次调查是全国老年人生活中的一件大事，得到了全国老龄工作委员会和国家统计局的批准。我们希望通过这次调查，全面了解全国老年人生活的各种情况、困难和问题，为党和政府制定政策提供依据，目的是提高全国老年人的生活质量和水平。您有幸成为全国老年人的代表。我们将严格遵守《统计法》的有关规定，认真做好相关保密工作。希望您告诉我们您生活的实际情况，非常感谢您的合作！

【填表说明】

1. 本问卷由调查员入户填写，所有数据必须做到公正、客观、准确，调查员对所提供的数据材料真实性负责。
2. 本问卷答案没有对错之分，但一定要准确反映被访者的真实情况。
3. 本问卷的题型分为两类：一类为选择题，另一类为填空题。
4. 单选题：请在答案中选择一个选项打√。
5. 多选题：请在相应选项前面的□中打√。
6. 填空题：请填入反映被访者真实情况的答案（文字或数字）。
7. 选择"其他"项需要详述的，请给予相应说明。
8. 部分题目不适用、老年人无法回答、拒答等情况，请在题目序号上打"×"，并在题目序号旁边标注原因。

A 基本状况

A1 被访老年人性别：【调查员观察填写】 1. 男 0. 女

A2 被访老年人出生年月：【调查员根据身份证填写】____年____月

A3 您的户籍属于哪种类型？【调查员根据户口簿填写】

　　1. 农业　2. 非农业　3. 统一居民户口

A4 您属于哪个民族？【调查员根据身份证填写】

　　1. 汉族　　2. 壮族　　3. 回族　　4. 满族　　5. 维吾尔族
　　6. 苗族　　7. 彝族　　8. 土家族　9. 藏族　　10. 蒙古族
　　11. 其他民族_____（请写出民族全称）

A5 您的文化程度：

　　1. 未上过学（包括扫盲班）　2. 小学（包括私塾）　3. 初中
　　4. 高中/中专/职高　　5. 大学专科　　6. 本科及以上

A6 您的政治面貌： 1. 群众　2. 中共党员　3. 民主党派　4. 无党派人士

A7　您现在的婚姻状况：　　1. 有配偶　　2. 丧偶　　3. 离婚　　4. 从未结婚

B　家庭状况

【调查员：接下来，我们想了解您的家庭状况】

B1　您现在的子女情况：【调查员：包括养/继子女，不包括儿媳/女婿】

　　　B1.1　儿子_____人；　B1.2　女儿_____人。

B2　现在，您家（与您同吃同住）有哪些人？（多选题）

【调查员：按照与被访老年人的关系选择，并写明人数】

　　　□单独居住　　　　　□配偶　　　　　　　□（岳）父母_____人

　　　□儿子_____人　　□儿媳_____人　　□女儿_____人

　　　□女婿_____人　　□（外、重）孙子女_____人

　　　□保姆_____人　　□其他_____人

B3　您有子女居住在本省以外吗？　　1. 有　　0. 无

　　　B3.1　您在本省以外居住的子女有几人？_____人

B4　您家里有重大支出谁说了算？　　1. 自己　　2. 配偶　　3. 子女　　4. 共同协商

C　健康医疗状况

【调查员：接下来，我们想了解您的健康医疗状况】

C1　您看得清楚吗（包括戴眼镜）？

　　　1. 非常清楚　　2. 比较清楚　　3. 一般　　4. 不太清楚　　5. 几乎/完全看不清

C2　您听得清楚吗（包括戴助听器）？

　　　1. 很难听清楚　　2. 需要别人提高声音　　3. 能听清楚

C3　您每周锻炼几次？

　　　1. 从不锻炼　　2. 不到一次　　3. 一至两次　　4. 三至五次　　5. 六次及以上

C4　您吃保健品吗？　　1. 从来不吃　　2. 偶尔吃　　3. 经常吃

C5　2014年，您是否体检过？　　1. 是　　0. 否

C6　您患有下列慢性疾病吗？（多选题）【调查员：逐项询问】

　　　□白内障/青光眼　　　　□高血压　　　　　　□糖尿病

　　　□心脑血管疾病（冠心病/心绞痛/脑卒中等）　　□胃病

　　　□骨关节病（骨质疏松/关节炎/风湿/椎间盘疾病等）

　　　□慢性肺部疾病（慢阻肺/气管炎/肺气肿等）　　□哮喘

　　　□恶性肿瘤　　　　　　□生殖系统疾病　　　□其他慢性病（请说明）_____

　　　□都没有

C7　调查前两周，您是否生过病？　　1. 是　　0. 否【跳问C8】

　　　C7.1　您这次生病属于哪种情况？

　　1. 两周内新发生

　　2. 急性病两周前开始发病延续到两周内

　　3. 慢性病两周前开始发病延续到两周内

C7.2 您患病后,是如何处置的?
1. 找医生看病 2. 未处置【跳问 C7.4】 3. 自我治疗【跳问 C7.5】
C7.3 最近两周,您到医院或诊所看过几次病?_____次【跳问 C8】
C7.4 您未处置的主要原因是什么?(多选题)【调查员:逐项询问】
□自感病轻 □经济困难 □没时间 □行动不便
□没人陪同 □医院太远 □就医麻烦 □其他原因(请说明)_____
【答完此题,跳问 C8】
C7.5 您采取过下列哪些自我治疗措施?(多选题)【调查员:逐项询问】
□自己买药 □采用传统方法治疗 □使用保健康复设备
□其他(请说明)_____

C8 平时您主要在哪里看病的?
【调查员:可能去了多个医疗卫生机构看过,填去得最多的医疗卫生机构】
1. 私人诊所 2. 卫生室/站 3. 社区卫生服务中心
4. 乡镇(街道)卫生院 5. 县/市/区医院 6. 市/地医院
7. 省级医院 8. 其他(请说明)_____
C13.1 您去的最多的医疗卫生机构离您家有多远?
1. 不足一公里 2. 一至两公里 3. 两至五公里 4. 五公里及以上

C9 你到医院或诊所看病遇到过下列问题吗?(多选题)【调查员:逐项询问】
□排队时间太长 □手续繁琐 □无障碍设施不健全 □不能及时住院
□服务态度不好 □收费太高 □其他(请说明)_____

C10 2014 年,您住院几次?_____次

C11 2014 年,您看病/住院总共花费多少钱?_____元
C11.1 其中,自费(不能报销)花了多少钱?_____元
C11.2 自费的部分里,您的孩子或他人替您支付了多少钱?_____元

C12 2014 年,您在药店自费购买药物花了多少钱?_____元

C13 您享受了以下哪些医疗保障待遇?(多选题)【调查员:逐项询问】
□城镇职工基本医疗保险 □城镇居民基本医疗保险 □新型农村合作医疗保险
□城乡居民基本医疗保险(城镇居民基本医疗保险与新型农村合作医疗保险合一)
□城乡居民大病保险 □职工大额医疗补助
□公费医疗 □其他(请说明)_____ □都没有
C13.1 您认为医药费用报销是否方便?
1. 很方便 2. 比较方便 3. 一般 4. 比较不方便 5. 很不方便
C14 您是否购买了商业健康保险? 1. 是 0. 否
C15 您觉得自己的健康状况如何?
1. 非常好 2. 比较好 3. 一般 4. 比较差 5. 非常差

D 照料护理服务状况

【调查员:接下来,我们想了解您的照料护理服务状况】

D1　您在进行下列日常活动中属于哪种情况？

日常活动	做得了	有些困难	做不了
吃饭	1	2	3
穿衣	1	2	3
上厕所	1	2	3
上下床	1	2	3
在室内走动	1	2	3
洗澡	1	2	3

D2　很多老年人有失禁的情况，您是否也有？（多选题）【调查员：逐项询问】
□大便失禁　□小便失禁　□都没有

D3　您现在使用下列辅具用品吗？（多选题）【调查员：逐项询问】
□老花镜　□助听器　□假牙　□拐杖　□轮椅　□血压计
□血糖仪　□成人纸尿裤/护理垫　□按摩器具　□智能穿戴用品
□护理床　□其他（请说明）_____　□都没有

D4　您现在的日常生活需要别人照料护理吗？　1. 需要　0. 不需要　【跳问 D5】
　　D4.1　您是否有人照料护理？　1. 有　0. 无【跳问 D5】
　　D4.2　您最主要的照料护理者是谁？
　1. 配偶　　　　2. 儿子　　　3. 儿媳　　　4. 女儿
　5. 女婿　　　　6. 孙子女　　 7. 其他亲属　 8. 朋友/邻居
　9. 志愿人员　　　　　　　　10. 家政服务人员（保姆，小时工等）
　11. 医疗护理机构人员　　　　12. 养老机构人员
　13. 社区工作人员　　　　　　14. 其他人（请说明）_____
　　D4.3　她/他（指最主要的照料护理者）的年龄？_____周岁

D5　您家里还有其他需要照料护理的老年人吗？　1. 有　0. 没有【跳问 D6】
　　D5.1　现在谁在照料护理他/她？
　1. 被访老年人　2. 其他人（请说明）_____

D6　如果需要，您最愿意在哪里接受照料护理服务？
　1. 在家里【跳问 D7】　　　2. 白天在社区晚上回家【跳问 D7】
　3. 在养老机构　　　　　　　4. 视情况而定
　　D6.1　如果入住养老机构，您（和家人）每月最多能承担多少费用？
　1. 1000 元以下　　　2. 1000~1999 元　　　3. 2000~2999 元
　4. 3000~3999 元　　　5. 4000~4999 元　　　6. 5000 元以上

D7　您需要以下社区老龄服务项目吗？（多选题）【调查员：逐项询问】
□助餐服务　　□助浴服务　　□上门做家务
□上门看病　　□日间照料　　□康复护理

☐老年辅具用品租赁　　☐健康教育服务　　☐心理咨询/聊天解闷
☐其他（请说明）_____　　　　☐都不需要

E　经济状况

【调查员：接下来，我们想了解您个人和家庭的基本经济状况】

E1　您现在是否已经办理了离退休手续？
　　1. 是　2. 否【跳问 E2】　3. 不适用（从未有过正式工作）【跳问 E2】
　　E1.1　您离退休时的年龄是多少岁？_____周岁
　　E1.2　您离退休前的工作单位属于什么性质？
　　1. 党政机关　　2. 事业单位　　3. 国有企业　　4. 集体企业
　　5. 私营企业　　6. 三资企业　　7. 部队　　　　8. 农村集体
　　9. 其他（请说明）_____

E2　您现在还在从事有收入的工作吗（包括务工、做生意等）？
　　1. 是　0. 否【跳问 E3】
　　E2.2　上个月，您从事上述工作的收入为？_____元

E3　*（农村）您现在是否从事农林牧副渔等经济活动？　1. 是　0. 否【跳问 E4】
　　E3.1　2014 年，您从事上述经济活动的纯收入是？_____元

E4　您和老伴有没有存一笔养老钱？　1. 有　0. 没有【跳问 E5】
　　E4.1　共存了多少钱？_____元

E5　您现在每月有以下固定收入吗？
【调查员：逐项询问，有则填具体金额，无则填 0】
　　E5.1　养老金（离退休金）_____元　　E5.2　遗属抚恤金_____元
　　E5.3　职业/企业年金_____元　　　　E5.4　商业养老保险金_____元
　　E5.5　高龄津贴_____元　　　　　　E5.6　养老服务补贴_____元
　　E5.7　护理补贴_____元　　　　　　E5.8　最低生活保障金_____元
　　E5.9　五保/三无救助金_____元
　　E5.10　计划生育家庭奖励（特别）扶助金_____元
　　E5.11　其他社会保障收入（请说明）_____，_____元

E6　2014 年，您和老伴还有以下收入吗？【调查员：逐项询问，有则填具体金额，无则填 0】
　　E6.1　房租收入_____元
　　E6.2　利息收入_____元
　　E6.3　*（农村）土地出租/承包收入_____元
　　E6.4　原单位福利/集体补贴/分红_____元
　　E6.5　子女（孙子女）们给的钱（含实物）_____元
　　E6.6　其他亲戚给的钱（含实物）_____元

E7　您现在从事下列哪些投资理财活动？（多选题）【调查员：逐项询问】
　　☐国债/债券　　☐股票　　　☐基金　　　☐外汇

　　　　□贵金属　　　　　□其他理财产品　　□其他（请说明）_____
　　　　□都没有【跳问E8】
　　　　E7.1　如果有以上金融资产，现值总共_____万元
E8　您有产权属于自己（或老伴）的房子吗？1. 有　　0. 没有【跳问E9】
　　　　E8.1　一共有几套？_____套
E9　您现在居住的住房属于哪种情况？
　　　　1. 自有产权　　2. 子女的房产　　3. 孙子女的房产　　4. 租公房
　　　　5. 租私房　　　6. 借住　　　　　7. 其他（请说明）_____
E10　平均每月，您个人日常生活开支情况：
【调查员：逐项询问，有则填具体金额，无则填0】
　　　　E10.1　个人用品类支出（包括烟酒、化妆品、洗漱用品等）_____元
　　　　E10.2　交通支出_____元
　　　　E10.3　通信支出_____元
　　　　E10.4　雇佣保姆/钟点工/护工_____元
　　　　E10.5　卫生保健支出（美容美发、保健品、按摩等）_____元
　　　　E10.6　文体娱乐支出（看电影、订书报等）_____元
E11　2014年，您个人下列开支情况：【调查员：逐项询问，有则填具体金额，无则填0】
　　　　E11.1　衣装鞋帽类支出_____元
　　　　E11.2　旅游支出_____元
　　　　E11.3　给子女/孙子女_____元
　　　　E11.4　购买辅助器具（镶牙、轮椅、助听器等）_____元
E12　2014年，您和老伴以下支出情况：
【调查员：逐项询问，有则填具体金额，无则填0】
　　　　E12.1　房租_____元　　　　E12.2　取暖费_____元
　　　　E12.3　物业费_____元　　　E12.4　购房/装修_____万元
　　　　E12.5　购买家具家电_____元　E12.6　购买车辆_____万元
　　　　E12.7　贵重首饰_____万元
E13　您家平均每月食品支出（伙食费）是_____元
E14　2014年，您家总支出是_____万元
E15　2014年，您家总收入是_____万元
E16　您是否觉得您的（孙）子女存在"啃老"的现象？　1. 是　0. 否
E17　您觉得自己的经济状况属于下列哪种情况？
　　　　1. 非常宽裕　2. 比较宽裕　3. 基本够用　4. 比较困难　5. 非常困难

F　宜居环境状况

【调查员：接下来，我们想了解您的宜居环境状况】
F1　您现在居住的这个房子是什么时候建的？
　　　　1. 1949年前　2. 50—60年代　3. 70—80年代　4. 90年代　5. 2000年以后

F2　您家现在居住房子的建筑面积共有多少？_____平方米

F3　您（和老伴）有单独居住的房间吗？　1. 有　0. 无

F4　2015年以来，您是否跌倒过？　1. 是　0. 否

F5　您现在的住房存在下列哪些情况？（多选题）【调查员：逐项询问】
　　□光线昏暗　　　□门槛绊脚或地面高低不平　　□没有扶手　　　□地面滑
　　□门用起来不合适　　□厕所/浴室不好用　　□没有呼叫/报警设施
　　□有噪音　　　　□其他（请说明）_____　　□都很好，没什么问题

F6　您对现在的住房条件满意吗？　1. 满意　2. 一般　3. 不满意

G　社会参与状况

【调查员：接下来，我们想了解您的社会参与状况】

G1　您经常参加以下公益活动吗？（多选题）
　　□维护社区社会治安　□协助调解邻里纠纷　□维护社区卫生环境　□帮助邻里
　　□关心教育下一代（不包括教育自己孙子女）□参加文化科技推广活动
　　□都没有

G2　您是否参加了老年协会？　1. 是　0. 否【跳问G2.3】
　　G2.1　您对老年协会组织的活动满意吗？
　　1. 非常满意　2. 比较满意　3. 一般　4. 比较不满意　5. 非常不满意
　　G2.2　您希望老年协会开展哪些方面的活动？（多选题）【调查员：逐项询问】
　　□学习/娱乐活动　　□困难老人帮扶活动　　□老少共融亲情活动
　　□老年人权益维护　　□志愿公益活动　　　　□营利项目活动
　　□参与社区公共事务　□其他（请说明）_____　□没有建议【跳问G5】
　　G2.3　您没有参加老年协会的主要原因是？（多选题）【调查员：逐项询问】
　　□没有成立　　□不感兴趣　　□没有时间　　□身体不允许
　　□家人不支持　□其他（请说明）_____

G3　您是否愿意帮助社区有困难的老年人？　1. 是　0. 否

G4　最近一次的社区选举您参加了吗？　1. 参加了　0. 没参加

G5　本社区办大事时是否征求过您的意见？　1. 是　0. 否

G6　您是否向社区提出过建议？　1. 是　0. 否

H　维权状况

【调查员：接下来，我们想了解您的维权状况】

H1　您知道《老年人权益保障法》吗？　1. 知道　0. 不知道【跳问H2】

H2　您是否办了老年人优待证（卡）？　1. 是　0. 否

H3　您享受过以下老年人优待吗？（多选题）【调查员：逐项询问】
　　□免费体检　　　□普通门诊挂号费减免　　□公共交通票价减免
　　□公园门票减免　□旅游景点门票减免
　　□博物馆、公共图书馆等公共文化场所门票减免　□都没有

H4 2015年以来，您遇到过下列哪些情况？（多选题）【调查员：逐项询问】
　　□上当受骗　　　□被抢劫　　　□被盗
　　□被打骂/恐吓　　□其他（请说明）_____　□都没有
H5 您认为您的合法权益是否得到了应有的保障？ 1. 是　 0. 否

I 精神文化生活状况

【调查员：接下来，我们想了解您的精神文化生活状况】
I1 您是否经常参加下列活动？（多选题）【调查员：逐项询问】
　　□看电视/听广播　　　　　　　□读书/看报
　　□去影院看电影/去戏院听戏　　□散步/慢跑等
　　□打太极拳/做保健操等　　　　□跳舞（广场舞/扭秧歌）
　　□打门球/乒乓球/羽毛球等　　　□打麻将/打牌/下棋等
　　□种花养草等　　　　　　　　　□养宠物
　　□钓鱼/书画/摄影/收藏　　　　　□都没有
　　□其他（请说明）_____

I2 您经常上网吗？ 1. 是　 0. 否　【跳问I3】
　　I2.1 如果您经常上网，您做以下事项吗？（多选题）【调查员：逐项询问】
　　　□看新闻　□看影视剧　□聊天　□购物
　　　□玩游戏　□炒股票　　□其他（请说明）_____

I3 您参加了老年大学/学校（含远程老年教育）吗？　1. 参加了　0. 没参加
I4 未来一年，您有出去旅游的打算吗？　1. 有　2. 没有　3. 说不好
I5 您现在信仰什么宗教？
　　1. 不信仰任何宗教　2. 佛教　3. 伊斯兰教　4. 基督教　5. 天主教　6. 道教
　　7. 其他宗教（请说明）_____
I6 您感到孤独吗？　1. 经常　2. 有时　3. 从不
I7 总的来说，您觉得自己幸福吗？
　　1. 非常幸福　2. 比较幸福　3. 一般　4. 比较不幸福　5. 非常不幸福

＊＊＊＊＊＊＊＊＊＊＊＊＊＊＊＊＊＊＊＊＊＊＊＊＊＊＊＊＊＊＊＊＊

【调查员：为了便于单位核实我对您的访问情况，请留下您（代答人）的姓名和联系电话】
被访者签名_____；电话号码_____
代答人签名_____；电话号码_____
调查到此结束，多谢您的支持与配合！

J 调查后记

【调查员：调查结束后，请依据本次调查情况继续填写下面问题】
J1 老人现在居住的房屋属于哪种类型？
　　1. 楼房　2. 平房　3. 土坯房　4. 其他（请说明）_____

J2　如果是楼房，被访老年人住几层？_____层
J3　如果是楼房，是否有电梯？
　　1. 有　　0. 没有
J4　在整个调查过程中，是否有他人在场？
　　1. 有　　0. 没有
J5　在场的其他人是否代答问题？
　　1. 是　　0. 否【跳至J8】
J6　代答人（与被访老年人的关系）
　　1. 配偶　2. 子女　3. 孙子女　4. 其他人（请说明）_____
J7　代答原因：（多选题）
　　□因聋哑无法回答　　　　□因痴呆无法回答
　　□回答不清　　　　　　　□听觉障碍
　　□生病不能接受访问　　　□其他（请说明）_____
J8　对被访老年人的健康判断：
　　1. 非常健康　2. 比较健康　3. 一般　4. 比较不健康　5. 非常不健康
J9　对被访老年人的生活自理能力判断：
　　1. 完全自理　2. 部分自理　3. 完全不能自理

印刷流水号：

调查问卷编号：□□□□□□□□

《中华人民共和国统计法》第七条规定：国家机关、企业事业单位和其他组织以及个体工商户和个人等统计调查对象，必须依照本法和国家有关规定，真实、准确、完整、及时地提供统计调查所需的资料，不得提供不真实或者不完整的统计资料，不得迟报、拒报统计资料。 《中华人民共和国统计法》第二十五条规定：统计调查中获得的能够识别或者推断单个统计对象身份的资料，任何单位和个人不得对外提供、泄露，不得用于统计以外的目的。	表　　号：CRCA2015-3 制定机关：民政部 批准机关：国家统计局 批准文号：国统制〔2014〕87号 有效期至：2015年9月

为了配合《第四次中国城乡老年人生活状况抽样调查》，我们需要了解本社区（村、居）地理人口社会经济状况、基础设施及活动场所及本社区（村/居）老龄服务的基本情况，请社区（村、居）有关工作人员如实填写问卷，并按照规定时间要求，随同老年人个人调查问卷一同交至本乡镇（街道），由乡级督导员审签后统一交至县（市、区）老龄工作委员会办公室，由县级督导员审签后统一交至中国老龄科学研究中心。

****

第四次中国城乡老年人生活状况抽样调查
社区（村/居）问卷

****

1. 本问卷填写要求准确反映当地的真实情况。
2. 本问卷的题型分为两类：一类为选择题（单选和多选题），另一类为填空题。
3. 单选题：请在答案中选择一个选项打√。
4. 多选题：请在答案中选择一个或多个选项，并在前面的□中打√。
5. 填空题：请填入反映当地真实情况的答案。
6. 所有"其他"项，请在问卷空白处给予详细说明。

省（自治区、直辖市）_____　　县（市、区）_____
乡镇（街道）_____　　社区（村、居）_____
填表人：_____　　电话：_____

附录 9 相关问卷

乡级督导员：＿＿＿＿＿＿＿＿＿＿＿＿　　电话：＿＿＿＿＿＿＿＿＿＿

县级督导员：＿＿＿＿＿＿＿＿＿＿＿＿　　电话：＿＿＿＿＿＿＿＿＿＿

A 地理与人口状况

A1　本社区（村、居）地理位置：
1. 中心城区　　　　2. 边缘城区　　　3. 城乡结合部
4. 城区以外的镇/乡镇中心　　　　　5. 乡镇附近
6. 离乡镇较远的地区　　　　　　　　7. 其他（请说明）＿＿＿＿＿

A2　本社区（村、居）类型：（多选题）
□未经改造的老城区（街坊型社区）　　□单一的单位社区（企事业单位）
□混合的单位社区　　　　　　　　　　□普通商品房小区
□保障性住房社区　　　　　　　　　　□别墅区或高级住宅区
□新近由农村社区转变过来的城镇社区（"村改居"、村居合并或"城中村"）
□农村（地处农村中心区）社区
□特殊型（林场/矿区/校区等）社区＿＿＿＿＿＿
□其他类型（请说明）＿＿＿＿＿＿

A3　本社区（村、居）总面积为：＿＿＿＿＿＿平方公里
　　A3.1 ＊（农村）本村人均耕地面积：＿＿＿＿＿＿亩

A4　本社区（村、居）2014 年底的户籍登记总人口数为：＿＿＿＿＿＿人

A5　本社区（村、居）2014 年底常住人口的总人口数为：＿＿＿＿＿＿人
　　A5.1 ＊（农村）本村长期在外打工的青年人大约占青壮年劳力的比例？＿＿＿＿＿＿％

A6　本社区（村、居）2014 年底的户籍登记老年人口（60 周岁及以上）数为：＿＿＿＿＿＿人

A7　本社区（村、居）2014 年底的户籍登记老年人口（80 周岁及以上）数为：＿＿＿＿＿＿人

A8　本社区（村、居）2014 年底的户籍登记老年人口（100 周岁及以上）数为：＿＿＿＿＿＿人

A9　本社区（村、居）2014 年获得低保救助的老年人有多少？＿＿＿＿＿＿人

A10　本社区（村、居）2014 年被纳入"三无老人"/"五保老人"救助的老年人，＿＿＿＿＿＿人

B 基础设施和活动场所

B1　本社区（村、居）的主要道路属于哪种类型？
1. 柏油路　2. 水泥路　3. 土路　4. 沙石路　5. 其他（请说明）＿＿＿＿＿

B2　本社区（村、居）主要炊事燃料：
1. 燃气　2. 煤碳　3. 电　4. 沼气　5. 柴草　6. 其他（请说明）＿＿＿＿＿

B3　本社区（村、居）饮用水类型：
1. 井水　2. 自来水（管道）　3. 地表水　4. 其他（请说明）＿＿＿＿＿

B4　本社区（村、居）是否集中供暖？　1. 是　　0. 否
B5　本社区（村、居）是否有下水道系统？　1. 是　　0. 否
B6　本社区（村、居）的垃圾处理方式为以下哪种？
　　1. 集中处理　2. 自行处理　3. 其他（请说明）_____
B7　本社区（村、居）有哪些公共无障碍设施？（多选题）
　　□坡道　　　　　□无障碍电梯　　□无障碍厕所或厕位
　　□低位柜台或电话　□清晰的标志　　□字幕提示和语音提示　　□都没有
B8　本社区（村、居）公共活动用房面积：_____平方米
B9　本社区（村、居）公共活动用房建设年代：
　　1. 20世纪40—50年代　　2. 60—70年代　　3. 80—90年代　　4. 近十年内新建
B10　本社区（村、居）附近（半径1000米）基础公共设施情况：
　　B10.1　公共基础设施：（多选题）
　　□汽车站　　　　　□加油站　　　　　□邮局/储蓄所
　　□商店/超市/便利店/百货点　　　　　□农贸市场
　　□学校　　　　　□图书馆/文化站　　□派出所/警务室/治安岗亭
　　□社区（村、居）社区服务中心/站　　□邮局/储蓄
　　□银行（支行）/信用社（不含邮局/储蓄所）
　　□电影院/剧院　　□公共厕所（公共场所）
　　□餐馆/饭店/酒店　□公园　　　　　□都没有

　　B10.2　养老设施基本情况：（多选题）
　　□养老机构（敬老院/福利院/光荣院等）
　　□社区日间照料中心　　□都没有

　　B10.3　医疗卫生机构基本情况：（多选题）
　　□医院　　　□诊所　　□社区卫生服务中心/站
　　□老年保健中心（残疾人康复/保健中心）
　　□乡镇卫生院　　□药店　　□都没有

　　B10.4　文体设施情况：（多选题）
　　□老干部活动中心
　　□老年活动中心/站（老年星光之家/农村幸福大院）
　　□露天健身器材场地（乒乓球/台球场地/篮球场地等）
　　□室内活动场所（棋牌活动室/乒乓球/台球场地等）
　　□教堂/庙宇寺庙/清真寺
　　□家族祠堂　　□都没有

C　老龄服务体系建设

C1　生活服务类：（多选题）
　　□老年餐桌　　□家政服务（家政服务公司提供）　　□陪同购物
　　□便民服务（代缴费/充值、快递服务等）

　　　　□托老服务（日间照料中心/站）　　□理财服务
　　　　□法律/维权服务　　□老年婚介服务
　　　　□殡葬服务　　□都没有
C2　医疗、康复服务类：（多选题）
　　　　□健康讲座　　□陪同看病　　　　□上门看病
　　　　□家庭病床　　□康复服务　　　　□上门护理
　　　　□心理咨询　　□康复辅具租赁/出售　　□都没有
C3　文化娱乐、社会参与服务类：（多选题）
　　　　□棋牌娱乐等　　　　□球类活动　　　　□读书看报
　　　　□老年人再就业服务　　□老年学校/大学　　□旅游咨询
　　　　□老年人上网服务　　□老年人交友服务　　□都没有

D　老龄工作

D1　2014年，本社区（村、居）用于老龄工作的经费有多少？_____万元
　　D1.1　老龄工作经费的拨款方式：
　　1. 一事一议　2. 固定经费　3. 按人头拨付
　　4. 其他（请说明）_____
D2　本社区（村、居）是否有以下老龄工作机构/老年人组织？（多选题）
　　　　□老龄/老年事务处/科/组　　□老年协会
　　　　□老年志愿组织　　　　　　□老年兴趣小组
　　　　□老年学校　　　　　　　　□其他（请说明）_____
　　　　□都没有
D3　2015年以来，本社区（村、居）组织老年人文化娱乐活动情况（多选题）
　　　　□歌舞活动　　□戏曲活动　　□书画活动
　　　　□健身活动　　□集体旅游　　□其他活动
　　　　□都没有
D4　2015年以来，本社区（村、居）开展老龄工作情况
　　D4.1　落实老龄政策法规：（多选题）
　　（城镇）□最低生活保障制度　　　　□"三无"老人供养
　　（农村）□农村计划生育家庭奖励扶助制度　□"五保"老人供养
　　D4.2　完善老龄服务设施：（多选题）
　　（城镇）□在社区建设中统筹规划老龄服务设施，兴建老龄服务机构、老年活动中心（站、室）、老年大学（学校）
　　（农村）□解决老年人活动场所不足问题　　□开展幸福大院
　　D4.3　建设老龄服务体系：（多选题）
　　□加强社区生活照料、医疗卫生等便捷老龄服务建设
　　□开展老年人定期免费体检

□鼓励和引导社会力量参与老龄服务业发展
□开展健康管理服务
□加强老龄服务队伍建设　　□加强志愿者队伍建设
□加大老龄服务培训工作　　□建设老龄服务网络/信息化建设
□都没有

D4.4　维护老年人合法权益：（多选题）
□开展《老年法》普法宣传　　□落实城乡老年人优待政策
□开设为老法律服务热线　　□调解涉老纠纷
*（农村）□ 推动签订家庭养老赡养协议
□提供法律援助和法律服务
□监管老龄用品市场，保护老年消费者合法权益　　□都没有

D4.5　组织开展老年文化、教育、体育活动：（多选题）
□举办健康讲座　　　□培训老年文化、体育骨干
□开展文体娱乐活动
□组织/参与县（市、区）级大型老年文化体育活动
□开办老年教育（老年大学/学校/老年远程教育）
□加强基层老年人组织建设　　□都没有

D5　本社区（村、居）老年人能够获得哪些特殊帮助？（多选题）
□法律援助　　□高龄补贴　　□特困老年人生活补贴
□特困老年人医疗救助　　□低保救助
□失独家庭帮扶　　□老年心理关爱　　□都没有

D6　本社区（村、居）缺少哪种类型的老龄服务人员？（多选题）
□家政服务人员　　□护理员　　□全科医生　　□志愿者
□社会工作者　　□其他（请说明）_____　　□都不缺

D7　2014年底，本社区（村、居）"纯老户"有多少？_____户。
（纯老户，是指独居、老年夫妇，以及老老户）

D7.1*（农村）2014年底，本村委会"留守老人"有多少？_____人。
（留守老人，是指因全部子女长期离开户籍地进入城镇务工或经商或从事其他生产经营活动而在家留守的老人。）

D8　目前，本社区（村、居）对"纯老户/留守老人"是否有专门的帮扶措施？
1. 有　　0. 没有

D9　2015年以来，本社区（村、居）发生了_____例虐待/不赡养老年人的情况？

D10　2015年以来，本社区（村、居）发生了_____例老年人受骗上当的案例？

D11　2015年以来，本社区（村、居）发生了_____例老年人犯罪的案例？

D12　本社区（村、居）有多少老年人办理了优待证（卡）？_____人。

D13　目前，本社区（村、居）入住养老机构的老年人共有多少？_____人。

E 当前最迫切需要解决的老龄问题

（请在空白处说明）

E1 本社区（村、居委）的老年人需要解决的问题？

E2 本社区（村、居委）老龄工作需要解决的问题？

E3 本社区（村、居委）其他需要解决的问题？

印刷流水号：
调查问卷编号：□□□□□□□

《中华人民共和国统计法》第七条规定：国家机关、企业事业单位和其他组织以及个体工商户和个人等统计调查对象，必须依照本法和国家有关规定，真实、准确、完整、及时地提供统计调查所需的资料，不得提供不真实或者不完整的统计资料，不得迟报、拒报统计资料。 《中华人民共和国统计法》第二十五条规定：统计调查中获得的能够识别或者推断单个统计对象身份的资料，任何单位和个人不得对外提供、泄露，不得用于统计以外的目的。	表　　号：CRCA2015-4 制定机关：民政部 批准机关：国家统计局 批准文号：国统制〔2014〕87号 有效期至：2015年9月

为了配合《第四次中国城乡老年人生活状况抽样调查》，我们需要了解本乡镇（街道）的老龄工作基本状况，请乡镇（街道）有关工作人员如实填写本问卷，并按规定时间要求，由乡级督导员审签后统一交至县（市、区）老龄工作委员会办公室，由县级督导员审签后统一交至中国老龄科学研究中心。

* *

第四次中国城乡老年人生活状况抽样调查
乡镇／街道问卷

* *

1. 本问卷填写要求准确反映当地的真实情况。
2. 本问卷的题型分为两类：一类为选择题（单选和多选题），另一类为填空题。
3. 单选题：请在答案中选择一个选项打√。
4. 多选题：请在答案中选择一个或多个选项，并在前面的□中打√。
5. 填空题：请填入反映当地真实情况的答案。
6. 所有"其他"项，请在问卷空白处给予详细说明。

省（自治区、直辖市）＿＿＿＿＿＿＿　　县（市、区）＿＿＿＿＿＿＿
乡镇（街道）＿＿＿＿＿＿＿＿＿＿
填表人：＿＿＿＿＿＿＿＿＿＿＿　　电话：＿＿＿＿＿＿＿＿
乡级督导员：＿＿＿＿＿＿＿＿　　　电话：＿＿＿＿＿＿＿＿

县级督导员：_____　　　　电话：_____

A　基本情况

A1　本乡镇（街道）地理位置：
　　1. 县（市、区）城的中心城区　　2. 县（市、区）城的边缘城区
　　3. 县（市、区）城的城乡结合部　4. 县（市、区）城区以外的镇
　　5. 其他（请说明）_____
A2　本乡镇（街道）总面积为：_____平方公里
A3　本乡镇（街道）2014年底的常住总人口数为：_____万人
A4　本乡镇（街道）2014年底的户籍总人口数为：_____万人
A5　本乡镇（街道）2014年底的常住老年人口（60周岁及以上）数为：_____人
A6　本乡镇（街道）2014年底的户籍老年人口（60周岁及以上）数为：_____人
A7　本乡镇（街道）2014年底的户籍老年人口（80周岁及以上）数为：_____人
A8　本乡镇（街道）2014年底的户籍老年人口（100周岁及以上）数为：_____人
A9　本乡镇（街道）2014年底户籍人口家庭户总数：_____个
A10　本乡镇（街道）管辖的居委会数量：_____个
A11　本乡镇（街道）管辖的村委会数量：_____个

B　老年人收入保障

B1　2014年底，本乡镇（街道）2014年共有多少家庭获得低保救助？_____户
B2　本乡镇（街道）2014年纳入城乡最低生活保障制度的60周岁以上老年人口数：_____人
　　B2.1　占低保对象总人数的比例：_____%
B3　本乡镇（街道）是否为老年人建立了相关津贴制度？　　1. 是　0. 否
　B3.1 如果建立了相关津贴制度，其中：

津贴制度名称	开始年龄	补贴金额（元/月）

　　B3.2　2014年领取相关津贴的老年人数量：_____人
　　B3.3　2014年度发放相关津贴的总额：_____万元
B4　2014年底，本乡镇（街道）城镇"三无老人"多少人？_____人
B5　2014年底，本乡镇（街道）农村"五保老人"多少人？_____人

B6 2014年底,本乡镇(街道)领取计划生育家庭奖励扶助金的老年人有多少?_____人

B7 2014年底,本乡镇(街道)领取计划生育家庭特别扶助金的老年人有多少?_____人

B8 2014年底,本乡镇(街道)设立养老基地的村委会有多少个?_____个

C 老年人健康保障

C1 2014年底,本乡镇(街道)纳入城乡医疗救助制度的60周岁以上老年人口数:_____人

  C1.1 占医疗救助对象总人数的比例:_____%

C2 2014年底,本乡镇(街道)共有多少个基层医疗卫生机构_____个

  其中,C2.1 社区卫生服务中心:_____个

    C2.2 社区卫生服务站:_____个

    C2.3 乡镇卫生院:_____个

    C2.4 村卫生室:_____个

    C2.5 诊所(医务室):_____个

    C2.6 共有病床:_____张

C3 2014年底,本乡镇(街道)建立老年人健康档案的 村(居)委会个数?_____个

  其中,C3.1 建立老年人健康档案的居委会个数?_____个

D 老龄服务体系建设

D1 本乡镇(街道)养老机构数量:_____个

  其中,D1.1 民办养老机构数量:_____个

D2 本乡镇(街道)养老机构床位数量:_____张

  其中,D2.1 民办养老机构床位数量:_____张

    D2.2 具有护理功能的床位数量:_____张

    D2.3 共有多少名工作人员:_____人

    D2.4 入住老年人数量:_____人

D3 本乡镇(街道)共建有综合养老服务中心(日间照料中心、互助式养老服务中心)数量:_____个。

D4 2014年底,本乡镇(街道)享受政府购买居家养老服务的老年人数:_____人

E 老年人权益保障

E1 本乡镇(街道)2014年涉老案件数量:_____件

E2 本乡镇(街道)老年法律援助站数量:_____个

  E2.1 为老年人提供法律援助的人次数量:_____人次

E3 本乡镇(街道)2014年调解的涉老纠纷案件数?_____件

E4　本乡镇（街道）2014年老龄工作机构接待老年人来信件数_____件
　　其中，E4.1 来访人次数_____人次
E5　2014年，本乡镇（街道）共发放了《老年人优待证（卡）》多少张？_____张

F　老年人社会参与

F1　本乡镇（街道）（本级）基层老年协会数量：_____个
F2　本乡镇（街道）（本级）基层老年体育协会数量：_____个
F3　本乡镇（街道）（本级）基层老年书画协会数量：_____个
F4　本乡镇（街道）（本级）注册的老年志愿者人数：_____人

G　老年人精神文化生活

G1　本乡镇（街道）有多少个公园？_____个
G2　本乡镇（街道）各级老年大学（学校）数量：_____个
　　其中，G2.1 在校学习的学员数量：_____人
G3　本乡镇（街道）各类老年活动中心（站）数量：_____个
　　其中，G3.1 有多少个老干部活动中心？_____个
G4　本乡镇（街道）建有体育健身设施和站点的村（居）委会数量？_____个
　　其中，G4.1 村委会建有的数量_____个

H　老龄工作

H1　本乡镇（街道）老龄办专职工作人员有多少？_____人
H2　2014年，本乡镇（街道）用于老龄工作的经费有多少？_____万元
　　H2.1　老龄工作经费的拨款方式：
　　1. 一事一议　2. 固定经费　3. 按人头拨付
　　4. 其他（请说明）_____
H3　本乡镇（街道）（本级）是否有以下老龄工作机构/老年人组织？（多选题）
　　□老龄办/事务科/组　　　□老年协会
　　□老年志愿组织　　　　　□其他（请说明）_____
H4　本乡镇（街道）2015年老龄工作有没有纳入政府目标考核管理？
　　1. 有　0. 没有
H5　2015年以来，本乡镇（街道）开展老龄工作情况
　　H5.1　落实老龄政策法规：（多选题）
　　（城镇）□最低生活保障制度　□"三无"老人供养
　　（农村）□新型农村合作医疗　□农村计划生育家庭奖励扶助制度
　　□"五保"老人供养
　　H5.2　完善老龄服务设施：（多选题）
　　□建设街道/乡镇级老龄服务设施（老龄服务机构、老年大学、老年活动中心）
　　H5.3　建设老龄服务体系：（多选题）

☐鼓励和引导社会力量参与老龄服务业发展
☐加强老龄服务队伍建设
☐加强志愿者队伍建设
☐加大老龄服务培训工作
☐建设老龄服务网络/信息化建设　　☐都没有

  H5.4　维护老年人合法权益：（多选题）
☐开展《老年人权益保障法》普法宣传
☐落实城乡老年人优待政策
☐开设为老法律服务热线
☐调解涉老纠纷
☐提供法律援助和法律服务
☐监管老龄用品市场，保护老年消费者合法权益
☐都没有

  H5.5　组织开展老年文化、教育、体育活动：（多选题）
☐培训老年文化、体育骨干　　☐开展文体娱乐活动
☐组织/参与县（市、区）级大型老年文化体育活动
☐开办老年教育（老年大学/学校/老年远程教育）
☐加强基层老年人组织建设　　☐都没有

H6　本乡镇（街道）最迫切需要解决的老龄问题是什么？2015年的主要工作有哪些？（请在空白处说明）

  H6.1　本乡镇（街道）的老年人需要解决的问题？

  H6.2　本乡镇（街道）老龄工作需要解决的问题？

  H6.3　本乡镇（街道）其他需要解决的问题？

  H6.4　本乡镇（街道）2015年的主要老龄工作有哪些？

印刷流水号：
调查问卷编号：□□□□□

《中华人民共和国统计法》第七条规定：国家机关、企业事业单位和其他组织以及个体工商户和个人等统计调查对象，必须依照本法和国家有关规定，真实、准确、完整、及时地提供统计调查所需的资料，不得提供不真实或者不完整的统计资料，不得迟报、拒报统计资料。 《中华人民共和国统计法》第二十五条规定：统计调查中获得的能够识别或者推断单个统计对象身份的资料，任何单位和个人不得对外提供、泄露，不得用于统计以外的目的。	表　号：CRCA2015-5 制定机关：民政部 批准机关：国家统计局 批准文号：国统制〔2014〕87号 有效期至：2015年9月

为配合《第四次中国城乡老年人生活状况抽样调查》，我们需要了解本县（市、区）老龄工作的基本情况，请本区县老龄办有关工作人员如实填写本问卷，并按照规定时间要求，由县级督导员审签后统一交至中国老龄科学研究中心。

****

第四次中国城乡老年人生活状况抽样调查
县（市、区）问卷

****

1. 本问卷填写要求准确反映当地的真实情况。
2. 本问卷的题型分为两类：一类为选择题（单选和多选题），另一类为填空题。
3. 单选题：请在答案中选择一个选项打√。
4. 多选题：请在答案中选择一个或多个选项，并在前面的□中打√。
5. 填空题：请填入反映当地真实情况的答案。
6. 所有"其他"项，请在问卷空白处给予详细说明。

省（自治区、直辖市）_____　　县（市、区）_____
填表人：_____　　　　　　　电话：_____
县级督导员：_____　　　　　电话：_____

A 基本情况

A1　本县（市、区）地处：（多选题）
　　□平原　　□丘陵　　□山区　　□沿海/江/湖　　□其他（请说明）_____
A2　本县（市、区）总面积为：_____平方公里
A3　2014年底，本县（市、区）常住总人口数为：_____万人
A4　2014年底，本县（市、区）户籍总人口数为：_____万人
A5　2014年底，本县（市、区）常住老年人口（60周岁及以上）数为：_____万人
A6　2014年底，本县（市、区）户籍老年人口（60周岁及以上）数为：_____万人
A7　2014年底，本县（市、区）户籍老年人口（80周岁及以上）数为：_____万人
A8　2014年底，本县（市、区）户籍老年人口（100周岁及以上）数为：_____万人
A9　2014年底，本县（市、区）户籍人口家庭户总数：_____户
A10　本县（市、区）管辖的乡镇数量：_____个
A11　本县（市、区）管辖的街道数量：_____个

B 经济状况

B1　2014年底，本县（市、区）的国内生产总值（GDP）为：_____万元
B2　2014年底，本县（市、区）的财政总收入为：_____万元
B3　2014年底，本县（市、区）的城镇化水平为：_____%

C 老年人收入保障

C1　2014年底，本县（市、区）参加社会基本养老保险的老年人数量：_____人
C2　2014年，本县（市、区）城乡居民基本养老保险人均养老金：_____元/年
C3　2014年，本县（市、区）共有多少家庭获得低保？_____户
C4　本县（市、区）纳入城乡最低生活保障制度的60周岁以上老年人口数：_____人
　　其中，C4.1 占低保对象总人数的比例：_____%
C5　本县（市、区）是否为老年人建立了相关津贴制度？　1. 是　0. 否
　　C5.1 如果建立了相关津贴制度，其中：

津贴制度名称	开始年龄	补贴金额（元/月）

C5.2　2014年领取相关津贴的老年人数量：_____人

C5.3　2014年度发放相关津贴的总额：_____万元

D　老年人健康保障

D1　2014年，本县（市、区）享受公费医疗的老年人数量：_____人

D2　2014年，本县（市、区）享受城镇职工基本医疗保险的老年人数量：_____人

D3　2014年，本县（市、区）享受城镇居民医疗保险的老年人数量：_____人

D4　2014年，本县（市、区）享受新型农村合作医疗制度的老年人数量：_____人

D5　2014年，本县（市、区）纳入城乡医疗救助制度的60周岁以上老年人口数：_____人

其中，D5.1　占医疗救助对象总人数的比例：_____%

D6　2014年，本县（市、区）共有多少家医院？_____家

其中，D6.1　开设老年病专科的医院多少家？_____家

E　老龄服务体系建设

E1　本县（市、区）养老机构数量：_____个

其中，E1.1　民办养老机构数量：_____个

E2　本县（市、区）养老机构床位数量：_____张

其中，E2.1　民办养老机构床位数量：_____张

E3　截至2014年底，本县（市、区）入住养老机构的老年人数：_____人

其中，E3.1　入住民办养老机构的老年人数：_____人

E4　截至2014年底，本县（市、区）（本级）已建成综合养老服务中心（日间照料中心、互助式养老服务中心）数量：_____个

E5　截至2014年底，本县（市、区）是否有居家养老服务信息化平台？

　　1. 是　　0. 否

F　老年人权益保障

F1　2014年，本县（市、区）涉老案件数量：_____件

F2　2014年，本县（市、区）法律援助工作站数量：_____个

F3　2014年，本县（市、区）为老年人提供法律援助的人次数量：_____人次

F4　2014年，本县（市、区）调解的涉老纠纷案件数？_____件

F5　2014年，本县（市、区）老龄工作机构接待老年人来信件数_____件，

F5.1　接待来访人次数_____人次

F6　2014年，本县（市、区）共发放《老年人优待证（卡）》多少张？_____张

G　老年人社会参与

G1　本县（市、区）基层老年协会数量：_____个

G2　本县（市、区）基层老年体育协会数量：_____个

G3 本县（市、区）基层老年书画协会数量：＿＿＿＿个
G4 本县（市、区）注册的老年志愿者人数：＿＿＿＿人
G5 本县（市、区）基层老年学学会数量：＿＿＿＿个

H 老年人精神文化生活

H1 本县（市、区）有多少个公园？＿＿＿＿个
H2 本县（市、区）老年大学（学校）数量：＿＿＿＿个
 其中，I2.1 在校学习的学员数量：＿＿＿＿人
H3 本县（市、区）各类老年活动中心数量：＿＿＿＿个
 其中，I3.1 有多少个老干部活动中心？＿＿＿＿个
H4 本县（市、区）拥有体育健身设施和站点的居委会数量？＿＿＿＿个
H5 本县（市、区）拥有体育健身设施和站点的村委会数量？＿＿＿＿个
H6 本县（市、区）是否开设老年人专题电视/广播节目？ 1. 有　0. 没有

I 老龄工作

I1 本县（市、区）老龄办与民政部门是什么样的关系？
 1. 独立　 2. 合署办公　 3. 内设机构　 4. 其他（请说明）＿＿＿＿
I2 本县（市、区）老龄办是否有行政执法协调权？
 1. 有　 0. 没有
I3 本县（市、区）老龄机构的最基层分支在：
 1. 街道/乡镇　 2. 居/村委会　 3. 没有
I4 本县（市、区）老龄办专职工作人员有多少？＿＿＿＿人
I5 本县（市、区）是否制订了老龄事业发展专项规划？
 1. 有　 0. 没有
I6 本县（市、区）2015 年度老龄事业专项经费预算为：＿＿＿＿万元
I7 本县（市、区）2015 年度老龄工作有没有纳入政府目标考核管理？
 1. 有　 2. 没有
I8 2015 年以来，本县（市、区）开展老龄工作情况
 I8.1 落实老龄政策法规：（多选题）
 （城镇）□基本养老保险
 □最低生活保障制度
 □基本医疗保险
 □"三无"老人供养
 （农村）□新型农村合作医疗
 □农村计划生育家庭奖励扶助制度
 □"五保"老人供养
 I8.2 完善为老服务设施：（多选题）
 （城镇）□统筹规划建设老龄服务设施（养老服务机构、老年活动中心、老年大学）

（农村）□解决老年人活动场所不足问题　　□开展幸福大院

I8.3　建设老龄服务体系：（多选题）
□指导社区生活照料、医疗卫生等便捷老龄服务建设
□督促开展老年人定期免费体检
□鼓励和引导社会力量参与老龄服务业发展
□督促开展健康管理服务
□加强老龄服务队伍建设
□加强志愿者队伍建设
□加大老龄服务培训工作
□建设老龄服务网络/信息化建设
□都没有

I8.4　维护老年人合法权益：（多选题）
□《老年人权益保障法》的普法宣传工作
□落实城乡老年人优待政策
□建立老龄法律服务热线
□提供法律援助和法律服务
□监督老年人用品市场，保护老年消费者的合法权益
□都没有

I8.5　组织开展老年文化、教育、体育活动：（多选题）
□培训老年文化、体育骨干
□组织县（市、区）大型老年文化体育活动
□发展老年教育
□维护老年人合法权益
□指导基层老年人组织建设
□都没有

I9　本县（市、区）最迫切需要解决的老龄问题是什么？（请在空白处说明）

　　I9.1　本县（市、区）的老年人需要解决的问题？

　　I9.2　本县（市、区）老龄工作需要解决的问题？

　　I9.3　本县（市、区）其他需要解决的问题？

　　I9.4　本县（市、区）2015年的主要老龄工作有哪些？